Pädagogen und Pädagogik im Nationalsozialismus
- Ein unerledigtes Problem der Erziehungswissenschaft

STUDIEN ZUR BILDUNGSREFORM

Herausgegeben von Wolfgang Keim
Universität – Gesamthochschule – Paderborn

BAND 16

PETER LANG
Frankfurt am Main · Bern · New York · Paris

Wolfgang Keim (Hrsg.)

Pädagogen und Pädagogik im Nationalsozialismus – Ein unerledigtes Problem der Erziehungswissenschaft

PETER LANG
Frankfurt am Main · Bern · New York · Paris

CIP-Titelaufnahme der Deutschen Bibliothek

Pädagogen und Pädagogik im Nationalsozialismus : ein unerledigtes Problem der Erziehungswissenschaft / Wolfgang Keim (Hrsg.). - 3., unveränd. Aufl. - Frankfurt am Main ; Bern ; New York ; Paris : Lang, 1991
 (Studien zur Bildungsreform ; Bd. 16)
 ISBN 3-631-42650-X

NE: Keim, Wolfgang [Hrsg.]; GT

ISSN 0721-4154
ISBN 3-631-42650-X

© Verlag Peter Lang GmbH, Frankfurt am Main
1. Auflage 1988
2., durchgesehene Auflage 1990
3. Auflage 1991
Alle Rechte vorbehalten.

Das Werk einschließlich aller seiner Teile ist urheberrechtlich geschützt. Jede Verwertung außerhalb der engen Grenzen des Urheberrechtsgesetzes ist ohne Zustimmung des Verlages unzulässig und strafbar. Das gilt insbesondere für Vervielfältigungen, Übersetzungen, Mikroverfilmungen und die Einspeicherung und Verarbeitung in elektronischen Systemen.

Printed in Germany 1 2 4 5 6 7

INHALT

Wolfgang Keim
Einführung 7

Wolfgang Keim
Bundesdeutsche Erziehungswissenschaft und Nationalsozialismus -
Eine kritische Bestandsaufnahme 15

Reinhard Kühnl
Zur Relevanz von Faschismustheorien für die Erziehungswissenschaft . 35

Karl Christoph Lingelbach
"Erziehung" unter der NS-Herrschaft - Methodische Probleme ihrer
Erfassung und Reflexion 47

Adalbert Rang
Spranger und Flitner 1933 65

Arno Klönne
Jugend im Nationalsozialismus - Ansätze und Probleme der Aufarbeitung 79

Bruno Schonig
Lehrerinnen und Lehrer im Nationalsozialismus: Lebensgeschichtliche
Dokumente - kritische Verstehensversuche 89

Lutz van Dick
Oppositionelles Verhalten einzelner Lehrerinnen und Lehrer zwischen
Nonkonformität und Widerstand in Deutschland 1933-1945 113

Sieglind Ellger-Rüttgardt
Die Hilfsschule im Nationalsozialismus und ihre Erforschung durch die
Behindertenpädagogik 129

Reiner Lehberger
"Hamburg: Schule unterm Hakenkreuz" - Zu einem regionalgeschichtlichen Projekt von Lehrergewerkschaft und Universität 147

Hildegard Feidel-Mertz
Sisyphos im Exil - Die verdrängte Pädagogik 1933-1945 161

Jan Hellwig
Pädagogik unter der Okkupation - Schulwesen und Wissenschaft in Polen 1939-1945 179

Manfred Weißbecker
Der deutsche Faschismus als Gegenstand geschichtswissenschaftlicher Forschungen in der DDR - unter Berücksichtigung historisch-pädagogischer Fragestellungen 191

Klaus Himmelstein
Neofaschismus in der Bundesrepublik als Problem der Erziehungswissenschaft 207

Literaturverzeichnis 227

Autorenverzeichnis 243

Namenregister 247

WOLFGANG KEIM

Einführung

Als HITLER 1933 die Macht in Deutschland übertragen wurde, haben viele bekannte deutsche Erziehungswissenschaftler "die großen Ereignisse" (SPRANGER 1933a, S. 401) freudig begrüßt und damit zur Legitimierung und Machtsicherung des Nationalsozialismus beigetragen. Die wenigsten von ihnen waren überzeugte Nazis, einige teilten aus einem konservativen politischen Weltbild heraus bestimmte Positionen der neuen Machthaber, obwohl deren Auftreten sich mit ihren Vorstellungen von "Gesittung" (FLITNER, W. 1933a, S. 416) nicht vertrug und folglich bei ihnen trotz aller Zustimmung zugleich "Beklommenheit" auslöste (ebd., S. 408); andere, insbesondere aus der noch nicht in Amt und Würden gelangten jüngeren Generation, schwenkten aus opportunistischen Gründen auf den Kurs des NS-Regimes ein, weil sie nur auf diesem Wege ihre Karriere fortsetzen zu können glaubten. Die überwiegende Mehrheit von Lehrern und Erziehern beteiligte sich aktiv an der Erziehung breiter Teile des deutschen Volkes im nationalsozialistischen und antidemokratischen Geiste, ja sogar an der Diskriminierung und Aussonderung der vom Faschismus als minderwertig definierten Menschengruppen wie insbesondere Juden, Zigeuner, Polen, Schwerbehinderte und Geisteskranke.

Allerdings hat es innerhalb der Pädagogenschaft auch non-konforme Akte, stillschweigenden Boykott gegenüber inhumanen Maßnahmen, Verweigerung bis hin zu geheimem und offenem Widerstand gegeben. Bereits vor 1933 haben deutsche Pädagogen vor der faschistischen Gefahr gewarnt, deren Programme und Ziele klarsichtig analysiert und sind dafür 1933 - unter Duldung oder auch Zustimmung von Kollegen - aus ihren Ämtern vertrieben, teilweise zur Emigration gezwungen worden. Die Kollegien insbesondere der politisch exponierten Reformschulen der Weimarer Zeit wurden 1933, in Braunschweig und Thüringen sogar schon früher, mehr oder weniger geschlossen entlassen oder strafversetzt. Die Zahl der "den politischen Säuberungen" der Nazis "zum Opfer" gefallenen Lehrer wird auf "etwa 3.000" geschätzt (SCHNORBACH 1983, S. 19). Viele von ihnen waren anschließend im Untergrund, in der Emigration, in Einzelfällen sogar im KZ für andere Verfolgte, insbesondere verfolgte und mißhandelte Kinder, hilfreich oder haben reformpädagogische Errungenschaften der Weimarer Zeit im Ausland fortzuführen versucht, um auf diesem Wege humanitäre Zeichen zu setzen. Im Widerstand und in der Emigration wurden auch bereits Pläne für ein vom Faschismus befreites Nachkriegsdeutschland entwickelt, denen zufolge die Pädagogik eine wichtige Aufgabe bei der Umerziehung des deutschen Volkes übernehmen sollte.

Fragt man heute, weit über 50 Jahre nach der Machtübertragung an die Nazis und fast 50 Jahre nach Beginn ihres verbrecherischen Krieges danach, inwieweit der hier skizzierte Zusammenhang inzwischen wissenschaftlich aufgearbeitet worden und ins Bewußtsein einer breiten Pädagogenschaft gedrungen ist, kann man einerseits befriedigt feststellen, daß es zumindest seit Beginn der achtziger Jahre einige sehr sensible Analysen zu diesem Themenkomplex mit allerdings durchweg regionaler und thematischer Begrenzung gibt (vgl. KEIM 1986 ; 1988a). Andererseits muß man betroffen darüber sein, daß zumindest in Teilen der pädagogischen (wie auch der übrigen) Öffentlichkeit immer noch die Bereitschaft zu einer offenen Auseinandersetzung mit derartigen Arbeiten fehlt. Dies mußten kürzlich drei Kolleg(inn)en des Kölner Apostel-Gymnasiums, der Schule Konrad Adenauers, erfahren, als sie - gut recherchiert, methodisch sauber und einwandfrei - die Geschichte dieser Schule im 'Dritten Reich' untersucht und die Ergebnisse ihrer Arbeit veröffentlicht haben, und zwar in einer behutsamen und verbindlichen Form (GEUDTNER u.a. 1985). Statt Dank und Anerkennung für ihre - nebenberuflich erbrachte - Arbeit erfuhren sie zumindest von seiten der Lehrer- und Elternschaft ihrer eigenen Schule Ablehnung, Anfeindungen und sogar berufliche Nachteile (vgl. die Dokumentation v. ZENS 1987).

Von einer offenen Auseinandersetzung mit der Thematik kann auch innerhalb der etablierten Erziehungswissenschaft noch längst nicht die Rede sein. Zwar greift auch sie das Thema inzwischen auf, vielfach jedoch in einer Art und Weise, die statt *Betroffenheit* zu erzeugen, weit eher der *Verdrängung* Vorschub leistet. Von *Verdrängung* muß z.B. dort gesprochen werden, wo der Faschismus auf HITLER und sein politisches Denken eingeengt, dessen Wegbereitung durch konservative Muster philosophischen und pädagogischen Denkens dagegen ebenso ausgeblendet oder gar geleugnet wird wie seine Ermöglichung, Unterstützung oder auch nur Duldung von seiten großer Teile der Pädagogenschaft (so z.B. HERRMANN 1985b). *Verharmlosung* liegt z.B. vor, wenn sich das wissenschaftliche Interesse am faschistischen Erziehungssystem auf eine wertneutrale Beschreibung dieses Systems reduziert (TENORTH 1986) und wenn die durch den Faschismus besonders betroffenen Gruppen wie Juden, Polen, Behinderte und Geisteskranke kaum oder nur am Rande Berücksichtigung finden (HERRMANN 1985a). Eine *Verfälschung* schließlich stellt die lange Zeit praktizierte Gleichsetzung von Faschismus und Kommunismus (wie umgekehrt selbstverständlich auch die von Faschismus und Kapitalismus) dar.

Derartige Bearbeitungsmuster des Faschismus innerhalb der bundesdeutschen Erziehungswissenschaft waren nicht zuletzt der Anlaß für die Durchführung der hier dokumentierten Vortragsreihe im Fachbereich Erziehungswissenschaft der Universität-Gesamthochschule Paderborn. Damit sollten der hiesigen universitären wie außeruniversitären Öffentlichkeit andere (kritische) Zugänge zur Thematik vorgestellt werden, die es in der bundesdeutschen Erziehungswissenschaft auch gibt. Dabei wurde die Thematik bewußt so gefaßt, daß mit den Problemen des nationalsozialistischen Erziehungswesens immer zugleich auch deren Bearbeitung durch die bundesdeutsche Erziehungswissenschaft mit in den Blick geraten sollte, wobei das besondere Interesse naturgemäß den seit ihrem Erscheinen besonders umstrittenen Veröffentlichungen HERRMANNs (1985) und TENORTHs (1986a+b) galt. Die große Resonanz auf diese Vortragsreihe innerhalb und außerhalb der hiesigen Hochschule wie auch die Anfragen von Kollegen außerhalb Paderborns nach den Vortragsmanuskripten haben mich veranlaßt, die Vortragsreihe als Buch zugänglich zu machen. Die Texte wurden für diesen Zweck noch einmal gründlich überarbeitet sowie mit Fußnoten und Literaturhinweisen versehen.

Der spezifischen Thematik entsprechend wird der Band eröffnet mit einer kritischen Bestandsaufnahme der Auseinandersetzung mit dem Nationalsozialismus durch die bundesdeutsche Erziehungswissenschaft. Dabei versucht der Beitrag des Herausgebers zu belegen, daß der Neuaufbau des Erziehungswesens wie der Erziehungswissenschaft nach 1945 - entgegen den damals von vielen Seiten artikulierten antifaschistischen Absichtserklärungen - weitgehend mit dem durch den Faschismus belasteten Personal und mit 'alten' (konservativen) Werten begonnen worden ist; eine Reflexion über Versagen und Mitschuld breiter Teile der Pädagogenschaft hat nicht stattgefunden, eine Hypothek, die innerhalb der Erziehungswissenschaft bis zum heutigen Tag nicht abgetragen worden ist.

Die folgenden Beiträge sind zunächst grundsätzlicher Art. Reinhard KÜHNL fragt nach der Relevanz von Faschismustheorien für die Erziehungswissenschaft. Im Mittelpunkt steht dabei die Frage nach den dem Faschismus zugrundeliegenden sozialen Interessen wie auch nach den Bedingungen ihrer Durchsetzung. Denn nur vor einem solchen theoretischen Hintergrund läßt sich die Rolle von Erziehung und Erziehungsprozessen im faschistischen Gesamtsystem adäquat interpretieren. Daran schließt sich die Frage von Karl Christoph LINGELBACH an, inwieweit man die faschistischen Intentionen auf dem Erziehungssektor überhaupt sinnvoll mit dem Begriff 'Erziehung' umschreiben kann, wenn man an den gängigen Bedeutungsgehalt dieses Begriffes denkt. LINGELBACH bezieht sich dabei vor allem auf die - jeder Vorstellung von Erziehung widersprechende - faschistische 'Erziehungs'politik im besetzten Polen wie auch auf die durch den BDM vermittelte Jugendsozialistion, die auf bedingungslose 'Einsatzbereitschaft' und Kriegsvorbereitung, nicht dagegen auf eine selbständige und freie Entwicklung junger Menschen ausgerichtet war. Der dritte Grundsatzbeitrag von Adalbert RANG vertieft einen bereits im Einleitungsbeitrag des Herausgebers angesprochenen Aspekt, nämlich die Frage nach dem Zusammenhang von Konservatismus und Faschismus bzw. nach personeller Kontinuität und Diskontinuität 1933 und 1945. Am Beispiel der beiden vielzitierten Beiträge von Eduard SPRANGER und Wilhelm FLITNER aus dem April-Heft der Zeitschrift "Die Erziehung" zeigt RANG, daß beide Protagonisten einer geisteswissenschaftlichen Pädagogik der Weimarer Zeit zwar den Faschismus nicht vorbehaltlos unterstützt, viele seiner Ziele jedoch geteilt und mit ihrer Zustimmung ganz wesentlich zur Legitimierung des faschistischen Regimes beigetragen haben.

Die bisher am ausführlichsten behandelten Aspekte des nationalsozialistischen Erziehungswesens in der wissenschaftlichen Literatur sind zweifellos Hitlerjugend und Schulwesen. Was die Hitlerjugend anbelangt, so gibt Arno KLÖNNE, der zu den am längsten mit der Thematik befaßten Forschern gehört, einen Überblick über Forschungsentwicklung und Forschungsperspektiven nach 1945. KLÖNNE votiert für eine differenzierte und differenzierende Betrachtungsweise, die er anhand des Verhältnisses von Bündischer Jugend und Hitlerjugend verdeutlicht.

Was den Schulsektor anbelangt, so enthält vorliegender Band gleich vier Beiträge zu diesem Thema, von denen die beiden ersten sich dem jüngsten Forschungsparadigma, der "Oral History", zuordnen lassen. Bruno SCHONIG wertet eine Reihe von in Berlin, im Rahmen eines Erzählkreises mit pensionierten Lehrerinnen und Lehrern erarbeiteten Lehrerlebensgeschichten aus, indem er besonders typische Erzählpassagen themenzentriert zusammenstellt und anschließend die Frage nach einem Bezugsrahmen für die Fülle des gesammelten Materials reflektiert. Lutz VAN DICK analysiert in seinem Beitrag Berichte über non-konformes und widerständiges Lehrerverhalten und weist dabei auf die besondere Bedeutung der Fähigkeit zur Einfühlung in die Situation anderer wie auch zur Übernahme von Verantwortung für das eigene Handeln hin. Schließlich zeigt Sieglind ELLGER-RÜTTGARDT am Beispiel zweier Hilfsschulen, wie unterschiedlich Lehrerinnen und Lehrer mit der ihnen von den Nazis übertragenen Gutachterfunktion umgegangen sind: während die einen systemkonform agierten, weiß die Autorin wenigstens von einer Lehrerin zu berichten, die ihre pädagogische Überzeugung nicht opportunistisch verraten hat. Der Beitrag über die Hilfsschule im Nationalsozialismus ist vor allem deshalb wichtig, weil er einen Schulbereich zeigt, in dem die Konsequenzen faschistischer Erziehungspolitik besonders deutlich zutage treten.

Sowohl Lutz VAN DICK als auch Sieglind ELLGER-RÜTTGARDT beziehen sich bei ihren Analysen vor allem auf Hamburg, was kein Zufall ist, sondern mit der seit Jahren sehr engagierten und breitgestreuten Arbeit zu diesem Thema in der Hansestadt zusammenhängt. Reiner LEHBERGER zeigt in seinem Beitrag, welche besonderen Bedingungen in Hamburg zur intensiven Auseinandersetzung mit der "Schule unterm Hakenkreuz" geführt haben, erläutert zentrale Ergebnisse dieses regionalgeschichtlichen Projekts, macht zugleich aber auch auf Desiderate aufmerksam, die trotz umfangreicher Forschungen in den vergangenen Jahren auch für Hamburg immer noch bestehen.

Daß unter den Beiträgen der hier dokumentierten Vortragsreihe das Thema "Schule" so stark dominiert, andere Bereiche wie die Sozialpädagogik und Erwachsenenbildung dagegen kaum vorkommen, hängt mit der defizitären Forschungslage auf diesen Gebieten zusammen (vgl. KEIM 1988a, S. 121 ff.). Was die Sozialpädagogik anbelangt, so war diese vor und nach dem Ersten Weltkrieg von pädagogischen Außenseitern, vielfach jüdischer Herkunft, initiiert und getragen worden, die 1933 größtenteils aus Deutschland vertrieben worden sind. Ähnliches gilt für die fortschrittlichen Ansätze im Rahmen der Erwachsenenbildung, insbesondere soweit sie sozialwissenschaftlich fundiert (Paul HONIGSHEIM) und/oder sozialistisch ausgerichtet waren, wie beispielsweise die Leipziger Richtung um Hermann HELLER, Paul HERMBERG, Gertrud HERMES und den jungen Fritz BORINSKI, damals Assistent bei Theodor LITT an der Universität Leipzig. Ihnen allen wurde 1933 die Möglichkeit zu pädagogischer Tätigkeit genommen. Sie mußten größtenteils unter Gefahr für ihr Leben Deutschland verlassen. Hildegard FEIDEL-MERTZ beschäftigt sich in ihrem Beitrag mit dieser verdrängten Pädagogik, zeigt an Beispielen, welche wichtigen Innovationspotentiale damals verlorengegangen und bis heute größtenteils nicht wieder angeeignet worden sind, und geht dabei auch der Frage nach, was wir von dieser verdrängten Pädagogik heute lernen können. Leider ließ sich die von Hildegard FEIDEL-MERTZ erarbeitete und im Rahmen der Vortragsreihe in Paderborn gezeigte Ausstellung zur verdrängten Pädagogik 1933 bis 1945 hier nicht mitdokumentieren, so daß nur zu hoffen bleibt, daß recht bald ein Katalog zu dieser einmaligen Sammlung von Texten, Bildern und Schülerarbeiten erstellt und publiziert werden kann.

"Pädagogen und Pädagogik im Nationalsozialismus" - dieses Thema beschäftigt nicht nur die Erziehungswissenschaft in der Bundesrepublik, sondern war und ist auch Gegenstand von Forschungen in den durch den Faschismus betroffenen Nachbarländern, besonders in Polen. Bereits auf der 1978 von der Historischen Kommission der DGfE veranstalteten Tagung zum Thema "Erziehung und Schulung im Dritten Reich" haben ein polnischer Kollege (B. PLEŚNIARSKI) und eine polnische Kollegin (T. WROBLEWSKA) über diese Forschungen berichtet. Auch an der Paderborner Vortragsreihe war ein polnischer Kollege, Jan HELLWIG, beteiligt, dessen Beitrag über die "Pädagogik unter der Okkupation" die verbrecherischen Konsequenzen faschistischer (Erziehungs)Politik verdeutlicht.*

Wird die polnische Forschung zum Thema "Nationalsozialismus" von seiten der bundesdeutschen Erziehungswissenschaft immerhin gelegentlich zur Kenntnis genommen, wie das Beispiel der erwähnten Tagung der DGfE und die Publikationen über die Ergebnisse dieser Tagung zeigen (HEINEMANN 1980; IZBEF 1980), so gelten die Forschungsbemühungen in der DDR noch als Tabu-Bereich; sie werden durch bundesdeutsche Kollegen so gut wie ignoriert - trotz der inzwischen in Gang gekommenen Diskussion zwischen BRD- und DDR-Historikern. Diesen Tabu-Bereich aufzubrechen und die DDR-Forschung zum Thema "Erziehungswesen im Nationalsozialismus" wenigstens durch *einen* Beitrag eines Kollegen aus der DDR zu Wort kommen zu lassen, war ein besonderes Anliegen der Paderborner Vortragsreihe. Manfred WEISSBECKERs Überblick über die Entwicklung der Faschismus-Forschung in der DDR wie auch den besonderen Platz, der erziehungswissenschaftlichen Fragestellungen darin zukommt, dürfte ein wichtiges Informationsbedürfnis hierzulande befriedigen; die starke Gewichtung gesellschaftlicher Zusammenhänge wie auch der materialistische Ansatz WEISSBECKERs stellen ein notwendiges Gegengewicht zu den vielfach noch immer oder wieder rein geistesgeschichtlich, neuerdings systemtheoretisch ausgerichteten bundesrepublikanischen Analysen dar.

---

* Dieser Vortrag ist auf Vermittlung des Vorsitzenden der Historischen Kommission der DGfE, Herrn Prof. Dr. Manfred HEINEMANN, zustandegekommen, dem an dieser Stelle für seine kollegiale Hilfestellung gedankt sei.

Wenn von der Bearbeitung des Faschismus durch die Erziehungswissenschaft die Rede ist, dann liegt es nahe, auch den Neofaschismus in die Betrachtung mit einzubeziehen. Bei der Vorbereitung seines Vortrags hat Klaus HIMMELSTEIN interessanterweise festgestellt, daß die bundesdeutsche Erziehungswissenschaft sich dieses Themas bislang überhaupt noch nicht angenommen hat, obwohl der Neofaschismus heute eine kaum zu überschätzende Gefahr darstellt. HIMMELSTEIN akzentuiert vor allem zwei erziehungswissenschaftlich relevante Aspekte der Thematik, zum einen die pädagogischen Implikationen neofaschistischer und rechtsextremer Programme und Veröffentlichungen und zum anderen die Voraussetzungen und Bedingungen von Sozialisationsprozessen, die in Rechtsextremismus und Neofaschismus enden. Er plädiert abschließend zu Recht dafür, in der Erziehungswissenschaft wie auch in anderen Disziplinen künftig Faschismus und Neofaschismus im Zusammenhang zu analysieren.

Die in vorliegendem Band dokumentierte Vortragsreihe sollte Anstöße zu einer offenen Auseinandersetzung mit der Thematik geben. Betroffenheit sowohl über die Rolle der Pädagogenschaft im Nationalsozialismus als auch über die fehlende Bereitschaft der Disziplin nach 1945, teilweise bis zum heutigen Tag, sich dieser Tatsache zu stellen, war intendiert, wobei sich alle Referent(inn)en darum bemüht haben, Betroffenheit mit rationaler und differenzierter Urteilsbildung zu verbinden und d.h. - wie es Reinhard KÜHNL in der Einleitung zu seinem Beitrag verdeutlicht - nach Erklärungen zu suchen. Oberstes Ziel aller Vortragenden war es, daran mitzuwirken, "daß Auschwitz nicht noch einmal sei" (ADORNO 1971). Diese Absicht verfolgt auch vorliegender Band.

Zu klären bleibt noch, was das Thema des vorliegenden Bandes mit der Bildungsreform zu tun hat. Auf den ersten Blick sicherlich wenig, auf den zweiten eine ganze Menge: Sowohl die Verdrängung fortschrittlicher Reformansätze der Weimarer Zeit durch den Faschismus wie auch die Restauration im Bereich von Schule und Erziehungswissenschaft nach 1945 wirken sich bis zum heutigen Tag aus. Die kurze Reformära der ausgehenden sechziger und beginnenden siebziger Jahre hat nicht ausgereicht, um die lange Vorherrschaft einer konservativen Pädagogik in Deutschland bis 1933 und in der Bundesrepublik über 1945 hinaus zu brechen. Der Faschismus hat bestimmte Elemente dieser Pädagogik verstärkt, vor allem aber die in Weimar noch bestehenden sozialistischen Gegenkonzepte und Reformmodelle zerstört und endgültig ausgebürgert: sie haben bis heute in der Bundesrepublik keinen Platz gefunden, was sowohl für Erziehungswissenschaftler(innen) wie Siegfried BERNFELD, Anna SIEMSEN oder Pädagogen wie Fritz

KARSEN, Siegfried KAWERAU, Kurt LÖWENSTEIN und viele andere gilt. Die vielfältige Schulreformlandschaft beispielsweise Berlins oder Hamburgs ist nach 1945 nicht wieder erstanden, was vielleicht verständlich macht, warum die Gesamtschulbewegung der sechziger und siebziger Jahre 'im eigenen Saft geschmort hat' - die in der Gesamtschule arbeitenden Lehrer und Lehrerinnen wußten einfach nichts von den pädagogischen Errungenschaften ihrer Großväter und -mütter. Von Ausnahmen abgesehen waren die besten Vertreter der Pädagogenschaft eben nach 1933 im Exil, im Widerstand oder versuchten sich sonst irgendwie durchzuschlagen, nach 1945 lebten sie vielfach nicht mehr oder aber es bestand kein oder nur wenig Interesse an ihrer Rückkehr, was Hildegard FEIDEL-MERTZ am Beispiel von Hans WEIL nachdrücklich belegt. Dies zu verdeutlichen, macht den Stellenwert des Bandes im Rahmen der Reihe "Studien zur Bildungsreform" aus. Weitere Bände zur 1933 verdrängten Pädagogik bzw. zu unbekannten Reformlandschaften der Weimarer Zeit werden folgen: In Vorbereitung ist bereits eine Studie von Martha FRIEDENTHAL-HAASE über die staats- und sozialwissenschaftlich orientierte universitäre Erwachsenenbildung der Weimarer Zeit mit dem Schwerpunkt Paul HONIGSHEIM und eine Arbeit von Burkhard POSTE über Schulreform in Sachsen während der sozialistischen Regierung 1918/19 bis 1923. Darüber hinaus sollen Schriften zu Unrecht vergessener Schul- und Bildungsreformer zugänglich gemacht werden wie des in der Frühphase Nordrhein-Westfalens bildungspolitisch einflußreichen Otto KOCHs und des in der Weimarer Zeit an Fritz KARSENs Karl-Marx-Schule in Berlin-Neukölln, nach 1945 im niedersächsischen Kultusministerium unter Adolf GRIMME tätigen Hans ALFKEN. Sie knüpfen an den bereits erschienenen Band über Alfred EHRENTREICH an. Schließlich ist ein Band mit einer umfassenden Auswertung von Erfahrungen Berliner Lehrerinnen und Lehrer durch Bruno SCHONIG geplant, der dessen hier abgedruckten Beitrag erweitern und vertiefen soll.

Bleibt mir noch, allen Kolleginnen und Kollegen für ihre spontane Bereitschaft zu danken, an der Paderborner Vortragsreihe mitzuwirken, ihre Beiträge kurzfristig zu überarbeiten und für diesen Band zur Verfügung zu stellen. Frau Carin Messina hat einmal mehr in vorbildlicher Weise alle Texte neu geschrieben; nicht zuletzt dank ihrer Überstunden konnte der Band so schnell abgeschlossen werden. Nicht vergessen sei schließlich, daß die Universität-Gesamthochschule Paderborn wie auch der Fachbereich 2: Erziehungswissenschaft - Psychologie - Sport die Reihe finanziell großzügig unterstützt und damit überhaupt erst ermöglicht haben.

WOLFGANG KEIM

Bundesdeutsche Erziehungswissenschaft und Nationalsozialismus - eine kritische Bestandsaufnahme

Mehr als 40 Jahre nach Kriegsende ist endlich auch die Diskussion über das Verhältnis von Pädagogen und Pädagogik zum Nationalsozialismus in Gang gekommen. Darauf läßt nicht nur die Zahl neuerer Publikationen zu diesem Thema schließen (ohne Anspruch auf Vollständigkeit: HERRMANN 1985a+b; HOHMANN 1985; KEIM 1986; 1988a+b; RANG 1986; TENORTH 1985 ; 1986; FLESSAU u.a. 1987; LINGELBACH 1987; VAN DICK 1988), sondern vor allem auch die Nachdrücklichkeit, mit der das Versagen breiter Teile der deutschen Pädagogenschaft zunehmend beim Namen genannt wird (KUPFFER 1984; HOHMANN 1985; RANG 1986; HABEL 1987; VAN DICK 1988, S. 320 ff.). Vorbei zu sein scheinen die Zeiten, in denen eine Beteiligung der deutschen Erziehungswissenschaft wie auch von Lehrern und Erziehern an der Durchsetzung des deutschen Faschismus unwidersprochen geleugnet werden konnte. Allgemeinbesitz, insbesondere der etablierten Erziehungswissenschaft, ist diese Erkenntnis jedoch noch lange nicht, im Gegenteil: man kann auch heute noch leicht damit ins wissenschaftliche Abseits geraten.

Warum aber - so muß gefragt werden - hat die intensivere Diskussion über das Verhältnis deutscher Pädagogen und deutscher Pädagogik zum Nationalsozialismus erst jetzt begonnen und nicht schon - was doch eigentlich nahegelegen hätte - 40 Jahre früher? Gewiß, es hat bereits nach 1945 zaghafte Ansätze in dieser Richtung gegeben, fanden an einigen bundesdeutschen Hochschulen in den sechziger Jahren Ringvorlesungen zum Thema "Nationalsozialismus" statt und lag schließlich schon vor nunmehr nahezu 20 Jahren die immer noch gründlichste Untersuchung zum Thema "Erziehung und Erziehungstheorien im nationalsozialistischen Deutschland" von Karl Christoph LINGELBACH (1970) vor - zu einer offenen Auseinandersetzung auf breiterer Ebene ist es jedoch weder nach 1945 noch in den sechziger und siebziger Jahren gekommen.

Bezeichnend dafür scheint mir zu sein, daß noch in den siebziger Jahren in einem renommierten pädagogischen Verlag unwidersprochen Schriften Peter PETERSENs aus den dreißiger Jahren mit eindeutig faschistischen

Passagen als Reprints erscheinen (PETERSEN 1973, S. 44 ff., 149 ff., 172 ff. u.a.) oder die Werke Eduard SPRANGERs in einer aufwendigen 10-bändigen Ausgabe ohne jeden kritischen Hinweis auf seine zeitweise Nähe zu bestimmten Positionen des deutschen Faschismus neu herauskommen konnten. Verständlich wird dies nur vor dem Hintergrund des Neuaufbaus der westdeutschen Gesellschaft wie auch der westdeutschen Erziehungswissenschaft nach 1945 und den damit verbundenen Weichenstellungen. Der folgende Beitrag soll deshalb der Frage nachgehen, wer die Vertreter der westdeutschen Erziehungswissenschaft nach 1945 waren, inwieweit sie sich mit dem Nationalsozialismus auseinandergesetzt bzw. diesen verdrängt haben und nicht zuletzt, in welchem gesellschaftlichen Umfeld diese Auseinandersetzung stattfand.

Sucht man nach einem zeitlichen Raster zur Beantwortung der aufgeworfenen Fragen, bietet sich zunächst einmal eine Gliederung nach Generationen an. Bis zum Ende der fünfziger, ja fast sogar bis zur Mitte der sechziger Jahre dominierte noch die Generation von Erziehungswissenschaftlern, die im Kaiserreich aufgewachsen und bereits in Weimar, spätestens aber während der NS-Zeit Positionen im Wissenschaftsbetrieb innehatte. Die Veteranen unter ihnen wie Hermann NOHL (Jahrgang 1879), Theodor LITT (Jahrgang 1880) und Eduard SPRANGER (Jahrgang 1882) schieden zwar bereits Ende der vierziger (NOHL) bzw. Anfang der fünfziger Jahre (LITT und SPRANGER) aus dem aktiven Hochschulbetrieb aus, sie waren jedoch auch danach noch lange maßgeblich. Seit den sechziger Jahren wurde diese Generation dann zunehmend abgelöst durch eine jüngere, die in der Weimarer Zeit oder der NS-Ära zur Schule gegangen ist, ihre universitäre Ausbildung jedoch erst nach 1945 begonnen hat. Zu ihr ist zu zählen der Sohn Wilhelm FLITNERs, Andreas FLITNER (Jahrgang 1922), aber auch Hans-Jochen GAMM (Jahrgang 1925) sowie von den Mitarbeitern an diesem Band Adalbert RANG (1928), Karl Christoph LINGELBACH und Hildegard FEIDEL-MERTZ (beide Jahrgang 1930). Schließlich ist seit den siebziger Jahren zunehmend die Nachkriegsgeneration in Hochschullehrerlaufbahnen gelangt, und zwar aufgrund der günstigen Stellensituation in relativ frühem Alter.

Das generationsspezifische Verhalten der Erziehungswissenschaftler in bezug auf die NS-Vergangenheit ist in der ersten Phase der Auseinandersetzung mit dem Thema besonders ausgeprägt gewesen. In den nachfolgenden Generationen gehen Bearbeitungsmuster und Einschätzungen des Nationalsozialismus dann quer durch die Altersgruppen hindurch, so daß neben der reinen Generationenabfolge andere Faktoren mit berücksichtigt werden

müssen, wie insbesondere gesamtgesellschaftliche Veränderungen und der Wechsel spezifischer wissenschaftstheoretischer Paradigmata. Legt man solche Kriterien zugrunde, dann markieren Studentenbewegung und sozialliberaler Aufbruch der sechziger Jahre einen ersten wichtigen Einschnitt, der für die Erziehungswissenschaft vor allem mit der Rezeption der Kritischen Theorie und der Aneignung sozialwissenschaftlicher Methoden verbunden war. Eine zweite Zäsur zeichnet sich am Beginn der achtziger Jahre ab, wobei allerdings die Entwicklung seit dieser Zeit widersprüchlich verläuft: auf der einen Seite macht sich - wie bereits zu Beginn angedeutet - ein kritisches Interesse an der NS-Zeit bemerkbar, das auch den Erziehungsbereich mit erfaßt, auf der anderen verstärken sich Tendenzen zur Abwehr einer ideologiekritischen und gesellschaftsbezogenen erziehungswissenschaftlichen Forschung. Für die Bearbeitung des Nationalsozialismus durch die bundesdeutsche Erziehungswissenschaft lassen sich danach drei große Abschnitte erkennen:
erstens: die Nachkriegs- und Restaurationszeit bis etwa Anfang der sechziger Jahre,
zweitens: die Ära eines sozial-liberalen Aufbruchs in den sechziger und frühen siebziger Jahren und schließlich
drittens: die achtziger Jahre.

1. Die Verdrängung des Nationalsozialismus durch die Erziehungswissenschaft in der Nachkriegs- und Restaurationszeit

Daß nach der Befreiung vom Faschismus am 8. Mai 1945 eine Neuorientierung von Erziehung und Erziehungswissenschaft notwendig war, ist damals wohl von kaum einem Vertreter unserer Zunft bestritten worden. Dieser Neuorientierung dienten nach Kriegsende - auf Anweisung der Alliierten - die Zwangsinternierung und Ausschaltung der Hauptverantwortlichen, in diesem Falle insbesondere BAEUMLERs und KRIECKs, der allerdings bereits im März 1947 in einem amerikanischen Internierungslager verstarb; weiterhin: die Außerkraftsetzung nationalsozialistischer Erlasse, Richtlinien, Lehrpläne und Schulbücher; die Auflösung spezifisch nationalsozialistischer Schulen, wie insbesondere der Napolas und Adolf-Hitler-Schulen, sowie zumindest die vorübergehende Schließung sämtlicher Erziehungseinrichtungen. Darüber hinaus unterstanden alle am Erziehungswesen Beteiligten den alliierten Bestimmungen zur Entnazifizierung, so daß streng genommen ein Belasteter im Erziehungswesen, also auch im Hochschulbereich, in der Folgezeit undenkbar hätte sein müssen. Das öffentliche Bewußtsein der unmittelbaren Nachkriegszeit dürfte auch weitgehend von dieser Vorstellung ausgegangen sein. Tatsächlich aber ist die Entnazifizierung im Erziehungswesen wie in allen anderen gesellschaftlichen Bereichen völlig anders verlaufen; bereits 1950 beschloß der Deutsche Bundestag Richtlinien zum Abschluß der Entnazifizierung, die in den folgenden Jahren zu entsprechenden Ländergesetzen führten (FÜRSTENAU 1969, S. 157 f.). Aufgrund des Art. 131 GG wurden schließlich alle zuvor als Minderbelastete und Mitläufer eingestuften Beamten für "entlastet" erklärt und waren somit wieder einzustellen (ebd., S. 216 f.). Für die Universität Göttingen z.B. bedeutete dies, daß von dem Drittel aller Hochschullehrer, gegen deren weitere Lehrtätigkeit der Entnazifizierungsausschuß zunächst Bedenken geäußert hatte, letztlich nur ganze 3 (von 102) Kollegen tatsächlich als Belastete aus dem Hochschuldienst ausscheiden mußten; alle anderen wurden - "soweit sie nicht bereits vorher (aus Altersgründen) pensioniert oder emeritiert worden waren" - gemäß Art. 131 ohne Verfahren "entlastet" und als "Beamte zur Wiederverwendung" anerkannt, was de facto ihre baldige Rückkehr auf eine Hochschullehrerstelle bedeutete (DAHMS 1987, S. 46 ff.). Inwieweit sie eine Mitschuld an den Verbrechen des deutschen Faschismus eingesehen und einen wirklichen Sinneswandel vollzogen hatten, stand nicht mehr zur Diskussion. Wie problematisch diese Entwicklung des Entnazifizierungsprozesses gewesen ist, zeigt allein schon die Tatsache, daß in demselben Jahr 1951, in dem in den meisten Bundesländern die Entnazifizierungsverfahren per Gesetz für beendet erklärt worden waren, laut Umfrage noch 42% der westdeutschen Bevölkerung die Hitlerzeit für die Zeit gehalten haben, in der es Deutschland am besten ging, und immerhin noch 10% in Hitler den großen Deutschen sahen, der für Deutschland am meisten geleistet hat (THRÄNHARDT 1987, S. 100 f.).

Zu den Minderbelasteten und Mitläufern nicht einmal hinzugezählt wurden Personen, die von einem konservativen, in der Regel deutschnationalen Standpunkt aus die Machtübertragung an Hitler zunächst - wenn auch mit Einschränkungen und Bedenken - begrüßt und viele seiner politischen Überzeugungen und Ziele grundsätzlich geteilt hatten, allerdings vielfach früher oder später in Konflikt mit dem NS-System geraten und auf Distanz dazu gegangen waren. Dies bedeutete jedoch im allgemeinen nicht ein Abrücken von ihrer antidemokratischen deutschnationalen Position, was ihre Eignung für den Aufbau einer neuen demokratischen Gesellschaft zweifelhaft erscheinen läßt.

Schließlich ist im Zusammenhang mit Entnazifizierung und personellem

Wiederaufbau des Hochschulbereichs noch die Tatsache zu berücksichtigen, daß man die 1933 entlassenen und zur Emigration gezwungenen Kollegen nur zu einem Teil und erst relativ spät wieder in die Hochschulen zurückgeholt (für Göttingen: DAHMS 1987, S. 49 f.) und damit diese Chance einer personellen Erneuerung kaum genutzt hat.

Welche Konsequenzen ergaben sich aus der skizzierten Entwicklung für die westdeutsche Erziehungswissenschaft nach 1945? Zunächst einmal, daß sich der die wissenschaftliche Nachkriegspädagogik repräsentierende Personenkreis überwiegend aus zwei Gruppen von Hochschullehrern zusammensetzte: einer ersten Gruppe, die in der Weimarer Zeit konservative bis reaktionäre politische Positionen vertreten, der Weimarer Demokratie distanziert bis ablehnend gegenübergestanden und mit wenigen Ausnahmen (z.B. Theodor LITT) für kürzere oder längere Zeit mit dem Nationalsozialismus sympathisiert hat; und einer zweiten Gruppe, deren Protagonisten sich - vielfach als Parteimitglieder - weitergehender und kontinuierlicher an Elementen der nationalsozialistischen Erziehungsideologie orientiert haben und aufgrund dieser Orientierung während der Zeit des Nationalsozialismus in Dozenten- bzw. Hochschullehrerstellungen gelangt sind. Zu ersterer Gruppe gehören z.B. Hermann NOHL (RATZKE 1987), Theodor LITT (KLAFKI 1982, S. 30 ff., 271 ff.; LINGELBACH 1987, S. 221-245), Eduard SPRANGER (HELLING 1968; RANG 1986; HABEL 1987; VAN DICK 1988, S. 16 f., 323 ff.; vgl. auch den Beitrag von Adalbert RANG in diesem Bd.) und Wilhelm FLITNER (RANG 1986; HABEL 1987)[1], zu letzterer die SPRANGER-, FLITNER- und NOHL-Schüler Hans WENKE, Fritz BLÄTTNER (LINGELBACH 1987, S. 212-221) und Otto-Friedrich BOLLNOW (ebd., S. 155 f.), weiterhin: Joseph DOLCH und vor allem Theodor WILHELM (HOHMANN 1985, S. 15-66); Vertreter anderer Richtungen, die ihre Wissenschaft in den Dienst des Nationalsozialismus gestellt

---

1 Eduard SPRANGER und Wilhelm FLITNER haben insbesondere mit ihren Beiträgen zum März 1933 in der "Erziehung", dem damals repräsentativen Organ der deutschen Erziehungswissenschaft, zur Festigung und Legitimierung des NS-Regimes beigetragen, zu einer Zeit, als bereits Kommunisten, Sozialisten, Juden und andere Gruppen von den Nazis verfolgt, Errungenschaften der Reformpädagogik abgebaut und deren Repräsentanten verjagt wurden. Bei aller Würdigung der (die damals bestehende politische Situation zumindest völlig verkennenden) Appelle an das neue Regime, 'demütig' zu sein und die eigene Macht "auf Gesittung, auf Ritterlichkeit und Liebe" und damit auf wahrhaftes Christentum zu gründen (FLITNER 1933a, S. 416), darf die in beiden Aufsätzen dominante Zustimmung zu wesentlichen Elementen des Faschismus nicht als "illusionäre Hoffnung" bagatellisiert werden, wie dies beispielsweise HERRMANN (1987, S.

haben, sind z.B. Rudolf LOCHNER (HOHMANN 1985, S. 44f.) und Oswald KROH (ebd.).

"Es liegt im Wesen des Erziehungsgedankens, den Blick sogleich auf die Zukunft zu lenken und Aufgaben zu erfassen. Gleichwohl ist es nötig, auch einen Augenblick bei der Vergangenheit zu verweilen und sich Rechenschaft darüber abzulegen, was wir überwunden haben". So hatte Eduard SPRANGER im Aprilheft 1933 der Zeitschrift "Die Erziehung" angesichts der als radikaler Neuanfang empfundenen Machtübertragung an die Nazis geschrieben (SPRANGER 1933a, S. 401). Gleiches hätte nach der Zerschlagung des Faschismus gelten müssen: neue Aufgaben zu erfassen, aber auch "sich Rechenschaft darüber abzulegen, was wir überwunden haben". Offensichtlich fehlten jedoch nach 1945 Bereitschaft und Vermögen, diese Erfahrungen kritisch aufzuarbeiten. Nur so ist es zu verstehen, daß die westdeutsche Erziehungswissenschaft zunächst einmal die Zeit des Nationalsozialismus, teilweise sogar die der Weimarer Republik, weitgehend ausgeklammert und sich stattdessen den als Klassikern apostrophierten Pädagogen zugewandt hat. In den zu Beginn der fünfziger Jahre neu erschienenen Pädagogik-Geschichten werden folglich die Jahre 1933 bis 1945 entweder übergangen (VON DEN DRIESCH/ESTERHUES 1951) oder in wenigen Sätzen (BLÄTTNER 1951) bzw. auf einigen Seiten (REBLE 1951) als eine Zeit umschrieben, in der "der Wille eines Einzigen" dominierte (BLÄTTNER 1951, S. 218). Noch problematischer als dieses Weglassen oder Andeuten war das stillschweigende *Um*schreiben vor 1945 entstandener Darstellungen. Ein besonders krasses Beispiel dafür ist die Pädagogik-Geschichte Hermann WEIMERs, die bereits im Kaiserreich konzipiert (WEIMER, H. 1902), in den zwanziger Jahren im Geiste der Weimarer Republik erweitert

---

531) tut. Immerhin legen sowohl SPRANGER als auch FLITNER eindeutig ein Bekenntnis gegen Demokratie und "pluralistische Aufteilung der Staatsmacht" wie auch gegen Marxismus und Bolschewismus ab. FLITNER (1933a, S. 410) spricht z.B. sogar davon, daß "Bolschewismus und die bloß gesellschaftliche Auffassung von Staat und Erziehung ... durch Diskussion und Lehre nicht zu überwinden (waren) und daß sich "ihr Anspruch auf die öffentliche Erziehung (deshalb, W.K.) nur politisch vernichten" "ließ" (sic!), wie es die Nazis zu diesem Zeitpunkt bereits getan hatten. SPRANGER (1933a) rechtfertigt sogar schon (im April 1933!) einen zweiten Weltkrieg: "Wer wollte es uns verdenken, wenn wir bei einem Blick auf unsere Grenzen, auf unsere gewaltsam klein gehaltene Wehrmacht, auf manchen Eingriff von Nachbarvölkern in unser elementarstes Lebensrecht als Volk den Krieg nicht nur als Vergangenheit sehen, sondern die Notwendigkeit eines zweiten Aufbruchs zur Verteidigung aus der gespannten Weltlage heraus vorfühlen *müssen*? (S. 404, Sperrung im Orig.).

(^{6}1928), nach 1933 im Sinne des Faschismus umgeschrieben (^{10}1941), schließlich nach 1945 - in diesem Falle durch den Sohn des inzwischen verstorbenen Verfassers - erneut dem veränderten Zeitgeist angepaßt wurde (WEIMER, H. u. H. ^{11}1954), letzteres mit großem Erfolg, wie die zahlreichen Auflagen in den fünfziger und sechziger Jahren zeigen (die letzte, 18. Auflage, im Jahre 1976).

Die in der damaligen Pädagogikgeschichtsschreibung erkennbare Hinwendung zu den "Klassikern" wie den Vertretern der bürgerlichen Reformpädagogik spiegelt sich auch in den damaligen pädagogischen Zeitschriften wie insbesondere der von Hermann NOHL herausgegebenen "Sammlung" und der in der französischen Besatzungszone erschienenen Zeitschrift "Schola" wider. LUTHER, SALZMANN, PESTALOZZI, GOETHE, NIETZSCHE, LIETZ, LUSERKE, G. BÄUMER UND A. FISCHER sind im wesentlichen die Pädagogen, mit denen sich die "Sammlung" in ihren ersten fünf Jahrgängen ausführlicher beschäftigt. Lediglich ein Artikel zum Gedächtnis Adolf REICHWEINs im ersten Heft des 1. Jahrgangs fällt aus diesem Rahmen heraus. Die gesamte 1933 verdrängte und verfolgte Reformpädagogik, beispielsweise Paul OESTREICH, Anna und August SIEMSEN, aber auch Friedrich Wilhelm FOERSTER, taucht selbst in den Namensregistern dieser Jahrgänge nicht auf. Unter den zahlreichen historisch ausgerichteten Artikeln ist kaum einer, der analytische Hinweise auf die Ursachen des deutschen Faschismus geben würde, stattdessen ist - im Zuge der Existentialismus-Rezeption der Nachkriegszeit - vom "dunklen Rätsel der Geschichte", von "Tragik", von "Verhängnis", von der "allgemeinen Katastrophe", dem "Zusammenbruch der moralischen und intellektuellen Kultur" etc. die Rede. Die verschiedenen abgedruckten Ansprachen anläßlich der Wiedereröffnung von Hochschulen haben einen eher exkulpierenden Charakter, beispielsweise was die Bereitschaft zur Anpassung auf Seiten der deutschen Hochschullehrer anbelangt (vgl. TELLENBACH 1945/46, S. 534 f.). Vor allem aber überrascht es vom heutigen Standpunkt aus, mit welcher Selbstverständlichkeit und zugleich Konsequenz sich etwa Otto-Friedrich BOLLNOW Themen wie "Güte des Herzens", "Einfache Sittlichkeit", "Wahrhaftigkeit", "Besonnenheit" oder "Ruhe und Gelassenheit" zuwendet, die zumindest in der dort abgehandelten ahistorischen wie gesellschaftsfernen Art und Weise der Verdrängung, kaum jedoch einer Bearbeitung der unmittelbar zurückliegenden Zeit des Nationalsozialismus gedient haben. Entsprechendes gilt weitgehend für die Beiträge Wilhelm FLITNERs und Hermann NOHLs. Bedenklich erscheint nicht zuletzt, daß sich schon bald wieder Pädagogen zu Wort meldeten, die sich durch ihr

Engagement für den Faschismus diskreditiert hatten wie Heinrich WEIN-STOCK (vgl. LINGELBACH 1987, S. 207-212), oder, daß erneut Eliteerziehung und 'Begabten'auslese propagiert wurden.[2]

"Sich Rechenschaft darüber abzulegen, was wir überwunden haben", hätte für die Mehrzahl der Erziehungswissenschaftler damals vor allem bedeuten müssen, sich mit der eigenen Rolle im Nationalsozialismus auseinanderzusetzen, weil nur auf dieser Grundlage ein wirklicher Neuanfang möglich gewesen wäre. Einen Versuch in dieser Richtung hat Hermann NOHL 1946 in einem Vortrag vor Lehrern in Hildesheim gemacht:

> "Wir müssen mit diesen Verbrechen, die unter uns geschehen sind, in uns selber fertig werden, und solche Reinigung fordert eine innere Wendung, eine Metanoia als inneren Befreiungsakt, ohne den wir nicht mehr gerade und offen durch die Welt gehen können ... Wenn man nun aber fragt, wie war es überhaupt möglich, daß es soweit bei uns kommen konnte, dann wird sichtbar, daß der Nationalsozialismus mit seinen Methoden doch nur eine letzte entsetzliche Folge einer längeren geschichtlichen Entwicklung ist, in der wir alle mehr oder minder mitgemacht haben, ohne zu ahnen, wohin der Weg führte ... Wer hat sich nicht alles daran beteiligt: die nationale Bewegung seit FICHTE bis LAGARDE, der Machtstaat seit HEGEL und BISMARCK, die Konfessionen, das Historische Bewußtsein, die Naturwissenschaften seit DARWIN, Friedrich NIETZSCHE und seine Mitläufer" (zit. n. BLOCHMANN 1969, S. 186).

So unzureichend eine solche Analyse aus heutiger Sicht auch erscheinen mag, sie hätte ein wichtiger Anfang sein können. Doch blieben Selbstreflexionen dieser Art Ausnahmen, wobei zu berücksichtigen ist, daß die dem konservativen Block der Weimarer Zeit entstammenden Hochschullehrer aufgrund ihrer Bewußtseinslage nur schwer ein Gefühl der eigenen Mitverantwortung entwickeln konnten, zumal sie sich teilweise selbst als Opfer des Faschismus verstanden, und daß es für viele Mitläufer in erster Linie darauf ankam, die 'eigene Haut zu retten' und d.h., entnazifiziert zu werden. So ist es zu erklären, daß das Thema "Deutsche Pädagogen und Hitler-Faschismus" für lange Zeit, teilweise bis zum heutigen Tag, zu einem bundesdeutschen Tabu-Bereich wurde.

Erst zu einem viel späteren Zeitpunkt, nämlich in den sechziger und frühen siebziger Jahren, haben einige Pädagogen der Nachkriegsgeneration im Zusammenhang mit Selbstdarstellungen auch zu ihrer Rolle im deutschen Faschismus Stellung genommen. Letztendlich bestätigen diese Selbstdarstellungen jedoch den seit 1945 feststellbaren Trend zum Verschweigen,

---

2 Wie wenig dieser 'Neuanfang' der Pädagogenschaft bis heute kritisch verarbeitet worden ist, zeigt der Beitrag Jürgen GIDIONs zum 40-jährigen Bestehen der "Sammlung/Neuen Sammlung" (GIDION 1987).

Verdrängen oder sogar Verfälschen und zeigen, daß nichts dazugelernt wurde. Wilhelm FLITNER etwa verweist in seiner ausführlichen Autobiographie von 1985 an verschiedenen Stellen auf seine antimarxistische und national-konservative Position, macht auch aus seiner Wertschätzung von Reichswehr, Stahlhelm und Hindenburg keinen Hehl, zu einer kritischen Reflexion dieser Position oder gar zu Einsichten in deren Berührungs- und Überschneidungspunkte mit dem Faschismus gelangt er dagegen nicht (FLITNER, W. 1986, S. 355 ff.).[3]

Otto-Friedrich BOLLNOW nimmt in seiner Selbstdarstellung (1975, S. 101 ff.) noch nicht einmal auf die eigene politische Position überhaupt Bezug, verschweigt darüber hinaus wissenschaftliche Positionswechsel im Sinne einer Anpassung an den Nationalsozialismus und geht über das entsprechende Schrifttum (z.B. BOLLNOW 1933; 1934) einfach hinweg (vgl. LINGELBACH 1987, S. 155 f.).

Ein besonders problematisches Beispiel später 'Vergangenheitsbewältigung' stellt Theodor WILHELMs autobiographischer Versuch dar (WILHELM 1976). WILHELM gab zwischen 1933 und 1945 zusammen mit Alfred BAEUMLER die "Internationale Zeitschrift für Erziehung" heraus, verherrlichte in verschiedenen Aufsätzen Hitler, verunglimpfte Exilanten und Emigranten, rechtfertigte die Bücherverbrennungen vor dem Ausland, begrüßte 1935 die Nürnberger 'Rassegesetze' als 'Notwehr' und feierte nicht zuletzt 1944 die Judenpolitik des faschistischen Deutschland als vorbildlich für ganz Europa (vgl. HOHMANN 1985, S. 19 ff.). Trotz alledem war er bereits 1951 Professor an der PH Flensburg, 1957 Privatdozent und 1959 ordentlicher Professor an der Universität Kiel. Liest man WILHELMs Autobiographie aus den siebziger Jahren, dann bekommt man den Eindruck, als habe er nur Widerstand geleistet und als sei er gar Verfolgter des Nazi-Regimes gewesen. WILHELM behauptet zwar, 1945 "echte Umkehr, Reue, bessere Einsicht (und) größere Reife" gewonnen zu haben (WILHELM 1976, S. 324), tut aber gleichzeitig die Verantwortung für den Inhalt seiner Schrif-

---

[3] Leider fehlt zu diesem Band der "Gesammelten Schriften" Wilhelm FLITNERs ein Anmerkungsapparat wie auch ein Kommentar der Herausgeber. Im Band 4 wird zwar, im Unterschied zur SPRANGER-Ausgabe, FLITNERs Beitrag zum April-Heft der "Erziehung" von 1933 mit abgedruckt, zugleich aber im Nachwort Ulrich HERRMANNs "eine geistige Wegbereiterschaft und Mittäterschaft (FLITNERs) an der Etablierung des NS-Regimes" energisch zurückgewiesen (HERRMANN 1987, S. 531 ff.); vgl. dazu auch Anm. 1.

ten mit 'detaillierten' Anweisungen "des Propagandaministeriums" und der lapidaren Behauptung ab, daß es "abwegig" sei, Äußerungen, die in der Endphase des Krieges niedergeschrieben wurden, hinterher als Beweise 'faschistischer Gesinnung' ans Licht zu zerren" (S. 322). Sie seien vielmehr "ein intellektueller Beitrag zur Kriegsführung" gewesen (S. 323). Hier wünschte man sich etwas von der selbstkritischen Haltung eines Walter DIRKS, der während der NS-Zeit Feuilleton-Redakteur bei der Frankfurter Zeitung war und sich, obwohl völlig unbelastet, dennoch Unterlassung vorwirft:

> "Was ich von 1933 bis 1945 trieb, nannte man 'innere Emigration'. Darin steckt ein Stück Wahrheit und ein Stück Schwindel ... Ich habe gelegentlich Juden mit dem Stern heimlich gegrüßt, ich habe mich täglich mit Freunden im regimefeindlichen Sinn ausgetauscht, ich habe der Gestapo in einigen Verhören nichts verraten ..., aber das ist alles in allem wenig. Die Sünde der Unterlassung wiegt schwer ..." (DIRKS 1983, S. 24).

Die etablierte Erziehungswissenschaft hat das nach 1945 festgelegte Bild der Nachkriegspädagogen, von denen NOHL, LITT, SPRANGER und Wilhelm FLITNER inzwischen in den Rang von Klassikern aufgerückt sind, bis zum heutigen Tag und bis in die jüngste Wissenschaftlergeneration hinein tradiert.[4] Dies gilt übrigens selbst für Theodor WILHELM, dessen Karriere in der Zeit des Nationalsozialismus ganz offensichtlich auch von jüngeren Erziehungswissenschaftlern - bislang weitgehend erfolgreich - kaschiert wird, wie zuletzt die zahlreichen unkritischen Würdigungen anläßlich seines 80. Geburtstages gezeigt haben (vgl. OELKERS 1986).

Eine *Erforschung* des nationalsozialistischen Erziehungswesens fand in den fünfziger Jahren noch kaum statt. Die Arbeiten Arno KLÖNNEs zur Hitlerjugend (1956) und zum Jugendwiderstand (1958) gehören zu den wenigen Ausnahmen. Wenn der Nationalsozialismus in dieser Zeit überhaupt Gegenstand der erziehungswissenschaftlichen Reflexion war, dann zumeist als Beispiel eines "totalitären" (Erziehungs-)Systems, wobei bestimmte formale Erscheinungsformen nationalsozialistischer Erziehung in den Mittelpunkt rückten, die man - wenn auch mit anderen Intentionen - ebenfalls in

---

4 Bezeichnend ist m.E. sowohl die *Auswahl* von Pädgogen des 20. Jahrhunderts als auch deren (weitgehend affirmative) *Darstellung* als Klassiker in der von Hans SCHEUERL herausgegebenen Sammlung "Klassiker der Pädagogik" (1979a). Letzteres gilt vor allem für NOHL (GEISSLER 1979, für unseren Zusammenhang vor allem S. 230), SPRANGER (LÖFFELHOLZ 1979, z.B. S. 260 f. mit einer den wirklichen Sachverhalt verfälschenden Interpretation von SPRANGERs Rücktrittsgesuch im April 1933, vgl. dazu VAN DICK 1988, S. 16 f.) und FLITNER (SCHEUERL 1979b, S. 281 f.).

den Erziehungssystemen sozialistischer Länder, insbesondere der UdSSR und der DDR, zu erkennen glaubte. Ein gutes Beispiel für diese totalitarismus-spezifische Interpretation nationalsozialistischer Erziehung findet sich in dem entsprechenden Abschnitt von Theodor WILHELMs 1959 zuerst erschienener "Pädagogik der Gegenwart" ("Lehren des Nationalsozialismus", S. 153-193); WILHELM kommt dabei - wie die meisten der mit dem Nationalsozialismus beschäftigten Pädagogen dieser Zeit - zu dem Ergebnis, daß "das Hitlerjoch ... *zusammen mit der kommunistischen Diktatur der 'DDR'* der deutsche Modellfall für die Rolle" "ist", "die der Erziehung im totalitären Staat zwangsläufig zufällt" (S. 192).

Damit war ein Interpretationsansatz geschaffen, der nicht nur die Stimmung des Kalten Krieges in den fünfziger Jahren traf, sondern auch den antimarxistischen und antibolschewistischen Denkmustern fast sämtlicher Nachkriegspädagogen entsprach, die sich bis in die Weimarer Zeit und ins Kaiserreich zurückverfolgen lassen. Dieser Ansatz hat zwar im Zuge der Entspannungspolitik an Bedeutung verloren, wird aber immer noch - wenn auch in modifizierter Form - weiter vertreten, wie beispielsweise in den Schriften des Berliner Erziehungshistorikers Harald SCHOLTZ (1983 ; 1985).

2. Die beginnende Auseinandersetzung der Erziehungswissenschaft mit dem Nationalsozialismus im Zuge der sozial-liberalen Ära

Eine Veränderung in der Einstellung zum Nationalsozialismus bei einer breiteren Öffentlichkeit hat sich bereits lange vor Beginn der sozial-liberalen Ära abgezeichnet. Wichtige Anstöße dazu lieferten die Diskussion über Rolf HOCHHUTHs 1963 veröffentlichtes Stück "Der Stellvertreter", in dem das Schweigen Papst PIUS XII. zur Vernichtung der jüdischen Bevölkerung durch den Hitler-Faschismus thematisiert wird, weiterhin der Frankfurter Auschwitz-Prozeß 1963 bis 1965, durch den eine Fülle von Detailinformationen über die Konzentrationslager bekannt und über die Medien verbreitet wurde, und nicht zuletzt die 1965 und 1969 geführten Debatten im Bundestag über die Verjährung nationalsozialistischer Gewaltverbrechen (vgl. THRÄNHARDT 1986, S. 158 f.). Als Folge dieser Anstöße wuchs das Interesse an der NS-Zeit insbesondere an den Universitäten, so daß es verstärkt zu Nachfragen der jungen Generation kam. Im Februar 1964 erschien ein ganzes Heft der von dem jetzigen Konkret-Herausgeber, Herwig L. GREMLIZA, verantworteten Tübinger Studentenzeitung "notizen" zum

Thema "Braune Universität" (GREMLIZA 1964). Als Reaktion auf das studentische Interesse wurden an verschiedenen bundesdeutschen Universitäten Ringvorlesungen zur Rolle von Wissenschaft und Hochschule im Nationalsozialismus veranstaltet (FLITNER, A. 1965a; NATIONALSOZIALISMUS UND DIE DEUTSCHE UNIVERSITÄT 1966; DIE DEUTSCHE UNIVERSITÄT IM DRITTEN REICH 1966).[5]

Betrachtet man die Referenten, wird hier bereits der Generationswechsel deutlich sichtbar. Zwar gehörte ein Teil der Vortragenden noch der im Kaiserreich aufgewachsenen ersten Nachkriegsgeneration von Professoren an, darunter mehrere Emigranten, doch finden wir nun auch eine Reihe von Vertretern der in der Weimarer Zeit Geborenen, unter ihnen - als einzigen Erziehungswissenschaftler - den Sohn Wilhelm FLITNERs, Andreas FLITNER. Das Thema seines im Rahmen der Tübinger Ringvorlesung im Wintersemester 1964/65 gehaltenen Vortrages lautete: "Wissenschaft und Volksbildung" (FLITNER, A. 1965b). FLITNER macht darin den Versuch, über eine historische Rekonstruktion der Begriffe 'Volksbildung' und 'deutsche Bildungseinheit' zu zeigen, warum es den Nazis 1933 so leicht gelingen konnte, diese Begriffe in ihrem Sinne zu besetzen und die damit verbundenen Ziele für eine breite Mehrheit konsensfähig zu machen. Aus heutiger Sicht weiterführend ist sein Ansatz, über die historische Herleitung zentraler Begriffe Kontinuitäten und Diskontinuitäten in der nationalsozialistischen Erziehungsideologie aufzudecken, ebenso der Versuch, Zielvorstellungen wie die "deutsche Bildungseinheit" quasi mit soziologischen Kategorien als unverarbeitete Affekte gegen den gesellschaftlichen Wandel zu interpretieren. Auf der anderen Seite verbleibt FLITNER über weite Strecken seines Vortrages noch bei einer rein geistesgeschichtlichen und zugleich geisteswissenschaftlichen Interpretation der genannten Begriffe stehen, so daß er deren ideologische Funktion, beispielsweise als Mittel zur Verschleierung von Klassenstrukturen im Sinne der Erhaltung des gesellschaftlichen status quo, nicht zureichend erfassen kann. In diesem Sinne spricht Fritz HAUG in seiner 1968 erschienenen Analyse sämtlicher damals gehaltenen Ringvorlesungen von deren "hilflosem Antifaschismus" (HAUG 1968).

---

5 Wenigstens in einer Fußnote sei darauf hingewiesen, daß Wolfgang ABENDROTH in Marburg im Rahmen der Politischen Wissenschaft bereits in den fünfziger Jahren "3 Seminare zur Aufarbeitung der Publikationen der wichtigsten Geisteswissenschaftler und Juristen des Dritten Reiches" durchgeführt hat und dabei auf nicht unerheblichen Widerstand von seiten der Vereinigung für Politische Wissenschaft gestoßen ist (ABENDROTH 1976, S. 236 f.).

Nur wenige Jahre später erschien die Untersuchung von Karl Christoph LINGELBACH über "Erziehung und Erziehungstheorien im nationalsozialistischen Deutschland" (LINGELBACH 1970, ²1987), die zumindest eine wesentlich differenziertere Bearbeitung des Themas erkennen läßt. Bei LINGELBACH ist nicht mehr - wie bis dahin in der Erziehungswissenschaft zumeist üblich - von *dem* Nationalsozialismus als einem monolithischen Herrschaftssystem mit einheitlicher Erziehungstheorie die Rede, vielmehr macht er es sich zur Aufgabe, "die methodologischen und ideologischen Divergenzen der führenden nationalsozialistischen Erziehungstheorien" zu analysieren und dabei auch "die breite Strömung einer konservativ-revolutionären Pädagogik während der Weimarer Republik" besonders zu berücksichtigen und deren Affinitäten zum Faschismus aufzuzeigen (LINGELBACH 1987, S. 14). Damit klammert er - im Unterschied etwa noch zu dem skizzierten Vortrag von Andreas FLITNER - auch und gerade die geisteswissenschaftliche Pädagogik nicht aus. Deren Dilemma sieht er nicht etwa in dem von ihr aufgestellten Autonomieanspruch gegenüber dem Staat und anderen gesellschaftlichen Mächten, sondern vielmehr darin, daß sie nicht zureichend erkannt hat, daß nur der demokratische Staat diese Autonomie gewähren kann. Folglich hätten die Vertreter der geisteswissenschaftlichen Pädagogik - LINGELBACH zufolge - für diesen demokratischen Staat nachhaltig eintreten müssen, anstatt mit den antidemokratischen Kräften der Weimarer Zeit, nicht zuletzt mit dem Nationalsozialismus, zu sympathisieren und von dort her die Verwirklichung ihrer Ziele zu erwarten.

Wichtig an der Untersuchung LINGELBACHs war weiterhin der dort ansatzweise gemachte Versuch, pädagogische Theorien und Absichten auf gesellschaftliche Interessen und Interessenkonflikte, in diesem Falle der faschistischen Machteliten, rückzubeziehen. So kommt LINGELBACH zu der Einschätzung, daß die erziehungstheoretische Diskussion nach 1936 ohne das spätestens seit diesem Zeitpunkt vorrangige Interesse an der Kriegsvorbereitung, dem alles andere untergeordnet wurde, nicht zu verstehen ist.

Fragt man danach, wie es in den wenigen Jahren zwischen dem FLITNERschen Vortrag von 1965 und der Untersuchung LINGELBACHs von 1970 zu einem so weitreichenden Neuansatz innerhalb der erziehungswissenschaftlichen Auseinandersetzung mit dem Nationalsozialismus kommen konnte, dann muß zum einen auf die sehr intensive Rezeption der Kritischen Theorie und zum anderen auf die sozialwissenschaftliche Wende innerhalb der damaligen Erziehungswissenschaft verwiesen werden. Die Rezeption der Kritischen Theorie durch die sich daraus entwickelnde Kritische Erziehungswissenschaft bedeutete vor allem die Einsicht in den unauflöslichen Zusammenhang zwischen individueller und gesellschaftlicher Mündigkeit wie auch die Orientierung an dem Ziel einer 'mündigen' Gesellschaft. Diese Orientierung war - etwa bei ADORNO als einem der Mitbegründer der Kritischen Theorie - gerade aus den Erfahrungen mit dem Faschismus erwachsen, aus dem Interesse, daß Auschwitz sich nicht wiederhole. Von daher wurde einerseits die Beschäftigung mit dem Faschismus zu einem Schwerpunkt jeder an der Kritischen Theorie orientierten Wissenschaft, andererseits die Kritik ungerechtfertigter Herrschaft zu deren umfassenden Methode. Diese Kritik verstand sich im Rahmen der Sozial- und Gesellschaftswissenschaften, einschließlich der Erziehungswissenschaft, als Ideologiekritik, wobei 'Ideologie' im Sinne von MARX 'falsches Bewußtsein' meint, das der Aufrechterhaltung ungerechtfertigter Herrschaft dient. Insofern dieses 'falsche Bewußtsein' im Rahmen der Ideologiekritik als 'falsch' entlarvt wird, wird zugleich ein erster Schritt zur Befreiung davon getan und der Weg zur individuellen und gesellschaftlichen Mündigkeit gewiesen. Einem derartigen ideologiekritischen Ansatz ist die erwähnte Studie LINGELBACHs verpflichtet, indem sie die nationalsozialistischen Erziehungstheorien zumindest ansatzweise auf die Herrschaftsinteressen der faschistischen Machteliten bezieht und ihre Funktion innerhalb des faschistischen Herrschaftssystems verdeutlicht. Von einem sich materialistisch verstehenden Ansatzpunkt ist darüber hinaus weiter gefragt worden, ob es ausreiche, Ideologien lediglich auf abstrakte Herrschaftsverhältnisse zu beziehen, bzw., ob diese nicht ganz konkret als ökonomische Interessen verstanden werden müßten (vgl. den Beitrag von R. KÜHNL in diesem Band).

Was die sozialwissenschaftliche Wende der Erziehungswissenschaft anbelangt, so stand diese in engem Zusammenhang mit der sich seit Mitte der sechziger Jahre entwickelnden Theorie-Diskussion innerhalb der Sozialwissenschaften. Schon vorher hat die Beschäftigung der Erziehungswissenschaft mit dem Nationalsozialismus wertvolle Impulse durch Politik- und Sozialwissenschaft erhalten, wie etwa durch die Studie des BRACHER-Schülers Rolf EILERS über "Nationalsozialistische Schulpolitik" (1963), die bis zum heutigen Tag ein Standardwerk geblieben ist. Seit 1970 etablierte sich dann eine sozialwissenschaftlich ausgerichtete Historische Pädagogik, die sich jedoch interessanterweise zunächst dem 18. und 19. Jahrhundert zuwandte, so daß zu Recht auf die "unzureichende Aufarbeitung und die Verdrängung des Faschismus" verwiesen worden ist (HAMBURGER 1977, S. 6). Um die Aufmerksamkeit auf dieses Thema zu lenken, veranstaltete die Historische Kommission der Deutschen Gesellschaft für Erziehungswissenschaft 1978 eine Tagung über "Erziehung und Schulung im Dritten Reich", deren Ergebnisse zwei Jahre später publiziert worden sind (HEINEMANN 1980; IZEBF H. 14/1980).

Die wissenschaftlichen Standards der meisten dieser Beiträge, die größtenteils auf umfassendere Arbeiten bzw. Forschungsprojekte zurückgehen, sind denen in der Geschichtswissenschaft durchaus vergleichbar, insbesondere was die quellenmäßige Fundierung anbelangt. Darüber hinaus läßt sich eine starke Ausweitung des Gegenstandsbereiches feststellen.

So wurden neben allgemeinbildendem Schulwesen und Hitlerjugend, die in den fünfziger und sechziger Jahren bereits vereinzelt bearbeitet worden waren, nun auch Kindergärten, die verschiedenen Einrichtungen der Berufsausbildung, die Lager der Kinderlandverschickung, die Hochschulen, einschließlich der Lehrerausbildung, die NS-Dozentenlager, die Erwachsenenbildung, der Reichsarbeitsdienst, die Nationalsozialistische Frauenschaft und andere den Zwecken nationalsozialistischer Erziehungspolitik dienstbar gemachte Einrichtungen und Organisationen mit einbezogen, ebenso die unterschiedlichsten - im herkömmlichen Verständnis Erziehung und Bildung vermittelnden - inhaltlichen Bereiche (Fächer). Nicht zuletzt wurde den im Krieg besetzten Gebieten und der dort praktizierten Okkupationspolitik mit ihren Auswirkungen auf das Erziehungswesen besondere Aufmerksamkeit geschenkt.

Allerdings läßt sich nicht übersehen, daß in den genannten Publikationen oft Fakten rein positivistisch zusammengetragen werden, ein theoretisches Konzept dagegen fehlt oder nur wenig reflektiert wird, die Fragestellungen folglich begrenzt und eindimensional bleiben und sich auf organisationstheoretische Aspekte konzentrieren. So fehlen im Rahmen dieser Tagungsbände von 1978 "Arbeiten zur gesellschaftlichen Genese der Mentalitäten, die den Nationalsozialismus erst möglich machten" wie "Studien über die Mechanismen seiner massenhaften Anerkennung, die ihn an der Macht hielt" (TENORTH 1985, S. 24), Defizite, die immer noch nicht zureichend behoben sind, auch wenn die sich seit Mitte der siebziger Jahre entwickelnde Alltagsforschung und Oral History geeignete Ansatzpunkte dafür bieten.

3. Widersprüchliche Entwicklungen in der Bearbeitung des Nationalsozialismus durch die Erziehungswissenschaft seit Beginn der achtziger Jahre

Will man den Stand der derzeitigen Auseinandersetzung der Erziehungswissenschaft mit dem Nationalsozialismus verstehen, muß man von zwei gegenläufigen Entwicklungstendenzen gesamtgesellschaftlicher Art seit dem Beginn der achtziger Jahre ausgehen. Zum einen haben die verschiedenen Gedenktage, z.B. an den 30. Januar 1933, die Bücherverbrennungen im Mai desselben Jahres oder die Befreiung vom Faschismus im Mai 1945, das Interesse an diesem Abschnitt der deutschen Geschichte verstärkt. Dabei dürfte eine nicht unwesentliche Rolle spielen, daß inzwischen Generationen herangewachsen sind, die diese Zeit nicht selbst miterlebt haben, deren Verdrängung und Nichtbearbeitung aber in aktuellen politischen Auseinandersetzungen in den verschiedensten gesellschaftlichen Bereichen ständig aufs neue vorgeführt bekommen. Angesichts der widersprüchlichen Informationen versuchen gerade Jüngere sich selbst ein Bild über die Hintergründe dieser Auseinandersetzungen zu machen, wie das große Interesse an entsprechenden Themen zum Nationalsozialismus im Rahmen des Schülerwettbewerbs 'Jugend forscht' gezeigt hat. Solchem Bemühen der Jugend kommt der seit den siebziger Jahren verstärkte Trend zur Alltagsgeschichte und Oral History sehr entgegen, dem die Forschung zum Nationalsozialismus wesentliche Impulse verdankt. Gleichzeitig machen sich verstärkt restaurative Tendenzen bemerkbar, die sich schon vor der politischen 'Wende' in Bonn in der Bundesrepublik abzeichneten. Die Neuformierung konservativer Kräfte hat sich in den vergangenen zwei Jahren vor allem im sog. 'Historikerstreit' mit 'Entsorgungs'versuchen der deutschen Vergangenheit artikuliert, allerdings nicht ohne auf entschiedenen Widerstand sowohl im linken als auch linksliberalen Lager zu stoßen.

Wie haben sich diese widersprüchlichen Entwicklungen konkret auf die jüngste erziehungswissenschaftliche Forschung zum Nationalsozialismus ausgewirkt? Ganz allgemein kann man - dem gestiegenen Interesse am Thema entsprechend - einerseits eine starke Ausweitung der Forschung konstatieren, die sich u.a. an einer vermehrten Zahl von Publikationen ablesen läßt. Dabei stehen nicht mehr so sehr - wie noch bis zum Ende der siebziger Jahre - allgemeine Themen wie *die* Hitlerjugend, *die* Schulpolitik, *die* Volksschule und *die* Lehrpläne im Vordergrund, sondern wird häufiger im Rahmen von Fallbeispielen den konkreten Erscheinungsformen der NS-Herrschaft nachgegangen. "Schulpolitik und Schulalltag in Hamburg unterm Hakenkreuz"

(LEHBERGER/DE LORENT 1986), "Das Collegium Augustianum Gaesdonck in der NS-Zeit 1933-1942" (VAN EICKELS 1982), "Die Volksschule Harsum im Dritten Reich" (KÖHLER 1985), so lauten bezeichnende Titel der achtziger Jahre, die aus entsprechenden Forschungsprojekten hervorgegangen sind. (Über eines dieser Projekte berichtet Reiner LEHBERGER in diesem Band.) Weiter läßt sich ein Trend zur Oral History, zur erzählten Geschichte, beobachten, die ohne Eingrenzung der Fragestellung gar nicht denkbar wäre. (Als Beispiele dafür sei auf die Beiträge von Bruno SCHONIG und Lutz VAN DICK verwiesen.) Schließlich wird seit Beginn der achtziger Jahre erstmals auch die zwischen 1933 und 1945 verdrängte Pädagogik stärker in die erziehungswissenschaftliche Forschung einbezogen, wozu die sich über Jahrzehnte erstreckende verdienstvolle Arbeit von Hildegard FEIDEL-MERTZ wesentlich beigetragen hat.

Als Gegentendenz zu dieser wachsenden Öffnung dem Nationalsozialismus gegenüber verstärkt sich in der Erziehungswissenschaft jedoch andererseits seit einigen Jahren der Trend zur Bereinigung und erneuten Verdrängung dieses Abschnittes der deutschen Geschichte. Mit auffallender Beharrlichkeit wehren sich seit Beginn der achtziger Jahre auch jüngere Vertreter unseres Faches gegen die Rezeption ideologiekritischer und gesellschaftsbezogener Analysen des deutschen Faschismus. Als Alternative dazu wird - neben der Übernahme längst überwunden geglaubter konservativer Positionen - neuerdings die Systemtheorie LUHMANNscher Prägung als geeignetes wissenschaftliches Paradigma favorisiert. Ein von Heinz-Elmar TENORTH vorgelegter Literaturbericht "Zur deutschen Bildungsgeschichte 1918-1945" (TENORTH 1985) mag die weitreichenden Konsequenzen verdeutlichen, die eine Anwendung dieses Theoriekonzeptes auf das nationalsozialistische Erziehungswesen einschließt. TENORTH grenzt sich in diesem Literaturbericht methodisch insbesondere gegen die bereits vorgestellte Untersuchung LINGELBACHs über "Erziehung und Erziehungstheorien im nationalsozialistischen Deutschland" ab. An LINGELBACH kritisiert er vor allem dessen "normativ übereindeutig gefaßten", "der Selbstdeutung der Reformbewegung vor 1933 affinen, dann aber zusätzlich gesellschaftskritisch aufgeladenen Erziehungsbegriff", mit Hilfe dessen "die Realität der nationalsozialistischen Erziehung zwar noch" beschrieben, "auch noch ideologiekritisch abwehrend auf aktuelle Handlungsprobleme" bezogen, "aber kaum noch systematisch und nüchtern" analysiert werden könne (S. 5). Demgegenüber schlägt TENORTH vor, von einem empirisch eingeengten Bildungsbegriff auszugehen, den er auch als "Substratkategorie" bezeichnet (S. 13). Damit verbindet sich der Anspruch, "das System nationalsozialistischer Erziehung" 'wertneutral', "als eine der historisch möglichen Formen des Generationsverhältnisses" zu betrachten. Unter diesen verschiedenen "historisch *möglichen* Formen" wird die des Nationalsozialismus charakterisiert als der "dem Plan und zunehmend auch der Realität nach ... 'erfolgreichste' Versuch, von der Kindheit bis ins Erwachsenenalter, für einfaches und komplexeres Lernen, bei abweichendem Verhalten und für sozialen Aufstieg die Möglichkeiten des Erziehungssystems zu nutzen" (S. 121), wobei TENORTH - und spätestens an dieser Stelle zeigt sich die ganze Problematik seines Ansatzes - "die ersten KZs ... als neuartige Teile" dieses Erziehungswesens "interpretiert" (S. 122) und später im Hinblick auf dieses Erziehungssystem als Ganzes von "neuen, innovativen Momenten" spricht und in Klammern dazu erläuternd ausführt: "sie sind innovativ gegenüber der Zeit vor 1933, wobei es offen ist, ob sie auch als Fortschritt bewertet werden dürfen" (ebd.): Derartige Zuordnungen und Reflexionen verdecken und verharmlosen den inhumanen Charakter des Faschismus insgesamt wie den der KZs im besonderen, die nämlich von Anfang an Stätten brutalster physischer und psychischer Vernichtung waren (vgl. KOGON 1986; BRACHER/SCHULZ/SAUER 1974, III, S. 247 ff.). Sie verdeutlichen zugleich, wenn auch sicherlich an einem Extrembeispiel, daß es ein methodischer Trugschluß ist zu meinen, Problemzusammenhänge gesellschaftlicher Art wertneutral bzw. mit wertneutralen Kategorien beschreiben zu können. Begriffe wie 'Erziehung' und 'Bildung' lassen sich m.E. nur um den Preis der Mehrdeutigkeit oder sogar Sinnverfälschung als "Substratkategorien" verwenden. Mir scheint, daß der reflektierte und reflektierende Umgang mit bedeutungsgeladenen Kategorien da letztendlich eindeutiger ist, zumindest aber vor Fehldeutungen von Sachverhalten - wie im Falle der KZs - eher bewahrt. Die Argumentation TENORTHs zeigt nicht zuletzt die Problematik einer von gesamtgesellschaftlichen Zusammenhängen losgelösten Betrachtungsweise von Erziehungsprozessen, wie sie TENORTH im Anschluß an die LUHMANNsche These von der Eigendynamik gesellschaftlicher Subsysteme vornimmt.

4. Zur Notwendigkeit einer Auseinandersetzung mit dem Nationalsozialismus für die Erziehungswissenschaft

Überblickt man die Auseinandersetzung der bundesdeutschen Erziehungswissenschaft mit der Funktion der Pädagogik wie der Rolle der Pädagogenschaft im Nationalsozialismus seit 1945, kann man zunächst feststellen, daß die Offenheit gegenüber dem Thema, zumindest in der jungen Generation von Wissenschaftlern, kontinuierlich zugenommen hat und inzwischen eine erfreuliche Breite des Themenspektrums wie der methodischen Zugänge erreicht worden ist. Gleichzeitig geben die jüngsten neokonservativen Strömungen in der Erziehungswissenschaft Anlaß zur Besorgnis. Ganz offensichtlich übernehmen sie die Funktion, die in den sechziger und siebziger Jahren vereinzelt entwickelten Ansätze zu einem kritischen Verstehen der Mitverantwortung auf seiten der Erziehungswissenschaft wie der Pädagogen rückgängig zu machen, indem sie Bezüge zwischen konservativem und faschistischem Denken selbst für Teilbereiche abstreiten und Zustimmung, Anpassung und Beteiligung von Personen und Personengruppen leugnen oder aber das eine wie das andere bagatellisieren. Angesichts dieser Tendenz stellt sich erneut die Frage nach dem Sinn einer Auseinandersetzung mit dem Nationalsozialismus, ganz speziell in der Erziehungswissenschaft. Die kürzeste und zugleich umfassendste Antwort hat Theodor ADORNO gegeben: "daß Auschwitz nicht noch einmal sei" (ADORNO 1971, S. 88) und das bedeutet, es muß unter allen Umständen verhindert werden, daß sich "1933" wiederholt. Voraussetzung dafür ist die genaue Analyse, *erstens* warum damals die Mehrzahl deutscher Erziehungswissenschaftler und Pädagogen nicht im Lager der Gegner des Faschismus zu finden war und *zweitens* wo die Berührungspunkte und Überschneidungen zwischen Konservatismus und Faschismus liegen. Nicht in erster Linie um Schuldzuweisungen an die Adresse der damals Handelnden geht es also, sondern um die Aufdeckung solcher Zusammenhänge. Das ist allerdings kaum möglich, ohne das Denken und konkrete Handeln dieser Personen mit einzubeziehen. Notwendig ist dies auch deshalb, weil ein Teil der betroffenen Erziehungswissenschaftler über das Jahr 1945 hinaus wesentlichen Einfluß auf die pädagogische Theoriebildung genommen hat, der sich - wie angedeutet - bis zum heutigen Tag nachweisen läßt.

Damit sind wir bereits bei einer zweiten wichtigen Aufgabe für die Erziehungswissenschaft bei ihrer Auseinandersetzung mit dem Nationalsozialismus, nämlich die erziehungswissenschaftliche, bildungspolitische wie auch pädagogische Traditionsbildung nach 1945 kritisch zu überprüfen. Wäre nicht - so muß spätestens heute gefragt werden - durch Rezeption der verdrängten Pädagogik z.B. Anna SIEMSENs, Paul OESTREICHs, Friedrich Wilhelm FOERSTERs oder Fritz BORINSKIs nach 1945 eine ganz andere Entwicklung pädagogischen Denkens und pädagogischer Praxis in der Bundesrepublik vorstellbar gewesen?[6] Nicht zuletzt sollte uns die Rolle der Erziehungswissenschaft im Nationalsozialismus zum Nachdenken über die grundsätzliche Frage nach Verantwortung und Korrumpierbarkeit von Wissenschaft veranlassen (vgl. KEIM 1988b). Vom Nachdenken darüber wird es auch mit abhängen, inwieweit die Erziehungswissenschaft sich künftig an der Gestaltung einer friedlichen, sozialen und damit humanen Gesellschaft beteiligen kann.

---

6   Zu einer vergleichbaren Einschätzung kommt übrigens auch Franz PÖGGELER (1987, S. 66 f.), der außerhalb jeden Radikalismus-Verdachts steht.

REINHARD KÜHNL

Zur Relevanz von Faschismustheorien für die Erziehungswissenschaft

I

Warum eigentlich befassen wir uns mit Vergangenheit? Ist denn die Gegenwart nicht bedrängend genug? Nun, sicherlich tun wir das auch deswegen, weil wir uns an Vergegenständlichungen menschlicher Schöpferkraft aus vergangenen Zeiten erfreuen, weil wir dadurch unser eigenes Dasein geistig und sinnlich bereichern können. Aber das wäre noch kein Grund, uns mit Kriegen und sozialen Katastrophen zu befassen; und schon gar kein Grund, Geschichte insgesamt als einen zusammenhängenden Prozeß zu erforschen. Wozu also die systematische Aufarbeitung der Vergangenheit?

Die "herrschende Lehre" hilft uns da leider nicht viel weiter. So heißt es bei Karl Dietrich ERDMANN (1970, S. 90): "Es läßt sich ... wissenschaftlich nichts aussagen über das Woher und Wohin der Geschichte."[1] Auch Golo MANN (1961, S. 108 f.) meint, mit wissenschaftlichen Kategorien könne man ebenso wenig Geschichte erklären, als wenn "wir unser Gedanken-Scherflein in den Ozean der Geschichte werfen, wo niemand weiß, was aus ihm werden wird." Und Gerhard RITTER (1946, S. 19), der große Lehrmeister der bundesrepublikanischen Historikerzunft, erklärt: "Den letzten Sinn der Geschichte als Ganzes vermögen wir nicht zu verstehen; den kennt Gott allein." Nach dieser Ansicht ist der historische Prozeß also letztlich unerklärlich und unbegreiflich. Wäre dies auch meine Ansicht, so würde ich meine wertvolle Lebenszeit allerdings nicht für ein derart sinnloses Unterfangen aufwenden, sondern einer nützlichen Tätigkeit nachgehen: einen Acker bestellen oder einen Pullover stricken.

Etwas weiter hilft uns dagegen eine Definition von Wissenschaft, die die Unesco 1974 entwickelt hat.[2] Danach liegt der Sinn von Wissenschaft darin, Kausalbeziehungen in der Natur und in der Gesellschaft zu ermitteln,

---

1 Die theoretische Begründung für solche Positionen lieferte der Neukantianismus um die Jahrhundertwende (RICKERT 1910); zur Kritik solcher Geschichtstheorien vgl. LUCÁCS 1962, 4. Kap.; IGGERS 1971; SCHLEIER 1975.
2 Empfehlungen zur Stellung der wissenschaftlichen Forscher, verabschiedet von der 18. Generalkonferenz der Unesco am 23.11.1974.

um daraus Nutzen zu ziehen für die Menschen. Es kann hier nicht der Frage nachgegangen werden, ob es statt "Kausalbeziehungen" nicht präziser "Gesetzmäßigkeiten" heißen müßte, worin der Unterschied zwischen beiden Kategorien besteht und warum entsprechende Vorschläge in der Unesco nicht durchgekommen sind. Eines aber ist klar: Nach dieser Definition wird Wissenschaft keineswegs als eine zweckfreie Tätigkeit verstanden, sondern als eine solche, die einen vernünftigen Zweck verfolgt: zum Nutzen der Menschen. In diesem Sinne läßt BRECHT seinen Galilei sagen, der Sinn von Wissenschaft liege darin, "die Mühsal der menschlichen Existenz zu erleichtern". Danach wäre Wissenschaft also eine Form nützlicher menschlicher Arbeit. Und ein zweites ist klar: Bezogen auf die Geschichtswissenschaft genügt es nicht, Fakten zu sammeln und aufzureihen und Ereignisse nachzuerzählen; dies ist vielleicht die Vorstufe von Wissenschaft, aber noch nicht Wissenschaft selbst. Die Stufe von Wissenschaft ist erst dann erreicht, wenn "Kausalbeziehungen" ermittelt werden. Der Sinn dieser Tätigkeit liegt darin, die Erfahrungen vergangener Generationen anzueignen, um Probleme der Gegenwart und der Zukunft besser bewältigen zu können.

II

Im Falle des Faschismus[3] erscheint dies besonders dringlich. Denn der Faschismus hat ein Ausmaß von Terror und Vernichtung entwickelt, wie dies die Menschheit in ihrer langen leidvollen Geschichte noch nicht gekannt hatte. Angesichts des heute vorhandenen Vernichtungspotentials ist es offenkundig zu einer Überlebensfrage der Menschheit geworden, eine solche Konstellation nicht noch einmal entstehen zu lassen.

Welche Bedingungen aber haben den Faschismus ermöglicht? Wie läßt sich die Politik des Faschismus, wie lassen sich Terror und Krieg erklären? Eine Theorie über den Faschismus hat die Aufgabe, die vielfältigen Einzelforschungen zusammenzufassen und daraus eine Gesamtinterpretation des Faschismus zu entwickeln, den Faschismus in seinen sozialen Inhalten und seinen Herrschaftsmethoden, in seiner Genese und seiner Struktur, als Prozeß und als System zu begreifen. Jeder Versuch, ein Element dieses Systems, einen Teilbereich der faschistischen Wirklichkeit herauszulösen und gewissermaßen "aus sich" zu interpretieren, ist a priori zum Scheitern verurteilt. Ob Institutionen wie Militär und Kirchen, Schule und Universität, ob

---

3 Daß der "Nationalsozialismus" eine Form des Faschismus darstellt, habe ich dargelegt in KÜHNL [2]1987a

Ideologien wie Antisemitismus oder Antikommunismus, ob Konzentrationslager, Zwangsarbeit und Kriegszielpolitik - alle diese Teilbereiche und Erscheinungsformen des Faschismus bilden Elemente eines Gesamtzusammenhangs, erhalten von dort aus ihren Stellenwert und ihre konkrete Ausprägung, sind also auch nur von dort aus voll erklärbar. Schon dieser Tatbestand zeigt, daß auch Erziehungswissenschaft darauf angewiesen ist, die Resultate der faschismustheoretischen Diskussion anzueignen, d.h. Entwicklung und Struktur, Theorie und Praxis des Erziehungswesens im Faschismus als eine besondere Ausprägung und Erscheinungsform des Gesamtsystems Faschismus zu fassen, wenn sie ihren Gegenstand wirklich begreifen will. Dies gilt auch unter der Voraussetzung, daß die einzelnen Institutionen, Ideologien usw. auch im Faschismus über eine relative Eigenständigkeit verfügen. Denn Ausmaß und Funktion dieser Eigenständigkeit können erst im Rahmen einer Analyse des Gesamtsystems ermittelt werden.

Die Schwierigkeiten, die einer Analyse des Faschismus entgegenstehen, sind nicht nur erkenntnistheoretischer, sondern auch politischer Art. Diejenigen sozialen Kräfte, die den Faschismus getragen hatten, saßen ja nach 1945 zunächst auf der Anklagebank und hatten - angesichts der riesigen Verbrechen, die unter dem Faschismus begangen worden waren - verständlicherweise ein starkes Interesse daran, die Wahrheit über ihre eigene Rolle nicht ans Licht kommen zu lassen. Die gilt auch und gerade in bezug auf den Zusammenhang zwischen der kapitalistischen Eigentumsordnung, an dessen Fortexistenz sie natürlich interessiert waren, und der faschistischen Politik. Da diese Kräfte alsbald wieder großen Einfluß erlangten, gibt es seit dem Internationalen Militärtribunal 1945 eine Linie in der Faschismusdiskussion, die auf Verschleierung der sozio-ökonomischen Bedingungen des Faschismus abzielt.

III

Umstritten innerhalb der Faschismusforschung ist nicht so sehr die Frage nach der Herrschafts*form*. Daß diese aus einer spezifischen Kombination von Terror und ideologischer Mobilisierung bestand und eine Tendenz zum Totalitären hatte - darüber gibt es kaum Kontroversen. Wer aber war Subjekt der Herrschaft, wer Träger und Nutznießer der faschistischen Politik? Parteien, staatliche Institutionen, Kriege usw. sind ja nicht Selbstzweck, sondern vielmehr Mittel zum Zweck, zur Durchsetzung gesellschaftlicher Interessen nämlich. Wer also war im Faschismus Subjekt des Systems, wer formulierte die Ziele des Systems, und wer konnte seine Interessen durchsetzen?

Die in der Bundesrepublik vorherrschende Interpretation lautete lange Zeit und lautet im Grunde immer noch: Dies war *HITLERs* Ideologie, *HITLERs* Politik und *HITLERs* Krieg. Das ist natürlich nicht nur eine Antwort auf die Frage nach dem Subjekt und dem Träger der Herrschaft, sondern auch eine Antwort auf die Kausalfrage. So stellt sich z.B. für FABRY (1968, S. 9) der deutsche Faschismus so dar: "Ein Mann taucht auf aus dem Dunkeln ..., setzt sich in einem Anstieg ohnegleichen an die Spitze eines ... Reiches, macht dieses Reich zum mächtigsten Staat eines Kontinents, unterwirft in raschen Eroberungszügen den größten Teil Europas..."; und J.C. FEST (1973, S. 18) schreibt über HITLER: "Tatsächlich war er in einem wohl beispiellosen Grade alles aus sich und alles in einem: Lehrer seiner selbst, Organisator einer Partei und Schöpfer ihrer Ideologie, Taktiker und demagogische Heilsgestalt, Führer, Staatsmann und, während eines Jahrzehnts, Bewegungszentrum der Welt". Damit erledigen sich alle weiteren Fragen: die nach ideologischen Traditionen ebenso wie die nach politisch-sozialen Kräften und nach ökonomischen Interessen. Allenfalls bleibt die Verantwortung an den Massen, am Volk, hängen, das HITLER angeblich an die Macht gebracht hat. Die "Lehre" für die Gegenwart lautet denn auch in der Regel, daß die Massen irrational und gefährlich sind und daß zuviel Demokratie schädlich ist.

Nun wissen wir spätestens seit dem Internationalen Militärtribunal 1945, daß die Führungsschichten aus Großwirtschaft, Militär und hoher Bürokratie einen wesentlichen Anteil an der Errichtung der Diktatur und an der Konzipierung und der Realisierung der faschistischen Politik hatten. Es war ja kein Zufall, daß auch diese Kräfte als Kriegsverbrecher angeklagt waren - und nicht nur die Führer der faschistischen Partei. 42 dicke Bände an Dokumenten wurden damals vorgelegt, und es ist schon sehr auffällig, daß dieses gewaltige Material von unseren Historikern fast gar nicht zur Kenntnis genommen wurde; und ebenso wenig das, was seither von der empirischen Forschung ermittelt und von der Theoriediskussion interpretiert worden ist.[4] Die "herrschende Lehre" hält - unbelehrbar - fest an den Formeln von "HITLERs Politik" und "HITLERs Krieg". Letzteres gilt in hohem Maße auch für Publikationen, die sich mit dem Erziehungswesen im deutschen Faschismus

---

4   Die wichtigsten Versuche, Gesamtinterpretationen des Faschismus zu entwickeln, habe ich dargestellt und analysiert in meinem Band "Faschismustheorien" (KÜHNL 1979); eine Auflistung von Dokumenten-Publikationen vgl. ebd., S. 294 (Anm. 8).

befassen. Auch hier dominiert die Methode, HITLER als prima causa, sein Denken als Urquell aufzufassen und von hier aus Theorie und Praxis des faschistischen Erziehungswesens abzuleiten (vgl. LEITNER 1984; HERRMANN 1985b).

IV

Tatsächlich aber ist nicht nur empirisch beweisbar und bewiesen, *daß* es diese Machteliten waren, die seit 1930 auf die Errichtung einer Diktatur drängten und nach 1933 die Politik dieser Diktatur wesentlich mitbestimmten, sondern es ist - von ihrer Interessenlage und ihren Zielen her - auch erklärbar, *warum* sie sich in dieser Weise verhielten. Der soziale Inhalt des Faschismus liegt ja offen zutage. Wenn die Arbeiterparteien und die Gewerkschaften 1933 unter Anwendung brutalsten Terrors zerschlagen wurden und zugleich die Führer aus den großen Industrie- und Bankkonzernen nun - zusammen mit den Führern der faschistischen Partei - an den Schalthebeln der politischen Macht saßen, so waren damit die Weichen gestellt in der Frage, welche sozioökonomischen Interessen im Faschismus die dominanten werden sollten. Und wenn zugleich das "Gesetz zur Ordnung der nationalen Arbeit" (vom 20. Januar 1934) den Unternehmer zum "Führer des Betriebes" machte, der "in allen betrieblichen Angelegenheiten" zu entscheiden hatte, während die Arbeiter und Angestellten zur "Gefolgschaft" degradiert wurden und gehorchen mußten, so war diese Grundentscheidung auch auf der Ebene des Einzelbetriebes verankert. Und wenn schließlich alle ökonomischen, politischen und ideologischen Kräfte der Nation auf die Vorbereitung und Durchführung eines Eroberungskrieges konzentriert wurden, der die Produktionsanlagen, die Rohstoffgebiete und die Arbeitskräfte vom Atlantik bis zum Ural dem deutschen Kapital verfügbar machen sollte, so ist auch hier evident, welche sozialökonomischen Interessen dahinter standen, nämlich dieselben wie bereits im Ersten Weltkrieg. Die Ziele faschistischer Politik waren also keineswegs dem Kopf HITLERs entsprungen, sondern aus dem Expansionsdrang jener o.g. sozialökonomischen Interessen hervorgegangen. Eine genauere Betrachtung zeigt, daß auch die zentralen ideologischen Motive, mit denen der Faschismus seine Politik legitimierte, auf jenen Interessen basierte. Dies gilt für Sozialdarwinismus, Imperialismus und Rassismus ebenso wie für Autoritarismus, Militarismus und militanten Antikommunismus. Auch sie wurden bereits vor 1918 machtvoll propagiert und dienten der Stützung des autoritären Staates im Kaiserreich wie auch der Rechtfertigung des Ersten Weltkrieges.[5]

In der Kontinuität dieser sozialen Interessen also ist der Faschismus zu sehen, politisch und ideologisch, und nur aus dieser Kontinuität heraus ist seine Politik zu begreifen. Niemals haben Großwirtschaft und Militär die militärische Niederlage und die revolutionäre Umwälzung von 1918 definitiv akzeptiert. Immer war ihre Politik darauf gerichtet, die Fesseln des Versailler Vertrages zu sprengen und eine neue, auch militärisch abgesicherte Expansionspolitik einzuleiten (vgl. KÜHNL 1985). In der Frage, mit welchen Mitteln und mit welchem Risiko das zu geschehen habe und ob dafür die parlamentarische Demokratie eine geeignete und ausreichende Staatsform sei, gab es bis 1930 zwar Kontroversen innerhalb dieser Kräfte. Aber als dann die große Wirtschaftskrise den internationalen Konkurrenzkampf enorm verschärfte und zugleich neue Chancen zur Disziplinierung der abhängig Arbeitenden eröffnete, erschien ihnen die parlamentarische Demokratie als politische Form und die Arbeiterbewegung als soziale Kraft in wachsendem Maße als hinderlich für die Realisierung solcher Ziele, und sie votierten deshalb seit 1930 mit wachsendem Nachdruck für die Errichtung einer Diktatur. Die faschistische Bewegung war dabei für sie nur eine mögliche Variante, diese Politik zu realisieren; auch andere Diktaturmodelle wurden erwogen und erprobt; von der Präsidial- bis zur Militärdiktatur. Die Übertragung der Macht an die NSDAP war allerdings jene Variante, die diesen Kräften seit dem November 1932 - aus angebbaren Gründen - als die wirksamste erschien.

Die faschistische Diktatur beruhte dann in der Tat genau auf dem Bündnis zwischen Großwirtschaft, Militär, hoher Bürokratie und faschistischer Bewegung. Und dieses Bündnis wurde - trotz fortdauernder Konkurrenzkämpfe - zusammengehalten durch gemeinsame Interessen und Ziele. Von dieser "Staatsräson" her erhalten die einzelnen gesellschaftlichen Bereiche ihre Ausprägung:

Wollte man die stärkste Arbeiterbewegung Europas zerschlagen und die arbeitende Bevölkerung dauerhaft entmündigen, brauchte man - neben ideologischen Strategien und als Basis für diese - härtesten Terror, brauchte man Konzentrationslager. Wollte man einen Krieg führen, der die Völker

---

5 Gerade diese ideologischen Traditionen, auf denen auch die Ideologie des deutschen Faschismus beruhte, sind sehr gut erforscht: vgl. u.a. LUKÁCS 1962; GÜNTHER 1981; PETZOLD 1978; STRUVE 1973. Es ist deshalb schon sehr erstaunlich, wenn - auch in der Erziehungswissenschaft - Adolf HITLER immer noch als eine Art ideologischer Urquell behandelt wird.

Europas vom Atlantik bis zum Ural unterwerfen und dauerhaft als billige Arbeitskräfte für die deutsche Wirtschaft verfügbar machen sollte, dann erforderte das eben entsprechende Methoden; dann mußten alle Kräfte eliminiert werden, die sich "querstellten", gleichgültig ob kommunistisch oder liberal, ob sozialistisch oder christlich; dann mußten alle Kräfte der Nation auf den Krieg konzentriert werden.

Die Notwendigkeit, alle Kräfte auf den Krieg zu konzentrieren, forderte auch eine entsprechende Gestaltung des Erziehungswesens, und zwar auf allen Stufen. Ein "neuer Mensch" wurde gefordert, und zwar ein solcher, der keinerlei moralische Hemmungen im Umgang mit sogenannten "Untermenschen" kannte, der, wie NIETZSCHE sagt, das gute Gewissen des Raubtiers zurückgewonnen hatte. Dieser "neue Mensch" mußte also geformt werden: in der Schule wie in der Hitlerjugend, in den Nationalpolitischen Erziehungsanstalten wie in den Wachmannschaften der Konzentrationslager. Denn der Massenmord bildete im Rahmen dieser Politik ein notwendiges Mittel der Herrschaftssicherung. "Zig-Millionen", wie es in den Planungen heißt, müssen in Europa umgebracht werden, um diesen Raum dauerhaft zu sichern.[6] Die Tatsache, daß es zwischen den verschiedenen Institutionen Konflikte gegeben hat und daß eine vollständige Realisierung dieser "Erziehungs"konzeption nicht gelungen ist, ändert nichts daran, daß die imperialistischen Interessen die Leitlinie darstellten, von der aus das Erziehungswesen seine Ausrichtung erfuhr.

V

Selbstverständlich muß auch gefragt werden, warum so viele dieser Politik gefolgt sind (PÄTZOLD/WEISSBECKER 1981). Über diesen Aspekt des Faschismus wird eine Menge publiziert - viel mehr als über Funktion und Verhalten der herrschenden Kräfte. Für eine Gesamtinterpretation des Faschismus ist diese Frage insoweit auch bedeutsam, als in der Tat ohne Massenbewegung die Errichtung der Diktatur 1933 nicht so leicht möglich bzw. weder Krieg noch Massenmord durchführbar gewesen wären. Wie konnte es geschehen, daß 1932 12 Millionen Menschen (über 37%) in HITLER ihren Retter sahen und daß Mitte der dreißiger Jahre die Massenbasis noch viel breiter wurde? "Das Volk" war es allerdings nicht, sondern es waren im wesentlichen Gruppen von angebbarer politischer und sozialer Herkunft. Die Arbeiterparteien z.B. konnten ihre 13 Millionen Wähler bis zur letzten freien Wahl im November 1932 halten! Mit allgemeinen Erwägungen über "den

6 Vgl. die Dokumente in KÜHNL 1987b, Kap. V.

Menschen" und seine angebliche "Natur" kommt man also nicht weiter. Auch hier ist, um mit HEGEL zu sprechen, die Wahrheit konkret.

Die Gewinnung einer Massenbasis war eine *Bedingung* für die Realisierung der faschistischen Politik, aber sie war nicht etwa die *Ursache* des Faschismus. Weder die Diktatur noch der Krieg, weder der Militarismus noch der Rassismus ist von der faschistischen Massenbewegung her zu erklären. Nicht einmal der direkte Akt der Bildung der Regierung HITLER im Januar 1933 erfolgte deshalb, weil die NSDAP etwa in einem Aufschwung begriffen gewesen wäre. Wie der Bankier VON SCHRÖDER, in dessen Haus am 4. Januar die Koalitionsverhandlungen stattgefunden hatten, in seiner Zeugenaussage 1945 bestätigte, war es im Gegenteil der bei der Novemberwahl sich abzeichnende beginnende Niedergang der NSDAP, der "die Männer der Wirtschaft" bewog, nunmehr beschleunigt auf die Übertragung der politischen Macht an die Partei zu dringen.[7]

Nicht zuletzt - was in diesem Rahmen nur angedeutet werden kann - wäre nach potentiellen Gegenkräften zu fragen und danach, warum es ihnen nicht gelungen ist, den Sieg des Faschismus aufzuhalten. Hier sind vor allem die Arbeiterparteien und die Gewerkschaften ins Auge zu fassen, die sich im Kampf gegeneinander zerfleischten und erst dann, als sie gemeinsam in den Konzentrationslagern saßen, die Gemeinsamkeit ihrer Interessen in einem gewissen Maße zu erkennen imstande waren.

VI

Dies ist notgedrungen eine sehr grobe Skizze - sie läßt sich allerdings mit Hilfe der angegebenen Fachliteratur leicht verfeinern. Geht man davon aus, daß der Mensch in dieser Welt sich nur dann vernünftig orientieren kann, wenn er die Kausalbeziehungen, von denen die Wirklichkeit bestimmt ist, mindestens in den Umrissen kennt, dann erscheint die Aufarbeitung und Aneignung dieser geschichtlichen Erfahrungen unumgänglich - gleichgültig, um welche wissenschaftliche Disziplin es sich handelt. Nicht nur die Gesellschafts- und Geisteswissenschaften, sondern auch die Naturwissenschaften, die Medizin und die Rechtswissenschaft haben sich zu fragen, welche Rolle ihre Disziplin im faschistischen System gespielt hat, wie es möglich war, daß die große Mehrheit der Wissenschaftler Faschismus und Krieg unterstützt hat, und welche Folgerungen sich daraus für heute ergeben. Auch für

---

7 Vgl. KÜHNL 1987b, Dok. Nr. 331, S. 501 ff.

die Erziehungswissenschaft sind also die Erkenntnisse über die Kausalbeziehungen im historischen Prozeß und über die tatsächliche Beschaffenheit der gesellschaftlichen Wirklichkeit eine unverzichtbare Grundlage, von der aus erst die besondere Struktur und Entwicklung des Erziehungswesens ermittelt werden kann. Diese gesellschaftliche Wirklichkeit aber ist ihrer Grundstruktur nach nicht eine harmonische, sondern eine von unterschiedlichen, partiell gegensätzlichen Interessen und eine von Herrschaftsverhältnissen bestimmte Wirklichkeit. Das lehrt die geschichtliche Erfahrung ebenso wie die theoretische Analyse.

Auf der Grundlage unserer Analyse lassen sich in Hinsicht auf den Faschismus einige Aussagen verallgemeinern:

Erstens: Aus der Interessenlage der Machteliten ist die Frage der Staatsform, Demokratie oder Diktatur, ebenso wie die nach dem Bündnis mit bestimmten politischen Kräften keine weltanschauliche, sondern eine praktische, die je nach der konkreten Situation unterschiedlich beantwortet werden kann. Eine Zusammenarbeit mit faschistischen Kräften kommt dabei unter bestimmten Bedingungen durchaus in Betracht. Expansion mit ökonomischen und Expansion mit militärischen Mitteln bilden keine Gegensätze, sondern Varianten innerhalb ein- und derselben Interessenstruktur. Das berühmte Diktum von CLAUSEWITZ, der Krieg sei die Fortsetzung der Politik mit anderen Mitteln, kann auch in dieser Weise interpretiert werden.

Von dieser Erfahrung aus läßt sich manches in der gegenwärtigen Politik als strukturbedingt begreifen, was oberflächlich vielleicht als individuelles Fehlverhalten erscheinen könnte: von der Tendenz, demokratische Rechte einzuschränken, bis zum Drang nach Aufrüstung, von der Tolerierung faschistischer Gruppen und Aktivitäten in der Bundesrepublik bis zur Unterstützung Südafrikas. Erst von der Kontinuität der grundlegenden Interessenstruktur dieser Gesellschaft, die ihrerseits aus der Kontinuität der Eigentumsverfassung resultiert, können diese Erscheinungen in ihrer Kausalstruktur offengelegt, in ihrem Zusammenhang begriffen werden.

Zweitens: Aus den Erfahrungen mit der Massenbasis des Faschismus und dem Versagen der Arbeiterbewegung lassen sich gleichfalls wichtige Folgerungen für uns ableiten, beispielsweise, daß man in dieser Situation genau analysieren muß, welches jeweils die *Hauptgefahr* ist, welches Ausmaß diese hat, wer aus dieser Perspektive als Bündnispartner in Betracht kommt und welche Differenzen demgegenüber sekundär sind. In der heutigen Situation kann davon vielleicht sogar die Entscheidung über Leben und Tod abhängen. Die Erfahrung des Faschismus zeigt, daß zwar große Menschenmassen unter bestimmten Bedingungen für Terror und Krieg mobilisiert werden können, die Friedensbewegung der achtziger Jahre zeigt jedoch zugleich, daß sie unter anderen Bedingungen aber auch für Humanität und Frieden zu gewinnen sind. Die Anhänger der NSDAP wurden nicht als Faschisten geboren, sondern sind durch bestimmte Erfahrungen, die der gesellschaftlichen Wirklichkeit entsprangen, und durch bestimmte ideologische Einflüsse, die ihnen eine bestimmte Interpretation dieser Erfahrungen nahelegten, zu Faschisten geworden. Wir wissen z.B., welche Bedeutung in Deutschland der langen autoritären Tradition in der Staatsverfassung wie im Denken zukam und welche Rolle darüber hinaus die auch in der Weimarer Republik ungehinderte Propagierung von Militarismus und Rassismus hatte. Ebenso wissen wir, welche bedeutsame - fördernde und tolerierende - Rolle dabei Richter und Staatsanwälte, aber auch Professoren, Lehrer, Bischöfe und Pfarrer gespielt haben. Daraus ergibt sich für uns die Erkenntnis, wie wichtig es ist, demokratische Bewußtseins- und Verhaltensformen zu fördern (und zugleich militaristische und faschistische ideologische Aktivitäten zu verhindern).

Gegenüber allzu idealistischen Vorstellungen muß allerdings hinzugefügt werden: Demokratische Verhaltenslehren können nur dann glaubhaft sein und politisch wirksam werden, wenn sie ein realistisches Bild der gesellschaftlichen Wirklichkeit mit all ihren Widersprüchen vermitteln, d.h. wenn Menschen die Erfahrung machen können, daß diese Lehren dazu taugen, auch die realen Probleme ihrer Existenz zu bewältigen. Bleiben sie "idealistisch", von der Realität abgehoben, so schlägt die Enttäuschung bei der Bewältigung der praktischen Lebensprobleme leicht in Haß auf die "Emanzipationsphrasen" um und auf diejenigen, die sie verkündet haben. Dann kann es geschehen, daß sich die Menschen in großer Zahl jenen politischen Kräften zuwenden, die auf Sprüche von Emanzipation von vornherein verzichten, die für humanistische Werte nur Hohn übrig haben und die sich als "realistisch" in jenem barbarischen Sinn präsentieren, wie es die Lehre vom "Kampf ums Dasein" proklamiert. Dann gelingt es den Herrschenden auch, noch politisch Profit zu schlagen aus dem Elend, das ihr Herrschaftssystem produziert, und den Protest, der sich dagegen regt, noch gegen die Opfer des Systems zu wenden; dann schlagen die "national denkenden" Arbeitslosen auf die kommunistischen ein und die deutschen auf die türkischen. Auch in dieser Hinsicht steht also die Erziehungswissenschaft vor der permanenten Aufgabe, die geschichtliche und gesellschaftliche Realität umfassend anzueignen - um für Theorie und Praxis des Erziehungswesens Folgerungen entwickeln zu können, die realitätsgerecht und zugleich emanzipativ sind, die also die Fähigkeit zur Erkenntnis *und* zur Veränderung der Realität vermitteln.

VII

Wenn die Erziehungswissenschaft - ebenso wie andere Geistes- und Sozialwissenschaften - sich in hohem Maße als fungibel für Faschismus und Krieg erwiesen hat, so wäre zu fragen, welche Merkmale, welche Traditionsbestände, welches Selbstverständnis von Wissenschaft dies ermöglicht haben. Diese Frage ist m.E. nach 1945 nicht mit dem nötigen Ernst und der notwendigen Konsequenz angepackt worden. Darüber hinaus ist zu bedenken: Weder disziplinübergreifende Ideologien wie der Sozialdarwinismus, der seit 1890 in alle wissenschaftlichen Disziplinen, wenn auch mehr oder weniger stark, eindrang, noch die spezifische Form des Selbstverständnisses, das sich in den einzelnen wissenschaftlichen Disziplinen durchsetzte, sind allein aus der inneren Struktur und Geschichte der Wissenschaften selbst zu erklären, sondern verweisen auf gesamtgesellschaftliche Prozesse und Interessenstrukturen. Gegen diese Einsicht haben sich gerade die deutschen Geisteswissenschaften jahrzehntelang gesperrt, und der Historismus hat ihnen dafür die Legitimation geliefert. Seit den sechziger Jahren - seit der FISCHER-Kontroverse und dann seit der Studentenbewegung - wurden die Defizite der rein ideen- und ereignisgeschichtlichen Sichtweise allerdings offengelegt und wurde die Notwendigkeit einer gesamtgesellschaftlichen Analyse in wachsendem Maße bewußt. In der Tat haben in der Folge die Geisteswissenschaften partiell sozialwissenschaftliche Fragestellungen und Methoden aufgenommen und diese Defizite zu überwinden begonnen. Seit Mitte der siebziger Jahre ist allerdings eine deutlich rückläufige Tendenz hin zu den alten Methoden zu verzeichnen, die einhergeht mit einem wachsenden Unwillen, sich der Wahrheit über den Faschismus und seine Verbrechen zu stellen. Die Offensive konservativer Historiker, die 1986 den "Historikerstreit" auslöste, hat dies deutlich gemacht und zugleich gezeigt, in wie starkem Maße diese geistigen Tendenzen verflochten sind mit politischen Zielen und Interessen der rechtsgerichteten Kräfte der Bundesrepublik (vgl. KÜHNL 1987c).

Diese Entwicklung bedeutet einen Rückfall hinter ein schon erreichtes Erkenntnisniveau, eine Preisgabe von analytischen Mitteln und von Problembewußtsein; sie ist aus dem innerwissenschaftlichen Prozeß allein nicht zu erklären, sondern eindeutige Folge außerwissenschaftlicher Impulse. Wie der Faschismus selbst, so zeigen auch die politischen und geistigen Auseinandersetzungen über den Faschismus, daß weder ein einmal erreichtes geschichtliches Niveau an Erkenntnis und an Problembewußtsein noch ein einmal erreichtes Niveau an Humanisierung der Gesellschaft als gesichert gelten kann. Regression ist als Tendenz und als Drohung jederzeit präsent, denn sie ist verankert in den Interessenstrukturen dieser Gesellschaft selbst. Gegen sie Dämme zu errichten, gehört zu den vordringlichen Aufgaben einer Wissenschaft, die sich der Humanität, der Demokratie und dem Frieden verpflichtet fühlt. Auch diese bleibt dabei angewiesen auf reale soziale Kräfte, die von dieser Gesellschaft selbst erzeugt werden, und zwar auf jene Kräfte, die von ihren grundlegenden Interessen her Demokratie und Frieden brauchen.

KARL CHRISTOPH LINGELBACH

"Erziehung" unter der NS-Herrschaft - methodische Probleme ihrer Erfassung und Reflexion*

1. Kann man bestimmte historische Sozialvorgänge als "nationalsozialistische Erziehung" identifizieren?

Die Auseinandersetzung mit den Erziehungsideologien der NS-Herrschaft konfrontierte die Interpreten von Anfang an mit der Frage, ob man die pädagogische Praxis und Theorie des "Dritten Reiches" überhaupt als *Erziehung* bezeichnen könne. Zu eindeutig nämlich setzten die damaligen Erziehungsauffassungen Maßstäbe außer Kraft, die man an pädagogische Sozialbeziehungen bis dahin gewissermaßen selbstverständlich und jenseits der zeitgenössischen erziehungstheoretischen Diskussionen doch immer angelegt hatte: daß Erziehung etwa darauf gerichtet sei, die Selbständigkeit und Mündigkeit des Heranwachsenden zu fördern, daß es den Pädagogen um das "Wohl" des Kindes gehe, wie es der Göttinger Erziehungswissenschaftler Hermann NOHL formuliert hatte, ja, noch prinzipieller: daß Erziehung stets den Akzent einer Beeinflussung zum "Guten" trage, was immer die Erwachsenen jeweils unter dem "Guten" verstanden. Alle diese Kriterien akzeptierten die NS-Pädagogen nun offenbar nicht mehr, und so wird es verständlich, daß man die "NS-Erziehung" retrospektiv mit negativen Begriffen etikettiert hat: als "Zerstörung der Person" (STIPPEL 1957), als "Verführung" (GAMM 1964) oder "Perversion der politischen Pädagogik" (ASSEL 1969).

Die Schwierigkeit einer positiven Kennzeichnung des spezifisch "Nationalsozialistischen" in der Erziehungswirklichkeit des Hitlerreichs wurde noch vergrößert, als die Forschungen der letzten Jahrzehnte immer unabweisbarer belegten, daß die braunen Machteliten weder über ein konsistentes, für sie selbst verbindliches ideologisches Konzept noch über ein diesem Konzept entsprechendes Erziehungsprogramm verfügten. Tatsächlich waren nämlich die Eingriffe des Regimes in das vorgefundene Erziehungsfeld aufs engste verknüpft mit wechselnden machtpolitischen Interessen wäh-

---
* Das Referat führt eine erziehungstheoretische Problemdiskussion weiter, deren Ansatz in dem Beitrag: "Erziehung und Schule unter brauner Herrschaft" (LINGELBACH 1987, S. 283 ff.) vorgetragen wurde.

rend der verschiedenen Entwicklungsphasen des braunen Imperiums. Kann man während der "Machtergreifung" (1933/34) noch Ansätze einer sozialrevolutionären Jugenderziehung ausmachen, so dominiert während der Periode der Machtkonsolidierung und Kriegsvorbereitung (1934-1940) der Wille zu lückenloser Erfassung, Kontrolle und politischer Instrumentalisierung der gesamten heranwachsenden Generation. Gegenüber der akzentuiert nationalstaatlichen Ideologie während dieser Zeit treten dann im Krieg selbst die Charakteristika eines rassistisch legitimierten, übernationalen Imperialismus kräftig hervor. Auswirkungen dieser Lebensraumpolitik lassen sich auf dem Erziehungssektor an krassen Unterschieden in der schulischen Versorgung der verschiedenen Bevölkerungsgruppen ablesen. Allerdings gibt es auch Tendenzen der NS-Erziehungspolitik, die kontinuierlich - gewissermaßen jenseits der gesamtpolitischen Widersprüche und Brüche - über die ganze Dauer der Diktatur anzutreffen sind. Sie weisen zurück auf sozialdarwinistisch begründete Gesellschaftsvorstellungen, wie sie HITLER selbst bereits in "Mein Kampf" entworfen hatte. Unter erziehungstheoretischen Aspekten kann man diese Auffassungen freilich wiederum nur negativ beschreiben. Denn sie negieren nicht nur sämtliche tradierten Erziehungstheorien, sondern relativieren auch jene Ansätze einer "neuen" Pädagogik, wie sie von regimetreuen Erziehungswissenschaftlern als expressis verbis "nationalsozialistische" seit dem Frühjahr 1933 vorgetragen wurden (vgl. KANZ 1984; SCHOLTZ 1985; LINGELBACH 1987).

Gegen diese Forschungsbefunde werden nun in jüngster Zeit Einwände erhoben. Mein Frankfurter Kollege H.E. TENORTH räumt zwar ein, daß die NS-Machteliten die Struktur der deutschen Gesellschaft - die Produktions- und Eigentumsverhältnisse - entgegen ihrer nationalrevolutionären Propaganda während der "Machtergreifung" keineswegs verändert haben, wie die ideologiekritische Forschung hervorgehoben hatte. Gleichwohl aber seien die Innovationen im sozialpolitischen Bereich und - so fügt er hinzu - gerade im Erziehungswesen von den Betroffenen keineswegs als "marginal", sondern durchaus als "revolutionär" aufgefaßt worden. Dementsprechend könne man das durch die Hitler-Diktatur hervorgebrachte "Erziehungssystem" als die Verwirklichung eines bemerkenswert konsistenten, von Erziehern und Zöglingen gleichermaßen weithin begrüßten, zumindest aber akzeptierten Konzepts einer "rechtsrevolutionären" Pädagogik beschreiben (TENORTH 1985, S. 119 ff.).

Stimmt diese These? Kann man in der Erziehungswirklichkeit des NS-Imperiums während seines Aufstiegs, seiner Ausbreitung über einen großen Teil Europas und während seines Niedergangs das Konzept einer historisch neuen, dezidiert "nationalsozialistischen" *Erziehung* nachweisen? Mittels Analyse zweier Quellenstücke möchte ich dieser Frage ein Stück weit nachgehen. Es handelt sich um HIMMLERs Denkschrift über die "Behandlung von Fremdvölkischen im Osten" aus dem Frühjahr 1940 und den Bericht einer Zeitzeugin über eine Sonnwendfeier der HJ im Spätsommer 1936. Die Interpretation dieser Quellenauszüge verlangt freilich zwei methodische Vorbemerkungen. Sie betreffen einmal mein eigenes Vorverständnis von Erziehung, zum anderen die raum-zeitliche Ausdehnung des Gegenstandsfeldes, über das die Materialien Aufschlüsse geben sollen.

ad 1: Siegfried BERNFELDs "allgemeinste Formel der Erziehung" als Kriterium

Mit gewissem Recht warnt TENORTH davor, bei der Betrachtung von Erziehungsvorgängen unter der NS-Herrschaft von einem zu engen, an traditionellen Kriterien der Aufklärungspädagogik wie"Mündigkeit" oder "Kritikfähigkeit" orientierten Erziehungsbegriff auszugehen. Es könnte nämlich sein, so argumentiert er, daß man durch die Brille eines derartigen Vorverständnisses gerade das "Neue" und "Spezifische" der "NS-Erziehung" übersähe oder zumindest nur noch verzerrt wahrnehme. TENORTH selbst orientiert seine Untersuchung daher an einem weiten, formal und tendenziell wertfrei gefaßten Erziehungsbegriff: Das "NS-Erziehungssystem" wird als eine "der historisch möglichen Formen der Gestaltung des Generationsverhältnisses" in modernen Industriegesellschaften in den Blick genommen (TENORTH 1985, S. 120).

Damit werden nun aber sämtliche politischen Einwirkungen der NS-Herrschaft auf die heranwachsende Generation von vornherein als "Erziehung" interpretiert; auch Maßnahmen, deren Absicht mit Pädagogik kaum etwas zu tun hatten. Von seinem Ansatz her durchaus konsequent beschreibt TENORTH etwa die Ausschaltung politischer Gegner in den unmittelbar nach der Machteroberung eingerichteten KS's als neuartige Form der "Umerziehung". Spezifische Erziehungsprobleme, wie sie in der Gesellschaft und zu jeder Zeit entstehen, wenn erwachsene Menschen sich bemühen, Kindern und Jugendlichen im Prozeß ihres Heranwachsens zu helfen, scheint mir dieser weite formalsoziologische Ansatz demgegenüber eher zu verdecken.

Um nun die Besonderheiten des Erziehungshandelns unter der NS-Herrschaft nüchtern registrieren, aber auch als spezifische Bearbeitung pädagogischer Probleme diskutieren zu können, nehme ich TENORTHs Warnung vor einem zu eng gefaßten Erziehungsverständnis auf, ersetze aber das von ihm zugrundegelegte Kriterium eines wertfrei gefaßten Erziehungsbegriffs durch ein anderes, ebenfalls formales Kriterium, nämlich die "Reaktion der Gesellschaft auf die Entwicklungstatsache". Mit dieser "allgemeinsten Formel der Erziehung" reflektierte Siegfried BERNFELD - ein erst später angemessen gewürdigter Erziehungswissenschaftler der Weimarer Republik - die Notwendigkeit jeder Gesellschaftsformation, im Prozeß ihrer Regeneration dem Umstand Rechnung zu tragen, daß Kinder und Jugendliche eine Lebenszeit durchlaufen, während der sie sich physisch und psychisch entwickeln und sich dabei auf ihr künftiges Leben als Erwachsene vorbereiten (BERNFELD 1973). Wie eine Gesellschaft auf die Entwicklungstatsache reagiert, kennzeichnet ihr Erziehungshandeln. Das gilt auch für die Gesellschaft des "Dritten" oder später "Großdeutschen Reiches".

Zu fragen wäre demnach, in welcher Weise die NS-Machteliten in ihren Einflußnahmen auf schulische und außerschulische Erziehungsvorgänge die Entwicklung der betroffenen Kinder berücksichtigt haben; welche Entwicklungsmöglichkeiten welcher Aufwachsenden sie besonders gefördert, welche sie andererseits aber behindert und unterdrückt haben. In der Summe dieser Maßnahmen dürfte dann die historische Besonderheit der "NS-Pädagogik" erkennbar werden, mit der wir uns erziehungstheoretisch auseinanderzusetzen haben.

ad 2: Zur zeit-räumlichen Ausdehnung des Erziehungsfeldes im NS-Imperium

Beim Versuch einer zeit-räumlichen Bestimmung des Erziehungsfeldes unter der NS-Herrschaft scheint es mir erforderlich zu sein, Abschied zu nehmen von einer immer etwas oberflächlichen, gleichwohl durch die Forschung lange Zeit eher bekräftigten Vorstellung, daß damit im wesentlichen die Erziehung von deutschen Kindern und Jugendlichen gemeint sei. Tatsächlich betraf HITLERs Lebensraumpolitik - über die Deutschen und ihren Nationalstaat entschieden hinausgreifend - weite Gebiete Osteuropas. Während des Krieges wurden diese Territorien dann auch nicht in den traditionellen Formen der Besatzungspolitik, sondern als Siedlungsgebiet eines künftigen Großreiches verwaltet. Und dabei spielte die Schul- und Erziehungspolitik gegenüber den unterworfenen slawischen Bevölkerungsgruppen eine erhebliche Rolle.

Die Eigenart der Eingriffe auf die vorgefundene Erziehungswirklichkeit in den okkupierten Ostgebieten macht nun klar, was bei der üblichen Konzentration der Untersuchungen auf das deutsche Erziehungswesen meist übersehen wird: NS-Erziehungspolitik unterschied in ihrer Behandlung der nachwachsenden Generation scharf nach der Zugehörigkeit von Kindern und Jugendlichen zu bestimmten Bevölkerungsgruppen und den Funktionen, die diesen Populationen in einem künftigen übernationalen Imperium zugedacht wurden. Offenbar gab es Bevölkerungsgruppen, die an der Ausübung von Herrschaft beteiligt werden sollten, und andere, die lediglich für untergeordnete Arbeiten vorgesehen waren. Schließlich gab es 'Menschensorten', wie etwa die als erblich krank angesehenen und die jüdische Bevölkerung, die von vornherein als unerwünscht eingeordnet und entsprechend zunächst der Ausgrenzung, später der Vernichtung anheimgegeben wurden. Was regimetreue Erziehungsfunktionäre unter Überschriften wie "Siebung" und "Ausmerze" von Anfang an zunächst scheinbar als Randproblem diskutierten, stellte sich spätestens seit Kriegsbeginn am 1. Sept. 1939 als ein Zentralproblem der NS-Erziehungspolitik und -Erziehungsauffassung heraus: Fünfeinhalb Jahre lang, fast die Hälfte seiner Dauer, befand sich das Hitlerreich im Krieg. Er wurde als Eroberungskrieg geplant, entfesselt und durchgeführt. Zumindest während dieser Zeit aber konnte die erziehungspolitische Behandlung der "Fremdvölkischen" (HIMMLER) nicht länger als eine Minderheitenfrage diskutiert werden, sondern betraf die potentielle Mehrheit der Bevölkerung des entstehenden Imperiums. In der Bearbeitung dieses Problems treten nun Tendenzen offen zutage, die die Erziehungspolitik der NS-Machteliten von Anfang an kennzeichnen.

Aus diesem Grund beginne ich die Interpretation der ausgewählten Quellenstücke - ihre zeitliche Reihenfolge verkehrend - mit HIMMLERs Denkschrift vom Frühjahr 1940 und wende mich erst dann dem Bericht eines BDM-Mädels über eine Sonnwendfeier der HJ im Spätsommer 1936 zu.

2. "Erziehungs"politik im entstehenden Großreich während des Zweiten Weltkrieges - HIMMLERs "Gedanken zur Behandlung der Fremdvölkischen im Osten" (Frühjahr 1940)

Nach der Untersuchung des Historikers Christoph KLESSMANN kann man die Schulpolitik im besetzten Polen als ein "Stück konkreter Realisierung" der von HITLER bereits in "Mein Kampf" formulierten "Lebensraumpolitik" beschreiben (KLESSMANN 1980, S. 176 ff.). Anders als im besetzten

Rußland, wo die Situation wesentlich durch die militärischen Kampfhandlungen geprägt wurde, sei hier - hinter der Front - ein "Experimentierfeld" entstanden, in dem Volkstums-, Wirtschafts- und kulturpolitische Konzepte des projektierten Großreiches erprobt wurden. Dem entsprach die im August 1939 der militärischen Führung vorgegebene Generaldirektive des Feldzugs: "Vernichtung Polens - Beseitigung seiner lebendigen Kraft" ebenso wie HIMMLERs "Gedanken zur Behandlung der Fremdvölkischen im Osten" vom Frühjahr 1940. Dort heißt es:

"Eine grundsätzliche Frage bei der Lösung all dieser Probleme ist die Schulfrage und damit die Frage der Sichtung und Siebung der Jugend. Für die nichtdeutsche Bevölkerung des Ostens darf es keine höheren Schulen geben als die vierklassige Volksschule. Das Ziel dieser Volksschule hat lediglich zu sein: einfaches Rechnen bis höchstens 500, Schreiben des Namens, eine Lehre, daß es ein göttliches Gebot sei, den Deutschen gehorsam zu sein und ehrlich, fleißig und brav zu sein. Lesen halte ich nicht für erforderlich" (zit. n. KLESSMANN 1980, S. 178; vgl. auch GAMM 1984, S.453).

Tatsächlich wurden den genannten Zielen gemäß die polnische Intelligenz durch Umsiedlung oder physische Vernichtung weitgehend "ausgeschaltet" und das derart seiner Lehrer beraubte Höhere Bildungswesen völlig aufgelöst; das Volksschulwesen wurde im Hinblick auf Sachmittel- und Personalausstattung sowie Lehrinhalte drastisch herabgesetzt.

Versucht man, die destruktive Schulpolitik der Okkupanten als Realisierung von Erziehungsvorstellungen zu verstehen, dann kann man diese tatsächlich nur in negativen Formulierungen beschreiben. Die bis dahin vorhandenen Entwicklungs- und Bildungsmöglichkeiten der Polenkinder wurden nicht nur nicht gefördert, sondern gewaltsam auf ein Minimum eingeschränkt. Und diese schulpolitische Repression wurde vorwiegend unter siedlungs- und wirtschaftspolitischen Aspekten diskutiert. Pädagogische Überlegungen spielten überhaupt keine Rolle.

Sollte daher Erziehung in einem wie immer begründeten positiven Sinne als Förderung von Entwicklungschancen stattfinden, mußte sie gegen den Willen der Machthaber organisiert werden. Insofern war es konsequent, daß die Widerstandsbewegung sich dieser Aufgabe annahm. In den Formen von "Geheimunterricht" bemühte sie sich, die aufwachsende Generation in die kulturellen Traditionen ihres Volkes einzuführen (PLEŚNIARSKI 1980).

Der Zugriff der Besatzungsmacht auf das Bildungswesen in Polen - so können wir unseren ersten Befund resümieren - brachte keineswegs ein "neues" Konzept von Erziehung, sondern eine bemerkenswert brutale Zerschlagung bzw. Eingrenzung der vorgefundenen Erziehungsinstitutionen.

Ihr offen deklarierter Zweck war, die heranwachsende Generation der "Fremdvölkischen" für ein politisch willenloses Helotendasein zu präparieren. Natürlich bedeutete diese Destruktionspolitik nicht bereits, daß die Erziehungs- und Bildungspraxis tatsächlich auf das von den NS-Machteliten vorgesehene Minimum reduziert wurde. Sie bewirkte aber, daß Erziehung von nun an gegen die aufgezwungene Herrschaftsordnung, zumindest aber in Distanz zu ihr durchgeführt werden mußte. Erziehung unter der NS-Herrschaft hieß im besetzten Polen: Erziehung gegen die NS-Herrschaft.

Was hat nun aber dieser eindeutige Befund mit den erziehungspolitischen Innovationen des Regimes in Deutschland seit dem Frühjahr 1933 zu tun? Kann man die Erziehung des künftigen "Herrenvolkes" als die positive Kehrseite jener Unterdrückungspolitik gegenüber den Kindern der "Fremdvölkischen" beschreiben, oder sind auch hier die ganz und gar unpädagogischen Tendenzen einer inhumanen Machtpolitik nachweisbar? Diese Frage beziehe ich nun auf den Bericht des ehemaligen BDM-Mädels Doris K. über eine Sonnwendfeier der HJ, die 1936 in Hameln stattfand.

3. "Erziehungs"politik der Jugendführung während der Konsolidierungsphase des "Dritten Reiches".
Aus dem Zeitzeugenbericht des ehemaligen BDM-Mädels Doris K.

Doris K. war damals 12 Jahre alt, ein ungewöhnlich sensibles Mädchen, das Gedichte über den "Glauben" der Hitlerjugend verfaßte; sie kam aus einem gutbürgerlichen, politisch konservativ eingestellten Elternhaus. Im Interview mit Lothar STEINBACH erinnert sich die Endfünfzigerin:

»Ich erlebte die erste große Kundgebung der Hitlerjugend, der Jungen und Mädel zwischen 10 und 18. Es war in Hameln. Wir hatten uns versammelt, die Fackeln wurden ausgeteilt, jeder kriegte eine. Das hatte ich bisher nur bei Erwachsenen gesehen. Dann mußten wir uns - was vorher sehr geübt worden war - aufstellen im Glied. Dann ging jemand um und steckte die Fackeln an. Ich erinnere mich noch an ein unheimlich tolles Gefühl von Weihe und Heiligkeit und unerhörter Verzauberung, wie ich dann dieses Feuer in der Hand hatte. Dann bewegte sich dieser ellenlange Zug durch Hameln, und die Leute standen am Straßenrand. Da sah man keine Gesichter, sondern nur eine unklare Mauer von Menschen. Und es waren viele, die am Straßenrand standen. Viele, viele - dieses Gefühl von "viele"! Das ist überhaupt bei mir mit diesem Erlebnis verbunden - von "unheimlich viele" und ein kleiner Bestandteil von etwas ungeheuerlichem Großem zu sein! Die Reihen bewegten sich, voran hörte man die Musik, im Gleichschritt war ich als ein Glied dieses glühenden Zuges eingeschlossen. Und der Gedanke war in mir, dieses Gefühl, in dem alles sonst verbrennt. *Wir, das sind wir.* Und dann kommen wir ins Stadion. Fanfaren schmettern von oben her. In der

Mitte des Stadions brannte ein riesengroßer Holzstoß, auf der Tribüne waren Pylonen, mit Feuern, die ganze Tribüne war voll Fahnen. Die HJ hatte ja die rote Fahne mit dem weißen Querbalken in dem weißen Feld mit dem Hakenkreuz in der Mitte. Wir zogen an diesen lodernden Flammen, von denen die rotlodernden Fahnen nicht zu unterscheiden waren, vorbei, und jeder warf seine Fackel im Vorbeigehen in den großen Holzstoß hinein, jeder macht ihn so noch heller und heißer! Das Gefühl, ich werde selbst ein Teil von diesem großen Brand. Das ist mein Begriff heute. Ich habe das damals bestimmt nicht gedacht, aber empfunden. Ich konnte fast nicht mehr atmen vor Beklemmung, ich bin nun auch ganz besonders eindrucksfähig, das weiß ich, aber ähnlich haben das bestimmt alle empfunden, die dabei waren. Ich habe nicht etwa das Gefühl von Ausgelöschtsein, sondern ganz im Gegenteil dieses Gefühl von Aufgehobensein gehabt.

Und dann sind wir auf die Tribünen verteilt worden, das war ja alles glänzend organisiert. Es wurde langsam dunkler. Auf den Rängen in diesem Stadion standen sie nun alle, die Jungen in ihren braunen Hemden, die Mädel in weißen Blusen und dunkelblauen Röcken. Wir standen gegenüber von diesen Pylonen und Fahnen. Und da stand dann auch ein ganz großer Fanfarenzug. Und die spielten während des ganzen Einzugs. Das weiß ich noch. Es war so ein einziger, sehr gekonnter Eintopf von Musik und akustischen und optischen und was weiß ich für Eindrücken. Sinnliche Eindrücke, das ist ganz wichtig. Und zwar mit Absicht sinnliche Eindrücke. Das war gekonnt gemacht. Und dann auf einmal schwiegen die Fanfaren, sank eine Stille über dieses Riesenstadion, in dem man nur noch das Feuer knistern hörte und den Lichtschein sich mit den Sternen am Himmel verbinden sah. Und auf einmal brachen diese Fanfaren los, mit einem einzigen Stoß, und die vielen hundert jungen Stimmen in diesem Stadion, in dieser feuerlodernden Nacht jubelten hinaus: "... ein junges Volk steht auf zum Sturm bereit!" Also wie *ein* Schrei! - Ein tolles Lied - "... zum Sturm bereit, reißt die Fahnen höher, Kameraden, wir fühlen nahen unsre Zeit, die Zeit der jungen Soldaten!" Ich muß es beinahe singen! - "... mit sturmzerfetzten Fahnen, die toten Helden der jungen Nation, und über uns die Heldenahnen, Deutschland, Vaterland, wir kommen schon!" Dann wurden ein paar Gedichte vorgetragen, Lautsprecher überall. Dann wurde noch etwas gespielt. Und zum Schluß habe ich zum ersten Mal in meinem Leben - und nicht zum letzten Mal - das HJ-Lied gesungen:

"Vorwärts, vorwärts, schmettern die hellen Fanfaren!
Vorwärts, vorwärts, Jugend kennt keine Gefahren!
Ist das Ziel auch noch so hoch, Jugend zwingt es doch!
Unsre Fahne flattert uns voran.
In die Zukunft ziehn wir Mann für Mann.
Wir marschieren für Hitler durch Nacht und durch Not.
Mit der Fahne der Jugend für Freiheit und Brot.
Unsre Fahne flattert uns voran,
Unsre Fahne ist die neue Zeit.
Und die Fahne führt uns in die Ewigkeit,
Ja, die Fahne ist mehr als der Tod!"

Und zum Schluß: "Führer, dir gehören wir, wir Kameraden dir." Und die Fahne ist mehr als der Tod! - Danach war Schluß, die Feier zu Ende, wir rückten schweigend ab. Das war überwältigend, im wahrsten Sinne des Wortes, unglaublich!« (STEINBACH 1983, S. 79 f.)

3.1 Zur Herausbildung von "Scheinidentität" durch die BDM-Sozialisation

Welche Einflußnahmen auf die Entwicklung der beteiligten Jugendlichen an dieser Sonnwendfeier lassen sich in dem Text erkennen und wie sind sie pädagogisch zu interpretieren? Ich gehe aus von der Interpretation der Doris K. selbst. Denn offenbar ist der Text einerseits ein historischer Erlebnisbericht, wobei die Anstrengung der Befragten zu spüren ist, das damalige Erleben möglichst genau wiederzugeben und zugleich das Erlebte aus heutiger Sicht zu interpretieren. Man kann demnach zwei Zeitebenen unterscheiden: damals - heute. Um dem Interviewer STEINBACH ihre damaligen Erlebnisse verdolmetschen zu können, nutzt Doris K. gegenwärtige Redewendungen. "Gekonnter Eintopf von Musik und akustischen und optischen und was weiß ich für Eindrücken ..."; das war "gekonnt gemacht" oder: ein "unheimlich tolles Gefühl"; das sind offenbar Redewendungen, die die Erwachsenen aus der Teenager-Sprache der frühen siebziger Jahre gegenwärtig aufgegriffen haben. Doch überwiegen, wie man durch Vergleich mit Feierbeschreibungen der zeitgenössischen HJ-Publizistik unschwer feststellen kann, die für die damalige Zeit charakteristischen Beschreibungsmuster. "Die lodernden Flammen", "der Lichtschein des Feuers", der sich "mit den Sternen am Himmel verbindet", "der glühende Zug" und "das Gefühl von etwas ungeheuerlich Großem", das sind authentische Klischees dieser Zeit.

Man spürt in der sprachlichen Mischung des Textes die inzwischen erreichte Distanz der Befragten zu den damaligen Eindrücken, aber auch noch deren Nachwirkung. Damals erlebte sie das gekonnt hergestellte Wir-Bewußtsein als "Aufgehobensein" in "etwas ungeheuerlich Großem", heute weiß sie, daß gerade die Mobilisierung jugendlicher Begeisterungsfähigkeit politisch kühl kalkuliert und arrangiert war, und sie kann einleitend zu dem Bericht nüchtern konstatieren: "Bei einer Sonnwendfeier hatte ich meinen ersten Orgasmus. Da war ich zwölf. Die ganze aufkommende Sexualität wurde umgelenkt auf diese Erlebnisse" (STEINBACH 1983, S. 79).

Im weiteren Verlauf des Gesprächs treten die spezifischen Schwierigkeiten dieses Reflexions- und Abarbeitungsvorganges zutage. Auf die Frage, welche Gedanken sie sich über symbolträchtige Abstrakta wie "Reich" oder "die Fahne ist mehr als der Tod" damals gemacht habe, kommt die überraschende Antwort, daß man sich damals überhaupt keine Gedanken gemacht habe. Denn das Entscheidende sei gewesen, daß man nicht gelernt habe, Begriffe zu hinterfragen, d.h. nach der Wirklichkeit zu fragen, die mit jenen Begriffen gemeint war und nach der Bedeutung, die diese Wirklichkeit für das eigene Leben tatsächlich hatte. Mehr noch: das ganze Inszenario der geschilderten Sonnwendfeier sei darauf gerichtet gewesen, einen Rausch gläubiger Hingabe zu erzeugen, der gerade das eigene Denken, das Nachfragen nach den konkreten Inhalten der angebotenen Zielbegriffe zugleich verhinderte und diskreditierte. Zur Brechung dieses Bannes habe sie aber durch die anderen Erziehungsinstitutionen - Schule und Elternhaus - damals keinerlei Hilfe erfahren.

Ihr heutiges Fazit kann man folgender Stelle entnehmen:

"Der Glaube war alles! Und das mit dem Abstrakten, sehen Sie, ich habe immer, als ich den Schock 1945 einigermaßen mit Hilfe meines Mannes und meines Schwiegervaters [sie kamen aus sozialdemokratischem Milieu und hatten daher völlig andere Erfahrungen mit dem Dritten Reich, K.Ch.L.] überwunden hatte, die Überzeugung gehabt, es sei die Aufgabe unserer Generation, dafür zu sorgen, daß sich so etwas wie Hitler-Deutschland nie wiederholt. Mit 'so etwas' ist gemeint, daß man in eine abstrakte Schwärmerei verfällt und die Wirklichkeit überhaupt nicht wahrnimmt und vergißt (es war nämlich nicht nur der Antisemitismus, es war auch die Aufrüstung, die Wiederwehrhaftmachung, alles das), daß man eine abstrakte Welt für die Welt hält, in der man lebt, daß man dabei nicht nur die Realität um sich herum, sondern auch sich selber überhaupt nicht wahrnimmt ..." (STEINBACH 1983, S. 82).

Bemerkenswert ist dieser Interpretationsansatz, weil er die Wirkungsweise der geschilderten Beeinflussung jugendlicher Entwicklungsprozesse offenlegt. Die Identifikation des sensiblen Mädchens mit den Symbolen einer nebulösen Scheinwelt wird erkauft durch Realitätsverlust, genauer: durch die Verengung von Realitätswahrnehmungschancen. Die Betroffenen gerieten dadurch in eine gefährliche Entwicklung, weil bei allen Entscheidungen, die sie für ihr eigenes Leben zu treffen hatten, ihre Kontrollinstanzen Gewissen und gesunder Menschenverstand tendenziell außer Kraft gesetzt wurden.

Für die Arrangeure derartiger Veranstaltungen war damit aber gerade der Vorteil verbunden, die stimulierten jugendlichen Energien zu beliebigen politischen Zwecken nutzen zu können. Martin KLAUS hat die derart hergestellten Entwicklungsverzerrungen in seiner Dissertation über "Mädchenerziehung zur Zeit der faschistischen Herrschaft in Deutschland" mit Hilfe der Begriffspaare "Besinnlichkeit- Sinn" und "Scheinidentität- Identität" analysiert (KLAUS 1983). Die weihevolle Besinnlichkeit bei Feiern, Heimabenden und Fahnenappellen verhinderte gerade die Frage nach dem individuellen und gesellschaftlichen Sinn des eigenen Lebens. Sie förderte stattdessen "Identitätsgefühle" mit phantasierten Weltbildern einer hierarchischen Gemeinschaft, die vom überlegenen Willen des Führers gelenkt wird. In den vielseitigen Aktivitäten des BDM - Sport, Gymnastik, Singen und Marschieren, Einsätze aller Art - wurden die geförderten Identitätsgefühle oft glückhaft erlebt, verdrängt aber wurden dabei die tatsächlichen Probleme jugendlicher Identitätsfindung: die Herausbildung einer realistischen Lebensperspektive, auf die der Heranwachsende seine Anstrengungen des Lernens und Arbeitens sinnvoll beziehen konnte.

Bereits an dieser Stelle werden meine Schwierigkeiten verständlich, die geschilderten Vorgänge und Tendenzen als ein besonderes Konzept von Erziehung zu kennzeichnen. Kann man die tendenzielle Einengung von Realitätswahrnehmung und die damit verbundene Ausschaltung rationaler Lebensplanung, die ja zu politischer Hörigkeit führte, tatsächlich als Erziehung bezeichnen? Beantworten kann man die Frage zureichend erst, wenn man weiß, welche Ziele mit der geschilderten Beeinflussungspraxis verfolgt wurden und welchen Gebrauch die Machteliten des "Dritten Reiches" tatsächlich von ihrer Verfügungsgewalt über die von ihnen mobilisierten jugendlichen Energien gemacht haben. Hierzu möchte ich zwei Zielbegriffe erläutern, die als Leitmotive in der zitierten Quelle eine Rolle spielen. Der erste, "Einsatzbereitschaft", kommt dort zwar als Begriff nicht vor, ist aber in den Appellen an die Jugendlichen permanent spürbar; der zweite wird am Ende der Feier, ihrem emotionalen Höhepunkt, auf die einprägsame Formel gebracht: "... die Fahne ist mehr als der Tod"; es handelt sich um die Zieldimension Krieg.

3.2 Zur Zieldimension "Einsatzbereitschaft"

In der Erinnerung ehemaliger HJ-Mitglieder hat der Begriff "Einsatzbereitschaft" oft noch eine durchaus positive Bedeutung, weil er ursprünglich auf den Aufbau einer neuen Gesellschaftsordnung abzielte, oder genauer: sich zu beziehen schien. Hierfür ist HITLERs Rede auf dem Reichsparteitag der Jugend 1934 ein eindrucksvolles Beispiel: "Alles muß erkämpft und erobert werden. Man wird dereinst nicht beherrschen, was man vorher nicht gelernt und sich anerzogen hat", rief der Führer damals den versammelten HJ-Kolonnen zu. "Wir wollen einst keine Klassen und Stände mehr sehen, und Ihr dürft schon in Euch diesen Klassendünkel nicht groß werden lassen ... Alles, was wir vom Deutschland der Zukunft fordern, das, Jungen und Mädchen, verlangen wir von Euch" (abgedruckt bei VON SCHIRACH 1934, S. 93 ff.).

Geschickt und wirkungsvoll waren diese Appelle an die Einsatzbereitschaft der Jugend, weil sie gesellschaftlich sinnvolle Ziele zu setzen schienen. Denn die extrem hohe Jugendarbeitslosigkeit in den Jahren 1932/33 von 1,3 Millionen wurde von den Betroffenen nicht nur als ökonomische Not, sondern auch als Perspektivlosigkeit erlebt. Nun, so schien es, wurde der Aufbau der neuen Volksgemeinschaft der jungen Generation als Aufgabe zugewiesen. Lernen, Arbeiten und politischer Einsatz erhielten den Sinn einer nationalrevolutionären Zukunftsgestaltung.

Doch wurden gerade diese Hoffnungen der ursprünglich überwiegend proletarischen Hitlerjugend sehr bald enttäuscht. Es zeigte sich, daß das neue Regime keineswegs gewillt war, die ökonomische Struktur der Gesellschaft anzutasten, sondern sich darauf beschränkte, die vorgefundene parlamentarische Republik in eine Diktatur umzuwandeln. Angesichts der sich rasch verfestigenden Gesellschaftsstrukturen des "Dritten Reiches" - auch die erhoffte Schulreform blieb zunächst aus - sah sich die HJ gezwungen, ihr Selbstverständnis als Avantgarde beim Aufbau der neuen Gesellschaft zu modifizieren. Im Zuge der Ausweitung der Parteijugend zur Reichsjugendorganisation setzte ihr Baldur VON SCHIRACH, der Reichsjugendführer, daher neue Ziele. Als Gegengewicht gegen die Schule sollte die HJ sämtliche Jugendliche im Alter von 10-18 Jahren zu der vom Nationalsozialismus programmierten soldatischen Haltung erziehen. Im Kontext dieses Konzeptes verliert aber die weiterhin permanent beschworene "Einsatzbereitschaft" alle Reste ehemaliger Zukunftsvisionen und wird zu einem rückhaltlosen Treuebekenntnis für den Führer personalisiert. Entscheidend ist dabei, daß es sich um eine inhaltlich undefinierte "Einsatzbereitschaft" handelt. Der Jugendliche wird aufgefordert, Aufgaben, die ihm der Führer stellt, unter totalem Einsatz der eigenen Person fraglos zu erfüllen, um welche Ziele und Zwecke es sich dabei auch immer handeln mochte.

Entsprechend wird die mobilisierte Einsatzbereitschaft der Jugend nun auch in ständig wechselnden sporadischen Aktionen genutzt, die der Machtkonsolidierung des Regimes in der jeweiligen Situation dienten. Als unmittelbar brauchbar erwies sich z.B. die Kombination von körperlichem Training, einer soldatischen Haltung und gläubiger Hingabe auf Propagandaveranstaltungen, wenn die HJ-Kolonnen die Zukunft der Diktatur durch ihren zackigen Aufmarsch mit Wimpeln und Fanfaren dem Publikum zur Schau stellen sollten. Unmittelbar verwertet wurde die Einsatzbereitschaft der Jungen und Mädchen aber auch bei Aktionen der Tagespolitik, wie dem Winterhilfswerk oder bei Ernteeinsätzen und in längerfristigen Dienstverpflichtungen, wobei die nackte Ausbeutung jugendlicher Arbeitskraft im weiblichen Arbeitsdienst wie Gisela MILLER nachweist (MILLER 1980, S. 170 ff.), besonders kraß hervortrat. Vor allem aber waren die zu Kampfbereitschaft und Todesverachtung abgerichteten Hitlerjungen als Nachwuchs für die Truppe relativ umstandslos verwendbar.

Wir haben es demnach bei der außerschulischen "Erziehung" der Jugendlichen im "Dritten Reich" mit einer Praxis zu tun, bei der mit einer Vorstellung gebrochen wurde, die man seit dem 18. Jahrhundert mit dem Begriff Erziehung verband: daß es eine Phase im menschlichen Leben geben müsse, in der man sich auf die künftige Rolle als Erwachsener nicht nur im Eigeninteresse, sondern auch im Interesse der Weiterentwicklung der Gesellschaft zunächst einmal vorbereitet und eben deswegen von unmittelbarer Ausbeutung verschont bleibt. Bei den Einsätzen, die von den Jugendorganisationen des "Dritten Reiches" veranstaltet wurden, handelte es sich offenkundig um eine gesellschaftliche Praxis, bei der jugendlicher Enthusiasmus und jugendliche Energien nicht zur Förderung dieser Jugendlichen selbst, sondern zu machtpolitischen Zwecken unmittelbar genutzt wurden. Und das ist der zweite Grund, der mich zögern läßt, diese Praxis als eine besondere Form von Erziehung zu beschreiben.

3.3 Zur Zieldimension Krieg

Um schließlich verständlich zu machen, welche Bedeutung die Vorbereitung der aufwachsenden Generation auf ihren besonderen Einsatz im künftigen Krieg zukam, verweise ich noch einmal auf den Bericht der Doris K. Ihren Höhepunkt erreicht die enthusiastische Stimmung jener Sonnwendfeier im Finale des gemeinsam gesungenen HJ-Fahnenliedes, das mit der Zeile endet: "und die Fahne ist mehr als der Tod". Als ich diesen Bericht las, assoziierte ich sofort Erinnerungen an ähnliche Veranstaltungen, die ebenfalls mit diesem Lied endeten. Es fielen mir aber dabei auch eine Reihe anderer Lieder mit gleicher Pointe ein, die wir damals mit offenbar nachhaltigem Effekt gesungen haben: denn sie sind mir bis heute präsent. Gemeinsam ist diesen Liedern eine durchaus heitere, außerordentlich eingängige Melodie, und dagegen steht ein Text, der den heutigen Leser erschreckt. Da haben wir z.B. im Sommer 1941, als wir nach bestandener Pimpfenprobe in das Duisburger Wedau-Stadion einzogen, das fröhliche Lied gesungen:

"Wir ziehen über die Straße im schweren Schritt und Tritt,
und über uns die Fahne, sie knallt und flattert mit.
Voran der Trommelbube, er schlägt die Trommel gut,
er weiß noch nichts von Liebe, weiß nicht wie Scheiden tut.
Er trommelte schon manchen ins Blut und in sein Grab
und dennoch liebt ein jeder den frohen Trommelknab.
Vielleicht bin ich es morgen, der sterben muß im Blut,
der Knab weiß nicht, wie Lieben, weiß nicht, wie Sterben tut."
(OBERGEBIET WEST 1934, S. 140 f.)

Häufig gesungen haben wir auch:

"Nun laßt die Fahnen wehen, in das schöne Morgenrot,
das uns zu neuen Taten leuchtet oder führt zum Tod."

Daß es bei diesem Schicksal keine Chance des Ausschlusses gab, versicherten sich die Pimpfe gegenseitig im Refrain eines ebenfalls häufig gesungenen Liedes:

"Fort mit allen, die noch klagen,
Die mit uns den Sturm nicht wagen,
Fort mit jedem frommen Knecht.
Nur wer kämpft, hat Lebensrecht."

Wenn man derartige persönliche Erinnerungen an zeitgenössischen Materialien überprüft: an HJ-Liederbüchern zunächst, dann aber auch an Schulungsmaterialien, Führerdiensten und Dienstordnungen, Berichten aus der HJ-Presse und zeitgenössischen Darstellungen von HJ-Führern, dann fällt in der Tat die durchgängige Häufigkeit eines doppelseitigen Todesmotivs auf: Der Jugendliche erhält immer wieder Beispiele vorbildhafter Bereitschaft, das eigene Leben im Kampf bedenkenlos zu opfern und das des Gegners zu vernichten. Charakteristisch ist dabei, wie und wozu da permanent gestorben wird. Der Tod hat alle Schrecken verloren. Er findet vor romantischer Kulisse statt, wie beim Fähnrich, der blutend auf der Heide liegt, oder dem kleinen Trompeter, der mitten im letzten Lied von der Kugel getroffen dahinsinkt. Oder es ist ein wildverwegener Akt, wie bei dem Landsknecht, der in den Tod sein Leben jagt. Überrascht war ich, wie wenigMühe aufgewendet wird, die besungene Todesverachtung, den Tötungs- und Opfermut zu begründen. Das traditionelle Motiv der Landesverteidigung dominiert keineswegs; man stirbt vielmehr für Abstrakta wie "Reich" und "Volk" oder einfach, weil es Soldatenschicksal ist, vor allem aber für den Führer. Eine Erklärung für dieses Begründungsdefizit erhält man in den Schulungsmaterialien: dem Leitbild der Formationserziehung des "politischen Soldaten" entspricht die totale und fraglose Unterordnung unter den Führerwillen. Es ist schlicht die "Pflicht" und "Ehre" und auch das "Schicksal" des "Sturmsoldaten", im Kampf zu sterben. Nach dem Sinn dieses Schicksals zu fragen, ist nicht seine Art. Der Opfertod bedarf keiner Rechtfertigung (vgl. LINGELBACH 1987, S. 115 f.).

Hier ist endgültig die Trennwand erreicht, die mich hindert, die NS-Machtausübung auf die Entwicklung der zwischen 1933 und 1945 in Deutschland heranwachsenden Generation als Erziehung zu bezeichnen. Denn offenkundig wird die elementare Vorstellung, die wir mit dem Begriff verbinden, daß es sich um die Vorbereitung des jungen Menschen auf sein künftiges Leben handelt, hier außer Kraft gesetzt. Sicher gab es während dieser Zeit auch andere Gesellschaften, deren Erziehungskonzeptionen die Vorbereitung auf Krieg und Tod einschlossen. Doch waren die Ziele stets auf die Zukunft der jungen Menschen *nach* der Notsituation gerichtet; in sozialistischen Gesellschaften auf die Perspektive der Aufwachsenden bei der Weiterentwicklung einer neuen Gesellschaft, in bürgerlich-parlamentarischen Staaten auf die individuellen Lebenswege innerhalb der tradierten Gesellschaftsformation. Beim Nationalsozialismus haben wir es dagegen mit dem historisch wohl einzigartigen Phänomen zu tun, daß der Einsatz des Lebens im Krieg selbst zum ausreichenden Ziel erklärt wird und demgegenüber die abstrakt beschworene Zukunft blaß und konturlos bleibt: Die einzig wirklich greifbare und durchgängige Zielsituation der ständig mobilisierten, inhaltlich aber nicht fixierten "Einsatzbereitschaft" bleibt der Krieg.

Die Bedenkenlosigkeit der NS-Machteliten, die Energien der heranwachsenden Generation und sogar deren Leben für die eigene Machterhaltung zu opfern, tritt im Verlauf des Krieges vollends zutage. Bereits 1942, als der Sieg kaum noch zu erringen war, die Grenzen des Reiches aber noch keineswegs bedroht waren, billigte Hitler - gegen erhebliche Bedenken nicht nur RUSTs, sondern auch BORMANNs - Pläne für den Einsatz von Schülern als "Wehrmachtshelfer" und "Flakhelfer". Was bewegte den Diktator zu Entscheidungen, die Lebensperspektiven und das Leben einer Jugend in -

selbst militärtechnisch - sinnlosen Einsätzen aufs Spiel zu setzen, die als Hitlerjugendgeneration seinen Namen trug?

4. Der sozialdarwinistische Charakter nationalsozialistischer "Erziehungs"politik

Tiefsitzende erziehungspolitische Auffassungen, die HITLER bemerkenswert kontinuierlich während des Gesamtverlaufs seiner politischen Tätigkeit vertreten hat, dürften derartige Entscheidungen in der Endphase des Reiches beeinflußt haben. Was diese Auffassungen charakterisiert, ist weniger die oft zitierte Umkehr der gewohnten Rangfolge pädagogischer Aufgaben - das "Heranzüchten kerngesunder Körper" rangiert vor der "Charaktererziehung" und der "wissenschaftlichen Schulung" - als vielmehr der Modus ihrer Begründung. Prinzipiell wurden Erziehungsvorgänge instrumentalisiert, als Mittel den Zwecken einer menschenverachtenden Politik unterworfen. Keineswegs allein die Kinder der als rassisch minderwertig eingestuften Völker wie etwa der Juden und der Polen, sondern auch diejenigen des auserwählten Volkes gerieten in dieser Vorstellungswelt zum "Menschen*material*", das man beliebig im Dienste der Allgemeinheit verwenden konnte. Der dominierenden Position der Deutschen im erträumten Großreich entsprach die Vermittlung aggressiv militärischer Tugenden wie Willens- und Entschlußkraft, Angriffsgeist und ein "rassisch" begründetes Überlegenheitsgefühl.

Was die Okkupanten 1939 - 1944 in Polen praktizierten, die gewaltsame Einengung der Entwicklung von Kindern und Jugendlichen nach den Soll-Daten eines trostlosen Helotendaseins, ist insofern den Eingriffen der NS-Erziehungsfunktionäre auf das Erziehungs- und Bildungswesen in Deutschland nach der Machtergreifung vergleichbar, als auch hier die Entwicklungsmöglichkeiten der Aufwachsenden strikt den wechselnden machtpolitischen Bedürfnissen der obersten Führung unterworfen wurden. Die Unsicherheit der Machteliten über die Zukunft ihres Imperiums wirkte sich hier weit stärker aus als in der Schulpolitik im besetzten Polen. Dem Vabanquespiel der Hasardeure mit der Zukunft der von ihnen beherrschten Gesellschaft entsprach ihr Schwanken in der Behandlung der Jugend. Daher läßt mich nicht nur die menschenverachtende Gewalttätigkeit dieser politischen Einwirkungen auf Erziehungsvorgänge zögern, sie ihrerseits mit den Begriffen Pädagogik oder Erziehung zu bezeichnen, sondern auch ihre Perspektivlosigkeit. Für die polnischen Kinder bedeutete die Zukunftsunsicherheit der Besatzungsmacht bei aller Verweiflung in ihrer aktuellen Lebenssituation

Hoffnung, aus der die Pädagogik der Geheimschulen lebte. Für die Mehrzahl ihrer deutschen Altersgenossen bedeutete die Zukunftsunsicherheit ihrer Führer Unklarheit über die Kriterien und Ziele, an denen sie ihre Bildungsanstrengungen orientieren sollten; für viele aber, die den ideologischen Versprechungen gefolgt waren, Enttäuschung.

Bei diesem Befund liegt die Frage nahe: Gab es denn überhaupt keine Pädagogik in den Jahren 1933 - 1945? Selbstverständlich gab es sie. Sie fand in der Familie, Schule, aber auch in den parteiamtlichen Erziehungsinstitutionen tagtäglich statt. Nur wurde das pädagogische Handeln nicht allein zunehmend eingeengt, sondern meist in der Substanz verändert durch die immer spürbareren Pressionen einer Erziehungspolitik, deren Tendenzen ich hier dargestellt habe. Wie die Erzieher auf diese Pressionen *reagiert* haben, ob sie sich den Zwängen mutig widersetzten und ihre pädagogische Arbeit im Untergrund weiterführten - wie z.B. in den polnischen Geheimschulen und Teilen des jüdischen Schulwesens - oder ob sie die inneren Machtkämpfe der Diktatur geschickt nutzten, um relative Freiräume zu schaffen, wie es Reichwein versuchte, oder ob sie im Strom mitschwammen, voller Illusionen über die Rolle, die sie in Wirklichkeit spielten, das zu untersuchen ist eine Aufgabe, die uns das Hitlerreich hinterlassen hat. Gerade die im Widerstand gegen die Diktatur entwickelte pädagogische Praxis, die oft mit der Verschleppung in ein Konzentrationslager oder sogar mit dem Tode bezahlt wurde, wäre diskreditiert, wenn man sie mit demselben Begriff *Erziehung* bezeichnete wie die Zurichtungen junger Menschen durch die Nazis, und zwar sowohl in den okkupierten Gebieten wie im deutschen "Altreich". Solche Unterscheidungen zu beachten, sollte für die heutige Erziehungswissenschaft selbstverständlich sein.

ADALBERT RANG

SPRANGER und FLITNER 1933

I

Ich beginne mit einigen Überlegungen zur politischen und moralischen Dimension des Themas. Die Frage, wie Pädagogen sich zum "HITLER-Faschismus" (BLANKERTZ 1982, S. 272) verhalten haben, und die Frage, wie wir uns nachträglich zu diesem Verhalten verhalten, - das hat beides eine andere Qualität als vieles von dem, worum sich Erziehungswissenschaftler normalerweise kümmern, wenn sie ihre Wissenschaft und deren Entwicklung zum Forschungsgegenstand machen. Über HERBARTs Konzept der Interessenbildung, SCHLEIERMACHERs oder HUMBOLDTs Bildungstheorie, SPRANGERs Beiträge zur Lehrerbildung, FLITNERs Sicht des Theorie-Praxis-Verhältnisses oder auch, weniger personenbezogen, über Professionalisierung und die Entwicklung der Pädagogik als selbständige akademische Disziplin - über alles dies kann man sich verhältnismäßig neutral auslassen. Angesichts des Problems 'Pädagogik und Nationalsozialismus' ist ein so distanziertes Forschungsinteresse *nicht* möglich. Die Gründe dafür liegen offen zutage. Dem deutschen Faschismus sind Millionen von Menschen zum Opfer gefallen. Eben deshalb ist diese Vorlesungsreihe nicht bloß mit disziplinspezifischen Interessen an der Wissenschaftsgeschichte begründet worden. Moralisch-politische Erwägungen kommen unabweisbar hinzu. Sie hängen mit vielerlei zusammen. Zum Beispiel mit dem Bedürfnis, beitragen zu wollen dazu, daß es niemals zu einem Wiederaufleben des Faschismus kommt. Wer das, zusammen mit anderen und eingedenk der Opfer, verhindern möchte, wird den Faschismus, den wir hatten, den historischen Faschismus also, nicht verdrängen dürfen, sondern ihn begreifen, mithin: ihn studieren müssen.

Zur ideologischen Praxis dieses Faschismus gehörte die Herstellung eines breiten sozialen Konsensus durch die 'Bündelung' von Interessen und Einstellungen, die in großen Teilen der Bevölkerung bereits vorhanden waren und gewissermaßen auf ihre öffentliche Zusammenfassung und Artikulation gewartet hatten. Manche dieser Interessen waren, je nach der sozialen Herkunft, Lage und Perspektive der Betroffenen, heterogen; und ihre Aufnahme in das ideologische System des Nationalsozialismus hat solche Unterschiede gewiß nicht immer beseitigt, sonder häufig auch weiterhin bestehen lassen. Das für uns nachträglich Irritierende ist eben jene ideologische Integration. War sie allein durch äußeren Druck, durch Gewalt und Terror erzwungen? Wohl kaum. Integration setzte damals bei vielen die Bereitschaft dazu, setzte Integrierbarkeit voraus. Die Mitläufer waren in vielen Fällen, so paradox das zunächst klingen mag, Opfer und Täter zugleich. Sie sind nicht bloß in den Nationalsozialismus integriert *worden*; sie haben sich auch in den Nationalsozialismus integrieren *lassen*. HITLERs Reden sind von großen Teilen der Bevölkerung freiwillig angehört worden. Seine Auftritte in der Öffentlichkeit waren auf die zwangsweise Zusammentreibung von jubelnden Massen nicht angewiesen. Als er nach Köln kam, bin ich freiwillig beim 'Jungvolk' mitgelaufen, um den 'Führer' auf dem Domplatz sehen und feiern zu können. Es gab offenkundig in hohem Maße ein spontanes, von vielen aktiv erbrachtes Entgegenkommen. Der erzeugte Konsens hatte einen Beteiligungsanteil. Dieser Beteiligung lag so etwas wie *ideologische Affinität* - KEIM sprach in seinem Einleitungsvortrag von "Berührungs- und Überschneidungspunkte(n)" - mit zugrunde.

Wenn wir solche Affinität auch in der damaligen Pädagogik bemerken, dann erschrecken wir. Die, sei es auch 'beklommene', Begeisterung, mit der z.B. SPRANGER und FLITNER 1933 auf HITLERs 'Machtergreifung' reagierten, macht uns betroffen. Aber was meint das: 'Betroffenheit'? Wer ist hier warum und worüber irritiert? Das Reden von 'unserer' Betroffenheit bringt vorschnell zu Vieles auf einen Nenner. Gewiß, daß 'Auschwitz sich nicht wiederhole' (ADORNO) - darüber gibt es keine Meinungsverschiedenheiten. Die Betroffenheit aber angesichts der zeitweise profaschistischen Option von Pädagogen ist so vielgestaltig und verlangt so sehr nach Differenzierungen, daß wir das Wort in den Plural setzen sollten. Die Anzahl nämlich, die Konstellation und das jeweilige Gewicht dieser Betroffenheiten sind bei uns allen mehr oder weniger verschieden. Wo wir diese Unterschiede zu sehen, zu reflektieren und zu erklären versuchen, wird unser Verständnis für die von den unseren abweichenden Auffassungen anderer um eine wichtige Dimension erweitert. Es ist u.a. die der biographischen Erfahrungen und Prägungen. Dabei spielen Generations- und Herkunftsunterschiede, aber auch die unterschiedlichen Verläufe der schulischen und der akademischen Sozialisation eine Rolle. Um mit dem Wichtigsten zu beginnen: Es macht einen Unterschied aus, ob man als Älterer (wie z.B. FLITNER, BOLLNOW, BLÄTTNER) sich die *eigene* Situation und das eigene Verhalten in der Zeit des Nationalsozialismus erneut vergegenwärtigt, oder ob man, als vergleichsweise Jüngerer (wie z.B. LINGELBACH, WEBER,

KUPFFER, TENORTH, HERRMANN, ich selber), sich der Rekonstruktion des Verhaltens *anderer* zuwendet. Im zweiten Falle befindet man sich nolens volens in der Rolle des Besserwissers ex post, der über Informationen verfügt, von denen viele 1933 noch nicht bekannt waren. Im ersten Falle liegt die Gefahr (psychologisch: der Abwehrmechanismus) nahe, sich der eigenen Vergangenheit mit rationalisierenden Rechtfertigungsabsichten nähern zu wollen. Im zweiten Fall droht die Gefahr moralisierender Beckmesserei. So oder so: In beiden Fällen ist Betroffenheit im Spiel, aber freilich eine jeweils andere. Darüber hinwegzusehen, wäre taktlos und inhuman gegenüber der älteren Generation. Diejenigen, die wir ex post kritisieren, haben Anspruch auf Respektierung ihrer Person. "Keine Kritik darf es sich leisten, den Menschen und seine Moralität in der Ideologieanalyse untergehen zu lassen; sie würde sich selber der Barbarei schuldig machen" (HEYDORN 1979, S. 244). Wissenschaftliche Kritik ist nicht auf den subjektiven Menschen, sondern auf etwas Objektiveres gerichtet: im hier zur Diskussion stehenden Falle auf das, was unsere Pädagogenvorgänger 1933 veröffentlicht haben; mithin auf Vorstellungen und Argumente, die einen Niederschlag in damals publizierten Texten fanden. Diese Texte sind nicht mehr das Privateigentum ihrer Autoren, sondern sie gehören der scientific community, machen ein Stück der Entwicklung von Pädagogik in Deutschland aus.

Es gibt jedoch auch noch andere perspektivische Differenzen. Es kann z.B. etwas ausmachen, ob die prägenden Universitätslehrer, die man hatte (oder noch hat), vor 1945 der Emigration oder der 'inneren Emigration' oder der NSDAP angehörten (oder überhaupt erst nach 1945 großwurden); ob man aus einer Familie kommt, die sich zum Faschismus distanziert verhielt, oder ob man Eltern oder Großeltern hat, die bei den Nationalsozialisten mitliefen; ob man das Kriegsende und noch Jahre danach in einem sowjetischen oder (wie Hans-Jochen GAMM) in einem polnischen Gefangenen- und Arbeitslager verbrachte oder ob man damals den Kindergarten besuchte. Alle diese unterschiedlichen Erfahrungshorizonte gehen, als Momente zumindest, in das mit ein, was HABERMAS vor Jahren den Zusammenhang von 'Erkenntnis und Interesse' nannte. Unsere jeweilige Betroffenheit wird von ihnen mit gefärbt. Lassen sie sich, durch welche Filterungsprozesse auch immer, je völlig eliminieren? Natürlich gibt es einiges, wovon man sich, zumal in unserem Falle, freimachen sollte. Dazu gehören unwissenschaftliche Schlamperei, uneinlösbare Objektivitätsprätentionen und nachträgliche Rationalisierungs- und Rechtfertigungsstrategien (vgl. den jüngsten 'Historikerstreit'); nicht jedoch jene reflektierte Parteilichkeit, die sich der Opfer erinnert und ihnen im Bewußtsein, nichts je wiedergutmachen zu können, die

Treue zu halten versucht (vgl. BENJAMIN 1974, S. 693-704). Soweit meine grobe Skizze zur moralisch-politischen Seite des Umgangs mit dem Thema.

II

Ich gehe über zur Hauptfrage: Wie haben zwei bekannte deutsche Pädagogen, nämlich SPRANGER und FLITNER, 1933 auf den deutschen Faschismus reagiert? Das heißt: ich frage nicht nach der deutschen Pädagogik überhaupt, sondern grenze das Thema aus praktischen Gründen ein. Sie hängen mit dem lückenhaften Stand der Forschung (auch meiner eigenen) zusammen. Überdies bin ich nicht sicher, ob es so etwas wie 'die' deutsche Erziehungswissenschaft damals überhaupt gab. Insofern stimme ich TENORTH zu, der auf die unterschiedlichen Pädagogi*ken* verweist, die damals existierten (vgl. TENORTH 1986). Man kann dem hinzufügen, daß es heute nicht anders ist. TENORTHs zusätzlicher These jedoch, ab 1933 hätten sich die deutschen Pädagogen in einer 'singulären Konstellation' befunden, stimme ich *nicht* zu. Die historischen Konstellationen, die Menschen herstellen und vorfinden, sind nicht manchmal, sondern immer singulär. In diesem Sinne ist auch das 'tausendjährige Reich' für alle Betroffenen etwas Singuläres gewesen. Aber je nachdem, wo man stand, hat man diese Singularität anders erfahren: die in die Mordlager abtransportierten Juden und die verschleppten Zwangsarbeiter anders als ihre Bewacher und Mörder; die Holländer im Hungerwinter anders als die durchhaltende, auf Wunderwaffen hoffende Mehrheit der Deutschen; die emigrierten Intellektuellen und Künstler anders als die zuhause gebliebenen; die Menschen im Widerstand, sei es bei uns oder in den besetzten Ländern, anders als diejenigen, die HITLERs Regime aktiv oder passiv unterstützten. Warum von singulärer Konstellation sprechen, wenn doch, so gesehen, der Ausnahmefall damals die Regel war? Warum der damaligen deutschen Pädagogik eine besondere, gar einzigartige Situation bescheinigen und uns dabei vor allem an die Situation NOHLs, SPRANGERs, LITTs, FLITNERs, WENIGERs, BOLLNOWs oder BLÄTTNERs denken lassen statt in erster Instanz an das Schicksal der ganz wenigen, die damals emigrierten oder entlassen oder degradiert wurden, zu schweigen vom aktiven Widerstand und der Ermordung Adolf REICHWEINs, der KZ-Haft Robert ALTs? Warum *miß*verstehbar unters Singuläre ausgerechnet das mit aufnehmen, was schon oft so war, eine alte und wenig ehrwürdige Tradition hat: nämlich das Sichdranhängen an die Macht, das Mitmachen, den sozialen Konformismus, die Kollaboration?

Ich habe bisher vorausgesetzt, was doch erst nachzuweisen wäre: die Zustimmung deutscher Pädagogen zum Nationalsozialismus. Unterstellend, daß es solche Zustimmung gab, dachte ich nicht an die offiziellen Pädagogen des NS-Regimes, nicht also an z.B. KRIECK, BAEUMLER, HÖRDT, SCHEMM oder WILHELM, wohl aber an Eduard SPRANGER und Wilhelm FLITNER, die wir zu Recht als Repräsentanten einer wichtigen Richtung, nämlich der geisteswissenschaftlichen Pädagogik, ansehen und auf die viele von uns sich heute, kritisch oder unkritisch, als auf ihre Vorgänger berufen. Wie haben sich diese Pädagogen zum Faschismus verhalten? Ansätze zu einer Antwort darauf liegen bereits vor. Ich verweise u.a. auf LINGELBACH, WEBER, GAMM, KUPFFER, HERRMANN, TENORTH und einen (1985 vor der 'Kommission Wissenschaftsforschung' gehaltenen, 1986 publizierten) Vortrag von mir. In meinem Beitrag von 1985 hatte ich versucht, zwei kurze Texte von SPRANGER und FLITNER möglichst genau zu lesen und zu interpretieren. Darauf beziehe ich mich auch heute, wenngleich nur mit wenigen Beispielen. Die Texte, um die es geht, enthalten SPRANGERs und FLITNERs erste *veröffentlichte* Reaktion auf den 'Aufbruch und Umbruch' (SPRANGER) von 1933. Sie erschienen im Aprilheft der Zeitschrift 'Die Erziehung', also nach den Wahlen vom März, nach dem Ermächtigungsgesetz. Wichtig ist auch sich klarzumachen, daß es sich um freiwillige Stellungnahmen handelte: "... in der ganzen ersten Phase der Diktatur blieb die Schriftleitung unbehelligt." (FLITNER 1986, S. 369). Das bedeutet: Die Verantwortung für die damals veröffentlichten Beiträge tragen deren Autoren, der Schriftleiter und Herausgeber FLITNER und die vier anderen Herausgeber (FISCHER, LITT, NOHL und SPRANGER). Mit anderen Worten: Die 'Kompromisse', die man, HERRMANN zufolge (vgl. NIJBOER 1987), 1933 hat eingehen 'müssen', waren keine abgezwungenen, sondern freiwillig erbrachte. Der ehrliche FLITNER benutzt den Terminus, bezogen auf 1933, in seinen 'Erinnerungen' *nicht*.

Ich lasse im folgenden SPRANGER und FLITNER selber zu Wort kommen. Bei den Zitaten handelt es sich um eine exemplarische Auswahl. Ich sortiere sie schlicht nach drei Gesichtspunkten bzw. Fragestellungen:
1. Was fanden SPRANGER und FLITNER 1933 begrüßenswert?
2. Was hatte, SPRANGER und FLITNER zufolge, der Nationalsozialismus zu Recht 'überwunden' oder zu überwinden vor?
3. Wo und wie setzten beide Pädagogen zu Distanzierungen an, wollten sie warnen, hatten sie "die Hoffnung, den neuen Machthabern noch ins Gewissen reden zu können" (FLITNER 1986, S. 369)?

Ad. 1:

SPRANGER schreibt 1933, daß die "begeisterten Tage(n) des März" uns "das lange gefährdete Bewußtsein gaben, daß wir noch ein Volk sein können" (SPRANGER 1933a, S. 408); daß "der Wille zur Volk*werdung* ... den großen *positiven* Kern der nationalsozialistischen Bewegung" ausmache (ebd., S. 403); daß nun endlich "das Leiden am Krieg" einer "heroischen Einstellung zur Wirklichkeit, die immer und überall Kampf ist, zu weichen" (ebd.) beginne: "Was wir aber brauchen, ist ... *Ein Geist* und Eine Totalerziehung des deutschen, volks- und staatsverbundenen Menschen" (ebd., S. 407). Cui bono? Und mit welcher Perspektive? SPRANGER formulierte es in erschreckender Offenheit und meinte es, leider, nicht als Warnung: "Wer wollte es uns verdenken, wenn wir ... den Krieg nicht nur als Vergangenheit sehen, sondern die Notwendigkeit eines zweiten Aufbruchs aus der gespannten Weltlage heraus vorfühlen müssen?" (ebd., S. 404).

Auch FLITNER reagiert auf die "Staatsumwälzung" (FLITNER 1933a, S. 408) mit "vaterländische(r) Begeisterung" (ebd.); sieht "Alle Hoffnungen der pädagogischen Bewegung ... aufgewühlt" (ebd.); beschwört die "Einheit einer Gesittung", die sich "in der einheitlichen nationalen Aufgabenwelt bewährt" (ebd., S. 410); erhofft sich nationale Einheit in der Form einer "Einheitsfront" (ebd., S. 413) auf allen Ebenen; antizipiert Menschen, die "eine neue und *echte Volksordnung* mitzutragen bereit und fähig" (ebd.; S. 410) sind; sieht "Ausblicke, Hoffnungen, Aufgaben: möge unser Geschlecht, das der Frontgeneration und der ihr nachfolgenden Jugend, nicht zu klein sein für das, was uns abgefordert ist!" (ebd., S. 416). Und schon vorher, pädagogisch-politisch gewendet: "Die neue Vereinigung des Staatswillens kann die politische Basis für ein solches Ganze der Nationalerziehung bieten" (ebd., S. 414). Die neue "Einheit der Ideale", die "tatmäßige Übereinstimmung in der Gesittung" werde nun auch eine "Einheit der Nationalbildung" (ebd., S. 412) ermöglichen.

Ad 2:

Negatives, das SPRANGER und FLITNER durch den Nationalsozialismus 'überwunden' glaubten. Hier haben wir es zunächst ganz simpel mit der Kehrseite der eben genannten Zielformeln zu tun. Wer nationale Einheit hergestellt oder heraufziehen sieht, will - ich zitiere FLITNER - die 'Zerrissenheit' des deutschen Volkes, den Weimarer Zustand "der in Programmatik zerteilten Parteiung" (FLITNER 1933a, S. 413) *nicht*. SPRANGER:

"Deutschland ist aus einer langen Erschöpfungsperiode ... endlich erwacht" (ebd., S. 401). Es habe "Auflösungserscheinungen" (ebd.), ja "Zersetzung" (ebd., S. 402) gegeben. Wer waren die Zersetzer? SPRANGER nennt den "Marxismus" (ebd., S. 401), die Psychoanalyse (ebd.), den Pazifismus (ebd., S. 404), den "westlichen Positivismus" (ebd., S. 403), und das politische (ebenfalls westliche) Programm, "durch eine rein innerweltlich gerichtete Gesellschaftsform Wohlfahrt und Glückseligkeit einer demokratisch und sozialistisch nivellierten Masse heraufzuführen" (ebd., S. 401).

Die damals von FLITNER gebrauchten Ausschließungsklauseln liegen auf der gleichen Linie. "Der Bolschewismus und die bloß gesellschaftliche Auffassung von Staat und Erziehung waren durch Diskussion und Lehre nicht zu überwinden, ihr Anspruch auf die öffentliche Erziehung ließ sich nur politisch vernichten" (FLITNER 1933a, S. 410). Auch das Pendant zu SPRANGERs Attacken auf die westliche Wohlfahrtsethik fehlt nicht. Nicht nur der Bolschewismus mit seiner "Vergötzung des kollektivierten Menschen" (ebd., S. 412), auch Individualismus, Liberalismus und Kapitalismus gilt es nun zu überwinden. Man müsse, so FLITNER, der "Verwirrung der Geister abschwören, die durch die Emanzipation des Individuums im 19. Jahrhundert entstanden ist" (ebd.), und das von Sonderinteressen zerrissene "Deutschland der kapitalistisch-liberalistischen Gesellschaft" (ebd., S. 413) in das starke und einheitliche "einer wirklichen Volksordnung" (ebd.) umwandeln. Diese 'Volksordnung' stellte sich FLITNER 1933 als elitär strukturierte Einheit von Führern und Gefolgschaft vor. Im Augustheft der 'Erziehung' schreibt er: "Eine erbtüchtige politische Führerschaft bedarf eines vitalen Herrscherwillens und einer früh beginnenden ... eisernen Willenszucht." (FLITNER 1933b, S. 714). Und im selben Artikel: "... bei uns geht es um politische Volksbildung im großen ... Regierbares Volk gestalten, das die Regentschaft erträgt und produktiv trägt: das ist unser erstes Problem" (ebd., S. 717).

Ad 3:

Ich komme mit einer gewissen Erleichterung zum dritten Punkt. Wo melden SPRANGER und FLITNER 1933 Kritik am Nationalsozialismus an? Inwiefern war in die Zustimmung Distanzierung mit eingebaut? Um es mit Worten aus den zitierten Artikeln zu sagen: Wir wechseln nun von der Seite der 'Begeisterung' zur Dimension der 'Beklommenheit' über. Was fällt auf? Zunächst einmal der mahnend-appellative Ton vieler Hinweise. FLITNER spricht in seinen 'Erinnerungen' von der "Hoffnung" (die sich dann bald als

"Täuschung" erwiesen habe), den "neuen Machthabern noch ins Gewissen reden zu können" (FLITNER 1986, S. 369). Wer das versucht, will korrigierend eingreifen, Schlimmes verhüten, der 'Staatsumwälzung' die richtige Richtung geben. Was waren die Maßstäbe dafür? Was sollte als Korrektiv dienen? SPRANGER erinnert an die "ethische Bindung" (SPRANGER 1933a, S. 403), an den "großen Sollensruf von KANT" (ebd.), die "größte deutsche sittliche Idee" (ebd., S. 402), - und fügt beschwörend hinzu: "Die energische Zusammenfassung aller nationalen Kräfte, die uns die Stunde gebietet, wird *nicht* über die Menschenwürde und die sittliche Freiheit des deutschen Menschen hinweggehen" (ebd.). Oder konkreter, bezogen auf das Postulat der Freiheit von Forschung und Lehre: "Der wissenschaftliche Geist läßt sich nicht kommandieren" (ebd., S. 406); "... der Geist läßt sich nicht zwingen" (ebd.). Bei diesem moralischen, liberal-humanistischen Appell hat SPRANGER es jedoch nicht belassen wollen. KANT und HUMBOLDT werden durch LUTHER ergänzt, durch christliche Religiosität überhöht. SPRANGER interpretiert die Ereignisse von 1933 erstaunlicherweise auch (!) als Ausdruck der "religiöse(n) Bereitschaft, zu der das deutsche Volk wieder erwacht ist. Er erinnert sich, daß sein dem Norden entsprossener Geist von früh auf in christliche Erziehung genommen wurde, daß sein Staat in diesem Glauben die stärksten Wurzeln seiner Kraft hatte und daß seine größte philosophische Leistung - der deutsche Idealismus - ... bewußt eine religiös verwurzelte Philosophie war: geboren aus dem Glauben an die Alleinmacht des Göttlichen in der Welt" (ebd., S. 403). Ganz ähnlich FLITNER: "Gesittung regeneriert sich nur durch den Glauben; der Glaube aber läßt sich nicht kommandieren, nicht züchten und nicht erziehen, der Geist weht, wo er will, der Glaube kommt durch den Geist. Wir Deutsche sind auf die christliche Religion angewiesen" (FLITNER 1933a, S. 411). Oder im selben Artikel die folgende Wunschformel: "Möchte den Machtträgern jene Demut des Mächtigen nicht fehlen, die die Macht nicht aus sich selber, sondern auf Gesittung, auf Ritterlichkeit und Liebe und somit wahrhaft christlich gründet" (ebd., S. 416).

III

Ich blicke auf die Zitate zurück und frage nach der Bedeutung dieser eigentümlichen Konglomerate, in denen Zustimmung und Distanzierung, Begeisterung und Unsicherheit, Hoffnung und Angst beieinanderstehen, sich überlagern und manchmal sogar verbinden. Welche Kategorien und Kriterien bietet die gegenwärtige westdeutsche Erziehungswissenschaft an, wenn es darum geht, dies alles historisch-analytisch zu begreifen oder auch nur schlicht zu beschreiben? Ich kann nicht ausschließen, daß mir in Amsterdam manches von der hier laufenden Diskussion entgangen ist. Vielleicht renne ich offene Türen ein, wenn ich sage, daß diese Diskussion in eine Sackgasse hineingeraten ist, seitdem die Kontroversen um die Frage kreisen, ob man das Jahr 1933 als 'Bruch' oder als zugespitzte 'Fortsetzung' älterer Traditionslinien anzusehen habe. Seitdem stehen sich häufig bloße Positionsvertreter gegenüber. Die einen hängen der *Diskontinuitätsthese* an, die anderen plädieren für die *Kontinuitätsthese*. An Personen festgemacht: hier HERRMANN, dort KUPFFER. Und jenseits der beiden Lager TENORTH, der gewissermaßen - als Weltkind in der Mitten - jene Polarisierung überspringt, zugleich jedoch Anschlußmöglichkeiten nach *beiden* Seiten herstellt (oder herzustellen scheint), mindestens *zwei* Lesarten seines Aufsatzes möglich macht und dadurch, je nachdem, sowohl von den Verfechtern der Kontinuitäts- als auch von denen der Diskontinuitätsthese in Anspruch genommen werden kann. Das bricht die Sackgasse nicht auf, sondern macht den Verkehr nur komplizierter.

Die politischen Implikationen, die mit der These vom 'Bruch' einhergehen (können), will ich hier nur streifen. Solange man 1933 als 'Bruch' auffaßt, kann man ab 1945 sozusagen bedenkenlos an die Zeit vor 1933 wiederum anknüpfen. Auf pädagogischem Feld: die 1933 vermeintlich 'abgebrochene' Reformpädagogik wiederbeleben und die Universitätspädagogen der Weimarer Zeit (soweit sie sich nicht total kompromittiert hatten) in der Pädagogik den 'Neuanfang' besorgen lassen. Das ist polemisch formuliert, aber wohl doch, der Sache nach, nicht falsch. Und es hatte problematische Folgen. Nachdem wir das nachträglich als 'Schicksal' aufgefaßte 'Dritte Reich' endlich hinter uns hatten, haben viele den Bruch nicht 1945, sondern 1933 angesetzt. Meine Ausbildung zum Volksschullehrer von 1947 bis 1950 war nicht von dem Blick auf 'Erziehung nach Auschwitz', sondern u.a. von KERSCHENSTEINERs 'Begriff der Arbeitsschule', LITTs 'Führen oder Wachsenlassen', PETERSENs 'Kleinem Jenaplan' und REMPLEINs Entwicklungspsychologie bestimmt.

Aber zurück zu den Texten, die ich ideologische Konglomerate nannte. Wie lassen sie sich in jenem Alternativdenken unterbringen, für das es nur *entweder* Diskontinuität *oder* Kontinuität zu geben scheint? Überhaupt nicht! Die Ebene des Pro (s.o., Punkt 1) war ja doch mit der des Contra (s.o., Punkt 3) vermischt. Affinität mit und Distanzierung vom Nationalsozialismus gingen zusammen. Das sich Widersprechende stand beieinander. Im

Faschismus erkannten SPRANGER und FLITNER etwas von sich selber, etwas von ihren eigenen Denkweisen und Zielvorstellungen wieder; aber derselbe Faschismus löste bei ihnen *zugleich* Irritationen, Ängste und Abwehr aus. Der Begriff, den wir für ein solches Bei- und Miteinander von Widersprüchlichem, sich eigentlich Ausschließendem, haben, heißt *Ambivalenz*. Er schließt die zwei Seiten, um die der Streit geht, in sich ein; aber nicht als Kompromiß, der jedem ein Stück entgegenkommt, sondern als Begriff, welcher der widersprüchlichen Sache selber gerechter wird als das starre Entweder/Oder-Denken. Es hat 1933, wie wir an SPRANGERs und FLITNERs Texten gesehen haben, eigentümliche, von Autor zu Autor unterschiedliche Mischungsverhältnisse von Affinität zum Faschismus einerseits, Distanz dazu andererseits gegeben. In diesem Komplex lassen sich Kontinuität und Diskontinuität allenfalls analytisch-abstrakt unterscheiden. De facto bzw. konkret war beides zugleich vorhanden. Die Ambivalenzthese, für die ich hier plädiere, wird der Beschreibung (!) dieses komplexen Sachverhaltes noch am ehesten gerecht. Das schließt Kritik nicht aus, aber es differenziert sie. Vermeidbar wird dann nicht nur der Pauschalismus KUPFFERs, der das 'Menschenbild' der Pädagogik mit grobem Pinsel braun einfärbt; vermeidbar wird auch die Weißwascherei HERRMANNs, der Pädagogik hochstilisiert zu einer ehrenwerten Bemühung, die durchgehend (zumindest "seit der Aufklärung") vom "pädagogischen Ethos" und vom Respekt vor dem "menschlichen Eigenrecht" (HERRMANN 1985b, S. 9) bestimmt gewesen sei. Freilich, wer an der eben zitierten Position HERRMANNs Zweifel anmeldet und auf die problematischen Seiten der deutschen Pädagogik, auf ihre opportunistischen Verstrickungen mit der Macht, auf die 'beklommene Begeisterung' von SPRANGER und FLITNER angesichts des Nationalsozialismus 1933 verweist, - der läuft Gefahr, als Nestbeschmutzer gebrandmarkt zu werden.

Zu den möglichen und nötigen "Rückfragen an die bundesdeutsche Erziehungswissenschaft" (KEIM) gehört daher auch die Frage, warum manche angesichts des Problems 'Pädagogik im Nationalsozialismus' eine engagierte wissenschaftliche Auseinandersetzung zu umgehen und stattdessen in Alltagspsychologie auszuweichen versuchen. Auf einem Symposium in Tübingen war kürzlich, sei es auch nebenbei, die Rede davon, daß nachträgliche Kritik an SPRANGERs und FLITNERs Artikeln von 1933 eigentlich nur psychologisch zu begreifen sei: nämlich als symbolischer 'Vatermord' (vgl. NIJBOER 1987, S. 3). Wer auf so etwas verfällt, ersetzt die sachliche Diskussion durch Motiv'forschung'. Meine akademischen Lehrer - das kommt als Komplikation hinzu - waren im übrigen nicht NOHL, SPRAN-

GER, FLITNER oder WENIGER, sondern in erster Linie ADORNO und HORKHEIMER. Warum sollte ich sie symbolisch ermorden wollen? Und warum beharrt HERRMANN darauf, eine kritische Auseinandersetzung mit *seinen* akademischen 'Vätern' zu tabuieren?

Hinzu kommt (und damit kehre ich zur Sache zurück), daß man die hier vertretene Ambivalenzthese, freilich etwas anders akzentuiert, auch schon bei NOHL und FLITNER findet. Ich übernehme ein selbstkritisches NOHL-Zitat aus dem Einleitungsvortrag von KEIM. 1946 sagte NOHL vor Lehrern in Hildesheim: "Wenn man aber nun fragt, wie war es überhaupt möglich, daß es soweit bei uns kommen konnte, dann wird sichtbar, daß der Nationalsozialismus ... doch nur eine letzte entsetzliche Folge einer längeren geschichtlichen Entwicklung ist, in der wir alle mehr oder minder mitgemacht haben, ohne zu ahnen, wohin der Weg führte" (BLOCHMANN 1969, S. 186). Ähnlich bringt FLITNER 1986 sein nachträgliches Erschrecken vor dem Mitgemachthaben, seine Erinnerungen an das ambivalente Gemisch aus Zustimmung und Vorbehalten zum Ausdruck: "Das aufgewühlte Denken jener Tage (1933, A.R.) läßt sich schwer zu einem klaren Bild bringen. Es wurde deutlich, daß die bisherigen Lebensformen überwachsen würden ... In der Wissenschaft nicht nur, sondern im ganzen Gefüge der ökonomischen und sozialen Welt werde und müsse sich Neues bilden ... Doch wenn man sich auch schaffend der Zukunft öffne, so müßten gleichsam Pfähle in den sumpfigen Grund eingerammt bleiben, die das kulturelle und ethische Erbe um so kräftiger festhielten. Ohne diesen Grund sei von dem Neuen nichts Gutes zu erwarten" (FLITNER 1986, S. 368).

IV

Was wir brauchen und worauf daher systematisch hinzuarbeiten wäre, ist freilich mehr als nur ein passenderer Begriff. Auch wer 'Ambivalenz' sagt, bleibt letztlich in einer beschreibenden Stellungnahme stecken. Auch FLITNERs selbstkritischer Hinweis auf 'schlimme Täuschungen' reicht hier noch nicht aus. Wir wollen wissen, wie es zu jenen Ambivalenzen und zu diesen Täuschungen kommen konnte. Die schwierige Frage, auf die wir dann Antworten suchen müssen, ist die nach den Hintergründen und Ermöglichungsbedingungen jener Irrtümer. Sie ist deshalb so schwierig, weil es sich hier nicht um den Nachweis linearer Kausalketten, sondern um die sozial und kulturell vermittelten Vorstellungen und Entscheidungen von Menschen mit, sei es auch begrenzten, Optionsspielräumen handelt. Alle Erklärungsversuche behalten in einem solchen Falle den Charakter von mehr oder weniger plausiblen Vermutungen. Darauf, sie durch historische und (sozialwissenschaftlich informierte) ideologietheoretische Untersuchungen so weit wie möglich plausibel oder zumindest diskussionswürdig zu machen, - darauf kommt es an.

Was ich selbst dazu vorlegen kann, ist vorläufig und bescheiden. Ich werde zunächst eine These zur Diskussion stellen und dann einige Erklärungen dazu geben. Die These - sie lag schon meinem Aufsatz von 1986 zugrunde - ist, leicht umformuliert, die folgende: Die ambivalente, 1933 (größten-)teils verständnisvolle, (kleineren-)teils ablehnende Haltung SPRANGERs und FLITNERs gegenüber dem Faschismus hängt nicht zuletzt auch damit zusammen, daß im damaligen geisteswissenschaftlichen Konzept kein Element enthalten war, mittels dessen der Charakter und die Entwicklungstendenzen der bürgerlichen Gesellschaft auch nur einigermaßen adäquat hätten begriffen werden können. Geisteswissenschaftliche Pädagogik (und übrigens auch: Reformpädaogik in Deutschland) - das war in weiten und wesentlichen Teilen ein verständnisloses und daher letztlich hilfloses Reagieren auf die Moderne überhaupt und auf die hoch- und spätkapitalistische Phase insbesondere. Unter vielen der modernen Entwicklungen kulturkritisch leidend, orientierte man sich rückwärts. Diese retrograd-konservative Orientierung war eine der Quellen *sowohl* für ein bestimmtes Maß der ideologischen Affinität der geisteswissenschaftlichen Pädagogik mit dem Faschismus *als auch* für die der geisteswissenschaftlichen Pädagogik eigenen Vorbehalte gegenüber dem Faschismus.

Das ist vielleicht noch zu abstrakt (und zu pauschal auf 'die' geisteswissenschaftliche Pädagogik bezogen) formuliert. Man könnte auch einfacher sagen:

1. SPRANGER und FLITNER haben das 'Projekt der Moderne' verschlafen.

2. In ihrem Denken gab es 1933 fast nichts, das zum angemessenen Begreifen der gesellschaftlichen Entwicklungen im Spätkapitalismus getaugt haben würde.

3. Ihre konservative Rückwärtsorientierung machte, paradox genug, zweierlei möglich: die teilweise ideologische Übereinstimmung mit dem von ihnen idealisierten Nationalsozialismus *und* die Distanzierung davon.

Die Rückwärtsorientierung, die ich zuletzt nannte, ist nicht meine eigene Erfindung. Sie entspricht dem Selbstverständnis großer Teile der hier diskutierten geisteswissenschaftlichen Pädagogik selber. Das beginnt, Jahrzehnte vorher, mit DILTHEYs Kritik der Französischen Revolution und ihrer zeitweisen Tendenzen zu demokratischer 'Gleichmacherei'. Und das geht bei NOHL, SPRANGER und FLITNER weiter. In seiner Autobiographie schreibt FLITNER auch über die Wandervogelbewegung und deren unterschiedliche Gruppierungen. Wie kennzeichnet er sie? Als "eine lebensreformerische, zugleich gegenwartskritische und dadurch nach rückwärts gerichtete Gegenbewegung zu der industriell bestimmten Lebensordnung, wie sie sich in den Großstädten herausgebildet hatte." (FLITNER 1986, S. 160) 'Gegenwartskritisch und dadurch nach rückwärts gerichtet' - die Selbstverständlichkeit, mit der FLITNER diese Verbindung herstellt, verweist auf ein Problem. Auch MARX, DURKHEIM, WEBER, MEAD, DEWEY waren 'gegenwartskritisch' und zeigen doch zugleich, daß man deshalb nicht per se 'rückwärts gerichtet' sein mußte. SPRANGER und FLITNER jedoch, so führend und modern sie sich damals selber erschienen sein mögen, waren gegenwartskritische Konservative mit antiwestlichen, antizivilisatorischen, antimodernen (und übrigens auch: antiparlamentarischen) Affekten und Inklinationen. Kulturelle Pluriformität war ihnen eher verdächtig; den 'Parteienstreit' in der Weimarer Republik beklagten sie als Zeichen nationaler Zersplitterung und Zerrissenheit. Als HITLER 'Einheit' versprach, da hofften sie, daß nun auch *ihre* Einheitsbedürfnisse, ihr 'hunger for wholeness' (GAY 1968, S. 70), ihre elitären Ambitionen, ihre Sehnsucht nach Gemeinschaft und Ordnung befriedigt würden. Es war ihre Rückwärtsorientierung, die sie 1933 beklommen-begeistert auf die Seite des Nationalsozialismus brachte.

Diese retrograde Einstellung war schon vor 1933 mit bestimmend dafür gewesen, daß die geisteswissenschaftliche Pädagogik sich gleichsam einmauerte und abkapselte. Abkapselte wovon? Von den differenziertesten, fortgeschrittensten Entwicklungen in anderen Wissenschaften der damaligen Zeit (als Beispiel verweise ich auf WEBER, FREUD, WITTGENSTEIN) und vom Reflexionsniveau und der Sensibilität der damaligen intellektuellen und künstlerischen Avantgarde. Ich mag mich irren, aber ich stelle mir SPRANGER doch eher als Leser von Rudolf BINDING oder Hans CAROSSA denn als Leser von TRAKL, BENN, KAFKA, BRECHT, KRAUS, MUSIL oder Else LASKER-SCHÜLER vor.

Um etwas versöhnlicher aufzuhören: Im konservativ-bildungsbürgerlichen Denken war auch ein Element enthalten, das manchen Pädagogen Distanz oder zumindest eine gewisse Reserve gegenüber dem Faschismus ermöglichte. SPRANGERs und FLITNERs christlich getönter Humanismus hat zwar beide 1933 vom Ausbruch 'vaterländischer Begeisterung' nicht abbringen können, aber zugleich doch, schon damals, dazu beigetragen, daß sich Angst und Sorge in ihre Begeisterung mischten und daß sie ihre freudige Zustimmung zur 'Staatsumwälzung' mit Vorbehalten und mahnenden Appellen begleiteten. Dazu paßt, daß FLITNER die anfängliche Begeisterung sehr bald aufgab und sich Studien zu GOETHE und europäischer Gesittung zuwandte. Die christliche und die bürgerlich-humanistische Tradition erwiesen sich in diesem Falle als Substanz, auf die man zurückgreifen, woran man sich festhalten konnte. Auch das freilich war ambivalent. Es eignete sich allenfalls zu dem, was HAUG, bezogen auf Vergangenheitsbewältigung nach 1945, den 'hilflosen Antifaschismus' genannt hat. Die Substanz jener ehrwürdigen Traditionen war ja doch in großen Teilen des Bürgertums schon längst so geschwächt und verzerrt, daß man 1933 - wir haben es an SPRANGER und FLITNER gesehen - das Zusammengehen, die Vereinbarkeit von christlicher Religion, Humanismus und Nationalsozialismus für möglich und wünschbar halten konnte. Der GOETHE Wilhelm FLITNERs war eben doch ein anderer als der GOETHE Walter BENJAMINs.

Solange die Distanzierung vom Faschismus so erfolgt, als ob es sich in erster Linie um eine religiöse, moralische und/oder um eine ästhetische bzw. Geschmacksfrage handelte, bleiben Hilflosigkeit und Wehrlosigkeit bestehen. Wenn die westdeutsche Erziehungswissenschaft das schlimme Thema 'Pädagogik im Nationalsozialismus' weiterbringend verarbeiten will, wird sie die noch vorhandenen Reste der geisteswissenschaftlichen Abkapselungen aufbrechen, sich sozialwissenschaftlich orientieren und den Blick auch (!) auf die sozialen, ökonomischen und politischen Dimensionen des Faschismusproblems richten müssen. So differenzierungs- und korrekturbedürftig die bisher vorliegenden Faschismustheorien (der Plural zeigt an, daß wir uns auf umstrittenem Terrain befinden) auch immer sein mögen, - wenn sie heute bei vielen als passé gelten, dann doch wohl nicht, weil sie (durch was eigentlich?) überholt wären, sondern weil sie unbequem sind.

Bleibt die Frage: An welche Traditionen, an welches substantielle Denken schließen *wir* an? Wo finden, von woher entwickeln wir die Kriterien und Maßstäbe, die uns sicherer, selbständiger und widerstandsfähiger machen können, als es 1933 unsere heute so leicht kritisierbaren Vorgänger waren?

ARNO KLÖNNE

Jugend im Nationalsozialismus - Ansätze und Probleme der Aufarbeitung

I

Nach dem Ende des "Dritten Reiches" ist über Jahre hin die politische Sozialisation der Jugend unter dem Nationalsozialismus nur in recht unzureichendem Ausmaß oder in höchst fragwürdigen Blickverengungen und Fehldeutungen zum Thema zeitgeschichtlicher oder erziehungsgeschichtlicher Aufarbeitung geworden. Soweit es um außerfamiliale und außerschulische politische Sozialisation Jugendlicher im "Dritten Reich" geht, traten gleich nach 1945 einige Interpretationsmuster auf, die im öffentlichen Bewußtsein noch heute häufig anzutreffen sind: Da gab es einerseits die Legende, im Unterschied zu anderen vom Nationalsozialismus erfaßten Lebensbereichen oder anderen politischen Organisationen im "Dritten Reich" sei die vom NS-Staat betriebene verbandliche Erfassung der Jugend nach 1933, also die Hitler-Jugend, eine im Grunde unpolitische, sozusagen harmlose Angelegenheit gewesen; die deutsche Jugend sei zwischen 1933 und 1945 nahzu ausnahmslos dem Angebot der Staatsjugendorganisation begeistert oder doch bereitwillig gefolgt und Protest- oder Widerstandsverhalten junger Leute sei damals kaum irgendwo zu verzeichnen gewesen. Die Geschichte der Studenten und Jugendlichen in der Widerstandsgruppe "Weiße Rose" erschien dieser Version als die absolute Ausnahme von der Regel einer Folgebereitschaft der jungen Generation, die im "Dritten Reich" einer "nationalen Jugendbewegung" gegolten habe. Andererseits kam eine Deutung der Hitler-Jugendsozialisation auf, die diese als reines Zwangsverhältnis beschrieb; es erschien demnach unnötig, möglichen "authentischen" Grundlagen des Organisationserfolges der Hitler-Jugend in der gesellschaftspolitischen Mentalität der damaligen Jugendgeneration oder möglichen Schnittmengen zwischen dem Weltbild oder den Verhaltensmustern der Jugendbewegung in Deutschland vor 1933 und der Weltanschauung oder der sozialen Praxis der nationalsozialistischen Staatsjugend überhaupt nachzuforschen.

Eine spezifische Interpretation der Hitler-Jugendsozialisation und ihrer Hinterlassenschaften findet sich in der (west-)deutschen pädagogischen

Publizistik der ersten Jahre nach 1945; dieser Deutung zufolge hatten der NS-Staat und seine Hitler-Jugendorganisation eine an sich "idealistisch" gesonnene Jugendgeneration zur Abkehr von den Denkweisen des deutschen bildungsbürgerlichen "Erbes" und damit zum "Materialismus" verführt. Die hier beklagte "Brutalisierung" jugendlicher Mentalität im Zeichen der Hitler-Jugend wurde als "Erkrankung" einer einst so gesunden deutschen Seele begriffen; der dem "Dritten Reich" und dem Krieg entronnenen Jugendgeneration wurde die Rückbesinnung auf das "deutsche Wesen" empfohlen.[1] Eine derartige Diagnose mitsamt Therapievorschlag kam in den Nachkriegsjahren vielfach von älteren Erziehungswissenschaftlern oder pädagogisch gesonnenen Literaten, die ihre eigene - durchaus "deutsch-idealistisch" motivierte - Zustimmung zur "nationalen Revolution" des Jahres 1933 aus der Erinnerung verloren hatten; zu analytischen Anstrengungen, die vielschichtige und widerspruchsvolle Realität der politischen Sozialisation der Jugend im "Dritten Reich" und deren Vorgeschichte zu erforschen, konnte diese Blickrichtung nicht anregen (vgl. DUDEK 1985a). Überdies trennte sie fälschlicherweise die Entwicklungslinien jugendverbandlicher Erziehung oder Betätigung im "Dritten Reich" von den Ideologien und Lebensformen der Jugendbewegung oder der Jugendorganisationen, wie sie bis 1933 in Deutschland sich entwickelt hatten.

Entgegen den hier kurz skizzierten Deutungen ist zunächst einmal festzustellen:

Der rasche Aufstieg des Nationalsozialismus in den Jahren ab 1929 zu einer Massenbewegung und zur wählerstärksten Partei wie auch die ideologisch-politische Hegemonie, die die NSDAP im Zuge der "nationalen Revolution" 1933 gewann, waren nicht zuletzt der "jugendlichen" Attitüde des Nationalsozialismus und dessen erfolgreichen Bemühungen um Gefolgschaft in der nachwachsenden Generation zuzuschreiben; für die nationalsozialistische Durchdringung der deutschen Gesellschaft nach 1933 hatte die Hitler-Jugend große Bedeutung, und die Funktion der Hitler-Jugendsozialisation war alles andere als unpolitisch. Die Staatsjugend des "Dritten Reiches" knüpfte an längst vor 1933 bereitstehende Traditionen organisierten oder "bewegten" Jugendlebens an, mit vielen Bezügen zum deutschen bildungsbürgerlichen "Erbe"; in ihrer sozialisatorischen Praxis stützte sich die Hitler-Jugend nicht nur auf Repression und Zwang, sondern auch auf Attraktion und soziale Integration; dem weitreichenden Sozialisationserfolg der

1 Dazu mein Beitrag: "Heimkehr zu GOETHE?" Deutungen des Verhältnisses von Jugend, "Bildungserbe" und Nationalsozialismus. In: Diskussion Deutsch, 1988, Heft 100.

Hitler-Jugend stand aber durchaus ein erhebliches Potential nonkonformen Jugendverhaltens im "Dritten Reich" gegenüber, oppositionelle oder widerständige jugendliche Gruppen waren in dieser Zeit keine Randerscheinungen (vgl. KLÖNNE 1984a).

Wenn dies so war, und der inzwischen erreichte wissenschaftliche Erkenntnisstand läßt keinen Zweifel daran, dann ist zu fragen, weshalb diese für die Zeitgeschichte wie für die Jugendgeschichte gleichermaßen wichtigen Verhältnisse und Prozesse lange Zeit hindurch in der Forschung nur wenig Interesse und kaum eine der historischen Komplexität gerecht werdende Thematisierung gefunden haben.

Gründe für dieses wissenschaftliche Defizit sind m.E. in wissenschaftsmethodischen Einseitigkeiten und auch in fragwürdigen Ausrichtungen des Erkenntnisinteresses zu finden. Dazu einige Hinweise.

Die Geschichtswissenschaft in der Bundesrepublik hat bis in die siebziger Jahre hinein an der Erforschung der Bedingungen und Wirkungen von Jugendkulturen oder jugendlichen Gesellungen nur wenig Interesse gezeigt. Daß Generationenkonstellationen und -konflikte oder die gesellschaftspolitischen Inhalte jugendlicher sozialer Bewegungen und Organisationen historisch einflußreich sein können, wurde zwar mitunter bemerkt, schien aber in aller Regel nähere Untersuchung nicht wert.[2] Die Pädagogikgeschichte konzentrierte sich auf die Beschreibung und Analyse des Erziehungswesens vornehmlich im Sinne der staatlichen Schulpolitik und pädagogischen Theorie. Die am ehesten anregende Studie zur Jugendgeschichte in der wissenschaftlichen Literatur der fünfziger und sechziger Jahre kam von einem Soziologen (SCHELSKY 1957); sie arbeitete übrigens heute noch bedenkenswerte Fragestellungen auch zur Sozialisation der Hitler-Jugendgeneration heraus.

Daß die Geschichtswissenschaft in der Bundesrepublik sich lange Zeit hindurch auch gegenüber politischen Inhalten der Geschichte der Jugend fast abstinent verhielt, ist umso bemerkenswerter, als in der historischen Realität der deutschen Gesellschaft die politische Relevanz jugendlicher Bewegungen doch besonders deutlich hervorgetreten war. Mit dem Aufkommen des Wandervogels und der Freideutschen Jugend waren Leitbilder einer "antibürgerlichen Bewegung bürgerlicher Jugend" zu wichtigen Komponenten des Gesellschaftsentwurfs bildungsbürgerlicher Schichten gewor-

---

2 Demgegenüber zum heutigen Stand etwa: "Generationskonstellationen und Jugendprotest in Deutschland 1890 bis 1933" als Sektionsthema bei der 35. Versammlung deutscher Historiker, Berlin 1984.

den, und die politische Mentalität der Jugendbewegung stand in engem Zusammenhang mit der ideologischen Wirksamkeit der "konservativen Revolution", ihren Bünden, Publikationen und Kampagnen.[3] In der Weimarer Republik waren die Kräfteverhältnisse zwischen den politischen Parteien und Verbänden auch durch die Konflikte von Generationen mitbestimmt; in der Endphase der Weimarer Demokratie spielte die Idee einer "Querfront der Jungen", die herkömmliche Entgegensetzungen von politischen Konzepten und vorfindbaren Klassenkonflikten hinter sich lassen sollte, eine durchaus fragwürdige Rolle. Die "konservativ-revolutionäre" Imagination einer "nationalen Sendung der jungen Generation", einer "völkischen Regeneration" durch die nachwachsende Generation, eines "verjüngten Staates", enthielt politisch wirksame Sozialbiologismen, die den ideologischen Vorraum des "Dritten Reiches" mit ausgestalteten. Der Nationalsozialismus zog erheblichen Nutzen aus dem seit Ende der zwanziger Jahre sich immer mehr ausbreitenden Jugendmythos, auch aus der Formenwelt und Symbolik der Jugendbewegung, und die Hitler-Jugend hatte ihre Anziehungsfähigkeit vor allem in der Anknüpfung an einen jugendlichen Gruppenstil, den die Jugendbünde vor 1933 entwickelt hatten.

Insofern hätte es also für die (west-)deutsche Geschichtswissenschaft nach 1945 auch in einem ihrer konventionellen Hauptforschungsbereiche, nämlich dem der Geschichte politischer Ideen und Organisationen, hinreichend "Stoff" für jugendgeschichtliche Studien gegeben, im Kontext der Untersuchung von Herkünften, Eigenschaften und Auswirkungen des nationalsozialistischen Systems. Daß diese Thematik dennoch weitgehend ausgeklammert blieb, mag auch damit zusammenhängen, daß in dieser Historikerzunft bis in die sechziger Jahre hinein eine Orientierung an den Traditionen des preußisch-deutschen Konservatismus vorherrschte, gerade auch an dessen "jungkonservativer" Ausformung. Eine Erforschung der Zusammenhänge von Jugendbewegung, Jugendmythos, "Jungkonservatismus" und "Drittem Reich" hätte aber ihrer inneren Logik nach den Blick auf die Berührungspunkte von "deutscher Bewegung" und Nationalsozialismus gelenkt. So hielten sich denn die (west-)deutschen Historiker solchen Themen tunlichst fern. Eine 1952 von Theodor SCHIEDER angenommene Dissertation (JOVY 1952) über das Verhältnis von Jugendbewegung und Nationalsozialismus war über lange Zeit die einzige geschichtswissenschaftli-

---

3   Zur "Konservativen Revolution in Deutschland 1918-1932" siehe die gleichnamige Dissertation von Armin MOHLER (1950, erweiterte Neuausgabe 1972) - eine sehr informative, aber unkritische Darstellung aus philosophischer Sicht.

che Arbeit zu diesem Thema; in ihrem Ergebnis wurde sie meist als Widerlegung der Studie eines amerikanischen Soziologen (BECKER 1949) verstanden, der Affinitäten zwischen "jungkonservativer" Jugendbewegung und Nationalsozialismus beschrieben hatte. Ansonsten blieb dieses Thema, mitsamt seiner "Fortsetzung" in Gestalt der Hitler-Jugend-Geschichte, geschichtswissenschaftlich unbearbeitet; die Zunft überließ es der zumeist apologetischen Selbstdarstellung jugendbewegter Traditionskreise oder den als inkompetent abqualifizierten Zugriffen sozialwissenschaftlicher Publizisten, die gewissermaßen mit "liberaler Bestürzung" und ideologiekritischer (insofern freilich auch zu kurz greifender) Methode an dieses seltsam erscheinende Phänomen deutscher Geschichte herangingen (PROSS 1964).

Historisch-soziologische Arbeiten zur politischen Organisierung der Jugend im "Dritten Reich" und zum jugendlichen Oppositionspotential unter dem Nationalsozialismus (KLÖNNE 1956 + 1958) blieben vereinzelt und zogen zunächst keine weiteren Forschungen zu diesem Thema nach sich. Anzumerken ist hier, daß auch die "historisch-materialistische" Geschichtswissenschaft in ihren deutschen Varianten sich der Erforschung politischer Jugendsozialisation im "Dritten Reich" und deren Vorgeschichte durchweg fernhielt. Dies gilt für die Historiographie in der DDR jedenfalls insoweit, als es nicht um Bezüge zur Programm- und Organisationsgeschichte der kommunistischen Jugendbewegung ging; als dann im Gefolge der linken Studentenbewegung in der Bundesrepublik am Rande des Wissenschaftsbetriebs "marxistische" Geschichtsschreibung sich einen bescheidenen Platz verschaffen konnte, war deren Blickrichtung zunächst zu sehr auf Entwicklung und Auswirkungen ökonomisch-politischer Machtstrukturen und auf die Geschichte der Arbeiterbewegung fixiert, als daß politische Jugendgeschichte vor und nach 1933 zum Thema hätte werden können.

Was die dominanten Linien der Geschichtsschreibung in der Bundesrepublik angeht, so ist hier seit einigen Jahren zeitgeschichtliche Jugendforschung und darin eben auch Geschichte der "bewegten" Jugend in Deutschland vor 1933 und Geschichte der Jugend im "Dritten Reich" zu einem durchweg akzeptierten Themengebiet geworden. Der Wandel in der Wertschätzung dieses Themenbereiches hat eine Reihe von Gründen:

Die im Vergleich zu den fünfziger und sechziger Jahren weitaus intensiver gewordene geschichtswissenschaftliche Aufarbeitung der nationalsozialistischen Vergangenheit fragte nun stärker auch als zuvor nach den integrativen Momenten des Herrschaftssystems im "Dritten Reich", zugleich nach den Mentalitäten und politisch-kulturellen Verhältnissen vor 1933, aus denen heraus der Nationalsozialismus seine Massenbasis gewann. Damit richtete sich das Forschungsinteresse aber auch auf den Zusammenhang von deutscher Jugendbewegung, "konservativer Revolution" und nationalsozialistischem Jugendmythos oder Integration Jugendlicher in die nationalsozialistische Weltanschauung.

Die geschichtswissenschaftliche Hinwendung zu "Alltags-" und "Lebensweltaspekten" und zu sozialbiographischen Fragestellungen lenkte den Blick auf die Bedeutung von Sozialisationserfahrungen, Jugendkulturen und Generationenkonstellationen auch in der Zeitgeschichte; damit war die Erforschung der "Jugendmilieus" und jugendlichen Verhaltensorientierungen vor und unter dem Nationalsozialismus nahegelegt.

Im Zuge der Ausweitung von Studien über "nonkonformes Verhalten" im "Dritten Reich", auch in der Folge geschichtswissenschaftlicher Erweiterungen des Begriffes "Widerstand" in Richtung auf "Resistenz", wurden oppositionelle jugendliche Gruppierungen der Jahre 1933 bis 1945 zum Gegenstand der Forschung.

Als produktiv für die wissenschaftliche Erhellung der Bedingungen, Formen und Folgen politischer Jugendsozialisation zu Zeiten des Nationalsozialismus erwies sich ferner, daß überkommene Fachabgrenzungen sich relativierten und interdisziplinäre Kontakte oder Kooperationen sich ausweiteten. Im Hinblick auf die Erforschung historischer Jugendkulturen gilt inzwischen die Frage, ob denn geschichtswissenschaftliche Studien sich soziologische oder erziehungswissenschaftliche Fragestellungen zunutze machen oder umgekehrt Soziologen und Erziehungswissenschaftler sich in Gefilde der Geschichtswissenschaft hineinwagen dürfen, als nicht mehr so brisant, was den Forschungsergebnissen offensichtlich nicht schlecht bekommt (vgl. HEITMEYER 1986). Für den hier behandelten Themenbereich ist auf die quellensichernde und diskussionsanregende Bedeutung des Archivs der deutschen Jugendbewegung (Burg Ludwigstein) hinzuweisen; viele der neueren Studien über "Jugend im Dritten Reich" (und deren Vorgeschichte) sind im Zusammenhang mit diesem Archiv entstanden.[4]

Im Resultat dieser neuen Forschungsinteressen liegen u.a. inzwischen Arbeiten über politisch wirksame "Mythen" der deutschen Jugendbünde im Vorfeld des "Dritten Reiches" (GÖTZ VON OLENHUSEN 1987), über die politische Sozialisation von Mädchen in der Hitler-Jugend (KLAUS 1983), über das Verhältnis von Bündischer Jugend und Hitler-Jugend und über bün-

---

4 Das vom Archiv der deutschen Jugendbewegung herausgegebene Jahrbuch vermittelt Einsichten in den Forschungsstand auch zum Thema 'Jugend im Nationalsozialismus'.

dische Opposition (VON HELLFELD 1987) und über die heimlichen "wilden" Jugendgruppen im Stile der "Edelweißpiraten" (PEUKERT 1980) vor; wichtige Ergänzungen dazu bieten lebensgeschichtliche Studien zur "Hitler-Jugend-Generation" (SCHÖRKEN 1984; BUDE 1987; ROSENTHAL 1987). Die zeitgeschichtliche und sozialisationsgeschichtliche Jugendforschung hat es im Hinblick auf Jugendorganisationen, jugendliche Gruppen und Jugendkulturen im Vorfeld und in der Herrschaftszeit des Nationalsozialismus gelernt, sich nicht mit der Analyse formalisierter Strukturen und offizieller Programmatik zu begnügen, sondern auch jugendliche Alltagsverhältnisse und Mentalitäten zu untersuchen, also nach der Vielschichtigkeit und Widersprüchlichkeit politischer Sozialisation zu fragen und dabei schicht-, geschlechts- und generationsspezifische Differenzen zu berücksichtigen. Dem in der "lebensweltlichen" oder lebensgeschichtlichen Blickrichtung liegenden Risiko, darüber nun die gesellschaftlichen Herrschaftsverhältnisse und deren ideologische Ausdrucksformen zu vernachlässigen, sind die meisten der Studien über Jugendgeschichte vor und in dem Nationalsozialismus erfreulicherweise entgangen.

II

An einem Ausschnitt der Gesamtthematik, nämlich an der Frage nach dem Verhältnis von Traditionen der Jugendbewegung und Entwicklungslinien politischer Sozialisation im "Dritten Reich", soll im folgenden eine Betrachtungsweise exemplifiziert werden, die sich auf die Widersprüchlichkeit der historischen Realität einläßt.[5]

Auf die Schnittmengen zwischen der politischen Kultur der "bürgerlich-antibürgerlichen" deutschen Jugendbewegung und dem Nationalsozialismus wurde bereits hingewiesen; ihnen entsprach es, daß die Hitler-Jugend nach 1933 in großem Umfang Potentiale und Lebensformen der Jugendbünde übernehmen und daraus Attraktivität gewinnen konnte.

Aber das Verhältnis von Überlieferungen der jugendbündischen Kultur aus der Zeit vor dem "Dritten Reich" und der Staatsjugenderziehung im Nationalsozialismus hatte eine zweite Seite: die des Konflikts zwischen dem in der Jugendbewegung praktizierten Anspruch auf kulturpubertären "Freiraum" und den immer dichter werdenden sozialen Kontrollen im nationalsozialistischen "Jugenddienst". Die Hitler-Jugend hatte ihre raschen Erfolge

---

5 Siehe dazu meinen Beitrag "Jugendbündische Gegenkultur in Zeiten der Staatsjugend". In: KNOLL/SCHOEPS 1988, S. 177-190

bei der "Erfassung" der Jugendgeneration nach 1933 der Verallgemeinerung jugendbewegter sozialer Praktiken zu verdanken, aber organisierte Verfügbarkeit von Jugend und Spontaneität jugendlichen Gruppenlebens ließen sich auf Dauer nicht miteinander vereinbaren. So begann schon ab 1934 die NS-Jugendführung damit, die Jugendbewegung für "abgeschlossen" und "aufgehoben" zu erklären und jugendbündische Traditionen zu verdrängen. Diese zunehmende "Verstaatlichung" rief aber Unbehagen und Widerstreben bei Jugendlichen hervor; die Erinnerung an das "freie bündische Leben" setzte nun gegenkulturelle Orientierungen und Oppositionsbedürfnisse frei. "Bündische Umtriebe" wurden in manchen Regionen zu Gefährdungen des Sozialisationsanspruchs der Hitler-Jugend, und in den Kriegsjahren verbanden sie sich mit Proteststimmungen gegen "Arbeitsdisziplin" und "Wehrfreudigkeit". Es erwies sich hier, daß lebensweltliche Orientierungen und gesellschaftspolitische Ideologien (hier: Verhaltensmuster der Jugendbewegung und "konservativ-revolutionäre" oder völkisch-nationalistische Weltbilder) historisch eine Verbindung eingehen können, die sich unter veränderten Machtverhältnissen wieder lockern und lösen kann. Es erwies sich ferner, daß zunächst "unpolitische" Bedürfnisse (hier: jugendbündischer Prägung) unter bestimmten gesellschaftlichen Bedingungen Konflikte auslösen können, die dann vom herrschenden System her politisiert werden. Mit der jugendkulturellen Praxis - und nicht mit der Ideologie - der Jugendbewegung hatten sich Erfahrungen von Freiheit verbunden, die in das "Dritte Reich" hinein tradiert wurden; dort wirkten sie nun als Sprengkräfte.

Die utopischen Momente, die in der "konservativ-revolutionär" gestimmten Jugendbewegung lagen und die zeitweise dem Nationalsozialismus nützlich geworden waren, "verkehrte Utopien" also, kehrten sich im etablierten Nationalsozialismus bei nicht wenigen Jugendlichen nun gegen das gesellschaftliche Machtsystem. Die vom Nationalsozialismus für sich reklamierte "Jugendlichkeit" war, was die Bedürfnisse junger Menschen anging, für erhebliche Teile der nachwachsenden Generation in der Realität des "Dritten Reiches" nicht einlösbar; so wurden Enttäuschungen freigesetzt, die sich zunächst gegen die Staatsjugendorganisation richteten.

Generalisierend läßt sich festhalten: Die Machtbefestigung und das Machterhaltungsinteresse des Nationalsozialismus erzeugten jugendspezifische Problemlagen. Die Entwicklung der Hitler-Jugend von der "nationalen Jugendbewegung" zum "Staatsjugenddienst" rief Verhaltensumschwünge bei Jugendlichen hervor; diese Entwicklung reagierte auf "abweichende" Orientierungen bei Jugendlichen, forderte selbst aber wiederum viele Jugendliche zum Protestverhalten heraus, das in "wilde" Jugendgruppen einmündete. Politische Sozialisation im "Dritten Reich" war auf Perfektion hin angelegt, aber sie war nicht perfekt; es existierte - im Sinne des Nationalsozialismus - "gelungene" politische Sozialisation, aber es gab auch "mißlungene" politische Sozialisation. "Die" Hitler-Jugend-Generation als jugendgeschichtliche Einheit ist nie Realität gewesen, was freilich nichts daran ändert, daß die vom Nationalsozialismus vorgegebenen Bedingungen sich auch auf die Entwicklungsmöglichkeiten nonkonformen jugendlichen Denkens und Verhaltens im "Dritten Reich" restriktiv auswirkten.

Das Ende des "Dritten Reiches" hinterließ langfristige Folgewirkungen einer Hitler-Jugendsozialisation beim bis 1945 mehr oder weniger systemkonformen Teil der damaligen Jugendgeneration; die nonkonformen Gruppierungen Jugendlicher aus den Jahren bis 1945 aber, soweit sie - und das gilt für ihre Mehrheit - an die Tradition der Jugendbewegung angeknüpft hatten, boten keine jugendkulturellen Möglichkeiten mehr für die Zeit nach dem Nationalsozialismus. Das "Dritte Reich" hatte diese Jugendbewegung historisch "verbraucht" - nicht nur dort, wo es sie vereinnahmt, sondern auch dort, wo es ihr systemkritisches Potential herausgefordert hatte.

BRUNO SCHONIG

Lehrerinnen und Lehrer im Nationalsozialismus: Lebensgeschichtliche Dokumente - kritische Verstehensversuche

1. Die Erzählsituation als pädagogische Beziehung - Möglichkeiten und Grenzen der lebensgeschichtlich-pädagogischen Arbeit

Die Beschäftigung mit den Lebensgeschichten alter, zwischen 1895 und 1900 (einige auch später) geborener Berliner Volksschullehrerinnen und -lehrer, die ich seit dem Jahre 1979 mit einer Gruppe von Lehrerstudentinnen und -studenten betrieben habe, war zunächst ganz von der Faszination bestimmt, die die lebensgeschichtliche Erzählung eines alten Menschen auf einen jungen auszuüben vermag. In dieser Erzählsituation, die ein ganzes, oft achtzig Jahre dauerndes, Leben umfaßte, und in der auf dem Hintergrund der - manchmal nur angedeuteten, oft auch persönlich berichteten - deutschen politischen und pädagogischen Geschichte seit dem Kaiserreich das persönliche Leben des Menschen, der da lebendig erzählend vor einem saß, aufgerollt wurde, entstand eine Beziehung zwischen der alten erzählenden Lehrer/innen-Persönlichkeit und den fragend-zuhörenden jungen Lehrerstudentinnen und -studenten. Diese, in ihrer Qualität sehr persönlich gefärbte, auf gegenseitiger Neugierde und Sympathie basierende Beziehung wirkte sich auf den späteren Umgang mit der (auf Band aufgenommenen) Lebensgeschichte - mit dem "Erzählmaterial" - aus. Sie ließ eine distanzierte und auf von außen kommenden sozialhistorischen Kriterien basierende Analyse nicht zu, denn jede kritische Auswertung hätte ja den Vertrauens-, oft auch Freundschaftsbezug gefährdet, wenn nicht gar aufgelöst. Diese Gefahr bestand vor allem für jene Phasen der lebensgeschichtlichen Berichte, die das Ende der Weimarer Republik, die nationalsozialistische Herrschaft und Kriegs- und Nachkriegszeit betrafen, aus denen von den alten Erzählerinnen und Erzählern Ereignisse, Handlungen und insbesondere auch Einschätzungen und nachträgliche Bewertungen mitgeteilt wurden, die uns - als jüngeren, Nationalsozialismus, Faschismus und Krieg kritisierenden und ablehnenden Zuhörern - nicht "paßten", die unseren Widerspruch herausforderten.

Da es in der Erzählsituation selbst nur sehr selten zu einer kontroversen Diskussion kommen konnte, weil wir das, meist erst in der Situation selbst entstandene Vertrauensverhältnis nicht gefährden wollten (aus Furcht vor dem Abbruch der lebensgeschichtlichen Erzählung), war die "Versuchung" um so größer, kritische Positionen zu den Berichten und Meinungen der erzählenden alten Lehrerinnen und Lehrer in der nachträglichen Analyse, am "wehrlosen" Erzählmaterial zu formulieren.

Im Nachhinein läßt sich feststellen, daß wir dieses Dilemma auf dem Wege der Pädagogisierung der Erzählsituation und einer die emotionale Dimension dieser Beziehungssituation thematisierenden, assoziativen Kommentierung der lebensgeschichtlichen Dokumentationen, die wir in Form einer Publikationsreihe "Lehrerlebensgeschichten" vorlegten, gelöst haben.[1] Marion KLEWITZ hat in einer eingehenden Analyse der verschiedenen lebensgeschichtlichen Ansätze zur Erforschung des Lehrerlebens und der Lehrerarbeit in der Zeit des Nationalsozialismus die Vorgehensweise unserer Projektgruppe "Lehrerlebensgeschichten" zutreffend so charakterisiert:

> "Für die Berliner Projektgruppe indes beansprucht die mündliche Kommunikation einen Eigenwert. Die systematische Aufklärung erziehungs- und schulgeschichtlicher Fragen tritt zurück gegenüber dem Versuch, die geschilderten Erfahrungsinhalte und Deutungsmuster im Kreis der Betroffenen zu reflektieren ... - Die Schwierigkeit des Fragens, noch gar, wenn es um Weltanschauliches geht, und solche Antworten, die mit den Fragen scheinbar nichts zu tun haben, wird als ein grundsätzliches Problem des Kommunizierens und dialogischer Absichten pädagogisch aufgearbeitet und weitergegeben." (KLEWITZ 1987, S.52)

Den pädagogischen Anspruch der Projektgruppe sieht KLEWITZ begründet in einer "produktiven Spannung", die sich "aus dem Generationsunterschied der Beteiligten" ergibt: "der ca. 25 um 1900 geborenen früheren Lehrer und Lehrerinnen an Volksschulen einerseits und der Erziehungswissenschaftler sowie Lehrerstudenten und -studentinnen andererseits, die sich

---

[1] Vgl. die Hefte der Reihe "Lehrerlebensgeschichten" (PAECH 1980, ELISE F. 1981, SAAGER 1981, KLEEMANN 1981, BERLINER LEHRERINNENLEBEN 1982, MAIKATH 1983, RÖMER-JACOBS/SCHONIG 1986, FRIEDLÄNDER 1987, DU BOIS-REYMOND/SCHONIG 1982). - Die Legitimation dieser nicht-analysierenden Umgangsweise mit den lebensgeschichtlichen Dokumenten ist von der Projektgruppe Lehrerlebensgeschichten, DU BOIS-REYMOND und mir in verschiedenen Beiträgen immer wieder versucht worden (DU BOIS-REYMOND/SCHONIG 1980 + 1982; GÜNTHER u.a. 1985).

auf theoretisches Wissen und zugleich auf zukünftig bewußtes Erziehungshandeln hin orientieren" (KLEWITZ 1987, S. 52).[2]

Mit der Veröffentlichung der lebensgeschichtlichen Berichte und ihrer Kommentierung gingen wir allerdings über diesen lehrergenerationsübergreifenden und biographiethematisierenden Gesprächsprozeß hinaus: Das zu publizierende Material mußte - sollte es nicht den narrativen Prozeß mit seiner spezifischen Dynamik und Sprache wiedergeben[3] - vorsichtig geordnet und, was seine Entstehungsbedingungen anging, auch kommentiert werden. Versteht man diesen Publikationsprozeß kritisch, so wird man ihn, da auf ein quellenkritisches Vorgehen verzichtet wurde, als historische Handwerkelei und Dilettantismus charakterisieren können; versucht man aber, wie es Marion KLEWITZ tut, die diesen lehrerlebensgeschichtlichen Dokumentationen impliziten Ordnungskriterien zu erkennen, so lassen sich die historisch-pädagogischen Möglichkeiten, aber auch deren *Grenzen*, bestimmen:

"Die veröffentlichten Textmontagen" vermitteln "über das Mittel der chronologischen Gliederung und typisierender Überschriften (hinaus) Ansätze zu einer Kollektivbiographie von Volksschullehrerinnen und -lehrern der Geburtsjahrgänge um 1900: Kindheit in der Wilhelminischen Gesellschaft - Berufsausbildung (Seminar) - bei den Lehrern dann Militärdienst und Teilnahme am 1. Weltkrieg - Arbeitssuche, Vertretungen, feste Anstellung - Unterrichtsarbeit, Einstellung zu Kollegen - Erfahrungen des Nationalsozialismus - Kriegserfahrung - im Schuldienst nach dem Krieg, ggf. Schulleitertätigkeit. - Diesen Phasen werden biographische Leitthemen zugeordnet, insbesondere Themen des Sozialprestiges und des Aufstiegs, der Maßstäbe für die Schülerbeurteilung und -förderung sowie gesellschaftlich-politische Einstellungen, vor allem zum Nationalsozialismus und zum Krieg." (KLEWITZ 1987, S. 53)

Aber KLEWITZ verweist auch auf die Grenzen einer solchen immanenten, chronologische und thematische Gliederungsprinzipien durch Textmontage zum Vorschein bringenden Vorgehensweise:

2 KLEWITZ (1987) beschreibt im weiteren sehr differenziert die methodische Anlage und Vorgehensweise der Projektgruppe, arbeitet ihren Chronologisierungsversuch in den veröffentlichten Dokumenten heraus und verweist auf den hier angestrebten Ansatz zu einer "Kollektivbiographie von Volksschullehrerinnen und -lehrern der Geburtsjahrgänge um 1900" (S. 51 ff.).
3 Vgl. die zu Zwecken eines komplizierten Auswertungsprozesses möglichst genau wiederzugebenden Gesprächsprotokolle beim narrativen Interview, wie er methodisch besonders von F. SCHÜTZE entwickelt worden ist (SÜDMERSEN 1983); ein Verfahren, das bisher zur Interpretation von Lehrerlebensgeschichten nicht angewandt worden ist, aber wichtige Ergebnisse verspricht.

"Das in den vorgelegten Textmontagen sichtbar werdende Ineinandergreifen langfristiger und neuer Verhaltensweisen, wie z.B. reformpädagogische Schülerförderung im Rahmen des NS-Lehrplans, traditionelle Disziplin in der Schulklasse und autoritäre Rituale, verlangt indes nach genauerer begrifflicher Fassung, bevor solche Verknüpfung als Gliederungselement in einem kollektiv-biographischen Versuch eingehen könnten." (KLEWITZ 1987, S. 53)

Nun haben wir in der Projektgruppe "Lehrerlebensgeschichten" nicht den Ehrgeiz gehabt, eine kollektive Biographie für Volksschullehrerinnen und -lehrer, die um 1900 geboren sind und alle entscheidenden Veränderungen der deutschen Gesellschaftsgeschichte in diesem Jahrhundert erlebt und, von ihrer Berufsrolle her notgedrungen, dazu Stellung genommen haben, vorzulegen; aber wir haben, schon in den relativ wenigen lebensgeschichtlichen Berichten Gemeinsamkeiten, aber auch personenspezifische Unterschiede aufzufinden versucht, ohne, wie KLEWITZ es hier umschreibend nennt, über eine "genauere begriffliche Fassung" zu verfügen. Worin könnte sie bestehen?

Ich will diese Frage hier in Bezug zu einem lebensgeschichtlichen Abschnitt, Erfahrungs- und Bewertungszusammenhang der biographisch erzählenden Lehrerinnen und Lehrer - in bezug auf ihre Erfahrung und Bewertung des Nationalsozialismus nämlich - zu beantworten versuchen; allerdings ist diese Antwort als sehr vorläufiger, skizzenhafter Versuch zu verstehen.

2. Schulalltag und Lehrerlebensgeschichten im Nationalsozialismus - eine themenzentrierte Zusammenstellung lebensgeschichtlicher Erzählsequenzen

Theodor SCHULZE, der sich seit längerer Zeit mit den methodischen Problemen pädagogischer Biographieforschung beschäftigt (SCHULZE 1979; 1985)[4], hat die methodische Problemstellung, die ich mit der Frage nach ei-

---

4 Besonders SCHULZEs Versuch, Schlüsselszenen in autobiographischen Texten zu fixieren und mit den Mitteln eines psychoanalytisch orientierten Sozialisationsverständnisses zu entziffern, ist als subjektiver Verstehensversuch subjektiv-formulierter Texte historisch-pädagogisch bemerkenswert, weil er eine spezifisch pädagogische Lese- und Verstehenshaltung akzentuiert (gegenüber eher soziologischen Ansätzen einer "objektiven Hermeneutik", z.B. OEVERMANN 1979).

ner genaueren begrifflichen Fassung textimmanenter Interpretationskriterien beschrieben habe, anschaulich formuliert:

"Meine Erfahrung im Umgang mit autobiographischen Quellen jedenfalls ist, daß man sie zunächst bis zu einem gewissen Punkt erst unter den in ihnen selbst enthaltenen Gesichtspunkten erschließen muß, bevor man zu einem Vergleich übergehen kann. Andererseits gerät man dabei leicht in das Dilemma, daß man nur das mit eigenen Worten wiederholt, was der Autor bereits in eigenen Worten besser gesagt hat. Einen Ausweg sehe ich darin, daß man sich aus dem Material selber Themen und Gesichtspunkte vorgeben läßt, aber, daß man sie zugleich auswählt, erweitert und umformuliert, - beispielsweise im Hinblick auf andere Materialien oder eigene Erfahrung." (SCHULZE 1985, S. 60)

SCHULZE beschreibt präzise den Prozeß der immanenten Interpretationsarbeit, den wir in der Projektgruppe, jedenfalls was die erste Stufe dieses Verfahrens angeht, versucht haben. Ich will ihn hier am Thema "Lehrerinnen und Lehrer im Nationalsozialismus" am Beispiel von 15 publizierten biographischen Berichten demonstrieren.[5] Eine erste Lektüre dieser Berichte unter der Fragestellung: "Welche Aspekte des Nationalsozialismus werden überhaupt thematisiert?" ergibt einen Katalog von acht Themenkreisen:

2.1 Erlebnis bzw. Wahrnehmung der nationalsozialistischen Machtübernahme in Berlin

Ein Beispiel:

"Am 31. Januar 1933 hatten wir eine Lehrerkonferenz gehabt. Es war 19.00 Uhr, und wir hatten einen langen Tag hinter uns und waren müde und hungrig und freuten uns auf das Zuhause. Meine Straßenbahn fuhr damals über den 'Großen Stern' (heute: 'Straße des 17. Juni') im Tiergarten. Ein Riesenstau! Wir kamen nicht vorwärts. Keiner wußte, warum.
Plötzlich sah ich durch die Bäume einen Fackelzug. Ich denke, was blüht uns denn jetzt wieder? - Ich hatte keine Ahnung von der Masse dieser Bewegung. 'Ja', klärte man mich auf, 'das sind doch die Nazis!' - Wir hatten den traurigen Einzug unserer geschlagenen Truppen durch das Brandenburger Tor gesehen. Was sollte dieser Festzug? - Ob das wohl zum Guten ist?" (KRAUSE 1982, S. 56)

Diese Szene, der Fackelzug der Nazis durch das Brandenburger Tor, ist Bestandteil der Erinnerung einer Reihe von Lehrerinnen und Lehrern; aber

---

5 Es handelt sich im einzelnen um die Berichte von ELISE F., 1981; Fritz SAAGER,, 1981; Harry KLEEMANN, 1981; Irene PRAUSNITZ, 1982; Elisabeth BERTELSMANN, 1982; Heinrich HAUSCHILDT, 1986; Else KRAUSE, 1982 + 1986; Rudolf RUMP, 1986; Hanna SPEER, 1986; Erich BIELING, 1982 und Erich LIEBE, 1982.

auch andere Ereignisse aus den ersten Jahren der NS-Herrschaft in Berlin, wie die Teilnahme an NS-Reden oder die Beobachtung der Aufmärsche am 1. Mai 1934 (an dem es geschneit haben soll), werden thematisiert:

> "In der Uni war angezeigt - wir kriegten dies über die Schulverwaltung mit - ein Vortrag von Fräulein Dr. U.: 'Der Nationalsozialismus und die deutsche Frau'. Da habe ich gesagt: 'Da gehen wir hin'. Überhaupt und so, und dann wollen wir doch mal hören! Sie war eine noch junge Person, so ein BDM-Führerinnentyp im Äußeren, wie auch in der Haltung. Sie sprach zu uns: 'Wie schön es nun werden würde für uns alle'. Also bis dahin war alles nichts, aber nun würde es werden, und der Führer, und Dr. GOEBBELS. Es wurde immer rosiger, was sie schilderte, und wir beide guckten uns an: 'Ja, was wird das? Was ist das für ein Unsinn!' Dies ist der erste und letzte Vortrag gewesen, bei dem eine Diskussion angezeigt war. Es kam eine Diskussion. Wir hielten uns erstmal zurück. Es waren auch Ältere da. Dann stand eine alte Abgeordnete aus der verflossenen Zeit auf. Sie stand auf und sagte ganz ruhig: 'Ja, ich habe mit großem Interesse hingehört, was Sie uns vorgetragen haben. Ich bin nun nicht ganz im klaren', - also so ungefähr jetzt, dem Sinne nach - 'wie wird sich denn das Leben der verheirateten Frau gestalten? Wir müssen nicht nur an die berufstätigen Frauen denken, sondern auch an die verheirateten Frauen. Wird das so sein, wie man es bei Wilhelm BUSCH liest:
> 'Bei eines Strumpfes Bereitung genießt sie das häusliche Glück, er liest in der Kölnischen Zeitung und teilt ihr das Nötige mit'?
> Wir haben alle applaudiert. Das war natürlich tödlich für die Vortragende. Sie wurde sichtlich unsicher, und die Diskussion war sehr schnell beendet. Nie wieder ist mit uns eine Diskussion gemacht worden." (ELISE F. 1981, S. 48 f., vgl. BIELING 1982, S. 52)

An diesen Beispielen wird deutlich, wie grob das Einteilungskriterium 'Erlebnis bzw. Wahrnehmung der NS-Machtübernahme in Berlin' eigentlich ist; es erfaßt allein die Erinnerung an den historischen Prozeß der NS-Machtübernahme, der - was seine Merkmale betrifft - unterschiedlich wahrgenommen, aber noch viel differenzierter beurteilt wird; denn offenkundig ist jede dieser erinnerten Szenen mit einer *Bewertung* verbunden. Diese, nachträglich vom Erzählenden dem Fragenden oder neugierig zuhörenden jüngeren Menschen gegenüber mitgeteilte Bewertung wird mit diesem Einteilungsmuster nicht erfaßt.

2.2 Wahrnehmung von NSDAP-Mitgliedern im Kollegium

Ein Beispiel:

> "Die Machtübernahme durch die Nazis wurde im Rudower-Kollegium zwar befürchtet, doch nicht erwartet. Die alten Rudower-Kollegen, alle über 60, waren überzeugte Christen,

die den Nationalsozialismus genauso ablehnten wie den proletarischen Sozialismus. Auch unter den hinzugekommenen Kollegen gab es keinen Parteigenossen. Das änderte sich natürlich 1933. Aber selbst im herrlichen Neubau am Wildmeister Damm kamen die einzigen zwei Parteigenossen (!!) nicht zur Geltung. Der Schulleiter entging dem Zwang, weil er zur Wehrmacht eingezogen wurde ... Der Ersatzschulleiter SCHRÖDER (aus Britz) führte sich beim Kollegium mit einem 'Guten Tag' (statt 'Heil Hitler') ein und erwarb sich alle Sympathien. Jedenfalls litt die Atmosphäre überhaupt nicht darunter, und meines Wissens änderte sich auch beim Unterrichten kaum etwas ... Ich habe gestern die halbverkohlten Amtsakten durchgeschaut und zu meinem Erstaunen entdeckt, daß noch zwei weitere Parteigenossen im Wildmeister-Kollegium waren, ein Lehrer und eine Lehrerin, die mir nie auffielen, weil sie im Umgang so einsilbig waren (also vier Parteigenossen in der neuen Wildmeister-Schule)." (SAAGER 1981, S. 60 ff.)

Dieses Beispiel ist unter verschiedenen Aspekten interessant: An dieser Stelle möchte ich aber insbesondere auf die Korrektur der Erinnerungen hinweisen, die für den historisch zweifelhaften Wahrheitsgehalt dieser Erinnerung, aber auch für den Versuch spricht, sich ihm (dem Wahrheitsgehalt) anzunähern. Hinweisen möchte ich auch auf die Position (*Mehrheit*: Nicht-Parteimitglieder / *Minderheit:* Parteimitglieder), aus der erzählt wird. Dazu ein Beispiel aus der Erzählung einer Lehrerin, das aus einer vergleichbaren Sichtweise der Kräfteverhältnisse berichtet wird, aber - in der Form der aktiven Auseinandersetzung mit dem NSDAP-Kollegen - einen eigenen Akzent enthält, der wiederum mit dem Themenkriterium "Wahrnehmung von NSDAP-Mitgliedern im Kollegium" allein nicht verstanden werden kann:

"Unser ganzes Kollegium war eigentlich recht gegen HITLER eingestellt, nur ein jüngerer Kollege entpuppte sich als ein wilder SA-Mann, in Saalschlachten erprobt. Er war ein ganz netter Kerl, leistete aber wenig und fühlte sich nur stark durch die Partei. Am nächsten Tag kommt dieser Herr mit einer Sammelbüchse und bittet um eine Spende. Die SA braucht Stiefel! - Ich dachte, das kann doch nicht wahr sein! 'Ihre Leute haben doch fabelhafte Uniformen und können ihre Alltagsstiefel tragen. Sehen Sie doch das schäbige Schuhwerk unserer Schüler an! Solange die Kinder keine vernünftigen Schuhe haben, gebe ich keinen Pfennig.' - Was man damals noch für Mut hatte!
Er lachte, nahm nicht übel, die Zusammenarbeit ging vorsichtig weiter, bis uns nach Jahren seine volle Rache traf." (KRAUSE 1982, S. 56)

2.3 NSDAP-Eintritts-Werbegespräche bzw. Parteieintritt

In fast allen hier herangezogenen Lebenserinnerungen werden Gespräche mit Kollegen oder Vorgesetzten erwähnt, in denen in unterschiedlicher Weise für den Eintritt in die NSDAP geworben wird:

"Eines Tages bekam diese Schule einen neuen Schulleiter, Herrn WILKE. Dieser junge Mensch war Träger des Goldenen Parteiabzeichens! Aber er war ein Mensch! Er respektierte mich als Kriegsteilnehmer von 1918, und ich vertrug mich mit ihm sehr gut. Immer wieder versuchte er, mich zum Umdenken zu bewegen: 'Lieber Kollege SAAGER, Menschen wie Sie brauchen wir in unserer Partei. Ich hoffe, daß Sie eines Tages noch zu uns stoßen werden.' - 'Sie haben gestern wieder nicht geflaggt', hielt er mir vorwurfsvoll vor, 'ich werde Ihnen eine Flagge schenken!'" (SAAGER 1981, S. 61 f.)

Auf den ersten Blick sehr ähnlich die Anwerbe-Erinnerung der Lehrerin Elise F.:

"Da war ich aber schon fest angestellt. Dann kam ein anderer Schulrat, der sogar den Doktor-Titel hatte und lud mich mal ein. Er wollte mir klarmachen, daß ich noch etwas ganz anderes werden könnte, wenn ich das Parteiabzeichen hätte. Ich habe gesagt: 'Nein, ich kann mich dazu nicht bekennen. Ich bin im Lehrerverein, im NS-Lehrerbund, wir sind kooperativ überführt worden, und ich habe mich aus ehrlicher Überzeugung auch für die NS-Volkswohlfahrt gemeldet. Aber darüber hinaus, das Parteiprogramm in allem vertreten, das kann ich nicht. Bitte nehmen Sie mir das nicht übel." (ELISE F. 1981, S. 39)

Aber die Haltung, die von beiden Erzählern zu den Werbenden eingenommen wird - Sympathie bei SAAGER, dem als Weltkriegsteilnehmer Respekt vom engagierten NSDAP-Schulleiter entgegengebracht wird, entschiedene Weigerung bzw. Rechtfertigung durch den Hinweis auf die Mitgliedschaft in NSDAP-Unterorganisationen - ist verschieden: Sie kann mit der bloßen Zuordnung der Erzählpassagen zum Themenkomplex "NSDAP-Eintritt" nicht erklärt werden. Auch die Motive der Erzähler, die - wie z.B. Rudolf RUMP - ihren Eintritt in die NSDAP mitteilen, sind mit einer bloßen Zuordnung nicht erörterbar; erst recht nicht der Kontext dieser Erzählsequenz:

"Die NSDAP setzte sich auch im Kreis Gumbinnen ziemlich schnell durch. Im Dorf meiner einklassigen Schule hieß es: Wenn aller, denn aller (es müssen alle mitmachen). Das Programm der Partei schien mir akzeptabel, weil es auf den Grundlagen des entschiedenen Christentums beruhen sollte. Nach anfänglichem Verbot von Hakenkreuzmalen auf der Schultafel (das RUMP aussprach), wurde ich Mitglied der Nationalsozialistischen Volkswohlfahrt (m.W. auch Amtsträger); machte kleinere Übungen bei der SA (Sturmabteilung) mit, allerdings ohne SA-Mann zu sein; absolvierte als Grenzschutzmann drei freiwillige Ausbildungen beim regulären Militär; beteiligte mich vom Nationalsozialistischen Lehrerbund aus an einem quasi Freundschaftskursus an der Gebietsführerschule der HJ (Hitlerjugend) Romotten (Ostpreußen). - Zu letzterem: Sport- und Heimabende wurden an der Schule ganz groß geschrieben. Die HJ-Chargierten (18-20jährig) wußten, daß es uns älteren Lehrern (30-40jährig) komisch vorkam, vor ihnen bei Gruß und Meldungen stramme Haltung

mit Gruß 'Heil Hitler' anzunehmen. Sie sagten, wir sollten nicht meinen, ihnen persönlich die Ehrenbezeichnung zu erweisen, sondern ihrem Dienstgrad.
Vor dem Mittagessen erwartete man von irgendeinem Kursusteilnehmer einen - m.W. fast immer unreligiösen - Tischspruch, auch selbst gedichtet, aus dem Stegreif. Ich hatte schon mehrfach einen Spruch verfaßt, und als einmal vor dem Essen eine Stille eintrat, so sagte der Schulleiter: 'Na, wo ist er, der unbekannte Dichter?' Ich reimte: 'Ohne große Quasselei, setzt Euch nieder, freßt den Brei!' Auch das genügte - vielen doch hoffentlich auch nicht!" (RUMP 1986, S. 61 f.)

Auch an dieser Stelle möchte ich auf die enge Verflechtung zwischen Parteieintrittsberichten und in der Erzählung zunächst nur angedeuteter, mit dem letzten Satz aber offen ausgesprochener - nachträglicher - Selbstdistanz und Selbstbewertung verweisen. Diese Verflechtung macht eine angemessene - d.h. beide Dimensionen der Erinnerung: die auf den historischen Inhalt bezogene und die diesen Inhalt nachträglich wertende - Analyse dieser lebensgeschichtlichen Erinnerungen so kompliziert.

2.4 Schulalltag in der Zeit vor dem Krieg

Zunächst ein Beispiel, in dem ziemlich umfassend Schul- und Unterrichtsalltag einer Berliner Volksschule, die als Waldschule für erholungsbedürftige Kinder allerdings einen besonderen pädagogischen Charakter hatte, dargestellt wird:

"Tagesablauf: Sehr engagierte, meist sozialistische Lehrer, echte Pädagogen. Rektor nicht in der Partei. Schulalltag und Unterricht wesentlich vom Waldschulleben bestimmt - abseits von Politik. Schulgarten, Spielen, Planschbecken, Rodelbahn, Eisenbahn, im Sommer keine Schularbeiten, im Winter eine Arbeitsstunde. Die Kinder sollten vom Schul- und Lebensstreß loskommen. Der Unterricht fand, wenn möglich, im Freien statt. Etwa 25 Kinder in der Klasse. Entweder übernervös oder apathisch, daher sehr anstrengend. Sie wurden vom Schularzt für die Waldschule ausgesucht und draußen auch regelmäßig vom Arzt untersucht. Wir lebten unser Waldschulleben fern vom Nazismus." (PRAUSNITZ 1982, S. 60)

Dieser, die politischen Bedingungen scheinbar weitgehend ausklammernden Erinnerung möchte ich eine Szene gegenüberstellen, an die sich Elise F. erinnert:

"Man unterrichtete vorsichtig. Ich weiß noch, es gab eine Liste, wer mit dem Vortrag oder der Rede bei der und der Gelegenheit dran war. Ich hatte mir ausgerechnet: 'Hurra! Ich komme ran bei Hermann LÖNS. Da kann man nicht viel riskieren.' Das habe ich dann gemacht. Andererseits z.B. Siegesfeiern, da mußte man sehr vorsichtig sein. Aber da haben wir einen Trick entwickelt, das dann immer den überzeugten Dreien (Parteimitgliedern) zuzuschieben. Mit treuherzigem Blick haben wir gesagt: 'Das kann niemand so gut machen wie Sie!'" (ELISE F. 1981, S. 50 f.)

In dieser Erinnerung wird eine Verhaltensweise deutlich, nämlich eine Form schulalltäglicher, aber kaschierter Opposition, die - um meine hier vorgestellte erste Stufe der thematischen Zuordnung von Erinnerungssequenzen an die Zeit des Nationalsozialismus noch einmal zu problematisieren -, mit thematisch-chronologischen Zuordnungsprinzipien nicht zu erkennen ist (vgl. auch BIELING 1982, S. 21 f.).

Verkompliziert wird dieses Problem durch Erinnerungselemente wie die folgenden aus dem Bericht des Lehrers Fritz SAAGER, in denen es nicht so sehr um die Beschreibung schulalltäglicher Prozesse geht, sondern um eine architektonische Veränderung des Schulgebäudes, um einen Neubau mit naturwissenschaftlichen Fachräumen, der das sonst kritische Verhältnis dieses Lehrers zur nationalsozialistischen Ideologie, Politik und Bildungspolitik zum Positiven verändert:

"Man kann zu den Nazis stehen wie man will, eins muß man ihnen lassen: Sie verstanden vorzüglich, mit Neubauten Propaganda zu machen! So auch hier, auf dem Gelände, wo der Rohbau des Gartenamts zur Behelfsschule ausgebaut worden war. Dieses kleine Gebäude blieb stehen, aber statt der kleinen Klassenräume entstand in der einen Hälfte eine großartige Küche für den Kochunterricht der Mädchen und daneben eine Bücherei. Und was ich erfreulich fand: Wir Lehrer durften vorher das Inventar aussuchen, trotzdem 90% des Kollegiums ohne Parteiabzeichen waren. Die Fachlehrer wurden beauftragt, für je 10.000 DM (10.000 DM!) Bestellungen aufzugeben. So konnte ich für den Chemie- und Physikunterricht 10.000 DM ausgeben (das waren damals so viel wie heute vielleicht 100.000!). Sie können sich denken, wie ich da auflebte!" (SAAGER 1961, S. 63)

2.5 Konflikte im Schulalltag

Unter diesem Stichwort lassen sich sehr verschiedene Situationsberichte subsumieren, die aber um vergleichbare konfliktauslösende Faktoren kreisen: Ein zentraler Konfliktherd war die Hitlerjugend, die allerdings in den hier vorliegenden Erinnerungen nicht so sehr als Gegner der Lehrer erscheint; kritisch wahrgenommen wird vielmehr ihr soziales Verhalten:

"Im Lehrerzimmer der Louise-Otto-Peters-Schule hatte ich Luftschutzdienst. Ich glaubte, im Hause allein zu sein. Auf einmal hörte ich vom Treppenhaus her immer die gleichen Klapp-Geräusche. Ich öffnete die Tür. Draußen stand ein großer Junge, ein HITLER-

Jugendführer. Der hatte sich einen kleinen Steppke vorgenommen, der wohl irgendetwas ausgefressen hatte, was dem Großen nicht paßte. Jetzt wurde er in widerwärtiger Weise geschuriegelt. Mit geschlossenen Augen mußte er die Treppe Stufe für Stufe hinaufspringen, dann wieder hinunter. Der kleine Kerl war völlig erschöpft. Aber das störte den Großen in keiner Weise. Jetzt stellte ich mich neben den langen Angeber. Mit Block und Bleistift in der Hand schaute ich auf meine Uhr, als wenn ich eine Zeitkontrolle durchführen würde: Wie lange dauert diese Quälerei? Ich sagte kein Wort." (SPEER 1986, S. 94)

Ein zweiter Konfliktpunkt wird im provozierenden Auftreten von Kollegen gesehen, die der NSDAP angehören. Dazu ein Beispiel:

"In einer Lehrerkonferenz (1940) hielt ein sehr geschätzter Kollege einen Vortrag über ein kulturelles Thema, in dem auch die Namen einiger jüdischer Gelehrter, Künstler, Dichter fielen. Plötzlich springt der SA-Mann auf und schreit: 'Herr, wissen Sie nicht, daß das Juden waren!' - 'Natürlich weiß ich das', war die Antwort, 'aber Sie können doch nicht leugnen, daß diese Leute einen großen Einfluß auf unsere Kultur gehabt haben?' - 'Das werden Sie bereuen! Ich werde Sie anzeigen.' - Er tat es auch, denunzierte diesen hervorragenden Lehrer, der sofort entlassen wurde. Das ganze Kollegium war empört und beschloß, - der Chef an der Spitze - eine Eingabe an die Behörde zu machen, daß dieser untragbare Mann an eine andere Schule versetzt wird. Er wurde versetzt, aber die Rache der höheren Instanz traf uns alle mit voller Wucht. Das Kollegium flog auf, jeder wurde an eine entlegene Stelle versetzt, wo man unerfreuliche Arbeit vorfand." (KRAUSE 1982, S. 57)

Schließlich gibt es in diesem Zusammenhang Berichte über Konflikte wegen unterlassenem HITLER-Gruß (vgl. LIEBE 1982, S. 90), insbesondere aber einen Konfliktbereich in der Erzählung des Lehrers SAAGER, der deshalb ungewöhnlich ist, weil dieser Lehrer als einziger von einer offenen kritischen Handlung, der Analyse einiger Passagen in HITLERs "Mein Kampf", in einer Lehrerkonferenz berichtet, die ich, weil sie sehr ausführlich dargestellt wird, hier leider nur auszugsweise wiedergeben kann:

"Als 1933 die große Wende eintrat, wurde es auch für mich mulmig. Der Rektor M. überschlug sich mit der Anerkennung der NSDAP und ließ in jeder Konferenz (alle drei Wochen) ein Kapitel aus HITLERs "Mein Kampf" behandeln. Als er meine Zurückhaltung bemerkte, sagte er eines Tages zu mir: 'Auch Sie könnten mal ein Kapitel aus "Mein Kampf" behandeln.' Ich nahm die Herausforderung an und machte zur Bedingung, daß ich dieses Kapitel mir aussuchen dürfe. Und dies führte dann zum Eklat!. Ich erklärte den 'staunenden' Kollegen, daß ich HITLERs "Kampf" gründlich studiert hätte.
Aus HITLERs "Mein Kampf" vorzulesen, wäre zu trist gewesen. Mir kam es darauf an, seine besonders exzentrischen Aussprüche zu konzentrieren. Ich hatte ja ein ganzes Oktavheft voll Notizen mit Seitenangaben und bedauere zutiefst, daß ich leichtsinnigerweise keine Abschrift davon fertigte. Es war natürlich ein Wagnis, dem Kollegium einen Extrakt vorzulesen, statt eines Kapitels. Aber ich vertraute meinem Gefühl, daß von den zehn anderen

keiner jemals den "Kampf" gelesen hatte und selbst der Rektor M. nicht, der dies ja anordnete." (SAAGER 1981, S. 52 f.)

An diesem ungewöhnlichen Erinnerungsbeispiel wird besonders die Unzulänglichkeit einer bloß immanenten Themenzuordnung von Erzählpassagen deutlich, weil die Motive dieser oppositionellen Handlung wohl am Beispiel einer Fallstudie, wie sie KLEWITZ im zweiten Teil ihrer Untersuchung vorgelegt hat (KLEWITZ 1987, Teil B), nicht dagegen mit einer bloßen Dokumentation thematisiert werden können.

2.6 Unterrichts- und pädagogische Arbeit im Krieg

Schon eine oberflächliche Durchsicht der Erzählsequenzen zu diesem Thema macht deutlich, daß es sinnvoll ist, hier die Berichte der *Lehrerinnen,* die sich fast ausschließlich um die Erfahrungen während der Berliner 'Kinderlandverschickung' in den Jahren 1940-1945 (und darüber hinaus) drehen, von denen der *Lehrer,* die entweder von ihrer Kriegsteilnahme oder ihrer Arbeit in besetzten Gebieten (weniger über ihre Arbeit in der 'normalen' Schule) berichten, getrennt werden sollten. Die 'Kinderlandverschickung' nimmt in fast allen Erinnerungen der Lehrerinnen einen außerordentlich breiten Umfang ein und wird als einschneidendes, manchmal als das wichtigste Ereignis in der Arbeit als Lehrerin im Nationalsozialismus verstanden:

"Eines Tages kam der Befehl: ihr müßt mit Sack und Pack nach Ostpreußen! Eine zweite Zeit der Prüfung! Nach zweitägiger Fahrt kamen wir müde und frierend in der Kleinstadt Nordenburg an. Auf dem Bahnhof standen die Bauersfrauen und grüßten uns höhnisch: 'Da kommen ja die Bombenweiber aus Berlin.' - Ein Leiterwagen fuhr uns ins Schützenhaus. Hier sollte die Verteilung der Quartiere stattfinden. Es war kein Kinderlager; manche Mütter begleiteten ihre Kinder, das war leidlich in Ordnung. Aber die armen Einzelkinder! Sie wurden regelrecht an die Bevölkerung versteigert. Wer möchte einen Jungen von 8 Jahren? Wir Lehrer hatten erst am späten Abend alle untergebracht. Es war harte Arbeit, alle Tränen zu trocknen." (KRAUSE 1982, S. 61)

Die Berichte gehen ins einzelne, im Gegensatz zu den Beschreibungen des Schulalltags; sie betreffen eine außergewöhnliche, oft 4 oder 5 Jahre andauernde pädagogische "Situation", die mit großer Ausführlichkeit (und Detailtreue) erinnert wird, insbesondere was Unterbringung, Verpflegung, Unterricht, das Verhalten der Kinder und die Arbeitsbelastung der Lehrerinnen angeht, aber auch hinsichtlich der Wirren der letzten Kriegsjahre.

Die Berichte der *Lehrer* sind deshalb besonders bemerkenswert, weil sie - mit Ausnahme des NSDAP-Mitglieds unter den Erzählern, der seine parteibezogenen Funktionen beschreibt (RUMP 1986) - aus einer Position des Beobachters oder des sich auf technisch-naturwissenschaftlichen Unterricht zurückziehenden Lehrers formuliert werden. So berichtet der Lehrer Erich BIELING über seine Arbeit in dem von den Deutschen besetzten Polen, wie er versucht, sich in einer Situation der Verfolgung und Ermordung von jüdischen oder polnischen Menschen auf seine Unterrichtsarbeit zurückzuziehen:

"Und plötzlich im Spätsommer oder wann es war, bekam ich eine Aufforderung, eine Versetzung nach Polen als Lehrer oder Schulleiter. Dann ging ich noch zu meinem Schulrat und wollte versuchen, das zu ändern, aber nee, der hat mich gleich als Nicht-Nationalsozialisten fertig gemacht, nicht. Also, ich war ganz nieder. Denn es wurden sicher die zuerst rübergeschickt, die nicht Nazis waren. Die anderen wollten hier bleiben, wollten ja nachher im Frieden ..., und ich sollte in Polen weiter ein Jahr bleiben. Aber letzten Endes war dieses auch wieder ein ganz großes Glück für mich. Erstens bin ich nicht mehr Soldat geworden und zweitens konnte ich mich nachher auch wieder absetzen.

Ich wurde dann dort abgeholt, es war eigentlich ein kleiner Ort. Da holte mich der Lehrer ab. Der war vielleicht ungefähr, ich weiß nicht, sechs bis acht Wochen oder ein viertel Jahr schon dort. Ein deutscher Lehrer, er hat es irgendwie verstanden, hier zurückversetzt zu werden, wohl in seine Heimat. Das war ein schlotterndes Bündel, als er mich abholte. Der hat fast gezittert, er sagte mir dann: 'Also, morgen früh um sechs Uhr verlasse ich schon den Ort und fahre zurück.' Und hat mir das praktisch alles nur so hingeworfen, denn am nächsten Tag war dort nämlich eine Hinrichtung, wurden Polen erhängt. Er sollte mit den Schulkindern dort antreten und sollte dieser Prozedur beiwohnen, und er glaubte natürlich, er würde dann von den Polen demnächst auch gelyncht werden. Ich bin natürlich am nächsten Tag nicht hingegangen mit meinen Kindern, ich mußte ja nicht, ich hatte ja keinen Befehl dazu, bin bloß am Nachmittag hingegangen, habe mir angesehen, wie dann so am Baum die Leichen hingen und sich im Winde drehten. Ja, wer das gesehen hat, der sagte sich, na, nach diesem Krieg, das wird aber Deutschland teuer bezahlen müssen ...

Ich hatte einen ganz genauen Lehrplan. Unser Schulrat in Berlin, das war ein Doktor sowieso, ein recht kluger Mann, der aber vorher Lehrer oder Schulrat in Polen war, aber kein Volksdeutscher. Wir hatten diesen Plan und hatten durchaus unser Soll zu erfüllen. Damals lernte ich als erstes die Ganzheitsmethode kennen. Jedenfalls mußte ich nach der Ganzheitsmethode die Kinder unterrichten. Ich habe sie natürlich vollkommen innerlich abgelehnt. Ich habe gesagt: 'Wir haben hier nach der synthetischen Methode gearbeitet.' Also, ich mußte nach der Methode unterrichten. Es gab ja nicht viel Literatur, vor allen Dingen hatte ich keine Fibel. Ich habe mir einiges erzählen lassen und habe dann natürlich für meine Kinder sämtliches Material, Kärtchen, alles selbst gebaut, alles selbst gemacht. Das war gut so, damit war ich beschäftigt, jahrelang. Ich hatte keine freie Zeit und keine Zeit zum Überlegen und Angst haben." (BIELING 1982, S. 24 ff.; mit ähnlicher Beobachtungsperspektive SAAGER 1981, S. 64 f.)

Dem sozialpädagogischen Engagement der Lehrerinnen während der Zeit ihrer Evakuierung mit den Kindern stehen die Berichte der Lehrer über ihren Rückzug in "Sachliches" gegenüber. Die Analyse solcher geschlechtsspezifischen Sichtweisen von Aufgaben wäre lohnend und notwendig zugleich; sie muß bei einer immanenten Textdokumentation zu kurz kommen.

2.7 Wahrnehmungen von NS-Terror und Verfolgung

Bei diesem Komplex fällt die *Kargheit,* häufig das völlige Fehlen in den lebensgeschichtlichen Erzählungen auf. Ausführlicher sind in diesen Punkten die Berichte eines Neulehrers, der die NS-Zeit als Angestellter in einem Anzeigenbüro in einer Berliner Zeitung verbracht hat, und eines erst nach 1945 ausgebildeten Lehrers, der die NS-Zeit aus Schüler- und Soldatenperspektive beschreibt:

> "Ich war kein guter Schüler und hatte einen Nachhilfelehrer. Er war ein junger Mann und meine Mutter eine junge Frau. Sie unterhielten sich auch über nichtschulische Dinge. Und eines Tages erzählte er, seine Mutter habe in der Leipziger Straße gestanden und das Gespräch zweier Polizeibeamter angehört. Der eine sagte: 'Was ich jetzt erlebt habe, das habe ich im ganzen Krieg nicht erlebt. Ich habe gegen Neger gekämpft, die haben ein Messer an eine Leine gebunden und haben damit geworfen. Aber was sie mit den Leuten auf der Polizeiwache gemacht haben, das habe ich überhaupt noch nicht erlebt.'
> Dann war ich einmal in einem Kleingarten bei einer Mitschülerin. Meine Mutter sagte: 'Auf der Polizeiwache haben sie den Leuten das Fleisch aus der Brust gerissen.' Die Mutter meiner Mitschülerin sagte: 'Den Frauen auch?' - 'Ja', sagte meine Mutter, 'denen auch!' - Wir kannten auch eine ganze Reihe von Kommunisten. Die durften auch nicht sagen, daß sie geschlagen worden waren." (HAUSCHILDT 1986, S. 39; vgl. LIEBE 1982, S. 90)

2.8 Erfahrung des Kriegsendes

Ein Beispiel für die Erzählhaltung, in der das Ende des Krieges als "Zusammenbruch", als "Chaos" oder gar als "Weltende", aber nicht als Niederschlagung der nationalsozialistischen Herrschaft und dementsprechend als Befreiung erinnert wird:

> "Von meinem Fenster aus konnte ich den Schulhof überblicken. Am Sonntagvormittag wurden dort alle Männer und Jungen für die 'Verteidigung' ausgebildet. Volkssturm hieß es!

Man hätte diese elenden, halb verhungerten, halb verkrüppelten Menschen sehen müssen, die 14-15jährigen spielten Krieg mit der Panzerfaust - nein, in dieser Zeit verlor ich die letzte Hoffnung auf unsere Zukunft.

Die Russen kommen immer näher. Wir Hausgenossen hatten uns versprochen, zusammenzubleiben, was auch immer komme. Da der Ort an der Elbe lag, wollten wir im Notfall versuchen, uns zum anderen Ufer, das jetzt amerikanisch war, durchzuschlagen. Es sollte für mich alles anders kommen." (KRAUSE 1982, S. 65)

Zu dieser Erinnerung einer Lehrerin die eines Lehrers:

"Am Königstor da, da hingen die Bäume so über die Mauer, da hingen die Strippen noch, wo sie die - wie nannten sich die Jungen? - Jungvolk, die hatten sie doch schon eingesetzt, aufgehängt hatten, weil die nicht pariert hatten. Wir haben den Krieg gesehen. Und die ganze Bomberei. Davon sprechen wir nicht." (LIEBE 1982, S. 91)

Wie dagegen das Kriegsende und der Zustand der Heimat von einer ins Exil nach England vertriebenen jüdischen Lehrerin empfunden worden ist, zeigen die Erinnerungen von Sophie FRIEDLÄNDER:

"Im Mai 1945 war der Krieg zu Ende ... Was nun? Auf der Straße riefen uns Bekannte zu: 'Well, now you can go home again.' Das erschreckte uns. Home? Das gab es doch nicht mehr. Obwohl wir jahrelang im Unterbewußtsein die Vorstellung hatten: mit dem ersten Zug zurück - aber jetzt? Zu vieles hatte sich in der Zwischenzeit verändert, zu viel war geschehen. Hildes Mutter hatte in Berlin als Arierin überlebt. Aber sobald sie konnte, hatte sie Deutschland verlassen und noch alle ihre sieben Kinder in England, Frankreich und Palästina wiedergesehen.

Unser Vater ist kurz nach seiner Deportation nach Theresienstadt gestorben. Die Kopie seines an meinen Onkel in Schweden gerichteten Couverts mit dem Stempel von Theresienstadt 'verstorben' brachte mir die endgültige Bestätigung.

Unsere Mutter war seelisch krank geworden und wurde von einem Sanatorium deportiert. Von allen unseren zahllosen Verwandten sind fast alle von der älteren Generation umgekommen. Die Jüngeren waren zum größten Teil in Palästina, nur wenige in England. Deutschland war für uns *leer* geworden. Wie ein Vetter von mir sagte: 'Unser verstorbenes Vaterland'." (FRIEDLÄNDER 1987, S. 112 f.)

3. Der theoretische Bezugsrahmen als das zentrale Problem kritischen Verstehens von Lehrerinnen- und Lehrer-Lebensgeschichten

Welche Einsichten lassen sich aus dieser Fülle verschiedener Erzählsequenzen[6] gewinnen? Ins Auge springen zunächst die *Unterschiede* der Erfahrung und Wahrnehmung, und zwar

1. Unterschiede der nachträglichen (expliziten oder impliziten) *Bewertung* der erlebten historischen Situationen (z.b. die unterschiedliche Beurteilung der nationalsozialistischen Machtübernahme);

2. *geschlechtsspezifische* Unterschiede (z.B. in der Reaktion auf NSDAP-Kollegen oder auf Konflikte im Schulalltag vor 1939);

3. Unterschiede in der *politischen Motivation* (z.B. in der Frage des NSDAP-Eintritts oder beim Themenkomplex Konflikte im Schulalltag) und schließlich

4. Unterschiede im *Erlebnis- und Arbeitsbereich nach Kriegsbeginn* (die *Lehrerinnen* sind alle in der Kinderlandverschickung über Jahre hin beschäftigt, die *Lehrer* sind Kriegsteilnehmer oder danach im besetzten Polen oder in Berliner Schulen tätig und mit anderen Problemen konfrontiert).

Diesen Unterschieden der Erfahrung und Bewertung lassen sich *Gemeinsamkeiten* der Berichte gegenüberstellen:

1. Gemeinsamkeiten im *Beruf* (Volksschullehrer/innen), *Alter* (Geburtsjahrgang 1895-1915) und *Arbeitsort* (Berlin), die die Vergleichbarkeit des Materials für eine "sozialgeschichtliche Debatte um den Lehrerberuf" (KLEWITZ 1987, S. 53) auf allgemeiner Ebene sicherstellen können;

2. themenspezifische, auf den Erfahrungskomplex "Nationalsozialismus" bezogene Gemeinsamkeiten: zunächst die im Schulalltag konfliktauslösenden Faktoren (NSDAP-Kollegen und HJ), die auffällig geringe Wahrnehmung des außerschulischen, gesellschaftlichen Terrors der Nationalsozialisten und die Wahrnehmung des Kriegsendes als "Chaos" und "Zusammenbruch"; darüber hinaus in bezug auf die Erfahrungen der Lehrerinnen die Berichte über die "Kinderlandverschickung".

Was bedeuten diese Differenzen und Gemeinsamkeiten für eine weitere Auswertung des hier vorgestellten Erzählmaterials? Theodor SCHULZE formuliert das methodische Dilemma, in dem ich hier stehe, wiederum sehr einleuchtend:

---

6 Zu den 15 hier ausgewerteten Erinnerungen müßten noch ca. 10 nicht-publizierte lebensgeschichtliche Interviews, die von Mitgliedern der Projektgruppe "Lehrerlebensgeschichten" geführt worden sind, ausgewertet werden.

"Trotzdem wird man irgendwann an einen Punkt kommen, an dem das, was in dem autobiographischen Material selbst thematisiert wird, für eine weiterführende Deutung nicht ausreicht. Dann hat man es mit dem Problem zu tun, einen geeigneten theoretischen Bezugsrahmen für seine Deutungen zu finden." (SCHULZE 1985, S. 60)

Worin könnte für das erzählte lebensgeschichtliche Material, um das es hier geht, ein *"Bezugsrahmen"* bestehen? Angesichts der ausgewiesenen Differenzen bewertungs-, motivations- und geschlechtsspezifischer Art, wie auch der Unterschiede in den Tätigkeitsbereichen lassen sich die vorgestellten Erfahrungen sicherlich nicht in ein einfaches Schema einordnen, vielmehr verlangen sie nach einem mehrdimensionalen Bezugsrahmen. Ich möchte im folgenden drei mögliche Ebenen eines solchen Bezugsrahmens unterscheiden: die des Einzelfalls, die geschlechtsspezifischer Bewertungen und die der besonderen Bedingungen des Lehrerhandelns im Nationalsozialismus.

3.1 Der Einzelfall als Bezugsrahmen

Auf den methodischen Ansatz der *individuellen Biographie* als Interpretationsebene braucht hier nur kurz verwiesen zu werden, weil dazu mit den biographischen Fallstudien von KLEWITZ (1987, Teil B) bereits eine gründliche Arbeit vorliegt. Auf dieser Ebene lassen sich vor allem die unterschiedlichen individuellen Motivations- und Bewertungsaspekte diskutieren (vgl. z.B. KLEWITZ 1987, S. 120 ; 181). Wir werden im vierten Kapitel auf die besonderen Probleme, die sich auf dieser Interpretationsebene ergeben, noch einmal gesondert eingehen.

3.2 Der Geschlechtscharakter als Bezugsrahmen

Die geschlechtsspezifischen Differenzen im Erleben und Bewerten des Schulalltags und seiner Konflikte im Nationalsozialismus werden sich mit dem patriarchatskritischen Konzept des *"Geschlechtscharakters"*[7] diskutie-

---

7 Als Merkmal des "Geschlechtscharakters" definiert Ch. HOLZKAMP Aspekte der "Geschlechtsrolle", die "Hoffnung auf Identitätsgewinn bzw. Angst vor Identitätsverlust in bezug auf die abverlangte Geschlechterrolle der jeweiligen Tätigkeit" enthalten und "Gewinnung von gesellschaftlicher und sozialer Anerkennung, Gewinnung von Lebenssinn, Aufhebung von Isolation und Einsamkeit" bedeuten (HOLZKAMP 1987, S. 24).

ren lassen, wie es z.B. Christine HOLZKAMP für die Untersuchung des Lehrerinnen-Verhaltens im Ersten Weltkrieg (HOLZKAMP 1987, S. 23-37) angewandt hat.

"Die 'Geschlechtscharaktere' sind nicht nur Konstruktionen und Absicherungen patriarchalischer Herrschaft, sondern ihnen entspricht auch in gewisser Weise eine gesellschaftliche Realität, d.h., es gibt - empirisch vorfindbar - 'weibliche' und 'männliche' Weisen des Fühlens, Denkens und Handelns, ohne daß diese *ausschließlich* und *eindeutig* an das biologische Geschlecht gebunden sind." (HOLZKAMP 1987, S. 24)

Christine HOLZKAMP hat unter diesem Gesichtspunkt die Auswirkungen des Krieges auf das private Leben der Lehrerinnen, auf ihren "Dienst an der Heimatfront" und ihre Arbeit in der Schule z.Zt. des Ersten Weltkrieges untersucht und kommt zu dem Ergebnis, daß die "in der Kriegszeit den Lehrerinnen abverlangten bzw. von ihnen selbst gewählten Tätigkeiten ... in ihrem wesentlichen Kern dem (entsprachen), was in dem Selbstverständnis dieser Frauen auch ihr Wesen bestimmte und ihre Mitarbeit als Frau in der Öffentlichkeit rechtfertigte: Mütterlichkeit" (HOLZKAMP 1987, S. 34).[8]

Ein Beispiel für dieses gesellschaftliche Verständnis von "Mütterlichkeit" ist das sozial- und schulpädagogische Engagement der Lehrerinnen im Rahmen der "Kinderlandverschickung", wie es die Lehrerin Hanna SPEER beschreibt:

"Freie Stunden in der Zeit der Oster- und Pfingstferien benutzte ich dazu, ein Waldmärchen als Bühnenspiel mit den Mädchen einzustudieren. Die Zeichenlehrerin, die uns alle vierzehn Tage besuchte, half uns Kulissen malen. Das Zusammenstellen der Theaterkostüme machte uns viel Freude. Unsere lieben Bauersfrauen gaben uns alles, worum wir sie baten. Für einen Elfenreigen wurde uns sogar eine Anzahl von Brautkleidern zur Verfügung gestellt.

Nicht nur für die Weißenseer spielten wir, die Bewohner der Nachbardörfer baten uns, auch für sie unser Waldmärchen in Weißensee aufzuführen. Dabei besuchte uns auch Konrektor B. mit seiner Klasse. Alle erhielten in Weißensee Nachtquartiere und ein gutes Frühstück.

Selbstverständlich fühlte ich mich auch in den Sommerferien 1944 meinen Schützlingen verpflichtet. Trotzdem wollte ich sehen, wie sich meine Eltern in Jershöft inzwischen eingerichtet hatten, wie es ihnen dort ging. Der Weg zu ihnen war nur halb so weit wie der nach Berlin. Unsere Zeichenlehrerin sollte mich eine Woche lang bei meiner Klasse vertreten. Ich durfte nach Jershöft reisen."(SPEER 1986, S. 102)

---

8   Ch. HOLZKAMP hat unter dem Gesichtspunkt der Patriarchatskritik auch Lehrer/innen-Lebensgeschichts-Berichte untersucht (ungedrucktes Mskr., Berlin 1986).

Neben den Kindern, um die sich die Lehrerin auch außerhalb der Schulzeit kümmert, fühlt sie sich auch noch für ihre Eltern verantwortlich, eine Verantwortlichkeit, von der fast alle Lehrerinnen (nicht die Lehrer) berichten. In bezug auf letztere wäre die auffallende Distanz bzw. die Zurückgezogenheit auf methodische oder fachliche Probleme des Unterrichts zu untersuchen, von der die Lehrer aus der Kriegszeit berichten. In diesem Zusammenhang müßte die - allerdings nicht geschlechtsspezifisch differenzierte - These von Marion KLEWITZ zur Bedeutung didaktisch-methodischer Kompetenz während des Nationalsozialismus diskutiert, differenziert und modifiziert werden:

1. "Methodische Bewegungsfreiheit kompensiert eingebüßte Autonomie. Berufliche Kompetenz zur Geltung bringen zu wollen, bestärkt die Abwehr gegenüber Neuem. Sie hilft aber auch, neue Aufgaben pädagogisch kommensurabel zu machen ... Man entschädigt sich mit einem beruflichen Selbstwertgefühl, das aus methodischer Kompetenz herrührt" (KLEWITZ 1987, S. 233).

2. "Didaktische Qualifikationen erweisen sich als konstruktive Substanz des pädagogischen Prozesses auch dann, wenn politische Resistenz nicht gegeben ist" (KLEWITZ 1987, S. 237).

Geben diese Thesen eine Erklärungsgrundlage beispielsweise für die Erinnerung des Lehrers Erich BIELING an seine Unterrichtsarbeit im von den Deutschen besetzten Polen? (BIELING 1982, S. 26 f.)

3.3 Die besonderen Bedingungen der Lehrerarbeit im Nationalsozialismus als Bezugsrahmen

Eine dritte Analyseebene betrifft die besonderen Bedingungen von *Lehrerarbeit* und *Schulalltag* im Nationalsozialismus, die überhaupt erst Verhaltensweisen wie Anpassung und Opposition erklärbar machen. Einen schulalltagsbezogenen Bezugsrahmen zur Untersuchung konformistischen und alltagsoppositionellen Verhaltens haben W. BREYVOGEL und Th. LOHMANN (1981) in Umrissen entwickelt und im Rahmen der Analyse von Schulakten, in denen Konflikte und Disziplinierungen von Lehrern und Schülern im Nationalsozialismus festgehalten worden sind, auch erprobt. BREYVOGEL/LOHMANN wenden sich gegen die "Reduzierung von Schule auf Lehrpläne, Erlasse, Schulbücher, als wäre das Handeln der Menschen in der Schule allein dadurch definiert." Ihnen "geht es dagegen um die Kleinigkeiten, Zwischenfälle und Nebensächlichkeiten, die Wünsche, Gefühle und Hoffnungen, kurz: um die subjektive Wahrnehmung, Deutung und Verarbeitung der alltäglichen Erfahrung." (BREYVOGEL/LOHMANN 1981, S. 201). Wenngleich gegenüber BREYVOGEL/LOHMANN betont werden muß, daß sich das komplizierte Ineinander von "subjektiver Wahrnehmung, Deutung und Verarbeitung der alltäglichen Erfahrung" in der nationalsozialistisch bestimmten Schule aufgrund der lebensgeschichtlichen Berichte sehr viel problematischer und vielschichtiger darstellt, als es die Aktenanalyse der beiden Autoren vermuten läßt, so kann deren methodischer Ansatz generell für die Analyse von "Schulalltagserfahrungen" von Lehrerinnen und Lehrern genutzt werden, wobei den Konflikterinnerungen besondere Aufmerksamkeit geschenkt werden sollte.

BREYVOGEL/LOHMANN definieren den Schulalltag als die "*Gesamtheit* alltäglichen Handelns von Schulleitern, Lehrern und Schülern in Schule und Unterricht" (S. 202); sie gehen dabei von einem im Alltagshandeln potentiell nicht-konformen Verhalten aus (S. 203). Als Begründung dafür verweisen sie auf den Hintergrund damaligen Lehrerhandelns, nämlich die soziale Lage der Lehrerschaft, ihre Bedrohung durch das Gesetz zur "Wiederherstellung des Berufsbeamtentums" und die veränderten Bedingungen des Schul- und Unterrichtsbetriebs beispielsweise durch die Rolle der HJ. Von hier aus ließe sich ein differenziertes Verständnis für unterschiedliche Formen von *Alltagsopposition* bzw. von *nonkonformem Verhalten* gewinnen, wie unsere lebensgeschichtlichen Berichte teilweise bestätigen. Erinnert sei noch einmal an die Lehrerin ELISE F., die den NSDAP-Kolleginnen die Themen für politische Schulreden zuschiebt: "'Sie können das doch am besten.'" (ELISE F. 1981, S. 50 f.).

4. Möglichkeiten und Grenzen kritischen Verstehens von Lehrerinnen- und Lehrererfahrungen im Nationalsozialismus

Das zentrale Problem der skizzierten Lehrerinnen- und Lehrererfahrungen bleiben jene Aspekte, die sich auf Motivationen und Bewertungen von berichteten Wahrnehmungen, Ereignissen und Handlungen beziehen. Erörterbar sind diese Aspekte m.W. nur im individualbiographischen Kontext, allerdings unter Einbeziehung von Außenfaktoren, wie der sozialen Lage der Lehrerschaft, der administrativen und politischen Bedingungen im Schulalltag etc. Einzelfallstudien, wie sie Marion KLEWITZ vorgelegt hat, "weisen indes auf einen Konflikt zwischen Subjekt- und Struktursicht hin, (nämlich) zwischen dem Blick auf die Produktivität des Individuums in bezug auf

Konflikte, Lösungsstrategien und Verhaltensänderungen einerseits und Strukturanalysen von Lebensphasen und -erfahrungen, die als normal erklärt werden, andererseits. Diese Differenz ist zu berücksichtigen, wenn hier behauptet wird, daß Kollektivbiographien, die auf Verallgemeinerungen über Lebensläufe abzielen, der Einzelfallstudie bedürfen." (KLEWITZ 1987, S. 54).

Dieser Konflikt ist durch eine Unterordnung der individualbiographischen Sichtweise unter die lebenslauf-strukturanalytische - oder auch umgekehrt - nicht lösbar. "Demzufolge gilt es", wie KLEWITZ formuliert, "empirisch ausgewiesene Formen der Verschränkung beider Ebenen im Lebensverlauf aus beobachtender Distanz verdichtet zu beschreiben und dabei Handlungsvarianten zu analysieren." (KLEWITZ 1987, S. 55). Die Verschränkung der individual-biographischen und der kollektiv-biographischen Ebene erfolgt aber in den Wertungen und Verarbeitungsweisen gesellschaftlicher Wirklichkeit des einzelnen. SCHULZE spricht in diesem Zusammenhang von "Schnittpunkten zwischen den individuellen Lebensgeschichten und den formellen oder informellen Sozialisationsinstanzen der Gesellschaft". Er sucht in autobiographischen Texten nach den "*kritischen Ereignissen*", an denen die Verschränkung von "individueller Aneignung und Bewältigung von institutionell vorgezeichneten Schlüsselsituationen oder Lebensveränderungen" ablesbar sind (SCHULZE 1979, S. 90).[9] Bezogen auf die bewertenden, also Verarbeitung signalisierenden Berichte der Lehrerinnen und Lehrer über ihre Erfahrungen des Nationalsozialismus werden also jene kritischen Ereignisse interessant, die einen Konflikt mit bisher angeeigneten Orientierungs-, Handlungs- und Beurteilungsmustern erkennen lassen. Eine solche "Krisensituation", einen Wertkonflikt, schildert z.B. der Lehrer Fritz SAAGER, der von seiner kritischen Analyse von HITLERs "Mein Kampf" im Kollegium berichtet (SAAGER 1981, S. 53-55). Anhand dieses Berichtes wird deutlich, wie sehr zur Kritik der sozialen Wertung, die HITLER in seiner Schrift vornimmt, eigene lebensgeschichtliche Erfahrungen herangezogen werden (hier: eigene soziale Erfahrungen mit jüdischen Menschen), in denen moralische Einstellungen entwickelt worden sind, die in der Krisensituation mobilisiert werden.[10] Denn die pädagogische Ideologie und Funktionsbestimmung des Lehrerberufs, die die

---

9 SCHULZE (1979, S. 90 f.) stellt einen Katalog solcher "Schnittpunkte" auf.
10 Es gibt eine Reihe von Erzählsequenzen bei LIEBE 1982, KRAUSE 1982 + 1986, SCHWARZ 1986 und SPEER 1986, die auf die Bedeutung lebensgeschichtlicher Vorerfahrungen als Ansätze zu einer kritischen Haltung zum Nationalsozialismus in Alltagssituationen hinweisen.

nationalsozialistischen Pädagogen und Bildungspolitiker vornahmen und zu oktroyieren versuchten, stellte jede Lehrerin und jeden Lehrer vor Entscheidungssituationen. KLEWITZ (1987, S. 228 f.) beschreibt am Ende ihrer Fallstudien diese permanente Entscheidungssituation und die Reaktionen auf sie in sehr prägnanter Weise.

Die Konstellierung solcher Konfliktsituationen war Bestandteil der politisch-pädagogischen Propaganda und Umerziehungspraxis den Lehrern gegenüber. Rudolf BENZE, SS-Sturmbannführer und Gesamtleiter des Deutschen Zentralinstituts für Erziehung und Unterricht, das für die Umerziehung der Lehrerinnen und Lehrer zuständig war, stellt die "alten" den "neuen" Forderungen an den "Erzieherberuf" in einem Rechenschaftsbericht für die Jahre 1933 bis 1939 gegenüber:

> "Für den Erzieherberuf waren von jeher nur Männer und Frauen geeeignet, die nicht nur eine wirtschaftliche Sicherung durch die Beamtenstellung suchten, sondern aus idealistischer Haltung gewillt waren, sich in vollem körperlichem und seelischem Einsatz ihren hohen Berufspflichten hinzugeben. So hat dem deutschen Erzieherstande diese idealistische Gesinnung stets den tiefsten Antrieb zu seinen großen Leistungen gegeben. Die staatlichen Vorschriften und Prüfungen sahen allerdings in erster Linie auf den Erwerb des notwendigen Wissens und auf die Fähigkeit, dieses Wissen an die Jugend methodisch einwandfrei weiterzugeben. ... Heute unterliegt der Erzieher nicht nur den strengen Bestimmungen des Beamtentums (...), sondern er ist darüber hinaus noch an besondere Voraussetzungen gebunden, die seiner entschiedenen Bedeutung für die Volkszukunft entsprechen. Daß nur Deutschblütige die deutsche Jugend erziehen dürfen, sei als selbstverständlich nur bemerkt." (BENZE, zit. n. GAMM 1984, S. 130 f.)

Worum es bei der Umerziehung der vorgefundenen Lehrerschaft im einzelnen ging, stellt BENZE so dar:

> "Als wichtigste Aufgabe der nationalsozialistischen Schulerziehung nach dem Umbruch erkannte das Zentralinstitut die nationalsozialistische Umschulung der Erzieherschaft aller Schularten. Zahlreiche Vorträge, Vortragsreihen und Schulungswochen über grundsätzliche und besondere Fragen der nationalsozialistischen Erziehung gaben den Auftakt in den beiden ersten Jahren. Vor allem die neuen Sachgebiete, wie Rassenkunde, Vererbungslehre, Vorgeschichte und solche Fächer und Arbeitsgebiete, die einen völlig neuen Sinn erhielten, wie Biologie und Geopolitik, standen zunächst im Vordergrund. Mehr und mehr wurde an die Stelle des früher üblichen Vortrags- und Diskussionsbetriebs die nationalsozialistische Erziehungsform des Lagers gesetzt." (BENZE, zit. n. GAMM 1984, S. 132)[11]

---

11 Es wäre eine wichtige Untersuchungsaufgabe, das ideologisch heterogene NS-Lehrerbild (vgl. die Dokumente bei GAMM 1984) genauer zu analysieren, um seine ideologischen Gehalte und Wirkungen beurteilen zu können.

Über diese Umschulungsmaßnahmen berichtet in meinem lebensgeschichtlichen Material nur eine Lehrerin. Wie ist das zu erklären? Nehmen diese Umschulungserfahrungen, vorausgesetzt, sie sind gemacht worden, nachträglich einen so geringen Stellenwert ein, daß sie nicht erwähnenswert erscheinen, oder sind sie vergessen oder verdrängt worden? Albrecht LEHMANN (1983, S. 22) weist darauf hin, daß "die Erinnerung - bewußt oder unbewußt - nur jene Erfahrungen 'aufbewahrt', die der einzelne für wert hält." Welches sind die Rangfolgen im Gedächtnis der sich erinnernden Lehrerinnen und Lehrer? Was wird vergessen, was verdrängt, was bewußt nicht gesagt? Wonach strukturiert sich in der Rückschau das Leben und Arbeiten als Lehrerin und Lehrer im Nationalsozialismus? Diese Fragen, die den Wahrheitsgehalt lebensgeschichtlicher Erinnerungen betreffen[12], führen an die Grenzen einer lebensgeschichtlich orientierten historischen Pädagogik, die nur die Seite der "Produktivität" des Individuums in der Verarbeitung historisch-pädagogischer Situationen betont, die gesellschaftlichen und politischen Determinanten individuellen Handelns dagegen vernachlässigt.

---

12 LEHMANN (1984, S. 27 ff.) unterscheidet zwischen "objektivem" und "subjektivem" Wahrheitsgehalt.

LUTZ VAN DICK

Oppositionelles Verhalten einzelner Lehrerinnen und Lehrer zwischen Nonkonformität und Widerstand in Deutschland 1933 bis 1945

1. Wahrnehmungs- und Einfühlungsfähigkeit als Voraussetzungen oppositionellen Lehrerverhaltens

Als Einstieg in unser Thema möchte ich folgende kleine Szene aus dem Winter 1942 vorstellen, die mir eine Lehrerin im Zusammenhang meines Forschungsprojektes über "Oppositionelles Lehrerverhalten 1933 bis 1945" (VAN DICK 1988a) geschildert hat.[1] Diese kleine Szene ist eher leise und keineswegs spektakulär; in ihr geht es noch nicht um oppositionelles Lehrerverhalten, sondern zunächst nur um eine Voraussetzung dafür, nämlich um die einfachste Form der menschlichen Anteilnahme - die *Wahrnehmung:*

> "Es war an einem dunklen Winterabend, Anfang 1942", erinnert sich die ehemalige Bremer Studienrätin Elisabeth FORCK[2], "als es bei uns klingelte. Es war Verdunklung - wer mochte uns jetzt noch besuchen? Als ich öffnete, fiel mir meine ehemalige jüdische Schülerin Gisela weinend um den Hals. Gisela hatte 1941 die Schule verlassen müssen, weil sie als 'halbjüdisches' Mädchen nicht mehr die Oberstufe unserer Schule hatte besuchen dürfen. Nun sah ich, daß sie den 'Judenstern' trug. Mühsam konnte sie sich nur fassen und berichtete:
> 'Heute nachmittag, wie ich nach Hause kam, stand ein SS-Mann vor der Tür unserer Wohnung. Als ich ihn fragte, wo meine Eltern seien, antwortete er: 'Da, wo Judenpack hingehört! Dein Vater nach Auschwitz, Deine Mutter nach Ravensbrück. Du hast Dich in der Juden-Sammelstelle zu melden und kommst morgen nach Theresienstadt!'
> Und dann sagte sie das, was mich am meisten erschütterte: 'Liebe Frau FORCK, ich weiß, daß ich nicht bei Ihnen bleiben kann. Bei Ihnen wird man ja zuerst suchen. Aber wissen Sie, ich wollte doch einmal noch einen Menschen sehen!' "

Die Schülerin Gisela gehörte damals zu den Menschen in Deutschland, die nicht mehr gesehen, die kaum mehr wahrgenommen wurden - "Menschen ohne Schatten", nennt Leon BRANDT (1984) sie in seinem gleichnamigen Buch. Wodurch war für diese Schülerin ihre Lehrerin Elisabeth

---

1 Alle Aussagen und Berichte der im folgenden zitierten Lehrerinnen und Lehrer sind über das Namensregister der angegebenen Untersuchung zu erschließen.
2 Vgl. zu Elisabeth FORCK auch MEYER-ZOLLITSCH 1984.

FORCK anders als andere Lehrerinnen? Wodurch fiel sie auf, wurde von ihr wahrgenommen als "ein Mensch" in einer weithin unmenschlichen Zeit? Elisabeth FORCK, Jg. 1900, erzählte mir diese kleine Szene vor etwa zwei Jahren, also weit über 40 Jahre später. Es war ihr beim Berichten anzumerken, wie sehr sie dieses Erlebnis noch heute aufwühlte - sie, die in der BEKENNENDEN KIRCHE engagiert war, sich für getaufte jüdische Gemeindemitglieder und entlassene Lehrerkolleginnen eingesetzt hatte und deshalb selbst zur Gestapo zitiert worden war: Sie litt, weil sie sich *verantwortlich* fühlte und weil sie mit ihrer Schülerin *mitfühlte*. *Verantwortungsübernahme* und *Einfühlung* in die Situation eines anderen - zwei wesentliche Kategorien zur Definition aufrechten Gangs. Ich komme darauf zurück.

Hier ist zunächst festzuhalten, daß Elisabeth FORCK dies so erlebte, als derartige Gefühle die Ausnahme waren, ja mehr noch: als sie offiziellerseits bereits seit Jahren als "undeutsch" verurteilt waren. Im Erlaß 558 des Reichserziehungsministeriums vom 15. November 1938, nur wenige Tage nach der verharmlosend "Kristallnacht" genannten Reichspogromnacht veröffentlicht, heißt es:

"Nach der ruchlosen Mordtat von Paris" - gemeint ist das Attentat auf den deutschen Legationsrat Ernst VOM RATH durch den 17jährigen jüdischen Jugendlichen Herschel GRYNSZPAN - "kann es keinem deutschen Lehrer mehr zugemutet werden, an jüdische Schulkinder Unterricht zu erteilen ... alle jüdischen Schüler ... (sind) sofort zu entlassen." (DEUTSCHE WISSENSCHAFT, ERZIEHUNG UND VOLKSBILDUNG 4, 1938, S. 520).[3]

Auch wenn es also offizielle Politik war, sollte uns dieser Vorgang der verordneten *Nicht-Wahrnehmung* mehr interessieren: Wie hat er sich subjektiv ausgewirkt? Man stelle sich vor: Schülerinnen und Schüler erscheinen plötzlich nicht mehr zum Unterricht. Schüler, mit denen man vielleicht einige Jahre gemeinsam "gepaukt", die man gern gemocht hatte oder die möglicherweise auch besondere pädagogische Probleme aufgeworfen hatten - diese Schüler verschwinden plötzlich, zunächst allmählich, ab 1938 systematisch, nach der Schließung der letzten jüdischen Schulen in Deutschland im Sommer 1942 völlig. Ein Vorgang, für den es bis heute Schülerfehllisten und Vordrucke für Elternbenachrichtigungen gab und gibt. Es mag sein: Dies kann per Verordnung wegfallen - was aber wird aus den eigenen Empfindungen als Lehrerin und Lehrer?

3 Vgl. zu den Hintergründen des Attentats und den Vorgängen um die Progromnacht 1938 auch VAN DICK 1988b.

Diejenigen, die keinen oder nur einen geringen Widerspruch zwischen der Wirklichkeit und ihren Empfindungen erleben, nehmen wenig wahr. Sie werden später - zumindest zum großen Teil - erklären, "nichts gewußt zu haben". Denn da können die Fakten noch so erdrückend sein: Ich erinnere nur, was ich zuvor wahrgenommen habe. Statt: "Ich habe nicht gewußt!" müßte es deshalb in den meisten Fällen präziser heißen: "Ich habe nicht wahrgenommen!" - eine wichtige Unterscheidung. Sie führt uns zu einem ersten Merkmal der Lehrerinnen und Lehrer, die sich nach 1933 nicht anpaßten, jedenfalls nicht ohne weiteres und nicht durchgängig: der *Wahrnehmungsfähigkeit* von Unrecht, d.h. eines Konfliktes zwischen erfahrener Realität und Gewissen. Eine derartige Wahrnehmungsfähigkeit war die erste Voraussetzung für oppositionelles Verhalten, und zwar in allen Ausprägungen von Nonkonformität bis Widerstand.

Die Beschäftigung mit Menschen, die diese Wahrnehmungsfähigkeit in der Zeit des Faschismus besaßen - zweifellos eine Minderheit -, stand im Mittelpunkt meines Forschungsprojektes, über das im Rahmen dieses Beitrages berichtet werden soll. Mein Erkenntnisinteresse an diesem Forschungsprojekt war die Frage, ob wir das lernen können, was Ernst BLOCH (1961) den aufrechten Gang nannte (vgl. MÜNSTER 1977) und welches seine Voraussetzungen und Bedingungen sind. Können wir heute Ermutigung erfahren durch die aufrechten Anstrengungen jener wenigen, die dies unter den schwierigen Bedingungen der NS-Zeit wagten? Gab es so etwas überhaupt? Und wenn ja - warum wissen wir heute darüber nur wenig? Weil es damals nur so wenige waren oder weil es auch heute viele gibt, die davon nichts wissen wollen? Korrespondiert deren "Unfähigkeit zu trauern" mit unserer Unfähigkeit, von jenen wenigen zu lernen?

2. Zur Definition oppositionellen Lehrerverhaltens 1933 bis 1945

Fraglos gab es die Masse der Lehrerinnen und Lehrer, die sich auf unterschiedliche Weise für den Nationalsozialismus begeisterten oder sich doch zu arrangieren wußten. Die Aussagen der für diese Studie befragten oppositionellen Lehrerinnen und Lehrer sind nur vor dem Hintergrund dieser bedrohlichen Mehrheit angemessen interpretierbar. Es gab andererseits jene Lehrerinnen und Lehrer, die gleich zu Beginn der NS-Herrschaft aufgrund ihres jüdischen Glaubens und/oder ihres politisch/pädagogischen Engagements ihren Beruf (und nicht selten auch Freiheit und Leben) verloren. Lediglich der Teil von ihnen, der emigrieren und im Ausland weiterwirken konnte, ist durch die Exilforschung in gewissem Umfang vor dem Vergessen bewahrt worden (FEIDEL-MERTZ 1983).[4]

Was aber geschah mit jener Minderheit von Lehrerinnen und Lehrern in deutschen Schulen, die erst allmählich und im Zusammenhang mit bestimmten Situationen ein Widerdenken, Widersprechen und manchmal auch ein Widerhandeln entwickelten? Welche historisch-politische Situation, welche unmittelbaren Bedingungen am Arbeitsplatz und welche persönlichen Motive ließen Menschen in einem scheinbaren Meer der Einigkeit an einer Stelle ihres Denkens und Tuns "Nein!" sagen? Lassen sich diese höchst unterschiedlichen Bedingungen vergleichen? Gibt es Verallgemeinerbares aus dem Handeln jener wenigen zu lernen, die trotz (oder vielleicht gerade wegen) ihrer Isoliertheit nicht selten zur einzigen Kontrasterfahrung für Heranwachsende wurden - wie z.B. die eingangs vorgestellte Elisabeth FORCK - und damit häufig zur einzigen Ermutigung für die bereits Erniedrigten?

Unter "oppositionellen Lehrerinnen und Lehrern" verstehe ich - in der Richtung solcher Fragen und zunächst unabhängig von politischen, religiösen oder weltanschaulichen Überzeugungen - jene Minderheit, die sich vor dem Hintergrund ihres ausgeübten Berufes in zum Teil nur kleinsten Alltagsformen verweigerte, ihre eigene Meinung zu wahren suchte und Kritik übte oder hilfreich für andere war. Einziges Kriterium der Auswahl ist ein nachweisbarer Konflikt mit vorgesetzten Stellen, sei es dem eigenen Schulleiter oder einer bestimmten NS-Behörde.

Mit dieser relativ offenen Herangehensweise versuche ich, zwei Problemen Rechnung zu tragen: Zum einen ist oppositionelles Lehrerverhalten bislang in aller Regel nur insoweit zur Kenntnis genommen worden, als es von unterschiedlichen Interessen her opportun erschien: So ist in der DDR durchaus der politisch orientierte Widerstand kommunistischer und sozialdemokratischer Lehrer und in Israel die Arbeit einiger jüdischer Pädagogen bekannt. Aus der Bundesrepublik kennt man die offiziellen Hinweise auf den Widerstand weniger Führungseliten gegen Hitler. Zuletzt gab es sogar öffentlichen Streit, als der Papst die katholische Theologin Edith STEIN (1891-1942, ab 1932 übrigens Dozentin an der Pädagogischen Akademie in Münster) heilig sprach, die als Jüdin 1942 in Auschwitz ermordet worden war. Eine solche selektive Auswahl oppositionellen Verhaltens muß schon deshalb als problematisch gelten, weil die 95% aller Lehrer, die bereits in den Monaten Februar bis Dezember 1933 in den Nationalsozialistischen Lehrerbund (NSLB) eingetreten waren, unterschiedlichen politischen, religiösen

---

4   Vgl. dazu den Beitrag von Hildegard FEIDEL-MERTZ in diesem Band.

und weltanschaulichen Bekenntnissen zugehörten. So ist zu vermuten, daß weniger die politische und weltanschauliche Bindung allein als vielmehr die beschriebene Wahrnehmungs- und Einfühlungsfähigkeit bedeutsam dafür gewesen ist, ob jemand nazistischen Versuchungen gegenüber zu widerstehen vermochte oder nicht.

Zum anderen erweist sich das Kriterium eines nachweisbaren Konfliktes mit vorgesetzten NS-Behörden als sinnvoll, wenn das weite Feld "innerer Emigration", das ja vor allem viele der bekannten Pädagogikhochschullehrer später für sich in Anspruch genommen haben, dadurch einer fairen Bewertung zugänglich wird, daß sich "innere Emigration" im Kontext konkreten Handelns beurteilen läßt. Wo dieser Kontext nicht besteht oder das Handeln gar in offenkundigem Widerspruch dazu steht, bleibt eine Beurteilung "innerer Emigration" problematisch.

3. Zur Befragung der Zeitzeugen

Der Schwerpunkt meiner Befragtenpopulation sollte bei den betroffenen Lehrerinnen und Lehrern selbst liegen. Dabei ist mir während der Untersuchung immer wieder deutlich geworden, daß es sich für eine solche Befragung allein vom Lebensalter der Zeitzeugen her gleichsam um die "historisch letzte Minute" gehandelt hat. Wer sich in der Zeit von 1933 bis 1945 bereits im Schuldienst befand, die NS-Zeit überlebt hatte und heute noch für Gespräche zur Verfügung stehen sollte, mußte etwa in den Jahren 1895-1915 geboren worden sein (das bedeutet ein heutiges Lebensalter von über 70-90 Jahren).

Es war nun in der Tat eine zeitlang eine bange Frage, ob sich überhaupt noch genügend Zeitzeugen würden finden lassen, die wenigstens ein Minimum an Spektrum repräsentierten, um ein gewisses Maß unterschiedlicher Herkünfte später vergleichen zu können. So suchte ich vor allem nach exemplarischen Vertretern jener Gruppen, von denen Konflikte mit NS-Behörden am ehesten zu vermuten waren. Dabei unterschied ich 4 Gruppen:

1. Die Gruppe der jüdischen Lehrerinnen und Lehrer, auch derer, die durch NS-Rassengesetze erst dazu "gemacht" wurden.

2. Die Gruppe der christlichen Lehrerinnen und Lehrer, unabhängig davon, ob sie sich einer der beiden großen Kirchen zugehörig fühlten oder eher individuell in ihrer Art des Glaubens Orientierung für oppositionelles Verhalten fanden.

3. Die Gruppe der eher aus persönlicher oder pädagogischer Verantwor-

tung motivierten Lehrerinnen und Lehrer, die sonst - zumindest bewußt - keine politische, weltanschauliche oder religiöse Orientierung angeben konnten.

4. Die Gruppe der sich politisch verstehenden Lehrerinnen und Lehrer, unabhängig davon, ob sie selbst vor 1933 in Parteien oder Gewerkschaften organisiert waren oder nur aus der Ferne mit ihnen sympathisiert hatten.

Gemäß dieser Vorgaben wurde Literatur dokumentarischer wie fiktionaler Art ausgewertet, Gerichtsprotokolle, Schuljahresberichte, unveröffentlichtes Archivmaterial in England, den USA und Israel, außerdem wurden Suchanzeigen dort und in der Bundesrepublik aufgegeben.

Am Ende dieser mehrjährigen Spurensuche standen zwei "Materialberge":

- zum einen mehrstündige Tonbandprotokolle und Gesprächsmitschriften von ausführlichen biographischen Befragungen von 14 Lehrerinnen und Lehrern (Jg. 1895-1915), die in vergleichbar-dokumentarisierter Weise von oppositionellen Erfahrungen berichten im jüdischen, im evangelischen, im katholischen, im reformpädagogischen, im sozialdemokratischen, kommunistischen und eher politisch-konservativen Kontext.[5]

---

5 Neben den Interpretationsansätzen ("kritischen Verstehensversuchen") Bruno SCHONIGs (DU BOIS-REYMOND/SCHONIG 1982), denen ich viele Anregungen verdanke, orientiere ich mich an einer Richtung innerhalb der pädagogischen Biographieforschung (FUCHS 1984), die mindestens dreierlei berücksichtigt:

1. Der Forscher nimmt den Zeitzeugen als Experten für sein eigenes Leben ernst; das bedeutet nicht nur einfühlsames, sondern auch auseinandersetzungsbereites Interviewerverhalten. Das letzte Wort über die veröffentlichte Form seines Textes hat der Zeitzeuge.

2. Der Forscher bemüht sich in besonderer Weise um objektivierende Belege für alle vom Zeitzeugen erwähnten Personen, Daten, Ereignisse usw. Widersprüche werden gemeinsam diskutiert, wobei dieser Diskussionsprozeß Bestandteil des zu veröffentlichenden Dokumentes sein muß.

3. Der Forscher ist gehalten - z.B. mit Hilfe eines Forschungstagebuches - seine eigenen Verhaltensweisen, aber auch Empfindungen und Konflikte während der Befragung so selbstkritisch wie nur möglich für den Leser zugänglich zu machen.

Daß es auch andere Vorgehensweisen gibt, zeigte jüngst Marion KLEWITZ (1987) mit ihrer Arbeit "Lehrersein im Dritten Reich". Ohne etwas über den Gesamtwert dieser wichtigen Arbeit zu sagen, kann ich mich einer gewissen methodischen Skepsis nicht enthalten: Hier sei nur auf das Problem von im Nachhinein als falsch erkannter Zeitzeugen-Aussagen verwiesen. Ich halte es z.B. für problematisch, wenn Zeitzeugen während der Interpretationsphase bestimmter Falschaussagen überführt werden (bei Marion KLEWITZ der Studienrat O., der laut Mitgliederliste im Gegensatz zu seiner Aussage doch im NSLB war), ohne daß ihnen Gelegenheit gegeben wird, dazu Stellung zu nehmen (KLEWITZ 1987, S. 79).

- zum anderen ein "Steinbruch" von über 800 "Mosaiksteinen" oppositionellen Lehrerverhaltens, d.h. einzelnen Dokumenten, die höchst unvollständig in bezug auf Namen, Ort und Zeit sind; diese aus unterschiedlichen Zusammenhängen gerissenen Einzelbeispiele sind mir im Laufe der Arbeit zunehmend hilfreich geworden als kontrastierende Folie zu meinen Gesprächen, wenn es darum ging, Parallelen oder Unterschiede herauszuarbeiten.

4. Einordnungs- und Systematisierungsversuche oppositionellen Lehrerverhaltens

Es ist keine leichte Aufgabe, aus über 600 Seiten Forschungsbericht, der vor allem auch die authentischen Aussagen der Lehrerinnen und Lehrer selbst enthält, auf knappem Raume sowohl atmosphärische als auch interpretierende Aussagen zu vermitteln. Ich will dies versuchen, indem ich zwei Strukturierungsraster benutze, die auch in der Arbeit selbst angewandt wurden: Zum einen soll die Art und Weise oppositionellen Lehrerverhaltens bestimmten Kategorien zugeordnet, zum anderen der Zeitraum 1933 bis 1945 in Phasen untergliedert und damit oppositionelles Lehrerverhalten vor dem Hintergrund spezifischer zeitlicher Konstellationen verdeutlicht werden.

Zunächst strukturiere ich oppositionelles Lehrerverhalten auf einer psychologischen Ebene nach dem Ausmaß des Verhaltens (in Anlehnung an PEUKERT 1985, S. 54) in fünf Kategorien: Nonkonformität - Verweigerung - Protest - Widerstand - und (dazu parallel) Opposition aufgrund von Denunziation:

1. *Nonkonformität:* einfache gesellschaftliche Normenverletzungen, die noch keine zwingende Konfrontation mit dem NS-Staat nach sich ziehen müssen.

> Typisches Beispiel besonders für die Anfangsphase der NS-Zeit ist hier der Umgang mit dem verordneten Hitlergruß, der bei seiner Benutzung in allen erdenklichen Formen abgewandelt und karikiert wird: Aus "Heil Hitler!" wird dann "Heilt Hitler!" oder "Halt Hitler!" oder "Heul Hitler!" - bei Rückfragen von strammen NS-Kollegen wird dann prompt zurückgefragt: "Was haben *Sie* denn verstanden?"

2. *Verweigerung:* bewußtes Nicht-Einhalten von Anordnungen, das zumindest eine Konfrontation mit NS-Instanzen riskiert.

Ein Beispiel für die Verweigerungen während der 2. Phase der NS-Zeit, in der zunehmend Schulungen und militärische Übungen für Lehrerinnen und Lehrer durchgeführt werden, ist das Entziehen bei solchen Veranstaltungen durch Ausreden, Krankmeldungen oder auch vorsichtig-kritische Begründungen. Zu erwähnen ist, daß der Druck zum Eintritt in NSLB und NSDAP höchst unterschiedlich erlebt wurde. Es gab sowohl Lehrer, die eintraten, weil sie meinten, sich und ihre sonstige durchaus oppositionelle Arbeit schützen zu können, als auch solche, die bis zuletzt nicht eintraten und dafür lieber Nicht-Beförderung und Entlassung riskierten.

3. *Protest* bedeutet eine inhaltlich und (zumindest schul-)öffentlich geäußerte Kritik an einem Merkmal nationalsozialistischer Erziehung oder Politik.

Anlässe für solche Kritik waren z.b. bis 1938 das geforderte Verhalten gegenüber offiziell diskriminierten Kindern. So schickte z.b. eine Schuldirektorin in Düsseldorf (nach LEUNER 1967[2], S. 36) am 1. April 1933, dem Tag des NS-Boykotts aller jüdischen Geschäfte, Blumen an die Eltern aller ihrer jüdischen Schülerinnen. Eine Volksschullehrerin in Eisleben (nach POPP 1981-83) tritt nach der sogenannten "Kristallnacht" 1938 demonstrativ aus dem NSLB aus.

4. *Widerstand* schließlich zielt bewußt auf das Regime als Ganzes und arbeitet hin auf die Abschaffung, zumindest spürbare Veränderung des Bestehenden.

Es wird durch meine Arbeit weitgehend bestätigt, daß Widerstand in der Schule selbst nach 1933 kaum mehr möglich war, obwohl doch beachtet werden muß, daß es immerhin einzelne Lehrerinnen und Lehrer gab, die nach 1933 im Schuldienst blieben und gleichzeitig außerhalb der Schule bewußt im Widerstand arbeiteten. Dabei sei angemerkt, daß der in der Literatur seit Rolf EILERS (1963, S. 90) immer wieder benannte Tatbestand (zuletzt FEIDEL-MERTZ 1983, S. 20; SCHNORBACH 1983, S. 18) nicht korrekt ist, nach dem 1933 sämtliche ehemaligen Kommunisten aus dem Schuldienst entfernt worden seien (vgl. die Lehrer Dietrich ROTHENBERG, Kurt STEFFELBAUER u.a.). Der Volksschullehrer Franz BECKER tritt sogar erst im Mai 1933 bei einem konspirativen Treffen in die KPD ein (vgl. BECKER 1985, S. 115).

5. *Opposition aufgrund von Denunziation:* ein Verhalten, das erst durch eine Denunziation ausgelöst oder provoziert wird - eine für einen autoritär strukturierten Staat ausgesprochen typische Kategorie: "Wo der Staat seine Augen überall hat, haben die Leute meist keine mehr", hat Peter BRÜCKNER (1980, S. 116) formuliert. Diese Kategorie ist deshalb typisch, weil einerseits Denunziantentum offiziell honoriert wird und weil andererseits dadurch nicht selten auch solche Menschen in die Schußlinie geraten, die sonst

durchaus zur Anpassung bereit gewesen wären, nun aber aus Empörung zu ihrer eigenen Rechtfertigung den Mund aufzumachen beginnen.

Der hessische sozialdemokratische Volksschullehrer Ludwig RÜDIGER (1895-1977) wehrt sich z.B. 1933 monatelang empört gegen nicht abreißenwollende Denunziationen. So schreibt er am 3. Juni 1933 an die Landesregierung: "Auf mein energisches Drängen ... gegen das ... nichtswürdige Verleumderpack stellt sich heraus, daß niemand da ist, der bezeugen will und kann, daß ich gesagt habe, Hitler sei ein Strohkopf." Am 30. September 1933 wird Ludwig RÜDIGER ohne nähere Erläuterung nach § 4 des Berufsbeamtengesetzes (WBB) - als politisch unzuverlässig - entlassen (vgl. HOCHHUTH 1985, S. 76).

Für jede der vorgestellten Abstufungen oppositionellen Verhaltens gilt, daß sie weder individuell noch historisch als konstant zu betrachten sind:

- Individuell meint: Jemand, der zunächst nur aus einer spontanen Empörung heraus eine unbedachte Äußerung tut, kann durch das Ausmaß der erfolgten Disziplinierung sowohl zum angepaßten Rückzug als auch zu einer weitergehenden Form von Opposition schreiten. In nicht wenigen Fällen werden im Laufe der NS-Zeit mehrere Formen von Opposition, aber auch Anpassung, von ein- und derselben Person durchlebt.

- Historisch meint: Eine Äußerung, die möglicherweise in einer NS-Phase als "Ausrutscher" gewertet wird, kann in einer anderen Phase zum juristischen Delikt werden. Ähnliches gilt auch für die unterschiedliche Bewertung in verschiedenen Regionen Deutschlands, sogar von Schule zu Schule.

Um bestimmte Formen oppositionellen Lehrerverhaltens unterschiedlichen zeitlichen Konstellationen zuordnen zu können, habe ich die NS-Zeit in vier Phasen eingeteilt:

Die *erste Phase 1933-34* bezeichne ich als *Phase der Gleichschaltung*: Marksteine sind hier *Anpassung* und *Ausgrenzung* - freiwillige oder notgedrungene, begeisterte oder weniger begeisterte Anpassung für die Vielen und (relativ genau definierte) Ausgrenzung für die Wenigen. Oppositionelles Lehrerverhalten orientiert sich zunächst noch an demokratischen Errungenschaften der Weimarer Republik. Durch das "Umfallen" aller wichtigen großen Lehrerorganisationen sind kritische Lehrerinnen und Lehrer nach dem 30. Januar 1933 weitgehend isoliert oder auf kleinere Gruppen verwiesen. Diese haben nur noch selten überregionale Kontakte.

Denunziationen erfolgen staatlich gefördert, wobei das bereits erwähnte "Gesetz zur Wiederherstellung des Berufsbeamtentums" (einschließlich mehrerer Ausführungserlasse) die offizielle Handhabe dazu bietet. Bis Dezember 1933 werden etwa 3000 Lehrerinnen und Lehrer aufgrund dieses Gesetzes aus dem Schuldienst entlassen (SCHNORBACH 1983, S. 19). Trotzdem ist festzustellen, daß in den Jahren 1933-34 noch längst nicht alles systematisch verfolgt wird. Ist der propagandistische Effekt einer Denunziation erfüllt, verläuft nicht selten weiteres im Sande.

Ein Beispiel: Der aus der Arbeiter-Sportbewegung stammende Erzieher und Sportlehrer Fritz HIRSCH (1903-1982) findet 1930 mit 27 Jahren endlich eine Anstellung in einem fortschrittlichen Jugendheim für schwererziehbare jüdische Jugendliche in Wolzig bei Berlin. Da er selbst nicht Jude ist, wird er nach der "Machtergreifung" mehrfach aufgefordert, seine pädagogische Arbeit als "Arier" in einem Heim mit jüdischen Jugendlichen aufzugeben. Als er sich wiederholt weigert, wird er als "Judenknecht" denunziert und Pfingsten 1933 verhaftet.

Da die Denunziation ebenfalls beinhaltete, daß er angeblich "kommunistische Überfälle" mit seiner Jugendgruppe geplant habe, wird er in das Gestapo-Hauptquartier in der Berliner Prinz-Albrecht-Straße gebracht und dort bestialisch gefoltert.

Im Oktober 1933 wird er entlassen und kann Anfang 1934 nach Holland emigrieren. Dort leistet er erneut pädagogische Arbeit mit jüdischen Jugendlichen bis zum Einmarsch der Deutschen. Er bekommt Kontakt zum holländischen Widerstand, wird abermals verhaftet, zum Tode verurteilt und überlebt nur knapp die NS-Herrschaft.

Nach dem Krieg lebt er mit seiner Familie einige Jahre in Holland und wandert dann nach Australien aus, wo er in dem Jahr 1982 verstirbt, als ich zufällig in Jerusalem auf seine Tagebücher stoße. Bleibt anzumerken, daß Fritz HIRSCH, wie ich bald feststellte, in Holland, in den USA, in Israel und selbst in Australien kein Unbekannter ist. 1978 wird er gemeinsam mit seiner Frau Charlotte in Israel als "Gerechter unter den Völkern" geehrt - die höchste Auszeichnung, die der israelische Staat an Nichtjuden verleiht. In Deutschland - übrigens BRD wie DDR - ist Fritz HIRSCH unbekannt. Sein Name findet sich bisher in keiner pädagogischen Veröffentlichung über jene Zeit (vgl. WALK 1983).

Die *zweite Phase 1935-38* bezeichne ich als *Phase der Gewöhnung:* Die jeweiligen Eckpfeiler sind hier *Idyll* und *Horror* - Idyll (sowohl das propagandistische als auch das tatsächlich so erlebte von "Kraft durch Freude" bis zur Olympiade) und Horror für die anderen (Nürnberger Gesetze, Ausbau der Konzentrationslager). Der orientierende demokratische Bezug für kritische Lehrerinnen und Lehrer geht in dem Maße verloren, in dem das NS-Regime Akzeptanz bei der breiten Masse der Bevölkerung in jenen "schönen Jahren" vor dem Krieg erfährt. Der sich allmählich organisierende politische Widerstand ist Anlaß für eine nunmehr systematisch-staatspolizeiliche Überwachung, die weniger an propagandistischer Denunziation wie in der ersten Phase als an effektiver politischer Spitzeltätigkeit interessiert war.

Abweichend davon behielt die Denunziation jüdischer Schüler, Studenten, Lehrer weitgehend ihre "belehrende" Funktion für die übrige Bevölkerung, die z.T. auch auf christliche, vor allem katholische Lehrer (wenn auch mit anderen Vorzeichen) Anwendung fand. Diese Denunziation jüdischer Menschen gipfelte in den schrecklichen Ereignissen um die Reichspogromnacht im November 1938, um danach fast gänzlich wegzufallen: Die jüdische Bevölkerung war für das "öffentliche Interesse" weitgehend "gestorben". Ihre Vernichtung bedurfte keiner Denunziation mehr.

Ein Beispiel: Mein "jüngster" Zeitzeuge ist der 1915 in Berlin geborene Jizchak SCHWERSENZ. Er legt erst 1937 seine Prüfung als jüdischer Religionslehrer ab und ergänzt diese 1939 durch ein Volksschullehrerexamen an der jüdischen Lehrerbildungsanstalt in Berlin. Nach der Vertreibung der jüdischen Schulkinder aus deutschen staatlichen Schulen nach dem November 1938 strömten noch einmal viele jüdische Kinder und Jugendliche in die privaten jüdischen Schulen. Jizchak SCHWERSENZ wird aufgrund des Lehrerbedarfs sofort eingestellt und bereits mit 27 Jahren Schulleiter der Jual-Schule in Berlin mit 160 Schülern.

Während das jüdische Leben aus dem öffentlichen Bewußtsein nach 1938 verschwindet, erlebt die jüdische Kultur in Deutschland in diesen Jahren noch einmal einen unglaublichen Aufschwung: Es gibt jüdisches Theater, Sportveranstaltungen; neue Schulen und Kulturzentren werden gegründet. Ein bis heute in der jüdischen Welt bewegt diskutierter Umstand: Während der Präsident der "Reichsvertretung der deutschen Juden", Leo BAECK (1873-1956), das Wort vom "Aufbau im Abbau" prägte, kritisierte die jüdische Philosophin Hannah ARENDT (1906-1975) wiederholt, daß man alles hätte tun müssen, um die bedrohten Menschen aus Deutschland herauszubekommen.

Die Biographie von Jizchak SCHWERSENZ ist ein Beispiel für die Konflikthaftigkeit solcher Entscheidungen. Als Sohn eines preußischen Beamten vaterlandsliebend erzogen, konnte er sich selbst lange nicht vorstellen, daß ein "Kulturstaat" wie Deutschland zu solchen Barbareien, wie sie später bekannt werden, fähig sei.

Er orientierte seine pädagogische Arbeit also zunächst am Ziel der Auswanderung nach Palästina: Unterrichtsfächer an seiner Schule sind u.a. Hebräisch, Landeskunde, Werkunterricht. Wieso auch für jüdische Lehrerinnen und Lehrer ihr Entscheidungsspielraum keineswegs festgelegt war, sondern ebenfalls mit Fragen nach aufrechtem Gang verwoben, wird spätestens 1942 deutlich, als alle jüdischen Schulen zu schließen haben und sich Lehrer und Schüler, die bislang nicht haben emigrieren können, zur Deportation bereit zu halten haben. Die jüdische Gemeinde orientiert sich an einem Pfeiler jüdischer Erziehung, nach dem Kinder niemals ihre Eltern im Stich lassen dürfen. Jizchak SCHWERSENZ erklärte sich demgegenüber - schweren Herzens und zunächst selbst unsicher - dazu bereit, nicht nur seiner eigenen Deportationsaufforderung nicht Folge zu leisten und mit gefälschten Papieren in den Untergrund zu gehen, sondern - nachdem ihn zuverlässige Informationen über die Grauen in den KZs erreicht haben - auch ehemalige Schüler zu diesem Schritt zu ermutigen und ihnen bei ihrem Leben in der Illegalität zu helfen.

Von 1942-44 gehen so etwa 40 Kinder und Jugendliche durch diese illegale Jugendgruppe. Knapp die Hälfte von ihnen überlebt die NS-Zeit. Die anderen werden bei Razzien oder in ihren unsicheren Schlafquartieren gefaßt und doch noch deportiert.

1944 gelingt Jizchak SCHWERSENZ selbst die Flucht in die Schweiz. Er lebt heute als pensionierter Studienrat in Haifa (vgl. SCHWERSENZ/WOLFF 1969).

Die *dritte Phase 1939-42* bezeichne ich als *Phase des Größenwahnsinns,* wobei der Terminus "Wahnsinn" keineswegs als pathologische Verharmlosung mißzuverstehen ist. Er kennzeichnet den kollektiven Ausdruck grandioser *Triumphgefühle* für die einen (man denke z.B. an die wöchentlich in allen deutschen Klassenzimmern vorzurückenden Landkarten-Fähnchen) und eine harte *Phase der Hoffnungslosigkeit* für die anderen (die nicht nur durch das Abkommen zwischen Hitler und Stalin irritiert, sondern auch durch jeden "Sieg" in ihrer Hoffnung auf Änderung des Ganzen entmutigt wurden). Eine einschneidende Veränderung seit Kriegsbeginn: Nahezu alle männlichen Lehrer im wehrfähigen Alter wurden nach und nach zur Wehrmacht eingezogen oder meldeten sich freiwillig. Hilfskräfte und ehemals entlassene oder bereits pensionierte Lehrerinnen und Lehrer wurden wieder eingestellt. Denunziatiorische Vorwürfe waren von kollektiver Siegesstimmung geprägt: was sich u.a. daran ablesen läßt, daß der "mangelnde nationale Einsatz" (z.B. Nachlässigkeit bei Sammlungen, Versäumnisse bei Pflichtveranstaltungen) zunächst stärker geahndet wurde als vorerst noch als lächerlich empfundene leise Kritik an den Kriegszielen.

Ein Beispiel: Die geschiedene Volksschullehrerin Elisabeth FLÜGGE (1895-1983), Mutter zweier Kinder, unterrichtete von 1916-1938 an zwei liberalen Hamburger Privatschulen. Als diese Schulen 1938 schließen mußten, bewirbt sich Elisabeth FLÜGGE für den öffentlichen Schuldienst.

Obwohl sie bekanntermaßen viele jüdische Freunde hat und weder im NSLB noch in der NSDAP ist, wird sie aufgenommen und unterrichtet ab dann in einer Volksschule. Noch im selben Jahr 1938 erhält sie mehrfach die Aufforderung in die Partei einzutreten, wenn sie ihre Stelle behalten wolle.

Da sie für ihre Kinder allein zu sorgen hat, bespricht sie dieses Problem mit ihren inzwischen jugendlichen Kindern, die beide wissen, was dies für sie bedeutet und ihr beide abraten, in die NSDAP einzutreten.

So gestärkt beschließt sie, der Aufforderung nicht Folge zu leisten. Sie wird nicht entlassen. Trotzdem weist ihre Personalakte aus, daß sie sich in den folgenden Jahren noch mehrfach rechtfertigen muß, warum sie nicht mehr spenden würde für die NS-Volkswohlfahrt oder warum ihre Tochter nicht im BDM sei usw. Elisabeth FLÜGGE bleibt unbeugsam, auch wenn ihre schriftlichen Antworten ahnen lassen, unter welchem psychischen Druck sie gestanden haben muß. 1940 wird Elisabeth FLÜGGE trotz allem verbeamtet.

1942 beginnen die Kinderlandverschickungen. Auch Elisabeth FLÜGGE erhält eine Aufforderung, sich mit ihrer Klasse auf eine mehrmonatige Verschickung vorzubereiten. Sie glaubt, dem NS-Alltag im KLV-Lager nicht gewachsen zu sein und kündigt schließlich, als alle Versuche sich zu entziehen, erfolglos bleiben. Sie arbeitet ab dann für 2 Jahre als

Sachbearbeiterin in einem Bezirksamt. Kurz vor Kriegsende wird sie aufgrund des Lehrermangels noch einmal in den Schuldienst eingestellt.

Die *vierte* und letzte *Phase 1942-45* bezeichne ich als *Phase der Gebrochenheit:* Die Eckpfeiler sind hier der feste *Glauben* der einen, der durch zunehmende Widersprüche und Entbehrungen als Folge des Krieges im eigenen Land zunächst auf verzweifelt-fanatische Weise eher noch gestärkt wurde und andererseits die lebenspraktische Frage des *Durchhaltens* bis zum absehbar gewordenen Ende der NS-Herrschaft für die anderen. Oppositionelles Verhalten von Lehrerinnen und Lehrern fand in aller Regel nicht mehr in der Schule statt - sei es, weil diese als eigenständiger Raum aufgehört hatte zu existieren, oder sei es, weil sich Schüler und Lehrer bei der Kinderlandverschickung oder als Flakhelfer und Vertrauenslehrer wiederbegegneten. Die Lebensbedingungen im Kriege sind so erschwert, daß es auch für oppositionelle Lehrerinnen und Lehrer zunehmend um die Sicherung des eigenen Überlebens ging. Hinzu kommt, daß der Terror des Regimes, einschließlich des Ausmaßes von Denunziationen durch die Bevölkerung, noch einmal beträchtlich zugenommen hatte und viele erfaßte, die bislang unbehelligt geblieben waren (vgl. z.B. die "Gewitteraktion" nach dem Attentat auf Hitler im Juli 1944, der vor allem politisch Oppositionelle zum Opfer fielen, die bereits 1933 aufgefallen bzw. entlassen worden waren - so z.B. der ehemalige Direktor der Hamburger Volkshochschule Kurt ADAMS, 1889-1944 (vgl. HOPP 1985). Die Anlässe für Denunziationen wurden immer geringfügiger und für keine Phase gilt so sehr die Gefährdung selbst durch beiläufigste Bemerkungen wie für die letzten Kriegsjahre.

Ein Beispiel: Der Hamburger Volksschullehrer Hans LIEBER, Jg. 1890, ist mit den Jungen seiner Klasse zum Luftschutz an den Rand der Stadt abkommandiert. Hans LIEBER ist ihr Vertrauenslehrer. In der Weimarer Republik hat er sich für Reformpädagogik interessiert und stand der SPD nahe, ohne deren Mitglied zu sein. Während der gesamten NS-Zeit scheint er eher unauffällig "durchzurutschen". Nun im Dezember 1943 äußert er gegenüber seinen kriegsbegeisterten Schülern die nachdenkliche Bemerkung: "Ob wir den Krieg gewinnen, wird sich noch zeigen." Einige Schüler sind verunsichert, tragen diese Äußerung einem Leutnant der Luftwaffe vor; dieser wiederum informiert die Gestapo. Am 16. Dezember 1943 wird Hans LIEBER verhaftet. Während der Untersuchungshaft versucht er, sich das Leben zu nehmen. Im Juli 1944 wird er vom Volksgerichtshof wegen "Wehrkraftzersetzung" zu 4 Jahren Zuchthaus verurteilt. Wenige Wochen vor Kriegsende, im Februar 1945, verstirbt Hans LIEBER im Zuchthaus Celle an "Kreislaufschwäche" (vgl. HOCH 1985b).

5. Die Wahrnehmung oppositionellen Lehrerverhaltens durch die bundesdeutsche Erziehungswissenschaft nach 1945

Eine meiner Eingangsfragen lautete: Können wir heute Ermutigung erfahren durch die aufrechten Anstrengungen jener wenigen, die dies unter den schwierigen Bedingungen der NS-Zeit wagten? Und: Warum wissen wir heute nur wenig darüber? Weil es damals nur so wenige waren oder weil es auch heute viele gibt, die davon nichts wissen wollen? Damit komme ich abschließend zu einigen kurzen Anmerkungen zur Wahrnehmung oppositionellen Lehrerverhaltens durch die bundesdeutsche Erziehungswissenschaft seit 1945. Bezeichnend scheinen mir dabei zwei bis heute vorherrschende Interpretationsmuster zu sein:

1. "Muster der irrenden Mehrheit"

Nicht empirisch, sondern als Glaubenspostulat wird die Aussage verteidigt: "Damals konnte man nichts machen!" Diese Aussage ist Bedingung für den nächsten Schritt: Wer nichts machen konnte, ist auch nicht schuldig. Und da die Mehrheit nichts machen konnte, scheint sich differenziertes Nachfragen zu erübrigen - im Gegenteil wird es schnell als penetrantes Nachbohren oder besserwisserische Arroganz empfunden. Die Mehrheit ist nicht schuldig - sie hat geirrt. Der Irrtum ist dann selbst etwas Tragisches: Wo soviel gutes Wollen gewesen ist, bleibt zumindest die Tragik, irgendwo selbst zum Opfer geworden zu sein. Dieser verständnisvoll geschilderten Lage der irrenden Mehrheit können dann die bis heute eher befremdlich empfundenen Minderheiten gegenübergestellt werden - die wenigen "echten Nazis" und die wenigen Widerstandskämpfer, die, welch' Hohn, dadurch zu einer diffusen Gemeinschaft von Tätern werden. Gibt es aber aus dem Lager der irrenden Mehrheit einmal einen Dissens zu berichten, so erhält er breitesten Raum. Leicht zugespitzt: Je berühmter jemand vor 1933 war (und entsprechend bedeutsam in seinem Mittun nach 1933, unabhängig von seinen faktischen Einflußmöglichkeiten im NS-Staat), umso beeindruckender wird jede kleinste Abweichung zur Kenntnis genommen. Ich verweise hier nur auf den Erziehungswissenschaftler Ulrich HERRMANN in seiner Bewertung des angeblich 1933 "protestierenden" Eduard SPRANGER, wobei SPRANGERs Tat (dem bald darauf wieder zurückgenommenen "Entlassungsgesuch") die bekannte "Tragik" innewohnt: Denn - so HERRMANN (1985b, S. 13) - " ... gegen HITLERs und seiner Gefolgsleute Barbarisierungsprogramm waren sie alle hilflos: Kommunisten, Christen, Humanisten." Bemerkenswert bleibt jedoch, daß alle mir aus der Literatur bekannten Beispiele jener berühmten Pädagogen von SPRANGER bis PETERSEN auch ganz anders hätten gedeutet werden können, wenn es mit dem Nationalsozialismus nach 1945 in Europa weitergegangen wäre: als interessante Kontroverse, als bereichernder Dialog, der - und das gilt durchweg - niemals das Ganze in Frage gestellt hat. Solche generelle Infragestellung des Nationalsozialismus können immerhin einige der ignorierten oppositionellen Lehrerinnen und Lehrer für sich in Anspruch nehmen.

2. "Muster der (ent-)politisierten Pädagogik"

Diesem Muster zufolge ist die Verbindung von Politik und Pädagogik seit der NS-Zeit endgültig diskreditiert. Noch schlimmer: Auch seine Problematisierung wird bereits als fadenscheiniger Vorwand zur neuerlichen Inanspruchnahme freiheitlicher Wissenschaft gebrandtmarkt. Wenn z.B. der Erziehungswissenschaftler Heinz-Elmar TENORTH in seinen Veröffentlichungen über die NS-Zeit mehrfach die "explizite Politisierung wissenschaftlicher Pädagogik" kritisiert, für die "es in Deutschland kein Vorbild gab" (TENORTH 1986, S. 311), so fällt auf, daß er an keiner Stelle den tatsächlichen politischen Gehalt der NS-Politisierung untersucht. Daß mit der sog. NS-Politisierung genau das Gegenteil dessen betrieben wurde, was die Vokabel vorgibt, nämlich eine Entpolitisierung der Bevölkerung durch systematische Abschaffung aller demokratischen Errungenschaften, durch Unterbindung selbständiger Informationsmöglichkeiten und eine gezielte Verblödung der Massen durch professionelle Agitation - dies wird von TENORTH nirgends thematisiert.

Man ist versucht, den Gedanken zuzulassen, welchen Bärendienst die Nazis ihren Nachfolgern erwiesen haben, indem sie Begrifflichkeiten, die zur späteren Analyse ihrer Verbrechen unumgänglich sind, bereits zu ihrer Zeit so nachhaltig korrumpiert haben, daß sie scheinbar auf Generationen unbrauchbar geworden sind. Die Korrumpierung von Begriffen durch die Nazis hätte jedoch keineswegs solche gefährlichen Nachwirkungen gehabt, wenn sie nicht den bewußten und unbewußten Interessen der Nachfolger entgegengekommen wären. "Nachfolge" meint dabei nicht zuerst eindeutige nazistische Verstrickung, als vielmehr - vermutlich viel bedrohlicher - nicht angenommene Nachfolge widerständiger Personengruppen. An ihrem Beispiel hätte nach 1945 gelernt werden können: Wie aufrechter Gang nicht nur als Einzelleistung anderer zu bewundern wäre, sondern als notwendige

Qualität einer demokratischen gesamtgesellschaftlichen Kultur zu erarbeiten und einzufordern.

Zwei Merkmale aufrechten Gangs möchte ich abschließend festhalten, die sich mir aufgrund meiner Beschäftigung mit oppositionellen Lehrerinnen und Lehrern der NS-Zeit besonders nachdrücklich eingeprägt haben:
- die Fähigkeit des *Einfühlens* in die Situation eines anderen *(Empathieleistung)* und
- die Fähigkeit, *Verantwortung* für das eigene Handeln zu übernehmen trotz möglicher persönlicher Nachteile *(Identitätsleistung)*.

Dabei ist jede Illusion der Schaffung eines "ganz neuen Menschen" zu vermeiden. Die Erfahrung des aufrechten Gangs ist nicht ohne die Bereitschaft zu psychischer Mehrarbeit, zum Ertragen zum Teil auch großer (Selbst-)Zweifel und Verunsicherungen zu erhalten - die Glückserfahrung einer gestärkten Identität allerdings auch nicht. "Erkenntnis allein bewirkt Verzweiflung", sagt Heinz-Joachim HEYDORN (1980, S. 67), "nach wie vor macht nur der Mensch dem Menschen Hoffnung zu leben."

SIEGLIND ELLGER-RÜTTGARDT

Die Hilfsschule im Nationalsozialismus und ihre Erforschung durch die Behindertenpädagogik

1. Behindertenpädagogik und Nationalsozialismus

Aus heutiger Sicht nur schwer verständlich ist das Phänomen, daß innerhalb der westdeutschen Behindertenpädagogik die Rolle der eigenen Disziplin und ihrer Vertreter in Theorie und Praxis während der NS-Ära lange Zeit nahezu unerörtert blieb. Hätte doch eigentlich die Tatsache, daß Behinderte als Opfer von Sterilisation und Euthanasie zu jenen Personengruppen zählten, die *unmittelbar* von den Maßnahmen faschistischer Gewaltpolitik betroffen waren, nach 1945 Anlaß für kritische Selbstreflexion sein müssen. Stattdessen hat die Behindertenpädagogik - wie viele andere Wissenschaften, Berufsgruppen und Institutionen - die 'dunklen Jahre des Verhängnisses' allzu schnell beiseite geschoben, ohne die Frage nach eigenem Versagen oder eigener Schuld überhaupt auch nur zu stellen. Ebenso wenig wurde kritisch reflektiert, ob die vermeintlich bewährten heilpädagogischen Traditionen der Vor-Nazizeit, an die man nach Kriegsende anknüpfen wollte, sich wirklich so bewährt hatten, und ob es überhaupt diese waren, an die man anknüpfte.

Wie perfekt bis in die siebziger, teilweise sogar achtziger Jahre hinein die jüngste Geschichte verdrängt worden ist, zeigt besonders deutlich das Beispiel Gustav LESEMANNs. Angehöriger der rechtsgerichteten DVP während der Weimarer Republik, war LESEMANN von 1928 bis 1933 Vorsitzender des Verbandes der Hilfsschulen Deutschlands. Nach der Machtergreifung verlor er zwar den ersten Vorsitz, wurde von den Nazis aber als Geschäftsführer eingesetzt. Dieses Faktum allein erlaubt sicherlich keine negative Bewertung, denn es gab viele, die während dieser Zeit eine wie auch immer geartete Anpassung vollzogen, um innerhalb des Systems das Schlimmste zu verhüten. Analysiert man allerdings LESEMANNs Äußerungen während der zwanziger Jahre, die von einer völkischen, nationalistischen und demokratiefeindlichen Gesinnung zeugen, und nimmt man zur Kenntnis, daß er bereits 1932 auf den Vorstandssitzungen des Hilfsschulverbandes auch für eine Zusammenarbeit mit den Nationalsozialisten eintrat, während zur gleichen Zeit überzeugte Demokraten im Deutschen Lehrerverein öffentlich für die Verteidigung der Weimarer Republik kämpften (ELLGER-RÜTT-GARDT 1980, S. 138 f., 167 f.), so muß man zu dem Schluß kommen, daß hier mehr als nur äußere Anpassung im Spiel war.

Wenn Gustav LESEMANN bereits in der Septembernummer der Allgemeinen Deutschen Lehrerzeitung von 1933 einen flammenden Artikel im Stile der neuen Zeit zum Thema "Elternhaus und Schule" veröffentlichte, so hatte dies nichts mehr nur mit möglicherweise aufgezwungenem Mitläufertum zu tun, sondern muß wohl auch dem Konto der persönlichen Überzeugung zugerechnet werden:

> "Und es werden sich die Zustände nicht wiederholen, wo kommunistische Hetzer und marxistische Wühler die Kinder gegen Schule und Lehrer aufpeitschten, um in Wirklichkeit aus diesen Kindern einst eine revoltierende Masse von Staatsverneinern und eine Horde von ich-süchtigen und blinden Revoluzzern zu machen. Der totale Staat, der alles unter seine Obhut nimmt, was im weiten Bezirk des Volkslebens liegt, wird auf der einen Seite dafür sorgen, daß nur noch Erzieher da sind, die wirklich in seinem Geiste wirken. Er wird aber auch ebenso den Erzieher schützen gegen unverständige und verhetzte Eltern ... Unser Volksreformator und Führer Adolf HITLER hat in der Schaffung der Rangordnung unter den Erziehungsgegenständen: körperliche Ertüchtigung, Charakterbildung, wissenschaftliche Schulbildung, Rassesinn gleichsam jene innere Gleichschaltung vollzogen, die eine gemeinsame Plattform schuf für die Sicht des gesamten Erziehungswerkes ..." (LESEMANN 1933, S. 599 f.).

In der Phase des Wiederaufbaus nach 1945 krempelte auch Gustav LESEMANN die Hemdsärmel auf und stürzte sich wie die meisten seiner Zeitgenossen in die Arbeit. Schnell kam er in Amt und Würden. 1947 wurde er Leiter eines Jugendheimes, 1948 Schriftleiter für die Zeitschrift des wieder gegründeten Hilfsschulverbandes, ab 1949 lehrte er als Dozent an verschiedenen sozial- und sonderpädagogischen Ausbildungsstätten. 1959 schließlich wurde er anläßlich seines 70jährigen Geburtstages zum Ehrenvorsitzenden des Verbandes Deutscher Sonderschulen ernannt. Hier präsentiert sich Nahtlosigkeit einer Karriere, aus der die "dunkle Zeit" einfach ausgesperrt wurde, und zwar von allen Beteiligten - bewußt oder unbewußt sei dahingestellt.

In den späten siebziger Jahren kam auch Gustav LESEMANN ins Gerede. Viele nach ihm benannten Sonderschulen wählten einen neuen Namen, und auch der Verband Deutscher Sonderschulen (VDS) sah sich zu einer offiziellen Stellungnahme veranlaßt. Die 1986 veröffentlichte Erklärung des VDS repräsentiert die bislang dominierende Form der Auseinandersetzung mit der Zeit des Nationalsozialismus. Es wird der Eindruck erweckt, als wäre die Zeit des deutschen Faschismus gewissermaßen ein Betriebsunfall gewesen, der auch über die Heilpädagogik hereingebrochen sei und im übrigen ohne jede Verbindung zur Vor- und Nachgeschichte stehe:

> "Die genannten Schriften müssen im historischen Zusammenhang der unheilvollen Zeit des Nationalsozialismus gesehen werden. Gustav LESEMANN war kein Täter oder Schreibtischtäter des Nationalsozialismus. Seine Artikel sind Produkte des Zeitgeistes und des heute nicht mehr nachvollziehbaren politischen Meinungsdrucks, dem - bis auf einige Widerstände - ein ganzes Volk erlegen ist, seine Wissenschaft, seine Erziehung, seine Heilpädagogik. LESEMANN ist ein Fürsprecher der herrschenden und seinerzeit weitgehend gebilligten Ideen gewesen" (VERBAND DEUTSCHER SONDERSCHULEN 1986, S. 715).

Wenn es richtig ist, daß der Sinn von Geschichte u.a. in der Herausforderung zur Selbstprüfung liegt, dann kann eine Behindertenpädagogik, der es um ihre Legitimation in der Gegenwart geht, nicht darauf verzichten, sich stärker als bisher auf diesen Abschnitt ihrer Vergangenheit einzulassen. Hat doch auch bei den Historikern die Auseinandersetzung mit der Rolle der Geschichtswissenschaft während des Nationalsozialismus letztlich zu einem veränderten Selbstverständnis dieser Disziplin geführt, den Anschluß an die internationale Forschung gebracht sowie - nicht zuletzt - eine lebhafte Methodendiskussion in Gang gesetzt. Ähnliches wäre auch für die Behindertenpädagogik im Interesse einer Standortbestimmung der Disziplin notwendig.

Der erste Behindertenpädagoge, der von Versagen und Schuld der Heilpädagogen sprach und deren pädagogisch-politische Position im Kontext fragwürdiger Traditionsbestände thematisierte, war Siegfried GEHRECKE. Er schrieb 1971: "Die deutsche Hilfsschulbewegung hatte sich seit 1933 selbst verraten, wobei die Umwertung aller Werte weit in die zwanziger Jahre zurückzuverfolgen ist" (S. 35). Wie relativ folgenlos GEHRECKEs Urteil als auch JANTZENs Forderung nach einer Auseinandersetzung mit dem Thema "Behinderung und Faschismus" (JANTZEN 1975) lange Zeit geblieben sind, belegt erneut die zitierte Erklärung des VERBANDES DEUTSCHER SONDERSCHULEN aus dem Jahre 1986. Dennoch ist seit einigen Jahren ein vermehrtes Interesse am Thema unübersehbar (HÖCK 1979; GERS 1981; BIESOLD 1982; SCHMEICHEL 1982; JANTZEN 1982; BERNER 1984, 1985; KLATTENHOFF 1985; RUDNICK 1985; ELLGER-RÜTTGARDT 1986b, 1987; LEHBERGER/DE LORENT 1986); allerdings ist die Hauptarbeit historischer Forschung in diesem Bereich erst noch zu leisten. Nachdem mit der Untersuchung von HÖCK (1979) eine *allgemeine* Funktionsbestimmung der Hilfsschule im

'Dritten Reich' vorliegt, ist nun - wie in anderen Disziplinen auch - sowohl eine stärkere Spezifizierung der Fragestellungen als auch eine generelle Verbreiterung der Quellenbasis sowie nicht zuletzt die Beachtung sozial- und alltagsgeschichtlicher Zusammenhänge notwendig. Dabei kommt regionalgeschichtlichen Untersuchungen besondere Bedeutung zu, wie sie ansatzweise für Hamburg bereits durchgeführt worden sind (vgl. ELLGER-RÜTTGARDT 1986a, 1987; vgl. weitere Beiträge in LEHBERGER/DE LORENT 1986).

Im folgenden soll zunächst ein kurzer Überblick über Aufgabe und Stellenwert der Hilfsschule im nationalsozialistischen Bildungswesen gegeben und anschließend an Beispielen gezeigt werden, welche Möglichkeiten die Alltagsforschung in bezug auf unser Thema bietet.

2. Zur Funktion der Hilfsschule im Nationalsozialismus

Es lag in der Logik nationalsozialistischer Ideologie und Bildungspolitik, daß öffentliche Ausgaben für charakterlich und gesundheitlich "minderwertige" Volksgenossen einer besonderen Legitimierung bedurften. Unmißverständlich schrieb der Rassenhygieniker STAEMMLER 1933:

> "Auslese heißt Förderung der Hochwertigen und Zurücknahme der Minderwertigen. Will man das betreiben, so muß man vor allem eins bedenken: Es gibt kein Recht für alle. Der Hochwertige hat das Recht, gefördert zu werden, der Minderwertige hat es nicht." (S. 45).

Dem zu Beginn der faschistischen Ära sich regional sehr unterschiedlich vollziehenden Abbau von Hilfsschulen versuchten die Hilfsschulpädagogen mit einer Argumentation zu begegnen, die auch die Vertreter des neuen Herrschaftssystems von der Nützlichkeit und Notwendigkeit der Existenz der Hilfsschulen überzeugen sollten. Dabei verwiesen Hilfsschulpädagogen vor allem auf die Folgekosten, die bei Nichtbeschulung auftreten würden, ferner auf die Erfahrung, daß der größte Teil ehemaliger Hilfsschüler erwerbs- und wehrtüchtig wird, und schließlich auf die erbhygienische Aufgabe der Hilfsschule.

Nach anfänglicher Unsicherheit und Widersprüchlichkeit nationalsozialistischer Sozial- und Bildungspolitik hinsichtlich der zukünftigen Rolle der Hilfsschule trat spätestens seit 1935 eine Konsolidierungsphase zugunsten des Hilfsschulwesens ein. Nun wurde von offizieller Seite anerkannt, daß die

Hilfsschule im neuen Staate unverzichtbar sei, da sie drei wichtige Aufgaben zu erfüllen hatte. Sie sollte

1. die Volksschule von allem "unnötigen Ballast" befreien, also eine Entlastungsfunktion übernehmen,

2. erbhygienische Aufgaben erfüllen, indem sie sich als Sammelbecken für erbkranke Schüler verstand,

3. die ökonomische und militärische Brauchbarmachung aller bildungsfähigen Schwachsinnigen erreichen.

Die überragende Bedeutung rassenhygienischer Aufgaben, die vor allem für die Anfangsphase des Nationalsozialismus dominant war, ist ablesbar an einem Erlaß des Ministeriums für Wissenschaft, Erziehung und Volksbildung an alle Unterrichtsverwaltungen der Länder vom 6.7.1935, in dem es vor dem Hintergrund des erlassenen Gesetzes zur Verhütung erbkranken Nachwuchses unmißverständlich heißt:

"Aus gegebenem Anlaß ersuche ich die Kreisschulräte, dafür Sorge zu tragen, daß alle nach den ministeriellen Bestimmungen als hilfsschulpflichtig anzusprechenden Kinder nach Möglichkeit auch restlos der Hilfsschule zugewiesen werden ... Abgesehen von der Pflichtvernachlässigung, die in der Nichtüberweisung eines hilfsschulbedürftigen Kindes von der Volksschule in die Hilfsschule liegt, bedeutet sie eine absolute Verkennung der Ziele des nationalsozialistischen Staates auf rassischem Gebiete. Die Bestrebungen unseres Staates in bezug auf die Erbgesundheit machen die Einrichtung der Hilfsschule und ihre tätige Mitarbeit zur Erreichung dieser Ziele unbedingt notwendig" (zit. n. HÖCK 1979, S. 315).

Die rassenhygienische Aufgabe der Hilfsschule blieb theoretisch während der gesamten Dauer des NS-Regimes erhalten, wurde faktisch aber seit der zweiten Hälfte der dreißiger Jahre zugunsten der immer bedeutungsvoller werdenden Aufgabe einer stärkeren Qualifizierung bildungsfähiger Schwachbegabter zurückgedrängt. Der Aufbau der Rüstungsindustrie sowie die Einführung der allgemeinen Wehrpflicht 1937 hatte zu einem hohen Bedarf an Arbeitskräften geführt, dem nur durch eine Mobilisierung aller vorhandenen Kräfte zu entsprechen war. Der stärkeren Betonung des Qualifikationsaspektes in der allgemeinen Volksschule - ablesbar an der Einführung der Hauptschule für die Oberklassen der Volksschule - entsprach die gleichzeitige Ausrichtung der Hilfsschule als einer Leistungsschule. Indem Hilfsschulpädagogen zwischen "Voll- bzw. Normalhilfsschülern" und "Nothilfsschülern" unterschieden, gaben sie den schwächeren Teil der ihnen anvertrauten Schüler preis. Die 1938 reichseinheitlich verordnete Ausschulung "schwerschwachsinniger" Kinder aus der Hilfsschule führte einen Teil der

Betroffenen in die Vernichtungsmaschinerie der Euthanasie.

Die Entlastungsfunktion der Hilfsschule ist aufs engste mit der Aufgabe einer wirtschaftlichen und völkischen Brauchbarmachung von Hilfsschülern und dem Selbstverständnis der Hilfsschule als einer Leistungsschule verknüpft. Die gestiegenen Anforderungen an die Volksschule, die zu einer vermehrten Überweisung schulschwacher Volksschüler an die Hilfsschule führten - bei gleichzeitiger Ausschulung sog. Bildungsunfähiger - wurden von zahlreichen Hilfsschulpädagogen begrüßt, da sie die Hilfsschule von dem Odium der "Idiotenschule" befreien und damit zugleich auch dem Hilfsschullehrerstand größere gesellschaftliche Anerkennung in Aussicht stellten.

Äußerlich ablesbare Folge der veränderten Hilfsschulpolitik war eine deutliche Zunahme der Hilfsschüler ab Mitte der dreißiger Jahre, was zu einem verstärkten Ausbau des Hilfsschulwesens bis hinein in die ersten Kriegsjahre führte. Da sich an der offiziellen Einschätzung der Hilfsschüler als Volksgenossen minderer Güte prinzipiell jedoch kaum etwas änderte, durfte der befürwortete Ausbau des Hilfsschulwesens allerdings nur mit minimalem finanziellen Aufwand betrieben werden; die Folge war, daß die materiellen Rahmenbedingungen vieler Hilfsschulen äußerst dürftig waren (hohe Klassenfrequenz, alte Gebäude, geringe Lehrmittel, wenig qualifizierte Lehrer etc.). Auch nach 1935 galt, was STAEMMLER zu Beginn der NS-Ära so formuliert hatte:

> "Man soll schon die Hilfsschulen behalten... Aber man darf nicht erwarten, daß mehr als das Notdürftigste bei dieser Bildung herauskommt. Die Klassen kleiner zu machen als die für Vollwertige und dadurch die Kosten der Schulbildung zu erhöhen, ist Verschwendung, die man nicht verantworten kann" (STAEMMLER 1933, S. 120).

3. Alltag in Hamburger Hilfsschulen der NS-Zeit

Das Anliegen der Alltagsgeschichte ist die Darstellung von subjektiver Erfahrung, wobei durch den geforderten Perspektivenwechsel einer "Geschichte von unten" vor allem jene zu Wort kommen sollen, die im Rahmen bisheriger Geschichtsschreibung kaum eine Rolle spielten: der "kleine Mann" aus dem Volk, unbeachtete Personengruppen wie Arbeiter, Frauen, "Randständige", Behinderte u.a... Alltagsgeschichte als Korrektiv zur Sozialgeschichte soll den Anspruch einlösen, durch das Aufzeigen lebensweltlicher Erfahrungen und spezifischer Wahrnehmungs- sowie Kommunikationsformen generalisierende Analysen lebendig und anschaulich werden zu lassen, aber auch zu korrigieren und zu relativieren. Wie fruchtbar ein alltagsgeschichtlicher Ansatz gerade für die Bearbeitung der NS-Zeit ist, muß angesichts der besonderen Gesellschaftsverfassung sowie der Komplexität von Alltag unter den Bedingungen faschistischer Diktatur unmittelbar einsichtig erscheinen. So betonen Historiker wie etwa BROSZAT, PEUKERT, REULECKE, BREYVOGEL und LANGEWIESCHE, daß alltägliches Handeln im Nationalsozialismus auf einer ganzen Palette von Verhaltensweisen angesiedelt ist, und zwar zwischen den Polen Überzeugung und offener Widerstand. Hinsichtlich des Begriffs Widerstand etwa werden Abstufungen und Differenzierungen verwandt, die das in der Vergangenheit übliche Schwarz-Weiß-Denken - hier heroischer Widerstand, dort manipulierte Masse und Mitläufertum - überwinden helfen und den Blick auf das tatsächliche Handeln im deutschen Faschismus freilegen. So unterscheidet PEUKERT zwischen folgenden Formen abweichenden Verhaltens im 'Dritten Reich': Nonkonformität - Verweigerung - Protest - Widerstand. Die neuere Widerstandsforschung hat dargelegt, daß Widerstand in der Regel keine einmalige Gewissensentscheidung, sondern situations- und interessengebunden war, daß vielfach Teilopposition mit zeitweiliger oder partieller Regime-Bejahung Hand in Hand ging:

"Der Charakter der nationalsozialistischen Zumutungen und Herausforderungen an den einzelnen und an gesellschaftliche Gruppen war gerade dergestalt, daß sich Zustimmung, Ablehnung und Duldung auch im einzelnen auf ganz unterschiedliche Weise verschränkten. Selbst ein politisch kompromißloser Widerstandskämpfer mußte im Alltag Kompromisse machen und sei es nur zur Tarnung seiner illegalen Arbeit. ... Ein Blick in den Alltag unterm Hakenkreuz kann Grundeinsichten darin liefern, wie ambivalent politisches Handeln ist, wie sehr in die Kalkulation von Opposition und Kompromiß immer auch Elemente der ungewollten Anpassung oder auch der bewußten Systembejahung hineinspielen" (PEUKERT 1985, S. 58 f.).

Bezogen auf die Geschichte des Sonderschulwesens bedeutet dies: Allgemeine Darstellungen etwa über Ziele und Berufsideologie der Sonderschullehrer sowie über Funktionen nationalsozialistischer Behindertenpolitik liefern zweifellos unverzichtbare Erkenntnisse, sie sagen aber noch nichts darüber aus, wie und warum einzelne Lehrer sich unter besonderen Bedingungen und zu bestimmten Zeitpunkten so und nicht anders verhalten haben. Das dem historischen Interesse immanente Bedürfnis nach Verstehen und Erklären kann nur befriedigt werden, wenn immer auch die Frage nach der Subjektivität menschlichen Handelns gestellt wird, und dazu bedarf es nicht zuletzt einer beträchtlichen Differenzierung und Ausweitung des Quellenmaterials. Um etwa einzelne Personen oder Personengruppen in ihrem Denken und Handeln angemessen und somit gerecht beurteilen zu können, ist es ein Gebot elementarer historischer Handwerksarbeit, alle verfügbaren Quellen - mündliche und schriftliche - heranzuziehen. Der auch in der Behindertenpädagogik nachweisbaren Tendenz zu verkürztem, unhistorischem Schwarz-Weiß-Denken und moralischem Rigorismus bei der Auseinandersetzung mit dem deutschen Faschismus vermag eine alltagsgeschichtliche Sichtweise entgegenzuwirken, der es um Verstehen, Erklären und Anstiften zur Reflexion zu tun ist. Was der Historiker LANGEWIESCHE (1983) über die historische Bearbeitung des Widerstandes geschrieben hat, läßt sich uneingeschränkt auch auf den Bereich der Behindertenpädagogik übertragen:

> "Die entheroisierte Geschichtsbetrachtung ... vermeidet ... den Widerstand in die monumentale Lebensferne des ethischen Rigorismus zu entrücken. Der Versuch, Widerstand ... zu entheroisieren, bietet die Möglichkeit, Widerstand an die damaligen Lebensverhältnisse zurückzukoppeln und damit erst begreifbar zu machen. Und das dürfte wohl eine Voraussetzung sein, in Menschen, die mit dem 'Dritten Reich' keinerlei Erfahrungen mehr verbinden, eine Betroffenheit auszulösen, die nicht erstarrt in bloße Anklagen gegen diejenigen, die damals nichts oder wenig taten, oder in folgenlose Bewunderung derjenigen, die ihr Leben einsetzten - sondern eine Betroffenheit, die die Chance enthält, zum Nachdenken darüber anzuregen, welche Handlungsmöglichkeiten auch in den begrenzten alltäglichen Lebenssituationen für den Einzelnen enthalten sind - wovon diese Handlungsmöglichkeiten abhängen - und wie schmal der Grat zwischen Anpassung und Resistenz sein kann" (S. 157).

Was das Hamburger Sonderschulwesen während der NS-Zeit anbelangt, so können dazu gegenwärtig nur vorläufige Aussagen formuliert werden, da bislang keineswegs alle verfügbaren schriftlichen und mündlichen Quellen ausgewertet wurden. Anliegen der folgenden Ausführungen ist, exemplarisch darzulegen, wie einzelne Schüler und Schülerinnen zweier Hamburger Hilfsschulen durch Pädagog(inn)en beurteilt wurden. Die beiden ausgewählten Schulen repräsentieren jeweils ein Beispiel für konformes und abweichendes Lehrerverhalten und sind damit prototypisch für mögliche Verhaltensweisen von Hilfsschullehrern während der NS-Zeit; inwieweit sie auch repräsentativ für tatsächlich praktiziertes Verhalten sind, muß allerdings unbeantwortet bleiben. Als Quellenmaterial stütze ich mich auf ausgewählte Personalbögen einer Altonaer und Bergedorfer Hilfsschule, die neben den routinemäßigen Eintragungen zusätzliche Berichte und Beurteilungen enthalten.

3.1 Pädagogische Gutachtertätigkeit an der Hilfsschule Hafenstraße in Altona

Die in den ausgewählten Schülerbögen enthaltenen Berichte von Hilfsschullehrern aus der NS-Zeit sind ein getreues Spiegelbild der offiziellen Hilfsschulpolitik. All jene Schüler, die aufgrund eines sozial erwünschten Verhaltens und eines Mindestmaßes an schulischem Erfolg dem propagierten Leitbild der Hilfsschule als einer Leistungsschule entsprachen, konnten mit positiven Urteilen seitens der Schule rechnen. Tugenden wie Fleiß, Gehorsam, Ordnung und Sauberkeit, die Zugehörigkeit zur HJ und die Aussicht auf erfolgreiche soziale und berufliche Eingliederung waren entscheidende Kriterien für die Zuerkennung des Status eines nützlichen und brauchbaren Volksgenossen. Von der Ausgrenzung betroffen waren hingegen all jene, die aufgrund persönlicher Eigenschaften oder ideologischer Zuschreibungen vom Prototyp des nützlichen Hilfsschülers abwichen: "nichtarische", charakterlich "minderwertige" und geistig "zu tief stehende" Kinder und Jugendliche. Genereller Grundzug des pädagogischen Beurteilungsverhaltens war weder der Versuch eines Aufbegehrens gegen Ausgrenzung und Diffamierung noch eine besonders forcierte, in scharfmacherischer Weise pauschalisierende Beurteilungspraxis, sondern vielmehr die korrekt-bürokratische Umsetzung nationalsozialistischer Ideologie und Politik in den Alltag der Schule.

An dem folgenden Beispiel positiver Beurteilungspraxis ist die Dominanz der Kriterien "soziale Angepaßtheit" und "Leistungsfähigkeit" uneingeschränkt ablesbar. In seinem Abschlußbericht vom 10.3.1938 schreibt Rektor M. u.a. über die Schülerin T.M.:

> "Charakterlich hat sie sich ebenfalls gut entwickelt. In die Klassengemeinschaft fügte sie sich gut ein. Als einziges Mädel der Klasse gehört sie dem BDM an. Ihre schulischen Leistungen sind ebenfalls als gut zu bezeichnen. Ihre bisherige Entwicklung läßt erwarten, daß sie ein brauchbares Glied der Volksgemeinschaft werden wird."

Eine Mitgliedschaft in der Hitler-Jugend begünstigte in jedem Fall eine positive Beurteilung seitens der Lehrerschaft dieser Altonaer Hilfsschule. Nahezu schwärmerisch erscheint folgendes Schulgutachten des Lehrers S. über den Schüler H.B., in dem es u.a. heißt:

> "Er ist nach seinen Leistungen einer der besten Schüler, wenn nicht der beste. ... Nach seinem Charakter ist er von Anfang an der unbestrittene Führer der Klasse gewesen. Er ist schon einige Jahre im DJ und mit Leib und Seele Pimpf. Der Dienst kann ihm gar nicht hart

genug sein. Zu derselben Härte, Kameradschaft und Disziplin hat er von Anfang an seine Kameraden zu erziehen versucht. ... Zusammenfassend muß ich sagen, daß mir H.B. ein wirklich lieber Schüler und, ich muß wohl sagen, junger Kamerad ist."

Jugendliche, die sich nach ihrer Schulentlassung im gesellschaftlichen Leben bewährt hatten und somit Beweis für erfolgreiche Hilfsschularbeit waren, konnten stets mit einer überaus wohlwollenden Beurteilung seitens ihrer Lehrer rechnen. In einem auf behördliche Anfrage erstellten Gutachten vom 5.2.1937 heißt es über den Schüler F.B.:

"F.B. hat sich während der Schulzeit sehr gut entwickelt. Wenn bei seiner Einschulung in die Hilfsschule vom Arzt festgestellt wurde, daß die 'Schulungsaussichten schlecht, Erziehungs- und Kräftigungseingriffe wahrscheinlich ohne ersichtlichen Erfolg' sein werden, so muß demgegenüber abschließend nach seiner Schulbildung betont werden, daß er sich nach beiden Seiten hin gut entwickelt hat.

Auch nach seiner Schulentlassung hat er sich in der Berufsschule tadellos geführt, ist regelmäßig zur Schule gekommen und hat meistens als Arbeitsbursche Beschäftigung gehabt. Sein Betragen in der Berufsschule wird als sehr gut bezeichnet."

Schüler, die den Erwartungen an einen "einwandfreien" Charakter, angepaßtes Verhalten, ausreichende Schulleistungen und berufliche Bewährung entsprachen, konnten mit Sympathie seitens ihrer Lehrer rechnen, kompromißlose Härte traf hingegen all jene, die vom Idealtypus des Hilfsschülers deutlich abwichen. Gerade im Falle jener in irgendeiner Weise auffällig gewordenen Kinder und Jugendlichen, die der Parteinahme von Pädagogen bedurft hätten, urteilten die hier in Rede stehenden Lehrer uneingeschränkt systemkonform, indem sie sich aktiv an der Ausgrenzung der Betroffenen beteiligten. Die Dominanz der Beurteilungskriterien "Charakter" und "gesellschaftliches Verhalten" ist etwa ablesbar an dem Abschlußbericht, den Rektor M. am 19.3.1938 über den Schüler F.W. in den Personalbogen schrieb:

"Körperlich hat er sich gut entwickelt, ist groß und kräftig, besitzt das Frei- und Fahrtenschwimmerzeugnis.

Charakterlich ist leider nur Nachteiliges über ihn zu berichten. In die Klassengemeinschaft fügte er sich nur schwer ein, hatte viel Streit mit den Klassenkameraden. Er ist ein weichlicher Junge, der keinen Mut und keinen Einsatz kennt. Mit zunehmendem Alter trat das Abgleiten nach der Minusseite immer mehr hervor.

Innerhalb einer kurzen Zeit nahm er zweimal Geld, das er von seiner Mutter zum Mietebezahlen bzw. Einholen bekommen hatte, und verbrauchte es für sich. Halt- und hemmungslos gab er sich seinen Trieben hin.

Auch nach der sexuellen Seite hin zeigte sich bei ihm diese Abgleitung. ... Seine schulischen Leistungen waren eben genügend.
Nach diesen Feststellungen sehe ich die Zukunft des Jungen als äußerst gefährdet an. Nur durch strenge Zucht und dauernde Beaufsichtigung ist es vielleicht möglich, das gänzliche Abgleiten zu verhüten."

In nicht seltenen Fällen konstatierten die beurteilenden Lehrer neben der charakterlichen Auffälligkeit eine wie auch immer definierte "geistige Minderwertigkeit", die die Bewertung einer völligen "Nutzlosigkeit" des betreffenden jungen Menschen entsprechend verstärkte. Gesellte sich zu den "Minusvarianten" Charakterschwäche und geistige Minderleistung auch noch eine Beeinträchtigung der im deutschen Faschismus so hoch geschätzten Körperlichkeit, so konnte mit einem vernichtenden Urteil gerechnet werden. Hatte im Falle des körperbehinderten R.H. der Altonaer Stadtarzt im April 1932 noch von einem "leicht debilen" aber "durchaus bildungsfähigen" Jungen geschrieben, der zwar nicht in die Normal-, wohl aber in die Hilfsschule gehörte, so beantragte die Hilfsschule Hafenstraße am 17.2.1937 die vorzeitige Entlassung dieses Schülers mit folgender an das Schulamt gerichteten Begründung:

"Der Schüler R.H., geb. 22.03.1922, ..., Schüler der 4. Klasse, ein geistig völlig minderwertiger Mensch, durch rechtsseitige Lähmung in seinen Bewegungen behindert, durch seinen Jähzorn für die Klasse und damit auch für die ganze Schule eine sehr große Belastung und Gefahr, hat heute in seiner unberechenbaren Wut einen Mitschüler mit seinem Griffelkasten schwer am Kopf verletzt. Diesen Schüler habe ich sofort in die Poliklinik schicken müssen.
Aufgrund dieses Vorfalles habe ich den Schüler R.H. mit dem heutigen Tage beurlaubt und beantrage gleichzeitig die Befreiung vom Schulbesuch bis zu seiner Entlassung Ostern 1937. Die Mutter ist benachrichtigt."

Wie das letzte Beispiel bereits deutlich werden ließ, beschränkte sich eine negative Beurteilung der Schule nicht auf nur schulinterne Zwecke oder behördliche Anfragen. Indem die Schule selbst aktiv wurde, initiierte sie vielmehr selbst den Ausgrenzungsprozeß einzelner Schüler. So wurden etwa verhältnismäßig kleine Delikte zum Anlaß genommen, um den betreffenden Schüler in die Fürsorgeerziehung einzuweisen.

Daß zumindest der Schulleiter dieser Altonaer Hilfsschule, Rektor M., nicht nur ein Mitläufer war, sondern ein 'Pädagoge', der aktiv im Sinne der herrschenden NS-Ideologie handelte und sich damit oft genug gegen seine Schüler stellte, wird in einzelnen Fällen deutlich. So meldete er am 17.2.1936 in einem ausführlichen Bericht dem Deutschen Jungvolk von Altona Verfehlungen ihres Mitgliedes H.L., wobei er einen Ausschluß des Jungen aus der Hitler-Jugend nahelegte. Schließlich schreckte er nicht davor zurück, dem Jugendamt, das sich aufgrund einer Anfrage der Kriminalpolizei nach einer Beurteilung des Schülers G.P. erkundigte, die Sterilisation des Betreffenden vorzuschlagen. In dem Gutachten für das Jugendamt vom 23.3.1936 heißt es u.a.:

"G.P. wurde am 20.3.1936 nach Erfüllung der gesetzlichen Schulpflicht aus der 2. Klasse der 1. Hilfsschule entlassen.
Er ist ein völlig willensschwacher Junge. Unter Tränen verspricht er Fleiß und alles Gute, vermag sich aber keine halbe Stunde in eine Arbeit, für ihn angemessen, zu vertiefen. Er ist sehr leicht erregbar.
Wenn er für seine grenzenlose Faulheit oder für eine Dummheit seine Strafe bekommen sollte, gebärdete er sich in den ersten Monaten wie ein wilder Mann, schrie und brüllte aus vollem Halse.
Durch strenge Zucht wurde es aber erreicht, daß er im letzten Jahr sich nach dieser Seite hin etwas gebessert hat.
Die Gefährlichkeit des Jungen liegt aber auf sexuellem Gebiet. Infolge seiner körperlichen Entwicklung ist er vollreif und kennt nach dieser Seite hin keine Hemmungen. Vom Baden und Schwimmen mußte er ausgeschlossen werden, weil er durch sein schamloses Verhalten den Mitschülern gegenüber eine Gefahr für diese war. Durch seinen Mitschüler, den Zigeunerjungen F.St., wurde er im Oktober 35 zur Onanie verleitet. ...
Mehrfach wurde er auch bei der Bettelei ertappt, besonders erbeutete er sich Brot. Der Ungebührlichkeit seines Handelns ist er sich wohl bewußt, ist aber doch zu willensschwach, um sauber zu bleiben. Er ist unbedingt hochgradig schwachsinnig, bei dem unbedingt eine Sterilisation notwendig ist."

Getreu der offiziellen Hilfsschulpolitik, wurden an der Hilfsschule Hafenstraße neben der großen Zahl charakterlich "auffälliger" Kinder als zweite Gruppe die sog. geistig tiefstehenden Kinder ausgegrenzt. Auffallend ist dabei, daß nicht erst nach Inkrafttreten des Reichsschulpflichtgesetzes vom Juli 1938 "nicht bildungsfähige" Kinder ausgeschult wurden, sondern bereits zu einem früheren Zeitpunkt. Im Falle des 11jährigen Jungen H.S., der Ostern 1937 aufgenommen und bis dahin überhaupt nicht beschult worden war, beantragte Rektor M. bereits ein halbes Jahr später dessen Entlassung. Die dem Schulamt am 5.7.1937 vorgetragene Argumentation orientierte sich ausschließlich an rein utilitaristischen Zielen; nach den Bedürfnissen und Zukunftsmöglichkeiten des Jungen wurde in keiner Zeile gefragt:

"Der Schüler H.S. wurde Ostern 1937 in die 6. Klasse der 1. Hilfsschule versuchsweise eingeschult, um seine Schulfähigkeit feststellen zu können. Nach dem nun vorliegenden Ergebnis muß die Hilfsschule ihn als bildungsunfähig ablehnen.

Er fordert von der Lehrkraft ein Maß von Arbeitskraft und Zeit, das nutzlos gebracht wird, da bei ihm keinerlei Erfolge zu verzeichnen sind. Er muß daher als bildungsunfähig bezeichnet werden.
Ich stelle daher den Antrag, daß der Schüler H.S. entlassen und dauernd vom Schulbesuch befreit wird."

Die letzte und zugleich kleinste Gruppe von Hilfsschülern, die der Ausgrenzung zum Opfer fiel, waren sog. nicht-arische Kinder und Jugendliche. Am Beispiel von zwei Zigeunermädchen kann veranschaulicht werden, wie sehr auch 'Pädagogen' der menschenverachtenden NS-Ideologie verhaftet waren.

Lange bevor Zigeuner im November 1938 vom Hamburger Polizeipräsidenten als staatenlos erklärt wurden, hatte diese Volksgruppe unter massiven Repressalien zu leiden - auch in der Schule. Im Unterschied etwa zu Hilfsschülern, wurden bei der pädagogischen Begutachtung von Zigeunerkindern keinerlei Unterschiede gemacht, da der Tatbestand der nicht-arischen Rassenzugehörigkeit allein von Bedeutung war und sich damit jede individuelle Betrachtungsweise erübrigte.

Ähnlich wie bei den "geistig tiefstehenden" Kindern läßt sich im Falle der nicht-arischen Schüler nachweisen, daß auf Betreiben der Schule eine Ausgrenzungspraxis betrieben wurde, die erst zu einem späteren Zeitpunkt durch staatliche Gesetzgebung offiziell sanktioniert wurde. Am 12.1.1938 richtete Rektor M. folgendes Schreiben an das Schulamt Altona:

"Die Zigeunerkinder G. und S.F. wurden hier zu Anfang des Schuljahres 1937/38 wieder eingeschult. Im Sommerhalbjahr ging es mit dem Schulbesuch, wenngleich die Kinder auch in dieser Zeit viele Tage ohne Entschuldigung gefehlt haben.
Seit dem 11.10.1937 haben beide Kinder ununterbrochen in der Schule gefehlt. Die Familie ist angeblich auf dem Lande zur Erntehilfe gewesen. Von Leistungen kann bei beiden Kindern nicht die Rede sein. ...
Ich bitte deshalb dringend, wenn es gesetzlich irgend zulässig ist, die beiden Mädchen vom Unterricht zu beurlauben. Bis zum Entscheid bitte ich so verfahren zu dürfen wie in dieser Woche, daß die beiden sich morgens melden und dann nach Haus entlassen werden."

3.2 Beurteilungspraxis der Bergedorfer Hilfsschullehrerin *Frieda BUCHHOLZ*

Die Durchsicht eines großen Teils des weitgehend erhaltenen Schüleraktenbestandes der Bergedorfer Hilfsschule belegt, daß diese Lehrerin während all der Jahre der NS-Herrschaft in beispielhafter Weise wohlwollend-sachliche Urteile über ihre Schüler abgab. Stigmatisierende Begriffe wie "erbkrank", "unterwertig", "gemeinschaftsschädlich" sucht man in diesen Berichten vergeblich; getragen von dem Grundton des Verständnisses und der Sympathie repräsentieren sie vielmehr das Bemühen, den einzelnen Schüler in seiner individuellen Eigenart zu akzeptieren und ihm Gerechtigkeit widerfahren zu lassen. Typisch für Frieda BUCHHOLZ' zugleich sachliche und wohlwollende Art der Schülerbeschreibung ist der Bericht über Else vom 1. April 1940:

> "Else ist ein durchschnittlich begabtes Hilfsschulkind. Ihre Leistungen in Deutsch sind befriedigend, in Aufsatz und Rechtschreibung leistet sie zuweilen Gutes; auch im Rechnen sind ihre Leistungen befriedigend. Im Schreiben kann sie oft flüchtig werden. Sie hat Interesse für den Unterricht und ist lebendig dabei. Sie hat ein lebhaftes Temperament, das sich auch in einer gewissen dramatischen Begabung beim Theaterspielen zeigt. Sie ist immer fröhlich, neckisch, ein bißchen burschikos, aber durchaus artig, willig, gehorsam.
> Buchholz"

Hinter den von Frieda BUCHHOLZ verfaßten Berichten, die nicht selten den Rahmen der vorgesehenen Spalten sprengten, schien die Maxime zu stehen: So viel Positives wie möglich über das Kind berichten! So versäumte sie es nicht, bei all jenen Kindern, die nach ihrer Auffassung keine "echten" Hilfsschüler waren, auf diesen Tatbestand besonders hinzuweisen. Im Falle des Schülers Heini schrieb sie:

> "Heini ist normal intelligent. Er leidet etwas an Gedächtnisschwäche und an Lesehemmungen. Er scheint ein typischer Spätentwickler zu sein. Im Lesen hat er gerade im letzten Jahre gute Fortschritte gemacht, aber es geht noch langsam und nicht fließend genug. Seine Aufsätze sind stilistisch nicht ungewandt, zeigen nur eine recht mangelhafte Rechtschreibung. Sein Rechnen geht langsam, aber er rechnet richtig und kann sich mit gutem Verstand in jede eingekleidete Aufgabe hineindenken. Im Unterricht ist er immer voller Interesse, aufmerksam, eifrig und fleißig. Besondere Begabung hat Heini im Werkunterricht. Er besitzt eine durchaus normale praktische Intelligenz. Dem Heimatkundeunterricht bringt er viel Verständnis entgegen. Hier stellt er zuweilen gute, sinnvolle Fragen. Er hat einen guten, anständigen Charakter, ist gehorsam und willig, kameradschaftlich den Mitschülern gegenüber.
> Buchholz"

Frieda BUCHHOLZ verfaßte keineswegs "Gefälligkeitszeugnisse", sie äußerte durchaus Kritik an unerwünschtem Sozialverhalten und verschwieg auch nicht die in den Ziffernzeugnissen klar zutagetretenden schwachen Leistungen. Aber immer waren Kritik und Feststellung objektiver Daten eingebettet in einen Kontext, der in jedem Falle das Noch-Können des einzelnen Schülers hervorhob. So formulierte sie in einem Abschlußzeugnis:

"Im letzten Jahre vor ihrer Schulentlassung hat Anni leider Rückschritte in ihrer geistigen Entwicklung gemacht. Ihr Schulbesuch war nicht regelmäßig. Ihr Fehlen wurde immer durch Krankheit entschuldigt, die aber allem Anschein nach nur vorgeschützt waren.

Anni hat das Ziel der Hilfsschule nicht ganz erreicht. Im Rechnen hat sie vor allem große Lücken. Sie findet sich im Zahlenkreis 1-100 zurecht, kann auch das kleine Einmaleins, aber darüber hinaus versagte sie.

Sie liest einigermaßen fließend, bei schwierigeren Texten wird ihr Lesen langsamer und stockend. Sie kann einen kleinen Brief schreiben. Nur macht sie erhebliche Rechtschreibfehler. Für Heimatkunde hatte sie gar kein Interesse. Ihre Schularbeiten hat sie leider im letzten Jahr sehr flüchtig gemacht und oft überhaupt nicht. - Sie besitzt eine schöne gewandte Handschrift. In der Nadelarbeit arbeitete sie sauber und ordentlich, nur außerordentlich langsam und auch hier mit wenig Fleiß. - In ihrem Benehmen war sie gleichmäßig freundlich und höflich und zeigte sich der Klasse gegenüber durchaus kameradschaftlich."

Der nachstehende Bericht zeigt, wie pädagogisch einfühlsam und wohlwollend, ja liebevoll, Frieda BUCHHOLZ angesichts vorhandener Schwächen oder Beeinträchtigungen bemüht war, die jeweiligen Stärken einzelner Kinder herauszustellen:

"Kurt hat Schwierigkeiten mit der Sprache. Er kann sehr schlecht etwas erzählen, alles kommt polternd, gehemmt, undeutlich heraus. Er kann leicht jähzornig werden, hat aber im übrigen einen gutgearteten Charakter. Die in seiner ganzen Haltung sichtlich hervortretenden Hemmungen verdankt er wohl den nicht günstigen häuslichen Verhältnissen. Vater und Stiefmutter gehen eigene Wege, und beide haben anscheinend nicht viel für die Kinder übrig. Mit seinem Zwillingsbruder Rolf zusammen hat er nun eine Lehre als Steinsetzer gefunden.
20.3.1939
Buchholz"

Auch jene Schüler, die aufgrund ihrer geringen Intelligenz nur zu begrenzten schulischen Leistungen fähig waren, wurden von Frieda BUCHHOLZ mit viel Sympathie und großem pädagogischen Optimismus beurteilt. Im Unterschied zur offiziellen Hilfsschulpolitik, die ab 1938 das Konzept einer Leistungsschule und damit verbunden den Ausschluß ihrer schwächsten Glieder vorantrieb, bescheinigte Frieda BUCHHOLZ auch diesen Kindern Entwicklungsmöglichkeiten, bescheidene Erfolge, gute charakterliche Eigenschaften und eine günstige Prognose für ihr Erwachsenenleben. So schreibt sie unter dem 20.3.1939 über den Schüler Franz:

"Franz ist ein typisches, recht beschränktes Hilfsschulkind, aber durchaus gutartig, willig, gehorsam und kameradschaftlich. Ganz hat er das Ziel der Hilfsschule nicht erreicht. Sein Lesen ist einigermaßen fließend, eine gute Handschrift hat er auch, aber die Rechtschreibung ist sehr mangelhaft. Das Rechnen ging sehr langsam und gelang ihm nur im Zahlenkreis 1-100. Auch für den Werkunterricht war keine Begabung vorhanden. Da er aber treu, gewissenhaft und fleißig seine Pflichten immer erfüllt hat, wird er auch als angelernter und ungelernter Arbeiter seinen Platz im Leben einmal ausfüllen."

Und über Paul schrieb sie:

"Paul ist ein kleines lebendiges Kerlchen. Mit seinem immer fröhlichen Gesicht und seinem schelmischen Humor ist er unser Sonnenschein. Er ist zutraulich und zärtlich, wie es sonst elfjährige Jungen nicht immer sind. Von allen Kindern der Klasse ist er am kindlichsten. Er hat noch keinen Sinn für Arbeit. Er ist ein rechtes Spielkind.

Trotz dieser mangelnden Reife wurde er wegen seines Alters und seiner Gewandtheit im Lesen und Erzählen nach der Mittelstufe versetzt."

Daß auch Frieda BUCHHOLZ' Bergedorfer Hilfsschule an der Übernahme und Propagierung faschistischer Ideologie beteiligt war, zeigt das letzte Beispiel. In ihrer Dissertation von 1939 hatte Frieda BUCHHOLZ auch über den Jungen Albert eine ausführliche Charakteristik veröffentlicht, wo es u.a. heißt:

"Albert fällt rein äußerlich durch sein beschränktes Aussehen auf. Aber so dumm wie er aussieht, ist er nicht, wenn er auch zu den beschränkteren Kindern der Klasse gehört.

Vor allem eignet ihm eine große Gutmütigkeit. Seine Hilfsbereitschaft und seine Fähigkeit zu freundlicher Unterordnung bei Gemeinschaftsarbeiten machen ihn zu einem beliebten Kameraden. ...

Praktische Begabung und Gemeinschaftssinn zeigt A. auch auf unseren Zelttouren, wie ich es schon in der Charakteristik von Franz erwähnte. ...

In seiner ganzen Gutmütigkeit und Gemeinschaftstüchtigkeit zeigt sich A. auch beim Üben unseres Schneewittchenspiels. ...

Interesse und Verständnis bringt A. der Heimatkunde in ihrem weitesten Umfange als Botanik, Erdkunde, Geschichte, Politik entgegen. Er merkt sich die Namen der Pflanzen, wie nur wenige unserer Kinder. Von politischen und geschichtlichen Ereignissen bringt er oft Bilder und Zeitungsberichte mit in die Schule. ...

Außerdem ist bei A. noch das Rechnen beliebt. Er gehört zu den besseren Rechnern der I. Abteilung."

Schon bald nach Beendigung des Unterrichtsversuchs verlor Albert seine Lehrerin Frieda BUCHHOLZ. Er wurde nun von Lehrern unterrichtet, die offensichtlich sehr schnell den Schüler Albert grundlegend anders einschätzten als ihre Kollegin. Das im Personalbogen überlieferte Abschlußzeugnis vom 18.3.1939 entsprach in Geist und Diktion einer Zeit, in der Schwache und Behinderte offiziell zu den "Minusvarianten" der Gattung Mensch gezählt wurden - den gutmütigen, hilfsbereiten und freundlichen Albert sucht man allerdings vergeblich in diesem "Urteil":

"Albert T., stark debil, hat in der Hilfsschule unter Führung von vier verschiedenen Hilfsschullehrern keine Förderung erfahren können. Seine Leistungen sind in allen Schulfächern Null, kleine mechanische Fähigkeiten sind nicht zu werten.

Er stört in letzter Zeit dauernd den Unterricht durch unverständliches Schwatzen und Spielen.

Da er außerdem gefährlich wird in sittlicher Hinsicht (Berühren der Geschlechtsteile der Kameraden), beantragte die Schulleitung die sofortige Ausschulung nach siebenjährigem Schulbesuch.

Gez. H.R."

Nachzutragen bleibt lediglich, daß sowohl Albert als auch sein Bruder Alfred im Krieg gefallen sind.

REINER LEHBERGER

"Hamburg: Schule unterm Hakenkreuz" - zu einem regionalgeschichtlichen Projekt von Lehrergewerkschaft und Universität

1. Die Entstehung des Projekts

Als der Hamburger Landesverband der Gewerkschaft Erziehung und Wissenschaft (GEW) aus Anlaß des 50. Jahrestages der sog. "Machtergreifung" im Februar 1983 in der "Hamburger Lehrerzeitung" (HLZ) das Thema "Schule unterm Hakenkreuz" aufgriff, war nicht abzusehen, mit welch großer Anteilnahme dies in der pädagogisch interessierten Öffentlichkeit der Stadt aufgenommen werden würde. Zahlreiche Zeitzeugen meldeten sich zu Wort, es entwickelte sich zunächst eine intensive Zusammenarbeit mit der Geschichtskommission der "Vereinigung der Verfolgten des Nazi-Regimes - Bund der Antifaschisten" (VVN/BdA), später mit Kollegen des Fachbereichs Erziehungswissenschaft der Universität Hamburg. Nahezu 4 Jahre lang hat die Hamburger Lehrerzeitung regelmäßig lokale Forschungsergebnisse dokumentiert; Anfang 1985 und Ende 1986 erschienen zwei umfangreiche Bände (HOCHMUTH/DE LORENT 1985; LEHBERGER/DE LORENT 1986), die die Artikel der HLZ-Serie (in fast durchweg erweiterter Form) zusammen mit zahlreichen über die Serie hinausgehenden Arbeiten einer überregionalen Öffentlichkeit zugänglich gemacht haben. Die Zahl der an diesem Projekt beteiligten Kolleginnen und Kollegen beträgt inzwischen mehr als 50; die meisten von ihnen sind voll berufstätige Lehrer, ein weiterer Teil pensionierte Kollegen, Hochschullehrer und Doktoranden.

Die Intensität und der beachtliche Ertrag des Projektes sind nur zu verstehen vor dem Hintergrund eines in Hamburg seit Ende der siebziger Jahre beobachtbaren wachsenden Interesses an der Auseinandersetzung mit der NS-Zeit. Diese Auseinandersetzung wurde auf verschiedenen Ebenen und mit unterschiedlichen thematischen Schwerpunkten geführt und hat dazu beigetragen, daß auch unter Lehrern die Aufarbeitung ihres Berufs- und Tätigkeitsfeldes während des Nationalsozialismus endlich zu einem Thema werden konnte.

Das Projekt "Schule unterm Hakenkreuz" ist in wesentlichem Maße durch verschiedene vorangegangene Initiativen vorbereitet worden (vgl. HOCHMUTH 1985, S. 129 ff.):

- Seit 1976 veranstalten VVN/BdA in Zusammenarbeit mit der Hamburger Schulbehörde und der GEW Vorträge und Gespräche mit ehemaligen Widerstandskämpfern und Verfolgten in Hamburger Schulen. Allein im Zeitraum der ersten 5 Jahre konnten durch solche Veranstaltungen ca. 17.000 Schüler nahezu aller Schularten erreicht werden.
- Der Landesjugendring bietet seit 1978 sog. alternative Stadtrundfahrten an, die Orte des Widerstandes und der Verfolgung in der Stadt anfahren. Eine zweite Route führt zur Gedenkstätte im Konzentrationslager Neuengamme und zur Schule am Bullenhuser Damm, wo in den letzten Tagen vor Kriegsende zur Vertuschung von grauenhaften medizinischen Versuchen 20 Kinder von NS-Schergen ermordet wurden.
- Wie bei den alternativen Stadtrundfahrten betreuen ehemalige Nazigegner und -verfolgte auch Schulgruppen, die seit dem Bau eines Dokumentenhauses im ehemaligen KZ Neuengamme die dortige ständige Ausstellung besuchen. In den vergangenen 5 Jahren kamen immerhin regelmäßig 12.000 bis 15.000 Schüler pro Jahr nach Neuengamme (vgl. Drucksache 13/899 der Hamburger Bürgerschaft v. 28.12.1987).

Das gestiegene Interesse an der Aufarbeitung des Nationalsozialismus ist an dem inzwischen beachtlichen Umfang Hamburg-spezifischer Publikationen abzulesen. So gibt es Hamburg-Studien u.a.

- zur Gesundheits- und zur sog. Sozialpolitik (EBBINGHAUS u.a. 1984);
- zu den sog. vergessenen Opfern des NS-Regimes (PROJEKTGRUPPE 1986);
- zur Aufarbeitung der Geschichte des zu Hamburg gehörenden KZs Neuengamme und seiner zahlreichen Außenstellen, die - zumeist an Betriebe angeschlossen - über die ganze Stadt verteilt waren (JOHE ^{4}1987);
- zur Alltagsgeschichte (BRUHNS u.a. 1983 + 1984);
- zur Stadtteilgeschichte (STADTTEILARCHIV OTTENSEN 1985; KLAUS 1986) sowie
- zur Frühphase der NSDAP und zum Polizeiwesen während der NS-Zeit (KRAUSE 1987; FANGMANN u.a. 1987).

Auch die Universität hat inzwischen begonnen, ihre Geschichte im Nationalsozialismus zu erforschen. Es liegen zwei Bände einer Ringvorlesung aus den Jahren 82/83 vor (UNIVERSITÄT HAMBURG 1983); die Ergebnisse eines Projekts, an dem sich über 50 Hamburger Wissenschaftler beteiligt haben und das nahezu alle Fachbereiche der Universität abdeckt, werden im Laufe dieses Jahres veröffentlicht.

Nicht zuletzt ist auf die in den letzten Jahren erstaunlich intensivierte Bearbeitung der Geschichte jüdischer Mitbürger in Hamburg hinzuweisen. Viele der wiederentdeckten Spuren wurden 1986 in einer großen Ausstellung zum jüdischen Leben am Grindel, dem damaligen Zentrum des jüdischen Lebens in Hamburg, der Öffentlichkeit vorgestellt und für eine zweiteilige Dokumentation des NDR auch verfilmt. Zum Besuch der wenigen verbliebenen sichtbaren Spuren jüdischen Lebens in der Hansestadt veranstaltet die Deutsch-Jüdische Gesellschaft seit Jahren sonntägliche Rundgänge in einzelnen Stadtbezirken. In den dazu vorliegenden schriftlichen "Wegweisern" (DEUTSCH-JÜDISCHE GESELLSCHAFT 1982 ; 1985) nimmt die Darstellung von Schulen, die von jüdischen Schülern und Schülerinnen besucht wurden, einen breiten Raum ein. Die Arbeiten von Ursula RANDT zum jüdischen Schulwesen in der NS-Zeit in Hamburg (1984; 1985; 1986) sind einzigartig für den deutschsprachigen Raum.

Im Zusammenhang der zahlreichen Initiativen zur Aufarbeitung des Nationalsozialismus darf schließlich nicht vergessen werden, daß der ehemalige Schulsenator Joist GROLLE und der Erste Bürgermeister der Stadt, Klaus V. DOHNANYI, zu dieser Auseinandersetzung bei den verschiedensten Anlässen immer wieder aufgefordert und damit zugleich eine politische Unterstützung für Aktivitäten wie das Schulprojekt übernommen haben (vgl. die Vorworte beider Politiker in HOCHMUTH/DE LORENT 1985; LEHBERGER/DE LORENT 1986).

2. Die beiden Projektbände: Intentionen, Schwerpunkte, Quellenbasis

Schon aus den ersten Reaktionen auf die Thematisierung der "Schule unterm Hakenkreuz" in der HLZ zeigte sich, daß insbesondere die Verfolgung und der Widerstand von Kolleginnen und Kollegen aus der Hamburger Lehrerschaft im Mittelpunkt des Interesses stehen würden. Zu einem zweiten Schwerpunkt wurde die Geschichte einzelner Schulen. Für beide Themenbereiche war die Zusammenarbeit mit der Geschichtskommission von VVN/BdA von besonderer Bedeutung. Die VVN hatte bereits 1948 eine erste Dokumentation mit dem Titel "Streiflichter Hamburger Widerstand" veröffentlicht und diese Arbeit seit den sechziger Jahren kontinuierlich weitergeführt. In einer 1969 und 1980 neu aufgelegten, erheblich erweiterten Fassung der "Streiflichter" (HOCHMUTH/MEYER 1969; 1980), die als einer der ersten Bände der inzwischen umfangreichen "Bibliothek des Widerstandes" im Röderberg-Verlag erschienen ist, war der Widerstand Hamburger Lehrer und Schüler in eigenen Kapiteln, zumindest was den Personenkreis betraf, faktenreich dargelegt. Für viele Autoren des Schulprojektes wurde diese Dokumentation eine äußerst wertvolle Ausgangsbasis für weitere Recherchen; die Bedeutung dieser Vorarbeiten und anderer Hilfestellungen durch VVN/BdA können nicht hoch genug eingeschätzt werden.

Als weitere Quellengrundlage für die Beiträge des ersten Bandes dienten zum einen Akten und Sammlungen aus den Archiven einzelner Schulen sowie Dokumente, Aufzeichnungen von Zeitzeugen sowie deren systematische Befragung. Für viele der jüngeren Kollegen erwies sich die Zusammenarbeit mit den Älteren als äußerst wertvoll. Die Zeitzeugen gaben wichtige und weiterführende Hinweise, stellten persönliche Dokumente zur Verfügung und vermittelten oft auch anschaulichere Einblicke in das Lehrerdasein unterm Hakenkreuz als dies das Aktenstudium allein erbringen konnte. Darüber hinaus gab es die schon erwähnten schriftlichen Reaktionen auf die Serie in der HLZ, die vor allem in Arbeiten des zweiten Bandes eingegangen sind.

Die Planung für den zweiten Band, der in Zusammenarbeit von GEW-Kollegen aus Schule und Universität entstand, begann Ende 1984. Zwei Schwerpunkte standen dabei im Mittelpunkt: zum einen die möglichst systematische und umfassende Analyse der Hamburger Schulpolitik in der NS-Zeit, zum anderen deren Auswirkungen auf den Schulalltag. Diesen relativ weitgesteckten Rahmen haben wir durch die Berücksichtigung folgender Aspekte und Bereiche zu verwirklichen versucht:

Erstens sollten ganz verschiedenartige Schulformen einbezogen werden, und zwar neben Volks- und höherer Schule auch das Sonderschulwesen und die privaten, d.h. für Hamburg insbesondere die jüdischen und katholischen Schulen.

Zweitens haben wir uns darum bemüht, neben dem organisatorischen Rahmen die Binnenstrukturen der damaligen Schule auszuleuchten, und zwar durch Thematisierung der Inhalte des Fachunterrichts, der Lehrbücher, des Verhältnisses von Schule und HJ sowie durch Einbeziehung der für die NS-Zeit so wichtigen Schulfeiern.

Drittens sind in einem gesonderten Kapitel die Gleichschaltung der Lehrerschaft, die Rolle des NSLB und die Veränderungen in der Ausbildung behandelt worden, Bereiche, die vor allem für den Zusammenhang der politischen Erfassung der Lehrerschaft von Bedeutung waren. In diesen Kontext wurden auch die oppositionellen Lehrer einbezogen.

Viertens haben wir eine zeitliche Differenzierung vorgenommen und folgende Phasen der NS-Herrschaft unterschieden: zunächst die Phase des

Umbaus, etwa bis zum 1.5.1934, dem Zeitpunkt der Institutionalisierung des Reichserziehungsministeriums, eine Phase, in der die Länder noch eine gewisse Eigenverantwortung hatten; dann die Phase des Machtausbaus und der Konsolidierung etwa bis zum Erscheinen der Reichslehrpläne von 1938/39 und schließlich als dritte Phase die Kriegszeit, die mit der Kinderlandverschickung (KLV) und dem Luftwaffenhelferdienst der schulischen Erziehung völlig neue Rahmenbedingungen setzte.

Gegenüber dem ersten Band erweiterte sich durch diesen systematischen Zugriff auch die Quellenbasis erheblich. So wurden nicht nur wieder die Archive einzelner Schulen ausgewertet, sondern darüber hinaus auch und in erster Linie die umfangreichen Bestände der Hamburger Schulbehörde. Weitere Quellen waren die für Hamburg speziell erschienenen Richtlinien, Schulbücher und Unterrichtsmaterialien und - wie schon im ersten Band - persönliche Dokumente einzelner Kollegen sowie Interviews mit Zeitzeugen.

3. Wichtige Ergebnisse der bisherigen Projektarbeit

Über die Ergebnisse eines so umfangreichen Projekts kann im Rahmen dieses Beitrages nicht umfassend berichtet werden. Ein wichtiges Ergebnis war sicherlich, daß es auch für ein so fortschrittliches Schulwesen, wie es das hamburgische in den zwanziger Jahren darstellte, nach 1933 keinen liberalen Sonderweg gegeben hat, wie die beiden Projektbände nachdrücklich zeigen (HOCHMUTH/DE LORENT 1985; LEHBERGER/DE LORENT 1986).

Für ein regionalgeschichtliches Projekt sind vor allem die Zwischenschichten, die differenzierenden Sichtweisen der einzelnen Teilbereiche von größter Bedeutung und Aussagekraft. Solche differenzierenden Sichtweisen möchte ich im folgenden an zwei Beispielen, dem Themenbereich "Lehrersein im Nationalsozialismus" und dem Aspekt der "Ungleichzeitigkeit subjektiver Erfahrungen" verdeutlichen.

3.1 Lehrersein im Nationalsozialismus

Das Bild von der Lehrerschaft im Nationalsozialismus ist besonders durch die von Rolf EILERS 1963 vorgelegte Studie zur nationalsozialistischen Schulpolitik geprägt worden. Aus dem Organisationsgrad der Lehrer - 1936 waren 97% im NSLB und davon nochmals 32,2% in der NSDAP organisiert, darüber hinaus gab es einen hohen Anteil von Lehrern in wichtigen Funktionen der NSDAP - schließt EILERS, daß "gerade in der Lehrerschaft von Anfang an eine große Bereitschaft zur freiwilligen Mitarbeit" vorhanden war (EILERS 1963, S. 74). Diese Zahlen sind unbestritten und lassen in der Tat ein erschreckendes Maß an Anpassung bzw. an Engagement für den Nationalsozialismus erkennen. In Teilbereichen ist EILERS allerdings zu widersprechen, insbesondere darin, daß er gerade der Philologenschaft eine größere Zurückhaltung, ja sogar Widerstand gegenüber dem Nationalsozialismus attestiert (EILERS 1963, S. 74 f., S. 82). Für diese Interpretation bezieht er sich u.a. auf das Widerstreben der Philologen bei der Auflösung des Deutschen Philologenverbandes. Mehrere Studien haben aber inzwischen belegt, daß die Auseinandersetzung um den Philologenverband ausschließlich eine standespolitische war (SCHNORBACH 1983, S. 15 ff.). Darüber hinaus hat vor allem die Studie von Franz HAMBURGER (1974) die völkisch-nationalistische Haltung der Philologen sowie deren Ablehnung der Weimarer Republik verdeutlicht.

Für Hamburg kann dies nur bestätigt werden. Wie sehr die Philologenschaft geradezu zu einem ideologischen Wegbereiter für den NS-Staat geworden ist, mag schlaglichtartig nachfolgender Redeauszug zur Einweihung eines Ehrenmals "zum Andenken an die im Weltkrieg gefallenen Glieder" an einer Oberrealschule für Jungen aus dem Jahre 1930 zeigen. In dieser als 'Weiherede' bezeichneten Ansprache eines Studienrates heißt es zum Thema "Jugend und Krieg":

> "Mit ungeheurer Inbrunst warf sie (die Jugend, R.L.) sich in dieses unermeßliche Erleben (des Krieges, R.L.) hinein. Mit einem einzigen gewaltigen Ruck sprengte sie den Ring, der das selbstsüchtige kleine Ich beschlossen hielt, riß die Schranken nieder, die sich zwischen ihr und dem Volke aufgerichtet hatten. Schicksalhaft erhob sich in ihr das Gefühl: das Ganze ist alles, der Einzelne ist nichts, und mit großer Gebärde beschritt sie den Schicksalsweg jenes Volkes, in unbedingter Gelöstheit und Freiheit und doch in demütig-stolzem Gehorsam gegen die Stimme des Blutes, das in ihr aufrauschte und das nur eine Quelle hatte: Deutschland, und übermächtig getrieben von einem einzigen Willen, dem Willen zum deutschen Volk" (DARGEL/JOACHIM 1985, S. 69).

Im übrigen hat die Philologenschaft in Hamburg wesentlich früher als im Reich den Übertritt des Verbandes in den NSLB gefördert und eine Selbstgleichschaltung vollzogen (MILBERG 1970, S. 363 f.).

Quasi eine Selbstgleichschaltung, d.h. die Überführung in den NSLB, vollzog allerdings auch die seit 1805 bestehende Organisation der Hamburger Volksschullehrer, die "Gesellschaft der Freunde des vaterländischen Schul- und Erziehungswesens" (STEENBOCK 1985, S. 12 ff; BIEDERMANN 1986, S. 175 ff.). Anders als bei den Philologen ist dies hier allerdings nicht aus der politischen Haltung dieser "Gesellschaft" vor 1933 erklärbar. Denn, anders als vielleicht der Name dieser Gesellschaft vermuten läßt, war diese Organisation keineswegs nationalistisch und konservativ, sondern, auch im Spektrum der Gesamtlehrerschaft des Reiches, ein fortschrittlicher und reformpädagogisch orientierter Verband. Viele der führenden Repräsentanten der "Gesellschaft" gehörten der SPD entweder an oder standen ihr nahe. Druck seitens des NSLB, der Wunsch, die damals wichtigen finanziellen Unterstützungskassen für die Mitgliedschaft zu retten, und die falsche politische Einschätzung der Stärke der Nationalsozialisten mögen Erklärungsgründe für die Selbstauflösung dieser fortschrittlichen Organisation gewesen sein. Für den NSLB war dies allerdings ein großer Anfangserfolg, denn da weit über 90% der Hamburger Volksschullehrer der "Gesellschaft" angehörten, waren diese durch die Gesamtüberführung von einem Tag zum anderen alle auch Zwangsmitglieder des NSLB geworden. Ob allerdings die Gleichsetzung von NSLB-Mitgliedschaft und NS-Engagement, wie sie EILERS im wesentlichen vornimmt, gerechtfertigt ist, erscheint gerade anhand dieses Beispiels fraglich.

Blickt man auf die politische Haltung der Lehrerschaft nach 1933, so ist darauf hinzuweisen, daß zumindest in Hamburg durch eine rigide Personalpolitik Anpassung und Loyalität durch die NS-Verwaltung auch erzwungen wurden: Bis 1935 wurden insgesamt 637 Lehrer und Lehrerinnen entlassen und 55% der 1932/33 noch amtierenden Schulleiter ausgetauscht (vgl. LEHBERGER/DE LORENT 1986, S. 211 f.). Hinzu kamen die zahlreichen - quantitativ nur schwer genau zu bestimmenden, von Zeitzeugen aber als erheblich eingeschätzten - Zwangsversetzungen. Wie dies in einer konkreten Situation auf die Lehrer wirken konnte, mag folgender Eintrag aus dem Konferenzprotokoll der Volksschule Griesstraße verdeutlichen. Unter dem 17.8.1933 heißt es dort:

"Herr A. eröffnet die erste Konferenz unter seiner Schulleitung mit einem Hinweis auf die nationale Revolution. Er wolle nicht in das Eigenleben der Mitglieder des Kollegiums eingreifen, er verlange aber Einordnung der gesamten Arbeit in den Geist der nationalen Revolution. Die Lehrer seien Offiziere des neuen Reiches. Der neue Staat sei nicht nur ein autoritärer, sondern auch ein totaler Staat, auch das pädagogische Leben habe sich einzufügen in das Staatsleben. Das Ziel der Arbeit sei der politische Mensch des Dritten Reiches.
Mitteilung: Betr. Personalfragen: Herr Grünig ist nach der Schule Pachthof versetzt, Frl. Dietze und Frau Dr. Banaschewski nach Wendenstr. 164, Frau Grothusen ist bis Ende

September beurlaubt. Herr L. ist versetzt nach der Adolf-Hitler-Schule, Eilbektal 37. Ende August müssen Frau Grünig, Frau Moritz, Frau Mildner und Frau Gründel den Dienst aufgeben, Ende September Frau Weiß.

Zum Schluß betont Herr A., daß er von jedem Mitglied des Kollegiums gern Wünsche und Anregungen entgegennehmen werde, soweit sie dem Geist der nationalen Revolution entsprächen" (DE LORENT 1986a, S. 99).

Ein Vorteil regionalgeschichtlicher Arbeiten ist es, daß solche wie hier von dem Schulleiter im Protokoll zum Teil noch angekündigte Entlassungen und Versetzungen nachprüfbar sind. Dabei ergibt sich, daß alle hier gemachten Angaben anhand der Schulunterlagen zu verifizieren sind. D.h., bei einem Kollegium von 15 Lehrkräften waren an dieser Schule allein 11 von der nationalsozialistischen Personalpolitik betroffen. Dieses Beispiel zeigt, wie bedrückend die damalige Situation im Einzelfall sein konnte und damit auch, warum sich so viele Lehrer angepaßt haben. Fairerweise sollte man sich - ohne den Anteil der Lehrerschaft an der Durchsetzung nationalsozialistischer Politik in irgendeiner Form beschönigen zu wollen - die Frage vorlegen: Was hättest du getan, wenn du damals Lehrer, z.B. an der Schule Griesstraße, gewesen wärest?

Und diese Versetzungs- und Entlassungsaktionen waren nicht die einzigen Zwangsmaßnahmen. In den ersten 12 Monaten nach der Besetzung der Hamburger Schulbehörde durch die Nationalsozialisten gab es allein fast 40 Erlasse, d.h. im Durchschnitt pro Schulwoche etwa einen Erlaß, die sich alle ausschließlich auf die politische Erfassung von Lehrern und Unterricht bezogen haben (vgl. LEHBERGER 1986b). Die Palette reichte vom Verbot sog. marxistischer Beeinflussung der Schüler, über die peniblen Anordnungen zum "Deutschen Gruß", der zur besseren Durchführung schließlich auch noch in den Turnstunden geübt werden mußte, bis zur Auflösung der in der Weimarer Republik in Hamburg eingesetzten demokratischen Selbstverwaltung der Schule und der Einführung der autoritären Schulleitung.

Angesichts dieses Drucks zur politischen Integration der Lehrerschaft in den NS-Staat ist es besonders wichtig festzuhalten und zu dokumentieren, wer widerstanden, ja sogar Widerstand geleistet hat. Von annähernd 40 Kollegen sind in diesem Forschungsprojekt inzwischen die wesentlichen politischen und beruflichen Stationen ihres Lebens nachgezeichnet worden. Die Zahl der Widerständler und Opfer aus der Hamburger Lehrerschaft ist allerdings bedeutend höher. Allein 88 Kolleginnen und Kollegen haben in Hamburg aus politischen oder sog. rassischen Gründen in der Zeit des Nationalsozialismus ihr Leben lassen müssen (LEHBERGER/DE LORENT 1986, S. 422 ff.). Andere, die widerstanden, haben die Zeit überlebt; ihrem Schicksal gilt es weiter nachzugehen. Soviel allerdings kann schon jetzt gesagt werden: Die große Mehrheit dieser Lehrerinnen und Lehrer kam aus der Volksschullehrerschaft, und - da die Geschichtsschreibung des Widerstandes bislang mit wenigen Ausnahmen eine Geschichte des Widerstandes von Männern ist - muß auch betont werden, daß darunter viele Frauen gewesen sind. Auch dieses ist wichtig festzuhalten: Nahezu alle, die Widerstand gegen den NS-Staat geleistet haben (von non-konformen Handlungen bis hin zum aktiven Widerstand in und außerhalb der Schule), waren bereits vor 1933 politisch engagiert und bereits damals Gegner des aufkommenden Nationalsozialismus.

Dies gilt auch für den - wie es damals hieß - 'Schuldiener' RALOFF; SPD-Mitglied und vor 1933 im Reichsbanner Schwarz-Rot-Gold für die Verteidigung der Republik aktiv. Ein Mann, der hier einmal als Nicht-Lehrer für eine andere Gruppe der am Schulbetrieb gleichfalls Beteiligten erwähnt werden soll. Als am 1.7.1933 für alle Hamburger Schulen Morgenappell und Hissen der Hakenkreuzflagge angeordnet war und 'Schuldiener' RALOFF dieses Flaggenhissen durchführen sollte, weigerte sich der Reichsbannermann und machte aus seiner Gesinnung keinen Hehl: "Diesen Lappen fasse ich nicht an", sagte er laut und vernehmlich. Der Verlust von Arbeitsplatz und Dienstwohnung in Zeiten von Massenarbeitslosigkeit war ein hoher, sehr hoher Preis, den RALOFF für seine demokratische Gesinnung zu zahlen bereit war (DARGEL/JOACHIM 1985, S. 74).

11 Jahre später, im August 1944, reagierten die Verantwortlichen in der Schulbehörde in einem vergleichbaren Falle mit schärferen Waffen. Der Gewerbelehrer HOLLER, der im Kollegium geäußert hatte: "Wenn wir den Krieg verlieren, können wir wenigstens wieder frei reden", wurde, wie der 'Schuldiener' RALOFF denunziert, dieses Mal aber von der Behörde der Gestapo übergeben. Er wurde verhaftet und sogleich ins KZ Neuengamme eingeliefert. Gustav HOLLER überlebte das KZ nicht; die beiden Beamten der Schulbehörde, die für HOLLERs Überführung an die Gestapo verantwortlich waren, wurden 1950 in erster Instanz freigesprochen, in zweiter Instanz wurde einer von beiden dann doch noch zu 8 Monaten Gefängnis verurteilt (HOCH 1986).

3.2 Die Ungleichzeitigkeit subjektiver Erfahrungen

Befragt man Zeitzeugen, so fällt die Heterogenität der Aussagen insbesondere im Hinblick auf die konkrete politische Durchdringung des schulischen

Alltags durch den Nationalsozialismus auf (vgl. LEHBERGER 1986a), und zwar jenseits der organisatorischen Maßnahmen und Ritualisierungen wie Flaggenhissen, Fahnenappell und Schulfeiern. Ist diese Heterogenität allein aus bewußten oder unbewußten Prozessen der Verdrängung zu erklären, ist sie Folge der notwendigen Begrenztheit subjektiver Sicht? Oder lassen sich dafür handfeste Begründungen finden?

Ein wichtiges Indiz zur Erklärung unterschiedlicher Schulerfahrungen scheint mir der Organisationsgrad der Schülerschaft einzelner Schulen in der HJ zu sein. Dies gilt allerdings nur für die Zeit vor dem 1.12.1936, d.h. vor Erlaß des Gesetzes über die Hitler-Jugend, das quasi einer Zwangsverpflichtung zur HJ gleichkam. Eine Aussagekraft bezüglich des politischen Klimas in den Schulen hat der Organisationsgrad der Schülerschaft vor dem Dezember 1936 m. E. insofern, als die Lehrer nachdrücklich aufgefordert waren, mit allen Mitteln für einen Eintritt in die verschiedenen Verbände der Hitler-Jugend zu sorgen. Tatsächlich weist die zum Zweck politischer Überprüfung und Disziplinierung von der Hamburger Schulbehörde durchgeführte Befragung aller Hamburger Schulen für das Schuljahr 1935/36 höchst interessante Differenzen auf.

Ganz im Sinne des allgemeinen Trends bezüglich der Anpassungsbereitschaft von Philologen- und Volksschullehrerschaft zeigt sich als erstes, daß der Anteil von in der HJ organisierten Schülern im Bereich der höheren Schulen erheblich höher liegt als an Volksschulen. Bei den Volksschulen haben 1935 ca. 15% der Schulen einen höheren Organisationsgrad als 50%, bei den höheren Schulen hingegen erreichen einen Organisationsgrad von über 50% nahezu 90% aller Schulen (WEGWEISER 1936).

Blickt man auf die Zahlen der Volksschulen im einzelnen, so erstaunt auch hier zunächst einmal die sehr unterschiedliche Organisationsdichte (HOCH 1985a, S. 41 ff.). Schulen, in denen mehr als 90% der Schüler in der HJ waren, stehen Schulen mit einem sehr niedrigen Organisationsgrad von unter 20% gegenüber. Für jemanden, der sich mit den Hamburger Gegebenheiten auskennt, fällt dabei sofort auf, daß die ersten 20 Schulen der von der Behörde erstellten Rangskala mit einer Ausnahme alle in den damals ländlichen Randgebieten der Stadt lagen, und zwar mit besonderem Schwerpunkt auf Cuxhaven, das bis 1937 zum hamburgischen Staatsgebiet gehörte. Würde man diese ersten 20 Schulen nicht mitrechnen, gäbe es im Bereich des Volksschulwesens kaum Schulen, die einen Organisationsgrad von über 50% erreichten.

Als zweites fällt auf, daß alle 9 katholischen Gemeindeschulen einen Organisationsgrad von unter 25% haben, und damit im unteren Viertel der

Rangskala liegen. Diese Feststellung korrespondiert mit unserem Wissen über vorwiegend katholische Gebiete des Reiches, in denen sich die Bevölkerung oft politisch resistenter zeigte als in anderen Regionen. Sowohl in den "Lageberichten des Chefs des Sicherheitsamtes des Reichsführers SS" wie auch in den "Deutschlandberichten", herausgegeben von der Exil-SPD, wird dies mehrfach bestätigt.

Als dritte Besonderheit springt ins Auge, daß am Ende der Rangskala fast ausschließlich Volksschulen verzeichnet sind, die in Gebieten Hamburgs mit einem hohen Arbeiteranteil liegen: Barmbek, Eimsbüttel, Hamm, Hohenfelde, Sankt Georg, Bergedorf, Eppendorf, Schanzenviertel, Rothenburgsort, Veddel, Altona und Neustadt. Wie bei den katholischen Schulen, so lassen sich bei diesen Schulen insbesondere auch Rückschlüsse auf die politische Haltung der Elternschaft ziehen. Zumindest für diesen Zeitraum gilt, daß man in der Rangliste deshalb auch ein Indiz für die relativ starke Ablehnung des Nationalsozialismus in der Hamburger Arbeiterschaft sehen muß. Dies wird im übrigen durch Zahlen von Betriebsratswahlen der Hamburger Werften aus den Jahren 1934 und 1935 bestätigt, in denen die Nationalsozialistische Betriebszellen-Organisation nur relativ geringe Anteile an den Wahlstimmen erringen konnte.

Zumindest für den hier besprochenen Zeitabschnitt gilt also, daß Schulerfahrungen auch im Nationalsozialismus unterschiedlich sein konnten, daß es einen gewissen Unterschied machte, auf welcher Schulform und in welchem Stadtteil man seine Schulzeit durchlaufen hat. Für die nachfolgenden Jahre sind ähnlich aussagekräftige Unterlagen wie die vorgestellte HJ-Rangliste nicht mehr zu eruieren. Im Blick auf die nationalsozialistische Durchdringung von Schule und Unterricht läßt sich jedoch sagen, daß die Grenzen des Handelns enger wurden. Ab 1935/36 erschienen für einige Fächer vom Hamburger NSLB erstellte neue Lehrbücher (LEHBERGER 1986c). Nach Erlaß der Reichslehrpläne von 1938, 1939 und 1940 erschienen dann auch die vom Reichserziehungsministerium zentral genehmigten neuen Lehrbücher, wenngleich auch diese politisch gesehen keineswegs einheitlich waren. Zudem gilt für die Jahre 1936 bis 1940/41 für die Lehrer, was für die Bevölkerung insgesamt gilt, daß nämlich die "außenpolitischen Erfolge" - z.B. die Annexion Österreichs 1938 und der siegreiche Frankreichfeldzug 1940 - eine hohe Identifikation mit dem nationalsozialistischen System erbracht hatten, so daß auch unter den Lehrern viele von Skeptikern zu begeisterten Anhängern des NS-Systems geworden waren. "Man hatte das Gefühl, man lebe in einer großen Zeit", berichtete mir ein ehemaliger Lehrer und traf damit wohl nicht nur seine persönliche Stimmung. Mit ihren unzähligen emotionsgeladenen und pathetischen Schulfeiern z.B. hat die schulische Erziehung an der Verfestigung dieses Gefühls und der daraus entstehenden politischen Verfügungsgewalt des NS-Systems über die Jugendlichen einen erheblichen Anteil gehabt.

Eine totale Erfassung der Schüler und Jugendlichen gelang dem System aber selbst in diesen Jahren der größten Übereinstimmung von Volk und NS-Führerschaft nicht. Dies gilt um so mehr für die letzten Kriegsjahre. Politisch weit auseinandergehende Schulerfahrungen gibt es daher gerade auch für diese Zeit. Die inzwischen gut belegte Geschichte der Hamburger Swingjugend ist dafür ein Beispiel. Erfahrungen aus dem Luftwaffenhelferdienst und der Kinderlandverschickung bestätigen dies (SCHÖRKEN 1985; LEHBERGER 1986d; NICOLAISEN 1986). Bei den "Swingern" handelte es sich um Schüler und Lehrlinge, die auch nach außen hin durch Habitus und Kleidung ihre Begeisterung für die inzwischen verbotene Swingmusik und das, was sie als englischen Lebensstil empfanden, dokumentierten. Mehrere höhere Schulen der Stadt galten als Zentren dieser Bewegung, und Schüler dieser Schulen wanderten in Gefängnisse und Jugend-KZs. Und auch hier gab es Lehrer, die denunzierten und sich an der Jagd auf die jugendlichen Oppositionellen beteiligten. Es gab aber auch Lehrer, die - trotz Anordnung und Überprüfung durch Schul- und andere Behörden - sich dieser Jagd verweigerten (POHL 1984 + 1986; STORJOHANN 1986).

Die Ausleuchtung des Schulalltags auf der regionalen Ebene belegt damit auch für die Schule, entgegen der NS-Propaganda von den *fest*geschlossenen Reihen, daß diese doch wohl eher nur *fast* geschlossen waren, wie der Titel des von PEUKERT/REULECKE 1981 herausgegebenen Sammelbandes zur Alltagsgeschichte im Nationalsozialismus schon zum Ausdruck brachte.

Für eine Gruppe von Schülern, die jüdischen Schüler nämlich, war diese Differenzierung allerdings spätestens nach der Reichspogromnacht vom November 1938 völlig unerheblich. Nachdem auch die letzten jüdischen Lehrer nach den Nürnberger Rassegesetzen von 1935 aus den nichtjüdischen Schulen entlassen worden waren, wurden auf Anordnung des Reichserziehungsministeriums vom 15.11.1935 auch die jüdischenSchüler - in Hamburg wie im Reich - aus ihren Klassen und Schulen vertrieben. Zynisch heißt es in dieser Direktive des Reichserziehungsministeriums, daß es "keinem deutschen Lehrer mehr zugemutet werden könne, an jüdische Schulkinder Unterricht zu erteilen. Auch versteht es sich von selbst, daß es für deutsche Schüler unerträglich ist, mit Juden in einem Klassenraum zu sitzen" (WALK 1981). Bis zum Beginn der Deportationen fanden die jüdischen

Schüler Platz an den beiden noch verbliebenen jüdischen Schulen in Hamburg. Wem es nicht mehr gelang, das nationalsozialistische Deutschland rechtzeitig zu verlassen, wurde in den Vernichtungslagern und KZs zusammen mit seinen Angehörigen ermordet. Dies sollte man immer mitbedenken, denn weder das Ausleuchten und der Nachweis von Nischen und Lücken im System, noch das Beweisen der Uneinheitlichkeit von Binnenstrukturen können über die Einheitlichkeit der zentralen politischen Ziele des NS-Staates sowie die Effektivität seiner grausamen Vernichtungsapparate hinwegtäuschen.

4. Weitere Projektperspektiven

Bei der Auseinandersetzung mit der NS-Zeit - und dies gilt nicht nur für das Schul- und Erziehungswesen - stellt sich zwangsläufig die Frage nach den ideologischen, personellen und strukturellen Kontinuitäten und Diskontinuitäten, und zwar sowohl im Hinblick auf die Weimarer als auch auf die Nachkriegszeit. Das Projekt "Schule unterm Hakenkreuz" ist daher mit der Thematisierung dieser beiden Zeitabschnitte fortgeführt worden und hat inzwischen erste Ergebnisse zur Schule in Hamburg in den Jahren 1918-1933 vorlegen können (DE LORENT/ULLRICH 1988). Doch auch für die NS-Zeit sind mit der Veröffentlichung der beiden hier vorgestellten Bände keineswegs alle Fragen hinreichend beantwortet, manche sind noch nicht einmal gestellt worden. Als wichtige Desiderata unseres Projektes sind vor allem zu nennen:
 - die Untersuchung des Berufsschul-, des Mädchenschulwesens und der konfessionell nicht gebundenen Privatschulen;
 - eine umfassende Darstellung der Hamburger "Eigenverantwortlichkeit" im Rahmen der Schulpolitik;
 - die systematische Untersuchung des Umfeldes, der Voraussetzungen und der Formen des von Hamburger Lehrern geleisteten Widerstandes;
 - die Analyse der Veränderungen pädagogischer und schulischer Arbeit, die in den jüdischen Schulen durch die Aufnahme von Kindern aus sehr heterogenen Traditionen des Judentums und durch die Vorbereitung auf die Auswanderung nach Palästina entstanden.

Wünschenswert wäre es nicht zuletzt, die auf die Region Hamburg bezogenen Ergebnisse detaillierter auf die Erfahrungen in anderen Regionen zu beziehen bzw. in den Zusammenhang von vorliegenden Studien auf Reichsebene hineinzustellen, etwa in bezug auf den NSLB (FEITEN 1981), die

KLV (DABEL 1981; LARASS 1983), die Luftwaffenhelfer (SCHÖRKEN 1985), aber auch bestimmte Lehrergruppen wie die Volksschullehrerschaft (BÖLLING 1978; BREYVOGEL 1978). Selbst dieses so breit angelegte und umfangreich dokumentierte Projekt bedarf daher einer Weiterführung.

HILDEGARD FEIDEL-MERTZ

Sisyphos im Exil - Die verdrängte Pädagogik 1933-1945

Wer oder *was* wurde 1933 aus der deutschen Pädagogik verdrängt? Und wie ging man nach 1945 in der pädagogischen Theorie und Praxis mit den tabuisierten Menschen und Inhalten um? Inwieweit wurde der Verdrängungsprozeß überhaupt als solcher erkannt und anerkannt und damit einer Bearbeitung zugänglich gemacht? Die Antwort auf diese Fragen, denen ich seit nunmehr 15 Jahren in meiner Forschungsarbeit nachgehe, muß in diesem Rahmen zwangsläufig verkürzt und idealtypisch ausfallen. Versucht werden soll ein erster Zugang zu einer entlegenen, weitläufigen und vielen noch immer unbekannten "pädagogischen Provinz"[1] sowie die Reflexion über einige der Umstände, die möglicherweise diesen Zugang allzu lange behinderten.

In der erziehungswissenschaftlichen Lehre und Geschichtsschreibung dominierten über Jahrzehnte hinweg die "falschen Gewißheiten"[2], daß nämlich die reformpädagogische Bewegung, die sich in der Weimarer Republik vielseitig und zukunftsweisend entfaltet hatte, durch den Nationalsozialismus gewaltsam völlig unterdrückt - oder aber total und bruchlos integriert worden sei. Selbst Autoren von Standardwerken, die immerhin die "Ausschaltung" und die "Emigration" ehemals führender Repräsentanten der Reformpädagogik konstatierten und den einen oder anderen prominenten Fall beim Namen nannten (z.B. Karl WILKER, Paul GEHEEB, Kurt HAHN,

---

1 Mit dem Medium einer Ausstellung zu der von mir erforschten "Pädagogik im Exil", die in Zusammenarbeit mit dem Exilarchiv der Deutschen Bibliothek in Frankfurt/M. 1986/87 erstmals und danach noch in Berlin und Paderborn gezeigt wurde, scheint nunmehr eine größere Öffentlichkeit über ein fachlich interessiertes Publikum erreicht und ansprechbar zu sein. Sie hat auch eine rege Nachfrage nach der 1983 als Rowohlt-Taschenbuch veröffentlichten Dokumentation über "Schulen im Exil" ausgelöst, das der Verlag bedauerlicherweise vorzeitig vom Markt genommen hat, so daß es nur noch über die Verfasserin zu beziehen ist.

2 So A. LESCHINSKY, der die Geschichte der Waldorfschulen aufgeklärt hat, an die ebenso wie an die Montessori-Pädagogik nach 1945 bevorzugt wieder angeknüpft wurde. Während Maria MONTESSORIs Pädagogik dort, wo sie - wie insbesondere in Berlin - vorwiegend von jüdischen und "linken" Pädagogen gefördert wurde, durch "Berufsverbote" ein Ende gesetzt bekam, konnte sie selbst im faschistischen Italien noch längere Zeit unbehelligt, ja sogar mit Protektion weiterarbeiten.

Fritz KARSEN), berichteten wenig über deren spätere Entwicklung[3] und fragten auch nicht nach dem ganzen Ausmaß des 1933 erfolgten Exodus des an neuer Erziehung und gesellschaftlicher Veränderung interessierten Geistes. Zur Erklärung dieses Phänomens trägt eine "zweigleisige Exilforschung"[4] bei, die sich nicht nur mit denen befaßt, die gingen, sondern auch mit jenen, die im Lande blieben und davon profitierten, daß andere gehen mußten. Die "großen Namen" der Kathederpädagogik verblieben nach 1933 - wenngleich nicht dauerhaft und konfliktlos - zunächst im Amt, konnten "Schule" machen und mitsamt ihren Schülern auf Jahre hinaus die Trends in der westdeutschen erziehungswissenschaftlichen Forschung und Lehre bestimmen. Das ist ihnen kaum anzulasten, wohl aber, daß für sie die Auseinandersetzung mit dem seinerzeit faktisch und aus dem Bewußtsein verdrängten Potential überwiegend "kein Thema" war. Dadurch wurde der 1933 partiell bewirkte Kontinuitätsbruch nachhaltig vertieft und stabilisiert. In der DDR fand zwar sowohl das bürgerliche wie proletarische reformpädagogische "Erbe" vergleichsweise zunächst größere Resonanz, unterlag jedoch zeitweilig nicht minder bestimmten Selektions- und Abwehrmechanismen (RANG-DUDZIK 1976; RANG, B. 1982). Rückkehrer/innen aus dem Exil wurde hier indessen in der Regel mit weniger Vorbehalten begegnet als in der BRD.[5]

Der "Kontinuitätsbruch", der keineswegs für das gesamte Feld der Pädagogik behauptet werden darf, hatte um so verhängnisvollere Folgen, als er großenteils progressive, jedoch noch ungefestigte und in der Weimarer Republik durchaus umstrittene Entwicklungstendenzen betraf. Daß es sie überhaupt gab und daß sie im Exil bewahrt und weiterentwickelt wurden, ist bis heute nicht in vollem Umfang ins kollektive Gedächtnis der Zunft eingegan-

---

3 Das verwundert umso mehr, als etwa Wolfgang SCHEIBE, Wilhelm FLITNER und Hermann RÖHRS, der im übrigen noch die meisten und ausführlichsten Hinweise gibt, den betreffenden Personenkreis aus den zwanziger Jahren gut genug überblickt und persönlich gekannt haben dürfte.

4 Sie wird von Martha MIERENDORFF gefordert und praktiziert am Beispiel der Emigration im Bereich von Theater und Film. Vgl. ihren Beitrag: "Über die Notwendigkeit zweigleisiger Exilforschung". In: Deutsches Institut der Universität Stockholm (Hrsg.): Protokoll des II. Internationalen Symposiums zur Erforschung des deutschsprachigen Exils nach 1933 in Kopenhagen. Stockholm 1972, S. 445-465.

5 Sie gelangten teilweise in einflußreiche Positionen. Veröffentlichungen und wissenschaftliche Konferenzen thematisierten im Zusammenhang mit der Geschichte der Arbeiterbewegung vor allem die ihr angehörenden Pädagogen in Widerstand und Exil, lange bevor einzelne von ihnen zu Leitfiguren der Studentenbewegung wurden.

gen, wenn auch in den letzten Jahren die von mir betriebene Forschungs- und Vermittlungsarbeit zunehmend Interesse und Unterstützung findet. Um welche Dinge, die - nach FREUDs früher Definition des Abwehr-Vorgangs - "der Kranke vergessen wollte, die er darum absichtlich aus seinem bewußten Denken verdrängte, hemmte und unterdrückte"[6], handelt es sich dabei? Das soll im folgenden an einigen Schwerpunkten dieser "verdrängten Pädagogik", die besonderen Widerständen in der Rezeption begegnete und begegnet, verdeutlicht werden.

1. Verdrängtes gewerkschaftliches Selbstverständnis in der Organisation von Lehrern und Erziehern

Es hat nach 1945 lange Zeit gedauert und erheblicher Anstrengungen bedurft, bis aus dem traditionellen "Lehrerverband" bundesweit eine "Gewerkschaft Erziehung und Wissenschaft" wurde, die sich als solidarischer Bestandteil der Arbeiterbewegung begriff. Die Verfechter dieser Entwicklung konnten dabei an eine in der Weimarer Republik begründete und in der Emigration fortgesetzte Tradition anknüpfen, was jedoch den wenigsten gegenwärtig war. Selbst Heinrich RODENSTEIN, einer der markantesten Repräsentanten der von mir vor allem erforschten und sog. "pädagogisch-politischen Emigration", hörte zunächst "die Glocken von Vineta klingen", der sagenhaften Insel auf dem Meeresgrund, als ich ihn Ende der sechziger Jahre auf seine einschlägigen Aktivitäten im Exil ansprach. Er stand damals an der Spitze der Bundes-GEW, hatte - nicht zuletzt wegen seiner im Exil unterhaltenen Kontakte zur französischen Lehrerbewegung und zur Résistance - vertrauensvolle Beziehungen zu ausländischen Lehrerorganisationen hergestellt und, wie auch andere Remigranten, die spartenübergreifende, gewerkschaftliche Organisation der Lehrerschaft unter Absetzung vom "Vereinsprinzip" wesentlich mitgetragen. Ein Hilfsfonds der GEW für heute verfolgte und zur Emigration gezwungene Lehrergewerkschaftler aus vielen Ländern trägt seinen Namen. Er steht für eine ganze, quantitativ nicht unbeträchtliche Gruppe von Lehrerinnen und Lehrern, die sich schon in der Wei-

---

6 Diese Definition der "Verdrängung" in den "Studien über Hysterie" von 1893 wird von FREUD bereits 1895 modifziert und der Ausdruck "absichtlich" nur noch mit Vorbehalt verwendet. Der verwandte Terminus sollte jenseits der Psychoanalyse nicht überstrapaziert werden. Es könnte jedoch lohnen, mit psychoanalytischen Kategorien einmal den Gründen für die hartnäckige Ablehnung nachzugehen, die der Fremde und der in die Fremde Gegangene zumal unter Deutschen erfährt.

marer Republik gewerkschaftlich organisierten und dabei durchaus unterschiedlichen politischen Gruppierungen des linken Spektrums angehörten. Sie gerieten zum Teil frühzeitig in Konflikt mit dem Nationalsozialismus, der in Thüringen und Braunschweig bereits vor 1933 an die Macht kam und sogleich systematisch eben diese politisch und pädagogisch engagierten Pädagogen aus dem Schuldienst entfernte oder erst gar nicht zu ihm zuließ. Sie gingen, da oft auch physisch massiv bedroht, als erste ins Exil und setzten von dort ihren Kampf gegen den deutschen Faschismus fort. Aus ihnen rekrutierte sich insbesondere die "Union des Instituteurs Allemands Emigrée", der "Verband deutscher Lehreremigranten" mit dem Sitz in Paris und von Heinrich RODENSTEIN in mehreren Funktionen repräsentiert. Die - nach eigener Einschätzung - "bestorganisierte Berufsgruppe der Emigration" erarbeitete u.a. ein äußerst radikales "Sozialistisches Schul- und Erziehungsprogramm", in dem die wichtigsten Ansätze der sozialistischen Erziehungsbewegung wie der bürgerlichen Reformpädagogik "aufgehoben" und weitergedacht wurden. Es dokumentiert ein Selbstverständnis dieser ausdrücklich gewerkschaftlich orientierten Organisation, das über die Sorge um die existentiellen Nöte ihrer Mitglieder hinausgreift. Die Veröffentlichung dieses herausfordernd programmatischen Textes und anderer Materialien sowie die Geschichte des Verbandes ist zwar von der GEW gefördert worden (FEIDEL-MERTZ/SCHNORBACH 1981a+b), wurde aber weder in den eigenen Reihen noch unter Fachhistorikern diskutiert, ja nicht einmal zur Kenntnis genommen; erst der Literaturbericht von Wolfgang KEIM brachte sie 1986 in die erziehungswissenschaftliche Diskussion ein[7]; gleichzeitig griff auch die Organisationsgeschichte der "Gewerkschaft Erziehung und Wissenschaft", die Peter KÖRFGEN "aus der Perspektive der Aufklärung" verfaßte, mit großer Ausführlichkeit und zustimmend auf die in der Darstellung ihrer Vor-Geschichte nachgewiesenen "emanzipatorischen Impulse" zurück (1986).

---

7   Bis dahin war lediglich eine Rezension von Hans-Günter THIEN in der IWK 3/1983 erschienen, die bereits "angesichts des allenthalben sichtbar werdenden Zuges ins Alternative" bezweifelt, ob sich die Lehrer auf diese "wichtige Lektüre" einlassen werden, sowie eine zweite von Lore SALOMON in den vom Studienkreis zur Erforschung und Vermittlung der Geschichte des deutschen Widerstandes herausgegebenen "Informationen" 1/1984, die darauf verweist, daß heutige Pädagogen aus den schulpolitischen und pädagogischen Diskussionen des Exils mehr als neue einzelne Anregungen entnehmen können" und hinzufügt: "Daß dies nicht schon längst geschehen ist, zeigt, wie weit die Geschichte des Exils aus dem Bewußtsein der bundesdeutschen Wissenschaft und Öffentlichkeit verdrängt war."

2. Der verdrängte Zusammenhang von pädagogischer und gesellschaftlicher Erneuerung

Unter dem 1933 eingetretenen Kontinuitäts- und Traditionsbruch hatten in besonderem Maße die *sozialistische Erziehungsbewegung* und die *psychoanalytische Pädagogik* gelitten. Deren theoretische Vorarbeiten und praktische Pionierleistungen waren immerhin durch die Studentenbewegung in den sechziger Jahren - wenn auch selektiv - ausgegraben und ihrer schließlichen "pädagogischen Wende" zugrunde gelegt worden. Jedoch schon der nachfolgenden Generation von Alternativschulpädagogen kam dieses Wissen offenbar abhanden; sowohl ihre Erziehungsversuche wie ihre Publikationen sind vielfach von einer auffallenden "Geschichtslosigkeit" oder von besagten "falschen Gewißheiten" über das Ende der Reformpädagogik 1933 geprägt (VAN DICK 1979; BECK 1982; ZUDEICK 1982). Diese von mir 1983 getroffene Feststellung (FEIDEL-MERTZ 1983) hat einige fruchtbare Lernprozesse ausgelöst (VAN DICK 1988). Aber die während der Studentenbewegung geläufigen "großen Namen" und die mit ihnen verbundenen Erkenntnisse - wie beispielsweise Kurt LÖWENSTEIN, Otto RÜHLE, Edwin HOERNLE, Siegfried BERNFELD - gehören inzwischen längst nicht mehr zum selbstverständlichen Bildungskanon heutiger Pädagogikstudenten, was allerdings nicht allein auf sie zurückfällt. Wer setzt sich noch mit den Erfahrungen der "Kinderrepubliken" und der sozialdemokratischen Kinderfreundebewegung auseinander, der größten Kinderorganisation ihrer Zeit? Wer kennt - sogar unter "Insidern" - das Programm einer sozialistischen Fürsorgeerziehung, das die Arbeiterwohlfahrt 1929 nicht nur zur Diskussion stellte, sondern im Berufserziehungsheim für gefährdete Mädchen, dem "Immenhof" in der Lüneburger Heide, in geradezu revolutionärer Praxis umsetzen ließ?[8] Verschiedenenorts werden regional bezogene Teilstücke aus der Geschichte der von Arbeitern, Eltern und Lehrern, die der Arbeiterbewegung nahestanden, gemeinsam durchgesetzten "weltlichen", d.h. nicht-konfessionellen Schulen aufgearbeitet; in ihnen wurde u.a. ein anderer Umfang mit der Geschichte gepflegt, auf Prügelstrafe verzichtet und das Verhältnis zwischen Kindern und Lehrern auf eine neue Grundlage gestellt. Obwohl sie von den Nazis 1933 offiziell aufs strengste verboten worden wa-

---

8 Die Verfasserin bereitet eine Dokumentation über diesen Modellversuch vor, der 1989 in der von ihr herausgegebenen Reihe "Pädagogische Beispiele" im dipa-Verlag, Frankfurt/M., erscheinen soll (vgl. H. FEIDEL-MERTZ: Beispiel einer 'anderen Heimerziehung': 60 Jahre 'Immenhof', in: Theorie und Praxis der sozialen Arbeit, H. 1/1988).

ren, überdauerten sie nicht selten trotz Versetzung oder Entlassung der an ihnen Tätigen - bis die Gestapo eingriff. Die Kinder haben die "Klimaveränderung", die mit dem Verlust dieser Lehrerinnen und Lehrer in den Schulen einherging, sehr sensibel wahrgenommen. Die betroffenen Lehrkräfte wurden z.T. nach einigen Zugeständnissen wieder eingestellt; viele schlugen sich in anderen Berufen durch, beteiligten sich am politischen Widerstand und mußten schließlich oft genug doch emigrieren, um nicht im KZ oder Zuchthaus zu enden. Im Exil haben sie stets "mit dem Gesicht nach Deutschland gelebt" (E. MATTHIAS) und sich auf die Rückkehr vorbereitet, die jedoch nicht allen und früh genug gestattet wurde. Die Vorstellungen, die sie von einem Erziehungs- und Bildungssystem nach HITLER unter gleichfalls veränderten, zu verändernden gesellschaftlichen Rahmenbedingungen in der Emigration entwarfen, konnten daher, wenn überhaupt, nur mit großer Verzögerung und beträchtlich reduziert im Nachkriegsdeutschland wirksam werden.

Aus den programmatischen Erklärungen der sozialistischen bzw. liberalsozialen Gruppierungen im Exil für ein vom Faschismus befreites Deutschland läßt sich ein Minimalkonsens herauslesen, der in etwa die folgenden Grundforderungen umfaßt:[9]

- eine radikale Säuberung des Erziehungs- und Bildungswesens von allen chauvinistischen, rassistischen und militaristischen Elementen, einschließlich des durch seine Propagierung diskreditierten Personals;

- eine Reorganisierung und Demokratisierung des Erziehungs- und Bildungswesens durch "demokratische Deutsche" anstelle ausländischer "Umerzieher";

- die Einbeziehung von "Laien", insbesondere aus der Arbeiterschaft, aber auch generell von Eltern in die schulische Arbeit, sowie deren verantwortliche Mitgestaltung durch gesellschaftliche Kräfte wie z.B. die Gewerkschaften;

- eine umfassende und intensive pädagogische Beeinflussung der jungen Generation, die als völlig demoralisiert eingeschätzt wurde, in Lagern und Heimen, deren Einwirkungsmöglichkeiten von den Lehrern und Erziehern im Exil positiv erfahren worden waren.

---

9 Die "pädagogischen und bildungspolitischen Vorstellungen emigrierter Lehrer und Erzieher", die hier nur sehr global wiedergegeben werden können, sind von der Verfasserin ausführlicher dargestellt worden in einem Vortrag, den sie zur Eröffnung des Erziehungsgeschichtlichen Symposiums der Historischen Sektion der DGfE in der Universität Innsbruck vom 28. bis 30. September 1987 gehalten hat (unveröffentl. Mskr.).

Gefordert wird außerdem
- eine "weltliche", d.h. überkonfessionelle Schule in prinzipiell staatlicher Trägerschaft, die allen ohne Unterschied des Geschlechts und der sozialen Herkunft zugänglich sein sollte;
- die zeitliche Ausdehnung der Schulpflicht bzw. der vergesellschafteten Erziehung, teilweise von der Geburt bis zum 20. Lebensjahr;
- eine einheitliche, in Stufen horizontal gegliederte Schulorganisation;
- eine vereinheitlichte Lehrerbildung auf wissenschaftlichem Niveau, ergänzt durch obligatorische praktische und/oder soziale Arbeit;
- die Öffnung der ihres elitären Charakters zu entkleidenden Universitäten für alle Studierwilligen und -fähigen unter Übernahme von Aufgaben der Erwachsenenbildung;
- ein großzügiger Ausbau der Erwachsenenbildung, der eine Schlüsselfunktion zugesprochen wird, nach Vorbildern aus der Weimarer Republik, aber auch aus den angelsächsischen und skandinavischen Ländern;
- die Einrichtung eines Internationalen Erziehungs- und Jugendamtes, das vor allem durch den Austausch von Schülern und Lehrern zur Völkerverständigung beitragen, ja sogar die "wichtige Aufgabe der Wiedererziehung der Deutschen" schlechthin übernehmen sollte (SPECHT 1943).

Unterlegt war allen diesen pädagogischen und bildungspolitischen Konzepten als selbstverständliche Voraussetzung oder gleichzeitig zu schaffende Rahmenbedingung eine grundlegende Änderung der gesellschaftlichen Verhältnisse. Werner LINK, der 1968 erstmals einige der erziehungspolitischen Vorstellungen der sozialistischen Emigration untersuchte, bemerkt dazu:

"... die Verwirklichung des reformpädagogischen Programms - wie es in der Emigration unter Wahrung des demokratischen Erbes erarbeitet und in den Nachkriegsberatungen weiterentwickelt wurde - ist nach wie vor eine unerfüllte Aufgabe (die nicht nur durch das föderalistische Prinzip der BRD gehemmt wird). Unbeantwortet bleibt die Frage, ob die demokratische Reform des westdeutschen Schul- und Bildungswesens auf lange Sicht auch ohne die grundsätzliche Umgestaltung der Wirtschafts- und Sozialstruktur - die von der sozialistischen Emigration als Voraussetzung vorgesehen war, aber nach 1945 nicht erfolgte - in der Praxis der Gesellschaft möglich sein wird oder ob es erst einer qualitativen Änderung dieser Gesellschaftsordnung und ihrer ökonomischen Strukturen bedarf." (LINK 1968, S. 279).

Die Menschen, die den Zusammenhang von pädagogischer und gesellschaftlicher Erneuerung klar erkannten und in ihre Zukunftsplanung einbezogen, hatten schon - im Gegensatz zu der Mehrheit ihrer Kollegen - vor

1933 die Grenzen durchaus gesehen und dennoch unterschätzt, die der Anstrengung des Pädagogen gesetzt sind, sofern er sich lediglich als Pädagoge versteht. Ein solches borniertes Selbstverständnis hatte Siegfried BERNFELD 1925 im klassischen mythologischen Bild des sich unablässig vergeblich abmühenden "Sisyphos" zu hinterfragen versucht. Trotz der großen Resonanz, die BERNFELDs Essay bei seinem ersten Erscheinen fand, wurden dessen weitreichende Konsequenzen auch damals von vielen entweder nicht angemessen wahrgenommen und nur als Hinweis auf die Begrenztheit der Erziehbarkeit des Kindes und der Erziehungsfähigkeit des Erziehers mißverstanden oder ganz und gar "verdrängt". BERNFELD selbst bekam wie die Minderheit, die sich seinen Einsichten am wenigsten verschlossen hatte, deutlich zu spüren, daß - wie er im Vorwort zur 2. Auflage formuliert - "nicht die Pädagogik, sondern die Politik das Erziehungswesen baut" (BERNFELD 1928) und, wäre hinzuzufügen, auch zerstört.[10]

Der "Abbau pädagogischer Errungenschaften" durch den Nationalsozialismus traf nicht allein, aber vorrangig die Zielsetzungen, Methoden, Organisationsformen und Institutionen, die sich einer sozialistischen oder "proletarischen" Pädagogik zuordnen ließen. Das waren neben der außerschulischen Kollektiverziehung und den "weltlichen" Schulen, auf die bereits hingewiesen wurde, z.B. im Bereich der weiterführenden Schulen die "erste Gesamtschule", die Karl-MARX-SCHULE unter Fritz KARSEN in Berlin-Neukölln mit ihren Arbeiter-Abiturienten-Kursen, mit einigen Einschränkungen auch die Hamburger Lichtwark-Schule und die Schulfarm Insel Scharfenberg in Berlin, um nur die bekanntesten zu nennen. Es ist bezeichnend, daß Lehrerkollegien und Schülerschaft dieser Schulen eine Reihe von Widerständlern und Emigranten stellten. In der Erwachsenenbildung wurden die in den zwanziger Jahren entstandenen Bildungsstätten der Arbeiterbewegung, die bereits in ihrer Architektur einen neuen Geist auszudrücken suchten, zerschlagen und demonstrativ umfunktioniert, so etwa die "Akademie der Arbeit" in Frankfurt/M., die "Arbeitersportschule" in Leipzig und die "Bundesschule des Allgemeinen Deutschen Gewerkschaftsbundes" in Bernau. Das gleiche Schicksal hatten die mit der Arbeiterbewegung verbundenen Heim- und Abendvolkshochschulen; der originelle Versuch einer Lern- und Wohngemeinschaft mit jungen Arbeitern, der in Leipzig und Jena praktiziert worden war, nahm ein jähes Ende und wurde nach 1945 nur noch

---

10 Im amerikanischen Exil waren seiner Schaffenskraft Grenzen gesetzt, die ihn sowohl entpädagogisierten wie entpolitisierten und auf die Arbeit an der Geschichte FREUDs und der Psychoanalyse beschränkten.

kurzfristig in Köln wiederbelebt, spielte aber in der Diskussion um die Arbeiterbildung ansonsten keine Rolle mehr. Geschlossen und enteignet wurden die Walkemühle, die Kaderschule des "Internationalen Sozialistischen Kampfbundes", in der sowohl Kinder wie junge Erwachsene unter der Leitung von Minna SPECHT eine anspruchsvolle charakterliche und intellektuelle Ausbildung zu politisch verantwortlich denkenden und handelnden Menschen erhielten. Auch diese Bildungsarbeit fand in den Nachkriegsjahren keine voll entsprechende Fortsetzung mehr.[11]

War die sozialistische Pädagogik insgesamt der Ächtung verfallen, so stellte sich die Situation in der bürgerlichen, Individualität, Liberalität und Humanität pflegenden Reformpädagogik differenzierter dar. Einzelne hervorragende Modelle wurden aufgegeben oder ins Exil verlagert. Kurt HAHN mit Salem und Paul GEHEEB mit der Odenwaldschule repräsentieren jeweils konträre Positionen innerhalb der deutschen Landerziehungsheimbewegung, deren breites Spektrum sich auch in den vergleichbaren Exilschulen wiederfindet. Mit der Berufung einzig auf HAHN, GEHEEB und Minna SPECHT wird indessen die von mir vertretene und offensichtlich als Provokation empfundene These von der "verdrängten Pädagogik" zu widerlegen versucht (TENORTH 1985). So meint etwa TENORTH, "zumindest für Paul GEHEEB, Minna SPECHT und Kurt HAHN ... hat es ja an Aufmerksamkeit und Anerkennung nach 1945 nicht gefehlt. P. GEHEEB und die Odenwaldschule ließen sich geradezu als Paradebeispiele dafür anführen, in wie starkem Maße bestimmte reformpädagogische Traditionen, solche nämlich, die erkennbar nicht durch die Nähe zum Nationalsozialismus belastet waren, nach 1945 rezipiert wurden" (1985, S. 140). Nicht einmal diese vielzitierten "Paradebeispiele" halten jedoch bei näherer Kenntnis der Umstände, was sie dem zu versprechen scheinen, der sie benutzt, um sich damit um so leichter der kritischen Aufarbeitung des Verdrängten in seiner ganzen Bandbreite und gesellschaftspolitischen Brisanz zu entziehen. Sowohl HAHN wie GEHEEB sahen nach 1945 ihre pädagogischen Ziele nicht

---

11 Die Erwachsenenbildung wurde schon vor 1933 zugunsten des aktiven politischen Widerstandes gegen den aufkommenden Faschismus eingestellt; Minna SPECHT ging mit einem Teil der Kinder und des Lehrpersonals 1933 zunächst nach Dänemark und später nach Wales. Es ist bislang ungeklärt, weshalb sie 1946 die Leitung der Odenwaldschule übernahm und sich nicht persönlich stärker, wie zu erwarten gewesen wäre, um den Erhalt der Walkemühle als Bildungsstätte bemühte. Die Walkemühle wurde kurz nach der Währungsreform - nachdem sie einige Jahre als Kindererholungsheim und Schulungsstätte für "Falken"-helfer gedient hatte - von der SPD ohne größeren Widerspruch seitens der ehemaligen ISK-Mitglieder veräußert.

mehr in Deutschland, sondern in ihren Exilgründungen, über die noch immer keine größeren deutschsprachigen Veröffentlichungen vorliegen, verwirklicht; erst in der "Ecole d'Humanité" kam GEHEEB der von ihm erstrebten interkulturellen Erziehung zur Menschheit und zur Menschlichkeit nahe, erst in Gordonstoun konnte Kurt HAHN ernsthaft die in Salem geforderte, aber nur unzureichend realisierte Erziehung zur sozialen Verantwortung und zum sozialen Dienst in die Tat umsetzen. Paul GEHEEB übertrug die Leitung der Odenwaldschule 1946 an Minna SPECHT, die sie nach wenigen Jahren niederlegte. Ihr großer Plan, aus der Odenwaldschule eine modellhafte "Schule des Volkes" zu machen, "in der sich die alte Idee der Menschheitsbildung mit der realistischen, wirklich gemeinschaftsbildenden Schulung, vor allem der Kinder der arbeitenden Klasse vereint" (FEIDEL-MERTZ 1983, S. 226), sollte nicht zuletzt von der gewerkschaftlich organisierten Arbeiterschaft unterstützt und getragen werden. Minna SPECHT erwartete von den Gewerkschaften nicht bloß die Finanzierung von Freistellen, sondern mehr noch den "kraftvollen, lebenserfahrenen Rückhalt, den die Erziehung einer neuen Generation braucht" (ebd.). In diesen hochgespannten Erwartungen wurde sie ebenso enttäuscht wie alle jene emigrierten Pädagogen, die aufgrund ihrer Exilerfahrung die von ihnen tradierte und weiterentwickelte Pädagogik der Landerziehungsheime als Medium einer Erziehung zur Demokratie und zugleich zur Demokratisierung der Erziehung in größerem Umfang durchsetzen wollten. Die Pädagogik der Landerziehungsheime war auch in ihrer Geschichte keineswegs, wie TENORTH unterstellt, lediglich immer bewußt und selbstgewählt eine Pädagogik *neben* dem öffentlichen Schulsystem gewesen, sondern hatte sich als "Gegen-Modell" zu diesem verstanden, das durchaus Wirkungen auf die Pflicht- und Regelschule haben sollte, beispielsweise - wie HAHN schon in den zwanziger Jahren vorschlug - durch die Einrichtung von Tagesheimschulen am Stadtrand.

Zum Beweis dessen, daß ich die bildungspolitische Entwicklung nach 1945 zu Unrecht als Verdrängungsprozeß "etikettiere" - mit welcher Wortwahl eine oberflächliche Vorgehensweise suggeriert wird - verweist TENORTH auf den - unbestreitbaren - Einfluß, den ehemalige Mitglieder des "Internationalen Sozialistischen Kampfbundes", die sich nach 1945 der SPD anschlossen, auf deren Programme und auf die praktische Bildungspolitik zumindest in Hessen ausgeübt haben. Der von TENORTH vermißte "Maßstab", an dem ich auch in diesem zunächst ausschließlich positiv erscheinenden Fall eine Verdrängung messe, ist der ursprüngliche eigene Anspruch dieses Kreises, wie er sich in der von Minna SPECHT 1943 im Exil verfaßten Programmschrift des ISK mit dem Titel "Gesinnungswandel" ausgedrückt findet. Dabei geht es mir nicht in erster Linie um die inhaltlichen und methodischen Postulate der vom ISK vertretenen Pädagogik, obwohl sicherlich keine Rede davon sein kann, daß etwa die als zentrales Unterrichtsprinzip in Schule und Lehrerbildung propagierte "sokratische Methode" ungeachtet der Bemühungen von Gustav HECKMANN und der Philosophisch-Politischen Akademie sich über einen exklusiven Kreis hinaus allgemein verbreitet hat. In dieser Programmschrift wird nun zwar der Nachdruck auf den "inneren Prozeß", eben den "Gesinnungswandel" gelegt und - im Unterschied zu den übrigen Verlautbarungen der sozialistischen Emigration, die auf der Gleichzeitigkeit einer sozialistischen Umgestaltung von Schule und Gesellschaft bestehen, - dieser als Ergebnis der zu leistenden, jedoch noch nicht als sozialistisch bezeichneten Erziehungsarbeit verstanden. Dennoch wird auch in diesem Text eine gravierende soziale und politische Neuordnung gefordert. Als "Kernstück" der längst nicht vollständig eingelösten Forderung benennt Minna SPECHT: "die Zerbrechung aller Nazi-Institutionen und die Überantwortung aller Nazi-Verbrecher an Gerichte; die Beseitigung der Wehrmacht und der Waffenindustrie; die politische und wirtschaftliche Ausschaltung der Junkerkaste; die öffentliche Kontrolle der Wirtschaft und die Einordnung Deutschlands in den Rahmen einer überstaatlichen europäischen Zusammenarbeit."

Nur unter weitgehendem Verzicht auf den "Stachel", den die Einsicht in die Dialektik von pädagogischer und gesellschaftlicher Erneuerung und die aus ihr resultierende politische Strategie enthält, wurde - wenn überhaupt - das Vermächtnis der pädagogisch-politischen Emigration rezipiert.

3. Verdrängte Innovationspotentiale

Die pädagogisch-politische Emigration bestand in nicht geringer Zahl aus Frauen und Männern der Praxis, oft eigenwilligen, unbequemen Neuerern und Mahnern, die auf Veränderung des Veränderungsbedürftigen drängten und deshalb schon in der Weimarer Republik in Konflikt mit den herrschenden Verhältnissen gerieten. Sie waren vielfach doppelt oder mehrfach qualifiziert, etwa als Lehrer oder Sozialarbeiter, aber auch als Handwerker, Künstler, Ärzte und Juristen, und wechselten dementsprechend häufig ihre Tätigkeitsfelder. Die dabei bewiesene Bereitschaft zum Risiko, zum Aufbruch ins Unbekannte, kam ihnen in der Emigration zugute. Sie ließen, selbst wenn zu berufsfremder Arbeit gezwungen, keine Gelegenheit aus, sich als Pädagogen zu betätigen, nahmen kreativ die Herausforderungen auf, die sich ihnen in den verschiedenen Exilländern stellten. In den Schul- und Heimgründungen des Exils, die nicht nur Flüchtlingskindern offenstanden und teilweise das Exil überdauerten, schufen sie sich selbst Arbeitsplätze und ihren Familien eine bescheidene Existenzgrundlage. In den meist als Internat geführten Schulen und Kinderheimen wurden sie "rund um die Uhr" in Anspruch genommen durch erzieherische Aufgaben, für die sie häufig - als Lehrer - nicht hinreichend vorgebildet waren. Das gemeinsame Leben und Arbeiten mit Kindern, die sowohl pädagogisch begründete wie objektiv unvermeidliche, weil kostensenkende "Selbstversorgung" durch manuelle Arbeit in Haus und Garten eingeschlossen, stellte ungewohnte Ansprüche an praktisch-organisatorische Fähigkeiten und war ohne Improvisationstalent nicht zu bewältigen. Nicht nur die Kinder empfanden das durch die Umstände bedingte "Lernen aus Notwendigkeit" als sinnvoll und fruchtbar. Welche Stabilisierung der menschlichen und beruflichen Identität dieser Lebens- und Arbeitszusammenhang bedeutete, wird von der Sozialpädagogin Nora ASTFALCK, die an einer Exilschule in Großbritannien, später mit Minna SPECHT an der Odenwaldschule arbeitete und dann den "Immenhof" der Arbeiterwohlfahrt leitete, recht anschaulich vermittelt:

> "Wir waren da, vom Morgen bis zum Abend, und formten das einfache, alltägliche Leben in seinem *sehr* engen Haus, hoben dies Leben auf eine besondere Stufe, indem wir jeden Einzelnen beteiligten, ganz praktisch, man tat etwas. Für mich hat das einen wesentlichen pädagogisch-psychologischen Sinn, gerade für diese jungen Menschen. Vertrieben, staatenlos, ohne Angehörige, kein Geld. Bedauernswert??? Aber nein!!! Man war ja sehr *viel* wert, wurde gebraucht, leistete etwas ... man war ja viel wichtiger als früher! Stark, sicher und in einer Bindung mit Gleichen." (Brief an die Verfasserin v. 23.8.1983).

Sicherlich haben nicht alle Pädagoginnen und Pädagogen das Exil derart positiv, als Aufwertung ihrer eigenen Person und Leistung, erfahren; immerhin war ihnen diese Erfahrung eher möglich als anderen Berufsgruppen.

Daß gerade eine Frau, die sich zudem noch aus politischer Überzeugung für das Exil entschied, diese Wahrnehmung machte, dürfte kein Zufall sein. Frauen aus pädagogischen und sozialen Berufen hatten sich bereits in der Weimarer Republik im allgemeinen soweit emanzipiert, daß sie das Exil selbständig, mitunter in Partnerschaft mit anderen Frauen, auch als "neue Chance" zu nutzen verstanden. Sie übernahmen im Exil keineswegs nur, wie mitunter vermutet wird, die typische Frauen- und Mutterrolle und verzichteten nicht durchweg auf ihre berufliche Selbstverwirklichung zugunsten eines männlichen Partners.[12]

Nicht wenige Angehörige pädagogischer und sozialer Berufe wurden sowohl aus politischen wie sog. "rassischen" Gründen verfolgt und in die Emigration getrieben. Menschen jüdischer Herkunft, die oft nicht mehr dem Judentum als Glaubensgemeinschaft anhingen, hatten sich vor 1933 vielfach in der Arbeiterbewegung engagiert und zugleich neuartige Ansätze in Pädagogik und Sozialarbeit aktiv unterstützt. Sie waren daher durch das vornehmlich gegen "Linke" und - zunächst noch mit Ausnahmen - gegen Juden verhängte "Berufsverbot" als erste und doppelt betroffen. Jüdische Lehrerinnen und Lehrer, für die das nicht galt, wurden dann spätestens 1935 aus dem öffentlichen Schuldienst ausgeschlossen. Sie fanden, soweit sie nicht sogleich emigrierten, was relativ selten geschah, in der nach 1933 sich neu entfaltenden jüdischen Bildungsarbeit, die dadurch geradezu ein Refugium auch für die aus deutschen Schulen verdrängten Inhalte und Methoden wurde, zumindest teilweise eine Möglichkeit zu befriedigender beruflicher Betätigung. Die Tradierung deutscher und europäischer Kultur verband sich in diesen Einrichtungen neben der pragmatisch orientierten Vorbereitung auf die Auswanderung mit einer Erziehung zu einem bewußten Judentum, einer "Erziehung zum geistigen Widerstand" (SCHACHNE 1986), die der alltäglichen Demütigung jüdischer Kinder und Jugendlicher entgegenzuwirken versuchte. Dieses Teilstück einer gemeinsamen deutsch-jüdischen Bildungsgeschichte ist bislang ebenso wenig erforscht und beschrieben wie überhaupt der innovatorische Beitrag, den Menschen jüdischer Herkunft insbesondere im Feld der sozialen Arbeit geleistet haben.

Diese durch eine beispielhafte menschliche und pädagogisch-politische Grundhaltung ausgezeichneten "Veränderungspotentiale" sind uns durch den Nationalsozialismus großenteils unwiderruflich abhanden gekommen; die jeweiligen Gastländer haben davon profitiert. Nach 1945 kehrten verhältnismäßig wenige auf Dauer und so bald zurück, wie es ihrem Wunsch entsprach. Einige, die inzwischen zu amerikanischen oder britischen Staatsbürgern geworden waren, leisteten im Auftrag der Besatzungsmächte wertvolle "Entwicklungshilfe" beim Aufbau bislang hierzulande unbekannter sozial-pädagogischer Einrichtungen wie z.B. der Nachbarschaftsheime oder der "child guidance clinics" (Erziehungsberatungsstellen), in der Aus- und

---

12 Es ist bezeichnend, daß von den "Frauen im Exil", die Gabriele KREIS befragte, als einzige die frühere Studienrätin an der Karl-MARX-Schule, Hedda KORSCH, dieses von der Autorin als "typisch" geschilderte Schicksal nicht teilte (KREIS 1984).

Fortbildung von Sozialarbeitern und Sozialpädagogen durch die Einführung in professionelle Methoden wie der Gruppenpädagogik (Gisela KONOPKA) oder der Einzelfallhilfe, dem "casework" (Hertha KRAUS), deren Entwicklung in den USA die Emigrant/innen auch unter eindeutigem Rückgriff auf ihre in Deutschland erworbenen Kenntnisse und Erfahrungen vorangetrieben hatten. Sie wurden des öfteren nicht als Emigranten, sondern - wie Gisela KONOPKA z.B. - als "the American Big Shot", als ausländische Experten wahrgenommen, ihre Vermittlung zwischen deutscher und amerikanischer Tradition nicht als solche begriffen, vielmehr vor allem in der Folgezeit als "Methoden-Import" kritisiert und abgelehnt. Daß die Besatzungsmächte u.a. wegen möglicher Ressentiments in der deutschen Bevölkerung die Rückkehr und den Einsatz von Emigranten nicht sonderlich forcierten, entsprach zwar der Realität, wird dadurch aber noch nicht als angemessene Strategie gerechtfertigt.

4. Verdrängte Erziehungswissenschaft als "soziale Pädagogik"

Bei den emigrierten Pädagogen handelte es sich - wie gesagt - überwiegend um "Praktiker". Die Erziehungswissenschaft erscheint hingegen, wenn man nur die einschlägigen Nachschlagewerke wie z.B. das "Biographische Handbuch der Emigration" zu Rate zieht, beinahe als "Wissenschaft ohne Emigranten" (TENORTH 1985; 1986). Bis auf wenige Ausnahmen[13] gingen die "ordentlichen" Lehrstuhlinhaber nicht in die Emigration, eher schon die "außerordentlichen", Honorarprofessoren, Privatdozenten und Lehrbeauftragte. Auf solche universitäre Positionen wurden nämlich allenfalls bedeutende "Außenseiter" wie z.B. die Vertreter der psychoanalytischen und der sozialistischen Pädagogik berufen. In der Volks- und Berufsschullehrerbildung sowie in den Ausbildungsstätten für soziale Berufe, die in der Weimarer Republik eine Anhebung des Niveaus erfuhren, konnten sie sich zahlreicher etablieren, was 1933 entsprechende Eingriffe in die personelle Substanz zur Folge hatte.

Es waren darüber hinaus für pädagogische Fragestellungen aufgeschlossene Vertreter anderer als der "klassischen", mit der Pädagogik gekoppelten

---

13 Solche "Ausnahmen" waren Jonas COHN in Freiburg und Richard HÖNIGSWALD in München, die als Juden nicht länger lehren durften und deshalb emigrierten. Dagegen verlor Paul TILLICH in Frankfurt seinen Lehrstuhl als "religiöser Sozialist"; er ging in die USA ins Exil.

Disziplinen, die das Selbstverständnis der Pädagogik als Wissenschaft in den zwanziger Jahren über ihre vornehmlich geisteswissenschaftliche Orientierung hinaus zu erweitern begannen. Nationalökonomen, Soziologen, Juristen beschritten neben Psychologen der verschiedensten Richtungen in Teil- oder Randgebieten der Erziehungswissenschaft neue Wege, so etwa Paul HONIGSHEIM in Köln, Paul HERMBERG, Hermann HELLER, Fritz BORINSKI in Leipzig, ROSENSTOCK-HUESSY in Breslau für die Erwachsenenbildung. Diese wiederum meist zweifach "belasteten" Auch-Pädagogen werden bei der Erforschung der Wissenschaftsemigration gewöhnlich ihrer ursprünglichen Disziplin zugeschlagen, zumal sie sich mit dieser in der Regel nach ihrer Emigration wieder stärker oder sogar ausschließlich identifizierten.

Zumindest von *einer* - der fortgeschrittensten - offiziellen Repräsentanz der "Kathederpädagogik" kann jedoch behauptet werden, daß sie 1933 durch die Entlassung und nachfolgende Emigration der sie tragenden Kräfte radikal vernichtet wurde. An der Frankfurter Universität leiteten bis dahin die "religiösen Sozialisten" Paul TILLICH und Carl MENNICKE gemeinsam das Pädagogische Seminar - MENNICKE außerdem noch das Berufspädagogische Institut - und entwickelten ansatzweise ein Paradigma der Erziehungswissenschaft als Sozialpädagogik bzw. "sozialer Pädagogik" in Verbindung mit Sozialpolitik und Sozialphilosophie, das der junge Privatdozent Hans WEIL, Verfasser eines seinerzeit vieldiskutierten Buches über "Die Entstehung des deutschen Bildungsprinzips", nicht nur um den Aspekt einer Sozialgeschichte der Erziehung und Bildung bereicherte, die es zuvor so nicht gab. Diese Pädagogen, die von Haus aus keine waren, kooperierten eng mit Volkswirtschaftlern wie Adolph LOEWE oder den Kollegen aus dem Institut für Sozialforschung und Soziologen wie Karl MANNHEIM; beteiligten sich an der gehobenen Arbeiterbildung, die in der in die Universität integrierten "Akademie der Arbeit" stattfand oder an Veranstaltungen der von Arbeiterorganisationen getragenen Volkshochschule. Sie bildeten informelle Gesprächskreise, denen auch Martin BUBER, an der Universität die Judentumskunde vertretend, nicht fern stand. Im Umgang mit den Studenten praktizierten sie Lebens- und Arbeitsformen der Jugendbewegung und hochschuldidaktische Innovationen, wie sie erst wieder von der Studentenbewegung zeitlich und örtlich begrenzt durchgesetzt wurden. Diese ungewöhnliche, vorwärtsweisende Konstellation zerbrach, als die Frankfurter Universität, die als besonders "stark verjudet" galt, fast ein Drittel ihres Lehrkörpers einbüßte, darunter die gesamte Vertretung der Pädagogik. Hinzuzurechnen sind die potentiellen Nachwuchskräfte in der Studentenschaft, die als Juden oder Linke vom weiteren Studium ausgeschlossen wurden. Manche von ihnen, die sich - nicht allein in Frankfurt - auf eine Hochschullaufbahn mit dem Schwerpunkt Pädagogik vorbereiteten, haben zwar auch in der Emigration, vor allem in den USA, eine akademische Karriere gemacht, aber selten noch in der Pädagogik oder einem verwandten Fach. Was die damit bewirkte Selektion in der Geschichte der Pädagogik als wissenschaftlicher Disziplin inhaltlich bedeutete, läßt sich aufgrund einer Reihe exemplarischer Biographien vorläufig nur vermuten. Der in Frankfurt entwickelte Ansatz wurde jedenfalls nach 1945 weder hier noch anderswo wieder aufgenommen. Nach 1945 sind Emigranten lediglich ausnahmsweise auf pädagogische Lehrstühle an Universitäten und Pädagogischen Hochschulen berufen worden. Das auch von TENORTH - widersprüchlich genug - aufgelistete und beklagte "Defizit" an Forschung und Lehre über die aus Deutschland verdrängten Strömungen der Pädagogik und ihrer Repräsentanten haben auch sie nicht entscheidend auszugleichen vermocht.[14]

Vor mehr als 20 Jahren, im Dezember 1966, habe ich in der damaligen Allgemeinen Deutschen Lehrerzeitung, dem Bundesorgan der GEW, zum ersten Mal gefordert, die verdrängte pädagogisch-politische Emigration gezielt und systematisch zu untersuchen. Aktueller Anlaß dazu war eine Tagung, die in der Akademie für Politische Bildung in Tutzing stattgefunden hatte, zu dem aufreizend formulierten Thema: "Emigration - Verrat an der Nation?" Das Thema hatte seinerzeit den Wahlkampf aufgeheizt, im Zusammenhang mit der Kanzlerkandidatur von Willy BRANDT. Heute wie damals liegt mir daran, die Emigration nicht einfach nur als Repräsentation ei-

---

14 Fritz BORINSKI vertrat in Berlin die Erwachsenenbildung mit dem Schwerpunkt Arbeiterbildung, Curt BONDY kehrte als Sozialpsychologe und Sozialpädagoge nach Hamburg zurück, Elisabeth BLOCHMANN lehrte in Marburg Erziehungswissenschaft. In Frankfurt konnte zwar Carl MENNICKE wieder einige Jahre als Honorarprofessor tätig sein; um TILLICH, der gern zurückgekommen wäre, bemühte man sich noch weniger ernstlich als um Hans WEIL, der - 1949 zur Rückkehr aufgefordert - sich damals als Jude noch keine vertrauensvolle Zusammenarbeit mit deutschen Studenten vorstellen konnte, 1956 mit Hilfe von ehemaligen Schülern und Freunden dann eine "Wiedergutmachungsprofessur" erhielt, sie jedoch niemals wahrnahm. Es dauerte nämlich 10 Jahre, bis die Nachricht von seiner Ernennung bis zur Fakultät durchdrang, die alsdann 1966 durch den Rektor der Universität bei WEIL anfragen ließ, ob er mit der Aufnahme seines Namens in das Vorlesungsverzeichnis einverstanden sei, mit dem Zusatz "Liest nicht" ... An Pädagogischen Hochschulen erhielten Gustav HECKMANN (Hannover), Grete HENRY (Bremen) und Heinrich RODENSTEIN (Braunschweig) eine Professur.

nes anderen, besseren Deutschland zu erklären, obwohl sie das ihrem eigenen Selbstverständnis zufolge ebenso wie faktisch oft genug gewesen ist. Ich stehe vielmehr nach wie vor zu dem, was ich seinerzeit schrieb: "Man traue sich auszusprechen, daß nicht wenige der Emigranten die Nation in der Tat, jedoch um einer würdigeren, der humanitären Sache aufgegeben und 'verraten' haben." An diesen zwei Jahrzehnte zurückliegenden Ausgangspunkt meiner Forschungsarbeit zu erinnern, erscheint mir nicht zu weit hergeholt angesichts der laufenden Diskussion um ein "neues" deutsches Nationalbewußtsein, die offenbar ihre Entsprechung findet in dem auch in der Erziehungswissenschaft entbrannten "Historikerstreit".

In der bislang nur vereinzelt und ansatzweise geleisteten Auseinandersetzung mit dem von der "verdrängten Pädagogik" repräsentierten Anspruch, für die ich zunächst einmal die Grundlagen zu schaffen versucht habe, geht es nicht darum, sich ein "Erbe", über dessen "Progressivität" und "Modernität" man streiten kann und soll, kritiklos anzueignen. Sie wird aber auch nicht - wie die Diskussion um das Verhältnis von Reformpädagogik und Nationalsozialismus insgesamt - einzig "aus kühler Distanz" und im Gefühl, "nicht mehr unmittelbar betroffen und beteiligt zu sein", unter Verzicht auf moralische, als "moralisierend" abgetane Maßstäbe angemessen geführt (TENORTH 1985). Was an der Emigration, wie ich sie zu sehen gelernt habe, beeindruckt und vorbildhaft bleibt, ist gerade die konsequente Umsetzung von ethischen, pädagogischen und politischen Prinzipien in praktisches Handeln, der engagierte Protest gegen Verhältnisse, die nicht länger erlaubten, wie es eine mit ihrer ganzen Schule emigrierte Pädagogin ausgedrückt hat, "Kinder in Ehrlichkeit und Freiheit großzuziehen". "Sisyphos im Exil" hat die außerpädagogischen "Grenzen der Erziehung" weder ignoriert noch als unabänderlich hingenommen, sondern darum gekämpft, sie auszuweiten und zu überwinden. Im Vorwort zur Dokumentation über die Stockbridge School in den USA, der "Schule für Weltverständnis und Verständigung in der Welt", mit der ich programmatisch meine Schriftenreihe "Pädagogische Beispiele" eröffnete, habe ich ihren Begründer Hans MAEDER dafür exemplarisch genannt, daß es darauf ankommt, den Kampf für strukturelle Veränderungen in die Mittel und Ziele der Erziehung einzubeziehen. Diese gewaltige, nie auf die Dauer lösbare Aufgabe ist wahrlich die eines Sisyphos, von dem Albert CAMUS - in anderer Sichtweise als BERNFELD - sagt: "Der Kampf gegen Gipfel vermag ein Menschenherz auszufüllen. Wir müssen uns Sisyphos als glücklichen Menschen vorstellen."

Die Forderung, mit der Persönlichkeit und Lebensleistung zahlreicher Frauen und Männer der pädagogisch-politischen Emigration die Nachgeborenen zu konfrontieren, kann auch als Über-Forderung empfunden und daher abgewehrt werden. Vielleicht macht das verständlich, warum auch die inzwischen arrivierte Generation der "68er", die selbst einmal mit einem alternativen Wissenschaftsverständnis angetreten ist, sich bisher zwar mit der Aufarbeitung des Nationalsozialismus intensiver befaßt, aber - von wenigen Ausnahmen abgesehen - sich nicht in stärkerem Maße an der Rezeption und Erforschung der durch ihn "verdrängten Pädagogik" beteiligt hat. Es hieße nämlich u.U., sich nicht damit zu begnügen, so nützlich es an sich schon wäre, beispielsweise die in den Exilschulen gesammelten Erfahrungen bei der "Vermittlung zwischen den Kulturen" für die schul- und sozialpädagogische Arbeit mit ausländischen Kindern in der Bundesrepublik auszuwerten. In letzter Konsequenz bedeutete es ggf. auch, sich auf möglicherweise ruf-, existenz- und karrieregefährdende Aktionen einzulassen, um dem Paragraphen des Grundgesetzes Geltung zu verschaffen, der politisch Verfolgten und Flüchtlingen uneingeschränkt politisches Asyl verheißt.

JAN HELLWIG

Pädagogik unter der Okkupation - Schulwesen und Wissenschaft in Polen 1939-1945*

1. Vorbemerkungen zum Forschungsgegenstand[1]

Bereits während der Okkupation begannen geheime Organisationen, Geistliche und Privatpersonen, unter ihnen auch Wissenschaftler und Lehrer, Unterlagen zu sammeln, die zur Erinnerung an die hitlerischen Gewalttaten[2] in Polen beitragen sollten. Dadurch wurden viele Dokumente, Zeitschriften, Fotografien und Berichte überliefert. Nach Beendigung des Krieges stand zwar der Wiederaufbau des Landes aus den Trümmern im Vordergrund, dennoch wurde nun auch von offizieller Seite die Sammlung des Quellenmaterials fortgesetzt, um es für zukünftige Forschergenerationen zu sichern.

Die Quellengrundlage für historische Arbeiten zur Okkupationszeit ist somit in staatlichen polnischen und ausländischen Archiven, Archiven von Gesellschaften, in privaten Sammlungen, in polnischen und ausländischen Publikationen, Personalakten, Memoiren, deutschen Zeitschriften und polnischen Untergrundpublikationen, Korrespondenzen, Interviews usw. erhalten geblieben.[3] Zur Vervollständigung des bereits veröffentlichten Mate-

---

* Aus dem Polnischen übersetzt von Sabine ROHRSSEN (Hannover)
1 Jan HELLWIG besuchte während der Okkupationszeit eine deutsche Schule in Poznań und war zusammen mit seiner Familie Betroffener der faschistischen Besatzungspolitik. Die folgenden Ausführungen beziehen eigene Erfahrungen aus dieser Zeit mit ein und stützen sich darüber hinaus auf vorliegende wissenschaftliche Publikationen in polnischer Sprache, sind allerdings nicht das Resultat eigener Forschungsarbeit.
2 Polnische Wissenschaftler verwenden z.T. noch heute anstelle von "nationalsozialistisch" das Adjektiv "hitlerowski", das hier als Adjektiv mit "hitlerisch" übersetzt wird.
3 Zwei Bibliographien erfassen zugleich die in den vierziger und fünfziger Jahren erschienene Literatur zur Okkupationszeit: KOSICKI, J./KOZŁOWSKI, W.: Bibliografia pismennictwa polskiego za lata 1944-1953 o hitlerowskich zbrodniach wojennych. (Bibliographie des polnischen Schrifttums über die Kriegsverbrechen, das in den Jahren 1944-1953 erschienen ist). Warszawa 1957; POSPIESZALSKI, K. M./SERWAŃSKI, E.: Materiały do bibliografii okupacji hitlerowskiej w Polsce. (Materialien zu einer Bibliographie über die hitlerische Besetzung Polens). Warszawa 1957.

rials erschienen außerdem mit Kommentaren versehene Quellen deutscher Herkunft, die "Documenta occupationis". Schließlich wurden zahlreiche Wettbewerbe organisiert, durch die man Berichte und Memoiren direkter Zeugen oder Teilnehmer der vergangenen Ereignisse sammeln und dann veröffentlichen konnte.[4]

Ergänzt durch die von polnischen Historikern laufend unternommene Materialsuche in den beiden deutschen Staaten und Berlin (West) ist so die Quellenbasis entstanden, auf der sich die Forschungen zur Okkupationszeit gründen. Dieser Bestand wird laufend vervollständigt.

Einige Institute in Polen befassen sich ausschließlich mit Themen der Okkupationszeit:

- die *Hauptkommission zur Untersuchung der hitlerischen Verbrechen in Polen* mit ihrer Unterabteilung, dem *Institut für Nationalandenken* (Główna komisja do badania zbrodni hitlerowskich w Polsce, Instytut pamięci narodowej), geleitet von Prof. Dr. Kazimierz KĄKOL;

- das *Westinstitut* (Instytut Zachodni) in Poznań mit Prof. Dr. Anton CZUBIŃSKI an der Spitze mit einer speziellen Arbeitsgruppe, die von Prof. Dr. Edward SERWAŃSKI geleitet wird;

- die *Abteilung zur Erforschung der polnischen Geschichte* der Polnischen Akademie der Wissenschaften unter der Führung von Prof. Dr. Czesław MADAJCZYK;

- das *Jüdische Historische Institut* in Warschau, sowie

- zahlreiche weitere regionale Forschungszentren in Poznań, Wrocław, Łódź, Kielce usw.

Eine neuere Bibliographie stammt von MICHALIK, B.: Bibliografia oświaty polskiej w okresie II wojny światowey i okupacji hitlerowskiej. (Bibliographie zur polnischen Bildung während der Zeit des Zweiten Weltkrieges und der hitlerischen Okkupation). 2 Bde. Warszawa 1973 + 1979.

Vgl. in deutscher Sprache zum Thema die beiden Beiträge von PLEŚNIARSKI, B.: Die Vernichtung der polnischen Bildung und Erziehung in den Jahren 1939-1945, in: HEINEMANN 1980, Bd. 1, S. 160-175, und KLESSMANN, Ch.: Die Zerstörung des Schulwesens als Bestandteil deutscher Okkupationspolitik im Osten am Beispiel Polens, in: HEINEMANN 1980, Bd. 1, S. 176-192.

4 Ergänzend hinzuweisen ist auch auf die Zusammenarbeit polnischer Spezialisten mit dem für Bildungs- und Kulturangelegenheiten zuständigen Armeepersonal der Siegermächte in Deutschland, durch die gestohlene polnische Kulturschätze nach Polen zurückgeholt und weiteres Quellenmaterial erschlossen werden konnte. Wichtig ist schließlich noch, daß das in Polen und anderen Ländern gegen deutsche Kriegsverbrecher verwendete Beweismaterial ebenfalls erfaßt und ausgewertet wurde.

Die Aufarbeitung der Okkupationszeit ist bei den polnischen Wissenschaftlern ein Gegenstand ständigen Interesses. Unter den vielfältigen Aspekten werden dabei auch Fragen der Organisation, der Entwicklung und der Tätigkeit legaler und geheimer Schulen und der damit in Zusammenhang stehenden Diskriminierungs- und Germanisierungsprozesse mitbehandelt. Für die polnische Forschung ist die Klärung der Frage, wie wissenschaftliche Arbeit und Hochschulen während der Besatzungszeit überhaupt weitergeführt werden konnten, wichtig.

Im folgenden Beitrag gebe ich zunächst einen kurzen Überblick über die allgemeinen Auswirkungen der Okkupation, skizziere anschließend die Situation des Bildungswesens in den sog. "eingegliederten Ostgebieten" und dem "Generalgouvernement", anschließend gehe ich besonders auf Hochschule und Wissenschaft in dieser Zeit ein, um schließlich die Frage nach den Verlusten im Schulwesen und in der Wissenschaft zu beantworten.

2. Allgemeine Auswirkungen der Okkupation

Nach dem Einzug der hitlerischen Truppen in Polen 1939 wurde das eroberte Gebiet in zwei Teile untergliedert: Die westlichen und nördlichen Gebiete sowie Schlesien wurden dem Reich angeschlossen ("eingegliederte Ostgebiete"), der Rest wurde als Generalgouvernement Deutschland politisch unterstellt; den dort lebenden Menschen entzog man nicht nur die Souveränität, sondern auch jegliche Rechte.

Mit der Besetzung der polnischen Gebiete durch die Wehrmacht und die sie begleitenden Einheiten der Polizei, SS und anderer nationalsozialistischer Formationen begann die Ausrottung der polnischen Bevölkerung. Betroffen war vor allem die Intelligenz als führende Kraft des polnischen Volkes. Sie wurde durch Festnahme von Lehrern, Professoren, Ärzten, Geistlichen, Ingenieuren, Juristen, Mitgliedern sozialer Organisationen usw. schnell dezimiert.

Diese Aktionen wurden mit Hilfe von Mitgliedern legaler und geheimer Organisationen der deutschen Minderheit (z.B. des Volksbunds in Schlesien), aufgrund von Denunziationen radikaler in Polen lebender Nazis ("Polenfresser") oder willkürlich vorgenommen. Ein Teil der Festgenommenen wurde danach durch ein sog. Feldgericht verurteilt. Andere transportierte man in Lager, in denen sie zunächst Zwangsarbeit verrichteten und dann umgebracht wurden. Der Rest wurde zu Schwerstarbeit, meist in Rüstungsbetrieben, ins Reich verschickt. Dabei kam ebenfalls ein großer Teil um. Auch durch die Verschleppung polnischer Familien in das Generalgouvernement verringerte man die Zahl der polnischen Bewohner der ins Deutsche Reich eingegliederten Gebiete. Ihr zurückgelassener Besitz durfte nicht von Polen, sondern nur von aus dem Reich angesiedelten Deutschen übernommen werden.

Neben der Vernichtung der personellen Grundlagen der polnischen Kultur sind die materiellen Schäden zu erwähnen. Dazu gehörte die Entfunktionalisierung schulischer, wissenschaftlicher und kultureller Institutionen und wissenschaftlicher Geräte. Polnische Bücher wurden meist verbrannt. Besonderer Terror wurde in den dem Reich angegliederten westlichen und nördlichen Gebieten und in Schlesien verübt. Die Lehrer und Wissenschaftler, die nicht verhaftet worden waren, verließen wenn möglich fluchtartig diese Territorien und suchten im Generalgouvernement zu überleben, da die Lebens- und Arbeitsbedingungen dort für sie zunächst günstiger waren.

3. Das Bildungswesen in den "eingegliederten Ostgebieten"

Auf dem Gebiet, das dem deutschen Reich angegliedert worden war, wurden alle polnischen Schulen geschlossen. Nach offizieller faschistischer Propaganda war die weitere Ausbildung der polnischen Bevölkerung unnötig und die Polen als Volk überflüssig. Sie sollten auf lange Sicht dem Bedürfnis nach Lebensraum eines "Herrenvolkes" weichen und bis zum Moment ihrer Ausrottung die Funktion unfreier Arbeiter übernehmen.

Ein großer Teil der Polen, besonders derjenige aus Pomerellen, Teilen Masowiens, der Gegend um Suwałki und aus Schlesien wurde meist gegen seinen Willen in eine sog. "Deutsche Volksliste" aufgenommen. Ihre Kinder mußten deutsche Schulen besuchen. In diesen war Polnisch weder Unterrichtssprache noch -gegenstand. Die Schulen wurden aber nur dort organisiert, wo potentielle "Lehr"personen wohnten, die allerdings selbst oft keine Volksschule beendet hatten und keine professionellen, sondern Laienlehrkräfte waren. Diese Lehrkräfte waren meist deutscher Nationalität und entweder Töchter ansässiger Bauern oder Ehefrauen niederer Offiziere der Wehrmacht, die vom nationalsozialistischen Geist druchdrungen waren. Das wichtigste Ziel dieser Schulen war die Germanisierung polnischer Kinder und ihre Vorbereitung zur Arbeit als unbezahlte Kräfte auf deutschen Bauernhöfen oder in Fabriken.

Der Unterricht dauerte daher pro Tag nur zwei Stunden. Er war streng; entsprechend der Verfügung des Statthalters des "Warthegaus", Artur

GREISER, diente er kaum der Wissensvermittlung. Sein theoretischer Teil umfaßte minimale Deutsch- und Rechenkenntnisse und Auszüge aus der Geographie "Großdeutschlands". Auf das Erlernen der deutschen Sprache wurde nur soweit Wert gelegt, wie sie zur Verständigung unentbehrlich war. Es sollten deshalb einfache Sätze erlernt werden, die dem deutschen Arbeitgeber die Erteilung von Anweisungen erleichterten. Eine Entwicklung von Fähigkeiten bei den polnischen Kindern fand so gut wie nicht statt; gewacht wurde darüber, daß die polnischen Kinder den deutschen nicht ebenbürtig wurden. Die Schulräte wurden angewiesen, die Kinder schon ab dem 9. Lebensjahr vom Unterricht zu befreien, wenn sie zu Arbeiten im sog. Hilfsdienst, z.B. im Rahmen eines Arbeitseinsatzes, herangezogen werden konnten. Die Kinder dieser Schulen wurden mit Körperstrafen gezüchtigt oder mit demütigenden Wendungen erniedrigt, um den Polen unbedingten Gehorsam gegenüber den Vertretern des "Herrenvolkes" beizubringen. Die Schüler besuchten deshalb nur ungern die Schule, und die Eltern bemühten sich, ihnen Arbeit bei einem Deutschen zu besorgen, um sie dadurch vom Schulunterricht zu befreien.

4. Allgemein- und berufsbildende Schulen im Generalgouvernement

Im Generalgouvernement forderten die Deutschen zur Eröffnung von Schulen auf, obwohl diese dort bereits bestanden. Die Besetzer gewannen auf diese Weise einen Überblick über die Lehrer und die Schüler und konnten ihre Kontrollmöglichkeiten verbessern. Im Oktober 1939 wurden jedoch sämtliche polnischen Gymnasien, Hochschulen und wissenschaftliche Institutionen geschlossen, obwohl die Polen versuchten, sie weiterhin in Betrieb zu halten.

Das von den Mitarbeitern des Amtes für Rassenpolitik der NSDAP, Dr. Eberhard WETZL und Dr. Gerhard HECHT, verfaßte Memorandum vom 29. November 1939 mit dem Titel: "Die Frage, wie die Bewohner der ehemaligen polnischen Gebiete vom rassisch-politischen Standpunkt her behandelt werden sollen", erlaubte auf dem Gebiet des Generalgouvernements nur allgemeinbildende Grundschulen. Ihr eingeschränktes Unterrichtsprogramm sollte die einfachsten Kenntnisse wie Rechnen, Lesen und Schreiben umfassen. Der Unterricht der vom nationalen Standpunkt her wichtigen Fächer wie Erdkunde, Geschichte, Geschichte der polnischen und allgemeinen Literatur und auch der Sportunterricht wurden verboten. Dieses Unterrichtsprogramm war auf einen engen Bereich praktischen Wissens begrenzt und ging nicht über den Rahmen der vierten Klasse der Vorkriegszeit hinaus. Die polnischen Grundschulen sollten zugleich systematisch von professionellen polnischen Lehrern befreit werden, die ein wichtiger Träger der polnischen Kultur waren. Man ersetzte sie z.B. durch pensionierte Beamte der ehemaligen staatlichen polnischen Polizei.

Um die polnischen Lehrer nicht zur Erteilung von Privatunterricht zu ermuntern, verbot man die Lehrbücher der von den Schulen verbannten Fächer für Geschichte, Erdkunde, Literatur und Landeskunde, polnische Lesebücher, Karten, Emblemata und Porträts berühmter Polen. Man wollte alle Kenntnisse über Polen tilgen und die polnische Jugend von ihrer nationalen Kultur isolieren. Die polnischen Lehrer behielten jedoch dort, wo sie konnten, im geheimen fast bis 1940 das volle Unterrichtsprogramm aus der Zwischenkriegszeit bei. Der Aufbau einer deutschen Schulverwaltung wurde erst mit dem Gesetz vom 16. März 1940 über die Struktur der schulischen Administration im Generalgouvernement eingeleitet und damit die Kontrolle über die polnischen Schulen verbessert. Man verbot alle Schulfeiern, Versammlungen von Kindern außerhalb der festgesetzten Unterrichtszeiten, Privatunterricht, das Einsammeln von Geldspenden für schulische und gesellschaftliche Zwecke. Schülerorganisationen und Elternkomitees wurden aufgehoben.

Um schließlich die rudimentäre Arbeit der polnischen Schulen zu erschweren, wurden die an ihnen arbeitenden Lehrer schikaniert. Sie durften sich nicht versammeln und beruflicher oder erzieherischer Ziele wegen treffen. Besonders auf dem Lande wurden sie ohne Grund von einer Schule zur anderen versetzt, und der Weg zum Arbeitsplatz wurde damit kompliziert. Ihnen war verboten, ohne Zustimmung der Behörden den Wohnort zu wechseln. Außerdem wurden sie während des laufenden Schuljahres zu Feldarbeit, zur Anfertigung von Bevölkerungsverzeichnissen, Inventarisationen, Beringen von Rindern und Schweinen, der Festsetzung der Kontingente polnischer Bauern, zu Flußregulierungen und dem Bau von Befestigungsanlagen für Gewässer und für strategische Zwecke eingesetzt. Diese Maßnahmen sollten die Lehrer von den Schulen fernhalten und ihnen die Arbeit in den Schulen verleiden. Durchschnittlich betrug die Zahl der jährlichen Unterrichtstage 150 gegenüber 205 in der Zwischenkriegszeit. Schulen mußten auch wegen Mangels an Brennmaterial, der Belegung des Schulgebäudes und vor allem aufgrund der gegenüber den Lehrern ausgeübten drastischen Repressionen geschlossen werden. Z.B. wurden während der Monate Januar, Februar und März des Jahres 1941 allein in den Bezirken Radom und Lublin fast 700 Lehrer, das waren 60% der bisher angestellten, festgenommen. Aufgrund des Lehrermangels wurde das Niveau der Schulen immer mehr gesenkt, die sechsklassigen Grundschulen wurden aufgehoben und stattdessen nur noch als vier- oder sogar zwei- und einklassige Schulen organisiert. Die polnischen Kinder durften außerdem nur noch bis zum 12. Lebensjahr eine Schule besuchen und mußten danach eine Arbeit aufnehmen. Zwölfjährige Kinder waren eine billige, oft ganz umsonst arbeitende Kraft.

Aufgrund der Bemühungen des Generalgouverneurs Hans FRANCK und der Verfügungen deutscher Behörden wurde die Tätigkeit von Berufsschulen erlaubt. Sie sollten Arbeiter für die Industrie, hauptsächlich die Kriegsindustrie, ausbilden. Nur an diesen Schulen durften polnische Lehrer auch weiterhin unterrichten. Die Besatzungsmacht verbot jedoch den Unterricht in allgemeinbildenden Fächern. Die Berufsschulen durften weder als Gymnasium noch als Lyceum bezeichnet werden. Der Unterricht zielte auf die praktische Berufsvorbereitung ab. Die Theorie wurde auf ein Minimum reduziert. Sie nahm an vielen Schulen nur noch täglich eine Stunde ein. 1940 wurden auch von privater Seite Schulen zur Ausbildung in den Berufen gegründet, die die Deutschen am meisten benötigten. Dies waren koedukative Handwerks-, Landwirtschafts-, Handels- und kaufmännische Schulen. 1941 wurden durch ein Dekret FRANCKs drei unterschiedliche Berufsschularten zugelassen:

- *Berufspflichtschulen* für Jugendliche, die bereits arbeiteten und eine siebenjährige allgemeinbildende Schule abgeschlossen hatten. Nach dreijähriger Unterrichtsdauer, die in der Regel praktisch orientiert war, erhielten sie das Gesellenzeugnis. Der theoretische Unterricht war auf 6 bis 8 Wochenstunden beschränkt.

- *Berufsvorschulen,* die von Jugendlichen besucht werden sollten, die nicht arbeiteten, um sie innerhalb von drei Jahren auf verschiedene Berufe vorzubereiten, die in der deutschen Wirtschaft benötigt wurden.

- *Fachschulen,* die junge Polen aufnahmen, die das 18. Lebensjahr vollendet und das Aufnahmeexamen bestanden hatten. Sie bereiteten innerhalb von zwei Jahren die Schüler auf verschiedene Berufe vor.

Als die Wehrmacht ihre ersten Niederlagen erlitt und die deutsche Kriegsindustrie immer schneller neue Arbeitskräfte benötigte, wurde der Unterricht an den berufsbildenden Schulen eingestellt, und es wurden stattdessen berufsbildende Kurse organisiert. Die polnischen Jugendlichen besuchten die Berufsschulen, da es nach der Beendigung einer allgemeinbildenden Schule keine weiteren Ausbildungsmöglichkeiten mehr gab. Für den Besuch dieser Institutionen sprach außerdem, daß man an ihnen unter der

Leitung eines polnischen Lehrers einen Beruf erwarb, der unter den Kriegsbedingungen Sicherheit schaffte: Die Schüler erhielten eine Legitimation, die zumindest während der ersten Zeit der Besetzung vor der Festnahme bei einer Straßenrazzia und der anschließenden Verschickung zur Zwangsarbeit nach Deutschland schützte. Außerdem boten hier polnische Lehrer im geheimen das gesamte Unterrichtsprogramm der Berufsschulen, der berufs- und allgemeinbildenden Gymnasien und Lyceen oder sogar der Technischen Hochschule der Zwischenkriegszeit an. Die Berufsschulen wurden so zum Bollwerk der polnischen Intelligenz. Lehrende verschiedener Schulen, die den Repressionen entgangen waren, unter ihnen auch Professoren polnischer Hochschulen, konnten sich hier verstecken. Die Werkstätten der Berufsschulen dienten oft als geheime Arbeitsstätten oder Forschungslaboratorien. In ihnen fand versteckt wissenschaftliche Arbeit statt, und es konnten Studenten und wissenschaftliches Personal für das zukünftige Polen ausgebildet werden. Die Berufsschulen retteten die polnischen Jugendlichen somit vor der Entnationalisierung. Sie ermöglichten, natürlich im geheimen, die Ausbildung ihrer moralischen und patriotischen Gesinnung.

Der Terror der Okkupanten führte auf polnischem Gebiet zur Entstehung und Aktivierung eines gegen HITLER gerichteten Untergrundes. Eine der Kampffronten wurde der sowohl in den dem Reich angeschlossenen Gebieten als auch im Generalgouvernement durchgeführte geheime Unterricht mit mindestens drei Dispositionszentren: dem *Verband der polnischen Lehrerschaft* (Związek nauczycielstwa polskiego, ZNP), der im Untergrund als *geheime Lehrerorganisation* (Tajna organizacja nauczycielska, TON) fungierte; der *Kommission für öffentliche Bildung* (Komisja oświecenia publicznego), die mit einer armeeähnlichen konspirativen Gruppe verbunden war und der *Abteilung für Bildung und Kultur* (Departament oświaty i kultury) als Delegatur der Exilregierung, die ihren Sitz zunächst in Paris und dann in London hatte. Das Land war in geheime Kuratorien und auf Kreisebene in Bildungsabteilungen unterteilt. In den Gemeinden waren vertrauenswürdige Personen tätig. Die Arbeiten für das Schulwesen leitete Czesław WYCECH, der ehemalige Präsident des *Verbandes der polnischen Lehrerschaft*. Zahlreiche polnische Lehrer und Wissenschaftler erteilten freiwillig geheimen Unterricht. Sie betrachteten ihre Arbeit als patriotische Pflicht. Außerdem erschienen konspirativ Schulbücher und für den Schulunterricht nützliche Zeitschriften.

Da es in den dem Reich eingegliederten Gebieten keine polnischen Schulen gab und polnische Lehrer offiziell nicht in ihrem Beruf arbeiten durften, mußte der geheime Unterricht hier vorsichtiger organisiert werden. Er wurde meist individuell erteilt. Auf dem Gebiet des Generalgouvernements hingegen war das Schulwesen legal und man konnte auf der Basis der von den Besetzern genehmigten Grund- und Berufsschulen arbeiten. Zahlreiche Kinder und Jugendliche profitierten von den geheimen Schulen. So waren im Bezirk Poznań 1943 470 Lehrer in der Untergrundbildung tätig. Fast 6000 Schüler besuchten dort geheimen Unterricht. Wichtige Zentren waren Poznań, Ostrów Wielkopolski, Konin, Jarocin, Kalisz und Turek. Im selben Jahr erteilten in dem zum Generalgouvernement gehörigen Bezirk Warschau 3360 Lehrer geheimen Unterricht. Dieser wurde von 34.590 Schülern besucht.

Neben den organisierten Formen des geheimen Unterrichts bildete auch die polnische Familie ein wichtiges Residuum der polnischen Kultur, denn sowohl Eltern als auch ältere Geschwister unterrichteten ihre Kinder bzw. Geschwister und die Nachbarkinder in ihrer Muttersprache.

5. Hochschulen und Wissenschaft

Die Organisationsgrundlagen der polnischen Wissenschaft und der Hochschulen wurden sowohl in materieller als auch in personeller Hinsicht von den Okkupanten zerstört oder verboten. Vor allem die humanistischen Wissenschaften verloren die Grundlagen für ihre Forschung. Wie bereits erwähnt, benutzten die Vertreter der technischen Wissenschaften, soweit möglich, die legalen Berufsschulen für ihre Forschungen und die Ausbildung des Personals.

Persönliche Kontakte zwischen Professoren und einigen Studenten bestanden jedoch über den Beginn der Okkupation hinaus. Allmählich entwickelten sich daraus geheime konspirative Hochschulen, für die zumindest im Generalgouvernement leidliche Bedingungen bestanden.

Hier entfalteten die *Geheime Universität für die Westgebiete* (Tajny uniwersytet ziem zachodnich), die *Untergrunduniversität Poznań*, ihre Tätigkeit, deren Gründung von Pfarrer Dr. Maksymilian RHODE und Prof. Dr. Ludwik JAXA-BYKOWSKI initiiert wurde. An ihr arbeiteten zahlreiche Professoren. Man vergab 92 Magisterdiplome und führte fünf Promotions- und fünf Habilitationsverfahren durch. Auch Fakultäten und Professoren der *Warschauer Universität* entwickelten geheime Aktivitäten. Es gab ein geheimes *Institut für Meeresforschung* unter der Leitung des Dozenten Dr. Władysław KOWALENKI. Die *Warschauer Technische Universität* führte unter der Leitung ihres Rektors Prof. Kazimierz DREWNOWSKI geheime

Kurse durch. Aufgrund der Initiative ihres Rektors Bolesław SZEWSKI wurden auch von der *Hauptschule für Landwirtschaft* geheime Vorlesungen abgehalten. Von den nichtstaatlichen Schulen in Warschau hielten die *Hauptschule für Handel* und die *Freie Polnische Universität* Seminare ab. Das Lehrerinstitut des *Verbandes der polnischen Lehrerschaft* unter der Leitung von Prof. Stefan BALEY und Dr. Albin JAKIEL bildete im Untergrund Lehrer aus. Von den Kunsthochschulen arbeitete das *Staatliche Institut für Theaterkunst* und das *Musikkonservatorium*. Prof. Jan CZEKALSKI organisierte einen geheimen Studiengang im Rahmen der *Akademie für Politologie*. Die Gesamtleitung der geheimen Hochschulen und der Durchführung der Forschungsarbeiten hatte Prof. Stefan PIEŃKOWSKI, der Rektor der *Warschauer Universität,* inne. Außerhalb Warschaus waren verschiedene Fakultäten der *Katholischen Universität Lublin* tätig. Auch die *Universitäten* in *Lwów* und *Wilno* ermöglichten ein geheimes Studium. Auf der Basis einiger Berufsschulen arbeitete die *Akademie für Bergbau* unter der Leitung von Prof. Dr. Waleri GOETLE. Die polnischen geheimen Hochschulen nutzten dabei eine Reihe gut verborgener Zentren außerhalb der Städte, in denen vor dem Krieg kein wissenschaftliches Leben stattfand.

Verglichen mit der Vorkriegszeit besuchten 15% der Studenten geheime Hochschulen.[5] Leider sind die Angaben über die Beteiligung der Lehrer und Wissenschaftler an der Organisation des geheimen Unterrichts und der geheimen Hochschulen unvollständig, da viele von ihnen die Befreiung nicht mehr erlebten und im Dienst für die polnische Bildung und die polnische Wissenschaft starben. Andere sprachen nach der Befreiung nicht über ihre Teilnahme an der geheimen Bildungs- und Forschungsarbeit, da sie ihre Tätigkeit während der Besatzungszeit als selbstverständliche patriotische Pflicht ansahen.

Die geheimen Hochschulen bewahrten viele Jugendliche vor der geistigen Degradierung, dem Ziel der Okkupanten. Sie ermöglichten unter außergewöhnlich schweren und gefährlichen Bedingungen, daß zumindest in den mathematisch-naturwissenschaftlichen Fächern studiert werden konnte.

6. Verluste des Schulwesens und der Wissenschaft

Die Verluste an Menschen während der Zeit des Krieges werden für Polen auf 6.028.000 Tote und 600.000 ständige Invaliden geschätzt; von den Exe-

---

5 Im akademischen Jahr 1937/38 studierten ungefähr 50.000 Personen.

kutierten waren 40% Jugendliche. 1,5 Mill. Jugendliche wurden nach Deutschland verschickt und mußten Zwangsarbeit verrichten. Die Okkupanten ermordeten 1,5 Mill. jüdische Kinder und Jugendliche bzw. ließen sie in den Konzentrationslagern und Ghettos an Hunger sterben. Das Anwachsen der Zahl der Halb- und Vollwaisen war ein Resultat der Exterminationspolitik. Die Verluste unter den Kindern und Jugendlichen im Schulalter, die absichtlich in den Tod getrieben oder ermordet wurden, betrugen bei den 7-12jährigen 13%, bei den 13-14jährigen 17,1%, bei den 15-17jährigen 24,7% und bei den 18jährigen 36,2%.

Während der Okkupation wurden 17.000 polnische Lehrer, unter ihnen 13.000 Lehrer für Grund-, 1.700 für allgemeinbildende Mittel-, 1.000 für Berufs- und 700 für weiterbildende Schulen ermordet oder verschwanden spurlos. Das gleiche Schicksal erlitten 120 Mitarbeiter an Institutionen zur Lehrerausbildung und 641 Wissenschaftler. 30% der Schulgebäude auf ehemaligem polnischen Territorium wurden zerstört. In Gdańsk waren es sogar 60%. Das *Büro für Kriegsentschädigungen* berechnete die materiellen Verluste und Schäden an Hochschulen, wissenschaftlichen Instituten und Gesellschaften auf 244.265.000 zł. der Vorkriegszeit, das sind nach damaligem Kurs 61.066.000 Dollar. Zusammen mit den Gebäuden wurden auch die Schulmöbel (zu 70%), die wissenschaftlichen Arbeitsstätten und Hilfsmittel (zu 90%) und die Bibliotheken (zu 95%) geplündert oder zerstört.

Eine Summierung der tatsächlichen Verluste des polnischen Schulwesens und der polnischen Wissenschaft, die durch den vom 'Dritten Reich' entfesselten Zweiten Weltkrieg, den hitlerischen Überfall auf Polen und die Politik der totalen Zerstörung des menschlichen, geistigen und materiellen Potentials der polnischen nationalen Kultur verursacht worden sind, bleibt bis in die Gegenwart ein kompliziertes und unlösbares Problem. Diese Auswirkungen erschweren in entscheidender Weise den Aufbau und die Entwicklung der polnischen Wissenschaft und des Schulwesens in der Nachkriegszeit und hatten auf allen Gebieten des polnischen nationalen Lebens ihre Folgen.

MANFRED WEISSBECKER

Der deutsche Faschismus als Gegenstand geschichtswissenschaftlicher Forschungen in der DDR - unter Berücksichtigung historisch-pädagogischer Fragestellungen

Seit der Befreiung Deutschlands von der braunen Barbarei galten und gelten der vollständigen Überwindung und der konsequenten Bewältigung des Faschismus stets auch umfangreiche und intensive Bemühungen von Gesellschaftswissenschaftlern der DDR. Der deutsche Faschismus, verantwortlich für den schlimmsten aller Kriege in der an Kriegen so reichen Menschheitsgeschichte, hatte ein in jeder Hinsicht furchtbares Erbe hinterlassen, das zu beseitigen ihr verpflichtendes antifaschistisches Ziel war und ist. Dies entsprach voll und ganz dem konsequent-antifaschistischen Wesen eines Staates, der im Prozeß der Auseinandersetzungen um die Sicherung des militärischen Sieges der Anti-Hitler-Koalition über den Faschismus sowie um die Beseitigung von dessen sozialökonomischen Wurzeln entstanden ist. Dies entsprach und entspricht dem geschichtlichen und zukunftsorientierten Selbstverständnis der DDR ebenso wie den in ihr gewachsenen wissenschaftsgeschichtlichen Aufgaben und Traditionen. Gleichzeitig sind von Historikern, Philosophen, Literaturwissenschaftlern und auch von Pädagogen ständig neue Fragen in die Diskussion eingebracht worden. Das Thema "Faschismus" konnte zu keinem Zeitpunkt und kann auch heute nicht als "erledigt", als "überflüssig" betrachtet oder gar abgehakt werden. Trotz der insgesamt erfolgreichen Bewältigung des dunkelsten Kapitels deutscher Vergangenheit wird weiterhin über jene 12 der geplanten 1000 Jahre geforscht und publiziert; Fragen an diese Vergangenheit sind immer wieder neu zu stellen und zu beantworten. Sie ergeben sich sowohl aus dem Prozeß der Gesellschafts- und Wissenschaftsgeschichte der DDR als auch - damit eng verbunden - aus den Fragen neuer Generationen, die diese Zeit nicht mehr unmittelbar miterlebt haben.

Der folgende Überblick über die geschichtswissenschaftliche und historisch-pädagogische Behandlung von Faschismus und Antifaschismus in der DDR muß zwangsläufig kursorisch und unvollständig bleiben. Die Fülle der historiographisch noch nicht aufgearbeiteten Literatur (KÖNIG 1980; GOSSWEILER 1986, S. XI ff.) zwingt zur Auswahl und zur Beschränkung auf einige Aspekte des Themas. Die Auswahl erfolgt vor allem mit dem

Blick auf die Entwicklungsprozesse, die sich in der Faschismus-Forschung der DDR vollzogen haben und die als solche der Vervollständigung, Präzisierung und Erweiterung der marxistischen Auffassungen vom Faschismus zu bezeichnen sind. Dabei können die allgemeinen Entwicklungsprozesse, die insbesondere in den fünfziger Jahren zur Konstituierung der sozialistischen deutschen Geschichtswissenschaft der DDR (SCHMIDT 1983, S. 291 ff.) geführt haben, nicht außer Betracht bleiben.

Die Entwicklung der historisch-pädagogischen Forschung vollzog sich als Bestandteil und auf der Grundlage der marxistischen Faschismustheorie. Deren Spannweite verdeutlicht der Blick auf einige Bücher, die im Abstand von über vier Jahrzehnten erschienen sind. Sie reicht von einer für den antifaschistischen Beginn gesellschaftswissenschaftlicher Forschungen in der DDR bedeutungsvollen und aussagekräftigen Arbeit des Dichters Johannes R. BECHER bis hin zu einigen 1987 erschienenen grundlegenden Arbeiten wie der 15. Auflage der GESCHICHTE DER ERZIEHUNG, dem von Werner LEMM betreuten Band über die Schulgeschichte in Berlin sowie der von Karl-Heinz JAHNKE herausgegebenen "Illustrierten Geschichte der Arbeiterjugendbewegung" von 1904 bis 1945. Neben zahlreichen, von Spezialisten verschiedenster gesellschaftswissenschaftlicher Disziplinen verfaßten Arbeiten spiegeln sich in den zuletzt genannten Titeln nicht nur der neueste Erkenntnisstand, sondern auch der Weg, den die Gesellschaftswissenschaften der DDR bei ihrer Beschäftigung mit der Geschichte des Faschismus und des antifaschistischen Widerstandes gegangen sind.

1. Konsequenter Antifaschismus als Grundlage der Faschismus-Forschung

Im September 1946 publizierte der Berliner Verlag Volk und Wissen ein Buch, das den Titel trug: "Erziehung zur Freiheit. Gedanken und Betrachtungen". Es stammte aus der Feder Johannes R. BECHERs, des Mitbegründers der proletarisch-revolutionären Literatur und späteren Kultusministers der DDR, und enthielt Arbeiten aus den Jahren 1943 bis 1946. Vor allem gingen zwei größere Beiträge in das damals viel gelesene und breit diskutierte Buch ein. Ihre Titel verrieten Programmatisches: "Zur Frage der politisch-moralischen Vernichtung des Faschismus" und "Bemerkungen zu unseren Kulturaufgaben" (BECHER 1978, S. 515-656).

Als Motto wählte BECHER einen Satz aus GOETHEs "Dichtung und Wahrheit": "Alles, was der Mensch zu leisten unternimmt, es wurde nun durch Tat oder Wort oder sonst hervorgebracht, muß aus sämtlichen vereinigten Kräften entspringen, alles Vereinzelte ist verwerflich." Nur in der Vereinigung aller vom Faschismus verfolgten, unterdrückten oder bedrohten Menschen sah er eine Chance, die faschistische Barbarei zu bewältigen. Mit einer "Gesamtleistung der besten deutschen Menschen" strebte BECHER in "Deutschlands schwerster Notzeit" jedoch mehr als nur eine kontemplative Rückschau an, sollte doch eine wirkliche und auf die Zukunft orientierte Vergangenheitsbewältigung erreicht werden. Jede Wiederholung der Katastrophe müsse verhindert werden, und zwar durch die grundsätzliche Abwendung des deutschen Volkes vom Imperialismus. BECHER wollte die Entwicklung zu "einer grundlegenden Wandlung..., zu einer Reformation an Haupt und Gliedern" geführt wissen. Und weiter hieß es bei ihm:

> "Die Geschichte lehrt uns, daß aus solch einem Zusammenbruch ein Volk nur herausgeführt werden kann, wenn hohe Aufgaben gestellt, strengste Forderungen erhoben, neue begeisternde Ziele aufgezeigt werden. Indem sie all das rückhaltlos aufdeckt und schonungslos vernichtet, was Deutschlands totalen Zusammenbruch verschuldet hat, indem sie auch dem ideologischen Kriegsverbrechertum den Vernichtungskampf ansagt, setzt eine neue deutsche Lehre wieder Maß und Wert und legt damit zugleich den festen Grund, worauf sich unser Volk geistig und moralisch wieder erheben kann" (BECHER 1978, S. 515 ff.).

Als Kommunist stellte sich BECHER auch die Frage, welches wohl die entscheidenden Kreise der deutschen Bevölkerung für die "Erziehung zur Freiheit" sein könnten. Damit griff er die antifaschistische Bündnispolitik seiner Partei, der er seit 1919 angehörte, auf und suchte ihr neue, den Bedingungen der ersten Nachkriegsjahre adäquate Impulse zu verleihen. "Welches sind die Kräfte", so lautete seine Fragestellung, "denen in einem neuen Deutschland ein ganz anderes gesellschaftliches Gewicht zukommen wird als bisher und deren gesellschaftliche, nationale Stellung eine besonders bevorzugte und gehobene sein wird?" Seine Antwort, die manchen überraschen mag, betraf drei Gruppen: erstens die Lehrer, zweitens die Pfarrer und drittens die Literaten und Künstler (BECHER 1978, S. 583 f.).

Das Thema des vorliegenden Beitrages erfordert geradezu, die Argumentation BECHERs zur Rolle der Lehrer und des Erziehungswesens bei der Überwindung und Bewältigung des Faschismus genauer und ausführlicher darzulegen. Ohne die Lehrer könne das deutsche Volk "nicht geistig wieder aufleben", könne keine "Grundlage einer Erneuerung" gelegt werden. Von ihnen werde im wesentlichen abhängen, was aus der vom deutschen Faschismus so nachhaltig beeinflußten, mißbrauchten und irregeführten Jugend in der Zukunft werde. Im einzelnen heißt es bei BECHER zu den neuen, auf die Veränderung der Gesellschaft zielenden antifaschistischen Erziehungsinhalten:

> "Folgende Lehrfächer und Wissensgebiete beanspruchen unser besonderes Interesse: Pädagogik, Geschichte, Philosophie, Gesellschaftswissenschaften.
> Was die *Pädagogik* betrifft, so müssen wir, im Rahmen unserer nationalen Totalkritik, unser gesamtes Erziehungswesen einer gründlichen Prüfung unterziehen. Wenn wir unser Erziehungswesen der letzten drei Jahrzehnte überprüfen, so ist es geradezu erschreckend, wie teils borniert, teils hilflos sich die bedeutendsten Erzieher den entscheidenden Fragen einer Jugendführung gegenüber verhalten haben. Es war vor allem ein ganz und gar reaktionäres oder indifferentes Verhalten, was sie in negativstem Sinne auszeichnete. Pädagogik, insofern sie nicht die berüchtigte chauvinistische Ertüchtigung war, entartete zur Technologie; nach dem Gehalt der Lehre, nach dem 'Was' und 'Wofür' wurde kaum gefragt; sie wurden als mehr oder weniger gegeben vorausgesetzt. Das 'Wie' wurde zum Hauptinhalt der Erziehung. 'Der Erzieher selbst muß erzogen werden.' Das bisherige Erziehungswesen trägt mit die Hauptschuld an dem Versagen unseres Volkes in einem selbständigen nationalbewußten Fühlen und Denken.
> Die *Geschichte* wird den Mittelpunkt des Unterrichts bilden. Wer die Schulbücher verfaßt, schreibt Geschichte. Darum muß dem Schulbuch, dem geschichtlichen Elementarunterricht die größte Aufmerksamkeit zukommen. 'Die ganze Geschichte muß neu studiert werden.' Gerade auf dem Gebiet der Geschichte muß eine grundlegende Umwälzung erfolgen. Ob wir endlich geschichtliche Geschichtswerke schaffen oder nicht, ist hauptentscheidend dafür, ob wir überhaupt noch eine deutsche Geschichte haben werden oder nicht.
> Was die *Philosophie* betrifft, so erscheint deren Studium und Pflege unerläßlich, um mit dem nihilistischen Spuk, wie ihn die Nazis geschaffen haben, gründlichst aufzuräumen und um festen Boden, objektive Maße und Wertungen zu gewinnen. An einem Übermaß philosophischen Denkens ist noch nie ein Volk zugrunde gegangen, sehr wohl aber hat schon ein Volk, wie auch das deutsche, den Mangel an Philosophie, das heißt an objektivem Denkvermögen, schwer zu büßen gehabt.
> Was die *Gesellschaftswissenschaften* betrifft, so ist deren unverantwortliche Vernachlässigung eines unserer ideologischen Erbübel, das den Nazis unter anderem gestattete, ihren demagogischen Großbetrug vom 'deutschen Sozialismus' so erfolgreich zu starten, und es ist nicht zuviel gesagt, wenn man behauptet, daß der Deutsche auf dem Gebiet der Gesellschaftswissenschaften weniger ein Stümper als ein totaler Ignorant ist, bar jedes höheren ökonomischen Bewußtseins.
> Pädagogik, Geschichte, Philosophie, Gesellschaftswissenschaften müssen allgemein zugänglich gemacht werden ..."(BECHER 1978, S. 584 f.).

BECHER beläßt es nicht bei diesen allgemeinen Hinweisen auf spezifische Lehrfächer und Wissensgebiete, sondern er entwickelt auch, welche Grundthesen den verhängnisvollen Irrlehren der deutschen Faschisten entgegengestellt werden sollen:

"1. Die Lehre von der Gleichheit der Menschen und Völker und von der einheitlichen Entwicklung des Menschengeschlechts.

2. Die Lehre vom Krieg als ... einer gesellschaftlichen Erscheinung. Die Lehre vom wahren Völkerfrieden, die Lehre von der freiheitlichen Entwicklung der Menschheit und von der höchst möglichen Ausbildung der menschlichen Fähigkeiten in jedem einzelnen Menschen als Sinn und Höchstform des menschlichen Lebens.

3. Die Lehre von der inneren freiheitlichen Ordnung eines Volkes als der Voraussetzung des Lebensglücks jedes einzelnen und der gesellschaftlich-geschichtlichen Vollkommenheit.

4. Die Lehre vom objektiven Denken. Die Anerkennung objektiver Gesetzmäßigkeiten sowohl in der Natur als auch in der Entwicklung der Gesellschaft und der Geschichte.

5. Die Lehre von der fortschreitenden Entwicklung des Menschengeschlechts und von der nationalen Notwendigkeit jedes Volkes, die reaktionären Hindernisse auf diesem Wege zu beseitigen und in der Konstituierung einer streitbaren Demokratie eine Höherentwicklung zu erreichen.

6. Die Lehre von der Arbeiterschaft als der entscheidenden Produktivkraft der modernen Gesellschaft und damit im Zusammenhang die Lehre von der führenden Rolle der Arbeiterschaft im gesellschaftlich-politischen Leben eines Volkes.

7. Die Lehre vom Menschen als eines gesellschaftlichen politischen Wesens. Die Lehre vom Demokratismus sowohl als einer Lebenshaltung und Weltanschauung als auch eines politisch-staatlichen Ausdrucks. Ein entschiedener, entschlossener Demokratismus allein ist imstande, die Lebenshaltung, die Bildungsmöglichkeiten eines Volkes zu steigern und unter Anteilnahme breitester Schichten dauernde Höchstleistungen auf allen Gebieten im Gesamtinteresse zu erzielen" (BECHER 1978, S. 575 f.)."

Viele der Aussagen BECHERs charakterisieren in hervorragender Weise die Notwendigkeiten und Inhalte, aber auch die Ziele und Merkmale jener ersten Phase, in der sich auf dem Boden der DDR die Bewältigung des faschistischen Erbes vollzog. Frühzeitigkeit und Konsequenz sowie die Einheit von Wort und Tat erscheinen als deren wichtigste Kennzeichen. Die Übereinstimmung mit dem antifaschistischen Konsens der Anti-Hitler-Koalition, wie er sich noch im Potsdamer Abkommen und in den Prinzipien des Internationalen Militärtribunals von Nürnberg äußerte, gehörte ebenso dazu wie das bewußte Lernen aus den leidvollen Erfahrungen des antifaschistischen Widerstandes. "Nie wieder Krieg, nie wieder Faschismus!" - so lautete die Losung deutscher Kommunisten, Sozialdemokraten, Gewerkschafter, Christen und bürgerlicher Demokraten. Zu ihrer Verwirklichung galt es zunächst alle Erscheinungsformen des Faschismus zu beseitigen sowie die Nazi- und Kriegsverbrecher zu bestrafen, galt es aber auch die sozialökonomischen Wurzeln anzutasten, d.h. im Sinne Bertolt BRECHTs den "Schoß" unfruchtbar zu machen, aus dem einst die braune Barbarei gekrochen war. Die damit einhergehende Schaffung solider Fundamente einer antifaschistisch-demokratischen Veränderung der gesellschaftlichen Verhältnisse verlangte, antifaschistisches Denken und Handeln - bis 1945 nur bei einer absoluten Minderheit des deutschen Volkes vorhanden - unter den Massen zu verbreiten und durchzusetzen.

Alle geschichtswissenschaftliche und historisch-pädagogische Literatur hatte sich daher zunächst um eine neuartige konzeptionelle Klärung historischer Grundprozesse in der Geschichte der bürgerlichen Gesellschaft zu bemühen und hinsichtlich der Behandlung von Faschismus und Krieg eine ausgesprochen politisch-aufklärerische Funktion zu erfüllen. Sie entstammte auch mehr der Feder von Opfern des nationalsozialistischen Regimes und antifaschistischer Intellektueller, die an die Spitze des sich neu herausbildenden Systems der politischen Organisation der Gesellschaft traten. Die neue Generation von Gesellschaftswissenschaftlern stand noch im Lernprozeß; sie war zugleich Träger und Resultat der antifaschistischen Bemühungen. Historiker wie Ernst ENGELBERG, Alfred MEUSEL, Karl OBERMANN, Erich PATERNA, Heinrich SCHEEL und Walter BARTEL begannen erst mit dem Aufbau einer marxistischen Geschichtsschreibung, als deren Nestoren sie heute große Achtung genießen. Ihnen standen führende Funktionäre der Sozialistischen Einheitspartei Deutschlands, die sich intensiv mit historischen Problemen beschäftigten wie Alexander ABUSCH, Anton ACKERMANN, Otto BUCHWITZ, Otto GROTEWOHL, Albert NORDEN, Otto WINZER u.a.m., zur Seite. In der eigentlichen "Zunft" der Historiker dominierten bis in die fünfziger Jahre hinein bürgerliche Geschichtswissenschaftler, die einen starken Rückhalt in der BRD-Historiographie besaßen, sich jedoch relativ wenig mit Fragen der jüngsten deutschen Geschichte befaßten (SCHMIDT 1983, S. 293).

In den ersten faschismusgeschichtlichen Arbeiten standen Untersuchungen zur Rolle der Monopolherren und Großgrundbesitzer, zu den Ursachen des Zweiten Weltkrieges sowie zu den geschichtlichen Wurzeln der faschistischen Ideologie im Vordergrund. Insbesondere zum ersten Problemkreis legten BARTEL, ENGELBERG, KLEIN, KUCZYNSKI und SCHREINER wichtige Arbeiten vor, die das marxistische Bild vom Faschismus auch forschungsmäßig fundieren halfen. Dabei gab es - zwangsläufig, berücksichtigt man Kenntnisstand und die wissenschaftsgeschichtlichen Voraussetzungen - auch gewisse sektiererisch-dogmatische Vergröberungen, unvollständige und verabsolutierend-einseitige Aussagen. Sie betrafen insbesondere den unmittelbaren Mechanismus der faschistischen Diktatur und die relativ eigenständige Rolle der NSDAP im Herrschaftssystem. Die reaktionäre Linie in der gesamten deutschen Geschichte wurde überbetont.

Die tatsächlich erreichten Leistungen und Veränderungen im antifaschistisch-demokratischen Umwälzungsprozeß lassen sich keineswegs an diesen Schwächen messen. Entscheidend war die *politisch-praktische* Bewältigung des Faschismus, die auch neue und bis dahin unbekannte Voraussetzungen für dessen *geistige* Bewältigung schaffen konnte. Dazu zählte die Entnazifizierung der Verwaltung, bei der allein in Thüringen über 60.000 Personen aus ihren Ämtern in Justiz, Staatsbürokratie und Schulen entlassen wurden - eine Aktion, die Anfang 1946 im wesentlichen abgeschlossen werden konnte; dazu gehörten die demokratische Bodenreform und die Schulreform - sie war mit der Gewinnung von Neulehrern anstelle der ca. 28.000 faschistischen Lehrerinnen und Lehrer verbunden - sowie die Enteignung der großkapitalistischen Nazi- und Kriegsverbrecher nach dem Volksentscheid vom 30. Juni 1946 in Sachsen, der ein klares Votum von 77,6% für die Weiterführung der antifaschistisch-demokratischen Umwälzung erbracht hatte. Im Frühjahr 1948 konnte die Entnazifizierung abgeschlossen werden, als deren Ergebnis etwa 520.000 ehemalige Faschisten, Militaristen und Kriegsverbrecher aus dem Staatsapparat entfernt worden waren. Damit wurde jedoch die strafrechtliche Verfolgung von Nazi- und Kriegsverbrechen nicht beendet. Bis 1964 wurden insgesamt 16.572 Personen gerichtlich angeklagt und 12.807 von ihnen wegen erwiesener Verbrechen verurteilt. Mit dem Abschluß der offiziellen Entnazifizierung eröffnete sich eine Möglichkeit, auch breite Kreise der ehemaligen "Mitläufer" und "kleinen Pg's" für eine Mitwirkung an den gesellschaftlichen Veränderungen zu gewinnen, zumindest sie zu deren Duldung zu veranlassen. Nicht zuletzt gehörten zu der erfolgreichen Bewältigung des faschistischen Erbes alle jene erfolgreich genutzten Möglichkeiten für politisch-organisatorische Formierung der antifaschistischen Parteien, der anderen Verbände und Ausschüsse, mit deren Hilfe auch die unheilvolle Spaltung der Arbeiterbewegung überwunden werden konnte, die Arbeiterklasse zur führenden politischen Kraft heranwuchs und neue demokratische Staatsorgane aufzubauen begonnen wurde.

2. *Entwicklung und Probleme der Faschismus-Forschung*

Noch deutlicher als in der ersten Entwicklungsphase der marxistischen Geschichtswissenschaft der DDR steht in ihrer zweiten - sie umfaßt die späten fünfziger und die sechziger Jahre - die Erforschung der Geschichte der Arbeiterbewegung und der antifaschistischen Widerstandsbewegung im Vordergrund, wovon umfangreiche Literaturberichte eindrucksvoll Zeugnis ablegen (SCHUMANN/WEHLING 1960; FÖRSTER u.a. 1970; LANGE u.a. 1980). Ihre Bedingungen sind vom Kalten Krieg, von der Spaltung Deutschlands und von den unaufhörlichen Versuchen führender Kreise der Bundesrepublik, die Entwicklung in der DDR aufzuhalten und rückgängig zu machen, bestimmt. In der dadurch geprägten Faschismusforschung der DDR dominierte eine die Kontinuität mitunter überbetonende Sicht auf die Entwicklung des deutschen Imperialismus, die vereinzelt sogar in einer Charakterisierung der Bundesrepublik als eines klerikal-faschistischen Staates kulminierte. Von größter Bedeutung war jedoch eine ausführliche und produktive Diskussion zur Theorie des staatsmonopolistischen Kapitalismus sowie zum Faschismus als eine seiner Erscheinungsformen, die eigentlich seither ständig geführt worden ist und auch heute noch anhält.

An dieser Diskussion beteiligten sich vor allem die Historiker Jürgen KUCZYNSKI, Dietrich EICHHOLTZ, Kurt GOSSWEILER und Wolfgang RUGE. In ihr wuchs einerseits die Kenntnis von der historischen Verantwortung der reaktionärsten und aggressivsten Kreise des deutschen Monopolkapitals für Faschismus und Krieg, erweiterte sich andererseits auch die Sicht auf innere Prozesse in der Entwicklung der herrschenden Klasse. In den Vordergrund traten Auffassungen über die Dialektik von Einheitlichkeit und Widersprüchlichkeit kapitalistischer Interessen, über das komplizierte Geflecht von Gesamtinteressen und Teil- bzw. Gruppeninteressen. Damit gewannen die inneren Auseinandersetzungen in der monopolistischen Bourgeoisie einen neuen Stellenwert in den faschismusgeschichtlichen Überlegungen, ohne allerdings dadurch die früher gewonnenen grundsätzlichen Erkenntnisse über die sozialökonomischen Wurzeln des Faschismus in Frage zu stellen: Es wurde genauer gefragt, es wurden neue Details einbezogen und vereinfachende Thesen einer nun möglich gewordenen Prüfung unterzogen. Am eindrucksvollsten und nachhaltigsten sind die Ergebnisse dieser Diskussion von Lotte ZUMPE (1980) verarbeitet worden.

Nach wie vor spielt bei qualifizierten (KRÖPELIN 1982) und unqualifizierten Attacken (THAMER 1987) gegen die marxistische Faschismus-Forschung der DDR das theoretisch-methodologische Problem des Verhältnisses von Ökonomie, Politik und Ideologie in der Geschichte eine dominierende Rolle. Mitunter existieren auch lediglich auf Unkenntnis beruhende Mißverständnisse. Zumindest ist von ungenauer Kenntnis zu sprechen, wenn etwa unterstellt wird, die marxistische Auffassung vom Klassencharakter des Faschismus habe als "ökonomistisch" oder "reduktionistisch" zu gelten und sei als "Agententheorie" abzutun. Daher mag es erlaubt sein, hier einige grundsätzliche Bemerkungen zum geschichtstheoretischen Verständnis der Rolle von Ökonomie, Politik und Ideologie einzufügen, die sich insbesondere auf Ergebnisse der in Jena betriebenen Erforschung der Geschichte bürgerlicher und kleinbürgerlicher Parteien stützen (LEXIKON ZUR PARTEIENGESCHICHTE 1983 ff.).

Diesen Untersuchungen zufolge lassen sich sowohl die Entstehung als auch die politische Zielsetzung der faschistischen NSDAP grundsätzlich aus den objektiven Problemen und Bedürfnissen ableiten, die in der bürgerlichen Gesellschaft nach 1917/18 für die in ihrer Macht gefährdete herrschende Klasse zutage getreten waren. Dadurch wurde der allgemeine Charakter der faschistischen Organisationen geprägt, bestimmte sich ihr Platz in der Gesellschaft, prägten sich ihre umfassenden und generellen Ziele (PÄTZOLD/WEISSBECKER 1981, S. 14 f.). In gewisser Weise ergab sich daraus sogar die demonstrative Antibürgerlichkeit der NSDAP, mit deren Hilfe sie neue, auch von den nichtbürgerlichen Massen gestützte Voraussetzungen für die weitere Existenz der kapitalistischen Eigentums- und Produktionsverhältnisse anstrebte.

Doch es gibt in der Gesellschaft keine Organisation, die nicht von Allgemeinem *und* von Besonderem gekennzeichnet wäre, die nicht zugleich Merkmale des Logischen *und* des Historischen in sich vereinte. Daher ist bei jeder Organisation nach ihrem allgemeinen Charakter *und* nach ihren spezifischen Kennzeichen zu fragen. Die Spezifika des nationalsozialistischen Organisationssystems lagen hauptsächlich in dem ausufernden Gewicht seiner militaristisch-terroristischen Bestandteile, im ursprünglich konsequenten Ausweichen vor einer eigenen Organisation für Angehörige der Arbeiterklasse sowie in der lautstark herausgestellten und praktizierten Ablehnung jener Organisations- und Führungsprinzipien, die den Bedingungen des bürgerlich-parlamentarischen Herrschaftssystems entsprachen.

Entstehung und Entwicklung der faschistischen Organisationen sind wohl trotz des großen Gewichts ihrer Spezifika auch in jene Bestrebungen der herrschenden Klasse Deutschlands einzuordnen, für ihren im Krieg und vor allem durch die Novemberrevolution erschütterten Staat - gleichsam neben diesem und um ihn herum - einen zusätzlichen, komplementären und die gesamte Gesellschaft in neuer Qualität durchdringenden Mechanismus ihrer politischen Macht zu schaffen (WEISSBECKER 1987, S. 94 f.). Aus dem wachsenden (und selbstverständlich konkurrierendes Verhalten einschließenden) Miteinander von Staat und bürgerlichen Organisationen erwuchs insbesondere den ökonomisch mächtigen monopolbourgeoisen Kreisen ein beträchtliches Machtpotential.

In allgemeinstem Sinne stellt sich dabei tatsächlich das Verhältnis von Ökonomie, Politik und Ideologie als ein kausales dar. Die Gesamtheit von ökonomischen Verhältnissen verkörpert in der Gesellschaft das Ursprüngliche und das *letztlich* Dominierende. Aber die Ökonomie bestimmt die politischen Verhältnisse, *indem* sie in dialektischer Einheit mit anderen Faktoren wirkt. Aus deren Vielfalt ergibt sich schließlich der konkrete Geschichtsverlauf als eine keineswegs monokausale "Resultante", worauf Friedrich ENGELS in seinen Altersbriefen immer wieder hingewiesen hat (ENGELS 1979, S. 27 ff.; 63 ff.); dies stellt gleichsam den theoretisch-methodologischen Leitfaden unserer Parteien- und Verbändeforschung dar.

Die Zurückführung von Politischem auf Ökonomisches erfolgt nach unserer Auffassung nicht mechanisch und linear, weder unvermittelt-direkt noch in einem alles umfassenden Sinne. Die letztliche und allgemeine Bestimmtheit der Politik durch die Ökonomie schließt immer zweierlei in sich ein: zum einen die Möglichkeit konkreter Determination der Politik durch die Ökonomie und zum anderen die der konkreten Determination der Ökonomie durch die Politik. Ökonomie und Politik sind also in gegenseitiger Bedingtheit und Verschränkung miteinander verbunden. Die einzelnen ökonomischen, politischen, rechtlichen, moralischen, kulturellen und anderen Verhältnisse existieren nicht als voneinander isolierte Faktoren mit allenfalls äußerlicher, vordergründiger Verknüpfung. Sie stellen eine Gesamtheit dar, wobei sich in jedem Teil das Ganze nachweisen läßt. Mit Recht hat Günter SÖDER, ein marxistischer Wirtschaftstheoretiker der DDR, auf die theoretische Notwendigkeit verwiesen, über die Feststellung der Existenz zahlreicher geschichtswirksamer Faktoren hinaus auch zur Frage vorzudringen, ob es in jener Mannigfaltigkeit von Verhältnissen nicht ganz bestimmte Relationen gibt, ob diese Verhältnisse nicht ein System darstellen, ob es nicht "Primäres und Sekundäres, Determinierendes und Abgeleitetes gibt" (SÖDER 1977, S. 52).

Die Transformation ökonomischer Interessen in Politik, Ideologie und Organisation erfolgt als Resultat bewußter Aktivität organisierender und organisierter Kräfte. Daraus ergibt sich, daß sich die in der marxistischen Literatur vertretenen Thesen von der letztlichen Dominanz der Ökonomie einer Gesellschaft sowie vom Primat der Politik im Klassenkampf nicht gegenseitig ausschließen. In ihrer dialektischen Wechselbeziehung stellen sich beide Thesen als grundlegend auch für jede marxistische Faschismusforschung dar.

Zusammenfassend sind dazu 6 geschichtstheoretische Aspekte zu nennen, die hinsichtlich der Erforschung und Darstellung der Rolle politischer Organisation und ideologischer Konzeptionen in der bürgerlichen Gesellschaft zu berücksichtigen wären:

1. Die ökonomischen Verhältnisse bestimmen die Politik am stärksten, aber nicht allein.

2. Die Ökonomie besitzt kein Determinationsmonopol gegenüber Politik und Ideologie.

3. In der Gesellschaft wirkt eine Vielzahl von Kräften, die jedoch von ungleichem Gewicht für die Geschichte sind.

4. Das wechselseitige Verhältnis von Ökonomie, Politik und Ideologie schließt auch die Dialektik von Notwendigkeit und Zufall ein.

5. Die Politik besitzt gegenüber der Ökonomie eine relative Selbständigkeit und wie die Ideologie auch Triebkraftfunktion.

6. Nicht jede politische Erscheinung ist auf ökonomische Ursachen zurückzuführen.

Diese theoretisch-methodologischen Positionen erlauben rationale Erklärungen auch für die kompliziertesten Erscheinungen in der Geschichte des deutschen Faschismus. Auf ihrer Grundlage läßt sich erkennen, weshalb es der ursprünglich so kleinen und bedeutungslosen NSDAP gelingen konnte, sich über die Vielzahl der anderen rechtsextremen, völkisch-antisemitischen Verbände zu erheben, weshalb sie später in eine ernsthafte Konkurrenz zu den traditionellen bürgerlichen Parteien treten und schließlich diese überflügeln konnte. Auch das Ergebnis ihrer Entwicklung gleicht jener "Resultante", von der Friedrich ENGELS meinte, sie gehe aus unzähligen einander durchkreuzenden Kräften, aus einer unendlichen Gruppe von Kräfteparallelogrammen hervor.

Die Ursachen des "Aufstiegs" der faschistischen Organisationen bilden daher aus der Sicht der Faschismus-Forschung der DDR ein vielgestaltiges und kompliziertes Geflecht ökonomischer, politischer, ideologischer, rechtlicher, kultureller, psychologischer und individueller Faktoren. Auch die Finanzierung der NSDAP durch Großindustrielle kann nur als ein Faktor neben vielen anderen gelten, wenn auch als ein gewichtiger. Seine Bedeutung ergibt sich nicht so sehr aus dem Umfang und aus den Summen. Hinter den Beträgen standen Macht und Intentionen von Herrschenden. Ein solches Gewicht konnte keine "Selbstfinanzierung" aufbringen. Insgesamt vollzog sich die Transformation ökonomischer Interessen in Politik und Organisation des Nationalsozialismus sowohl über direkte Forderungen und Initiativen, über materielle Förderung unterschiedlichster Art als auch über Beteiligung und ideelle Unterstützung, ja auch über widerspruchslose Duldung und Inkaufnahme der NSDAP, ihrer Führer und ihrer Eigenheiten.

Die NSDAP konnte schließlich bei der Zerstörung der Weimarer Republik als entscheidender parteipolitischer Faktor in Erscheinung treten, nachdem sie sich - im Gegensatz zu den traditionellen Rechtsparteien der Weimarer Zeit - einen großen, stabil erscheinenden und ausbaufähigen Masseneinfluß zu schaffen vermocht hatte. Dabei kamen ihr die Schwächen der anderen Parteien zugute. Es ist z.B. bekannt, welche Gründe es sowohl für die Deutschnationale Volkspartei als auch für das Zentrum gab, ihren Schatten (sprich: ihre begrenzten Mitglieder- und Wählerzahlen) nicht überspringen zu können. In der Zeit der Weltwirtschaftskriese, angesichts neuer Anforderungen der monopolbourgeoisen Krisenbewältigungs- und Krisennutzungsstrategie, war beispielsweise das katholische Zentrum bereits bei dem dieser Partei möglichen Maximum an Masseneinfluß angekommen. Bei nüchternem Kalkül durfte nicht erwartet werden, daß sich dieser noch erweitern lassen würde. Aber in der Notwendigkeit einer wesentlichen Erweiterung und Vereinheitlichung der Massenbasis bestand gerade das Problem der herrschenden Klasse während der Endphase der Weimarer Republik.

Zahlreiche Ursachen, in denen sich das vielgestaltige Wechselverhältnis von Ökonomie, Politik und Ideologie reflektierte, führten zum Erfolg der NSDAP im Jahre 1933. Dabei spielte auch die von skrupelloser Zielstrebigkeit und zweckbestimmter Rationalität gekennzeichnete Schaffung eines breiten Systems nationalsozialistischer Organisationen, dessen Konturen bereits 1929/30 voll und ganz erkennbar waren, eine erhebliche Rolle. Für Struktur und Entwicklung des faschistischen Herrschaftssystems sollten die NSDAP und ihre Organisationen seit 1933 konstitutiven Charakter erlangen. Man wird sogar sagen können, daß die Bedeutung der nationalsozialistischen Organisationen für das faschistische Herrschaftssystem in Deutschland während jener 12 Jahre größer war als es die aller Parteien, Verbände, Vereine usw. für das bürgerlich-parlamentarische Herrschaftssystem der Weimarer Republik hatte sein können. Die unheilige Dreieinigkeit von offenem Terror, verbrecherischer Ideologie und sozialer Korruption fand eine alles überwölbende und zugleich durchdringende Ergänzung im faschistischen Organisationssystem.

3. Historisch-pädagogische Beiträge zur Faschismusforschung

Die Faschismus-Forschung der DDR konnte sich seit den siebziger Jahren erheblich verbreitern und qualifizieren (vgl. das Vorwort von Rolf RICH-

TER in: GOSSWEILER 1986, S. XVII; weiterhin stellvertretend für viele andere Autoren: EICHHOLTZ/GOSSWEILER 1980). Im folgenden soll nun an wenigen Beispielen gezeigt werden, welchen Beitrag historisch-pädagogische Arbeiten zur Faschismus-Forschung der DDR geleistet haben. Dabei ist vorab darauf hinzuweisen, daß die Untersuchungsgegenstände dieser Arbeiten tendenziell andere waren als in der Bundesrepublik und deren Zielvorstellungen und Methoden sich an den marxistischen Gesellschaftswissenschaften orientiert haben. Die Kritik Brita RANGs (RANG-DUDZIK 1976; RANG, B. 1982) an den Ergebnissen dieser Forschung geht von falschen Prämissen aus und verkennt insbesondere, daß es auch in der historisch-pädagogischen DDR-Forschung Entwicklungsprozesse und Meinungsstreit gegeben hat, worauf Karl-Heinz GUENTHER in einem bemerkenswerten Artikel hingewiesen hat (GUENTHER 1983).

Unverwechselbares Spezifikum der historisch-pädagogischen Arbeiten der DDR zur Geschichte der Jahre 1933 bis 1945 war, daß für sie - im Rahmen der konzeptionellen Bemühungen um das progressive pädagogische Erbe (GESCHICHTE DER ERZIEHUNG 1957) - die Erforschung und Darstellung des antifaschistischen Kampfes von Lehrern im Vordergrund stand. Davon zeugen vor allem die Arbeiten von Gerd HOHENDORF, Klaus DROBISCH und Helmut KÖNIG, wofür letzterer 1985 von der Gesellschaftswissenschaftlichen Fakultät der Jenaer Friedrich-Schiller-Universität mit der Ehrendoktorwürde ausgezeichnet worden ist. HOHENDORF zeichnete 1974 für die Herausgabe eines umfangreichen Bandes über Lehrer im antifaschistischen Widerstandskampf der Völker verantwortlich. Dessen 34 Beiträge boten ein eindrucksvolles Bild von den Bemühungen antifaschistischer Lehrer in den heutigen sozialistischen Ländern, darüber hinaus auch in Griechenland und in Japan. In 16 biographischen Beiträgen behandelten prominente Autoren den Lebensweg deutscher Lehrer, unter anderem von Theodor NEUBAUER, Ernst SCHNELLER, Erich MÄDER, Martin SCHWANTES, Kurt STEFFELBAUER, Alfred SCHMIDT-SAS, Maria GROLLMUSS und Adolf REICHWEIN. Aufschlußreiche Erinnerungen steuerten Willy WOLF und Fritz RÜCKER über die Rolle der Lehrer im Nationalkomitee "Freies Deutschland", Walter WOLF über den Kampf antifaschistischer Lehrer in Thüringen von 1933 bis 1937 sowie Hans BRUMME über die Tätigkeit der Erziehungskommission des Volksfrontkomitees im KZ Buchenwald bei. Von besonderem Interesse ist der Beitrag von Klaus DROBISCH in diesem Band. Er bot einen ersten Überblick über die wichtigsten erziehungs- und schulpolitischen Positionen der illegalen KPD und charakterisierte die unterschiedlichen Ebenen, auf denen sich Lehrerwiderstand formierte und in Widerstandsaktionen wirksam wurde. Den heutigen Forschungsstand erfaßt Gerd HOHENDORF in der neuesten Auflage der GESCHICHTE DER ERZIEHUNG (^{15}1987, S. 650 ff.).

In bezug auf die nationalsozialistische Erziehungspolitik und -organisation richteten Helmut KÖNIG, Horst DIERE, Hermann LANGER und Gerd HOHENDORF ihr Interesse auf allgemeine Wesenszüge der faschistischen Ideologie und Politik, wobei sie diese zunehmend konkretisierend und differenziert erfaßten. Ihre Fragestellungen gingen grundsätzlich vom Klassencharakter des Faschismus aus, wie er in der kommunistischen Weltbewegung und in der marxistischen Geschichtsschreibung definiert worden ist, ihn belegend und erhärtend. Sie gingen ferner von den Erscheinungsformen seines offen terroristischen Herrschaftssystems, von seiner Ideologie und seinen Manipulationsmechanismen und nicht zuletzt von der Frage aus, die auch in der DDR jede neue Schüler-Generation ihren Lehrern vorlegt : wie konnte es dem deutschen Faschismus gelingen, für seine friedens- und menschenfeindliche, für seine verbrecherische Politik die überwiegende Mehrheit der deutschen Bevölkerung zu gewinnen, ja sogar zu begeistern und humanistischem Denken fast total zu entfremden. Es verwundert daher nicht, wenn sich Faschismus-Forschung und Erziehungsgeschichte gerade bei der Behandlung dieses Problems immer wieder begegnen, sich kreuzen und auch voneinander lernen. Aus der Sicht des Historikers sind zahlreiche historisch-pädagogische Publikationen zu folgenden speziellen Gebieten von besonderem Interesse:

Erstens zur Faschisierung der bürgerlichen Erziehungspolitik und der Schule am Ende der Weimarer Republik: Dazu liegen vielfältige und sorgsam differenzierende regional- und lokalgeschichtliche Studien vor, die nach den Entwicklungsmöglichkeiten der nationalsozialistischen Erziehungspolitik und -organisation vor 1933 sowie nach den Ursachen von Stabilisierung und Stabilität der faschistischen Diktatur fragen. Hier sind vor allem die Schulgeschichte in Berlin (LEMM 1987, S. 111 ff.) sowie die schon etwas älteren Arbeiten von Horst BRIESEMEISTER (1968), Paul MITZENHEIM (1968), Lothar WAGNER (1973) und Horst WENKEL (1973) zu nennen.

Zweitens zu den erziehungspolitischen Konzepten der NSDAP, der HJ und anderer faschistischer Organisationen und Institutionen: Dazu geben vor allem die Arbeiten von Hermann LANGER (1969; 1973; 1985), Erhard NAAKE (1972; 1973) und Hans-Jürgen ARENDT (1983) Auskunft, mehr am Rande behandeln sie auch Reinhard GIERSCH (1981), Horst DIERE (1982), Kurt PÄTZOLD (1983) und Manfred WEISSBECKER (PÄT-

ZOLD/WEISSBECKER 1981), Joachim PETZOLD (1982) u.a.m. Eine große Rolle spielen die Prinzipien und Erscheinungsformen der faschistischen Jugenderziehung in der literaturhistorischen Analyse (HARTUNG 1983; BERGER 1985). Leider hat der Nationalsozialistische Lehrerbund noch keine Darstellung gefunden, noch gewichtiger erscheint das Fehlen einer geschlossenen Untersuchung zur Geschichte der HJ.

Drittens zu Unterricht und Alltag in der Schule während der Zeit des "Dritten Reiches": Hier sind die prinzipielle Substitution von "Bildung" durch "Erziehung", die Reduzierung und Trivialisierung der Ausbildung sowie die alles durchdringende Politisierung des alltäglichen Lebens in der Schule hinreichend erforscht worden. Die Untersuchungen zur Geschichte der Schullehrbücher sind leider mit dem frühzeitigen Tode Rudolf HUBs (1970; 1978) unterbrochen worden. Der Band DIE ZWEI ENTWICKLUNGSWEGE UNSERER NATION UND IHRE WIDERSPIEGELUNG IM SCHULBUCH behandelt insbesondere den faschistischen Inhalt der sog. Rassenkunde sowie des Biologie- und Geographieunterrichts. Zu nennen wären vor allem noch die Arbeiten des in der DDR führenden Geschichtsdidaktikers Horst DIERE (1976; 1979) sowie die von Edith HEINRICH (1966), Johannes IRMSCHER (1966) und Renate SCHÄFER (1972). Zu beklagen ist das Fehlen eigenständiger Arbeiten über die "Leibesertüchtigung" und ihren Platz in der faschistischen Erziehungspolitik, wenn vom dritten Band der GESCHICHTE DER KÖRPERKULTUR IN DEUTSCHLAND (1967) abgesehen wird. Über die Feindschaft gegenüber psychisch und physisch geschädigten Kindern, den Abbau von Sonder- und Hilfsschulen sowie über die antihumanistische Behandlung traditionsreicher Einrichtungen informieren Werner LEMM u.a. (1987, S. 136) sowie an einem ausgewählten Beispiel Gerhard ARNHARDT (1982).

Viertens zur Situation von Schule und Jugend während des Zeiten Weltkrieges: Obwohl dieses Thema in einer ganzen Reihe von Arbeiten (LANGER 1983; HOHENDORF 1974; LEMM u.a. 1987) behandelt und in fast allen Arbeiten zur Geschichte des Zweiten Weltkrieges berührt wird, trifft die Kritik Kurt PÄTZOLDs in der Zeitschrift für Geschichtswissenschaft (34, 1986, S. 1097) völlig zu, daß in der sechsbändigen Darstellung DEUTSCHLAND IM ZWEITEN WELTKRIEG (1974 ff.) die Entwicklung des faschistischen Schulwesens bedauerlicherweise ausgeklammert worden sei.

Fünftens zur Situation von Jugend und Schule im Jahre 1945: Hierzu bietet eine umfangreiche Literatur (UHLIG 1965; RÖMHILD/GERLACH 1984) Aufschlüsse über die komplizierte Situation der Jugendlichen und das desolate Schulwesen in Deutschland, über ein furchtbares Erbe, dessen

Überwindung und Bewältigung zum Hauptanliegen aller antifaschistischen Kräfte in der damaligen Sowjetischen Besatzungszone bzw. in der DDR wurde.

*

Wenn versucht wird, eine abschließende knappe Gesamtbewertung der Faschismusforschung, ihrer Ergebnisse und ihrer Entwicklungsetappen in der DDR zu formulieren, so ist dies im Rückgriff auf die einleitend zitierte Forderung Johannes R. BECHERs nach einer "Reformation an Haupt und Gliedern" möglich: Die von antifaschistischen Widerstandskämpfern in leidvollem Ringen gewonnene Forderung konnte verwirklicht werden. In einem revolutionären Umwälzungsprozeß wurden konsequent die für den Faschismus letztlich verantwortlichen sozialökonomisch-gesellschaftlichen Wurzeln beseitigt, die grauenvolle Hinterlassenschaft des Faschismus überwunden und unter der Führung der Partei der Arbeiterklasse völlig neue gesellschaftliche Verhältnisse geschaffen. Damit hat sich eine Bewältigung der braunen Vergangenheit vollzogen, die zu berechtigtem Stolz veranlaßt, jedoch zugleich den nüchternen Blick auf sich immer wieder neu stellende antifaschistische Aufgaben bzw. neue Probleme erfordert.

KLAUS HIMMELSTEIN

Neofaschismus in der Bundesrepublik als Problem der Erziehungswissenschaft

Hakenkreuze und "Ausländer raus"-Parolen an Schulwänden und auf Schultischen, neofaschistische Flugblätter und Schülerzeitschriften, verteilt vor Schulen, schwarz uniformierte Schüler mit Hitlergruß auf dem Pausenhof, Schülerinnen und Schüler erzählen Türken- und Judenwitze: die Reihe schon alltäglicher neofaschistischer Erscheinungen an Schulen in der Bundesrepublik läßt sich fortsetzen. Diese Erscheinungen sind relativ harmlos, verglichen mit den Vorfällen und Vorgängen seit dem Beginn der achtziger Jahre, die gekennzeichnet sind von neofaschistischer Gewalt. Sie reichen von dem Bombenanschlag 1980 auf dem Münchner Oktoberfest, der 13 Menschen das Leben kostete und 219 teilweise sehr schwer verletzte, über eine Reihe von Morden, von Sprengstoff- und Waffendiebstählen, von Verwüstungen jüdischer Friedhöfe bis zu ständigen Überfällen auf ausländische und jüdische Mitbürger und politisch aktive Jugendliche, Gewerkschafter, Sozialdemokraten, Grüne, Kommunisten und Pfarrer.

Der Neofaschismus in der Bundesrepublik verkörpert, gemessen an der zwölfjährigen faschistischen Herrschaft in Deutschland, den erneuten Versuch politischer Problemlösung mittels eines antidemokratischen und antihumanen "neuen" Nationalismus. Er stellt die entschiedenste Herausforderung dar für den antifaschistisch-demokratischen Konsens, wie er in einer Reihe von Landesverfassungen und dem Grundgesetz der Bundesrepublik formuliert ist.

Nach dem 8. Mai 1945 schien es so, als hätte sich der Faschismus in Deutschland, wenn auch von außen besiegt, als politische Ausdrucksform einer diktatorischen Krisenlösung für immer diskreditiert. Die wichtigsten Übereinkünfte und Maßnahmen der alliierten Sieger zur Behandlung des besiegten Nazi-Deutschlands waren in gleichem Maße antifaschistisch ausgerichtet wie die Pläne und Erklärungen insbesondere der linken Gruppen innerhalb des deutschen Widerstandes und Exils. Ebenso zeigen die Nachkriegsprogramme der sich in Deutschland neu- und wiederkonstituierenden politischen Gruppen, Verbände und Parteien zumindest eine konzeptionelle Übereinstimmung mit den Vorstellungen der alliierten Sieger. Trotzdem entwickelten sich in den Westzonen und der Bundesrepublik nach 1945 dann doch wieder faschistische Organisationen und Ideologiekonzepte, deren Entstehung nur vor dem Hintergrund spezifischer politischer Rahmenbedingungen zu verstehen sind. Der erste Teil vorliegenden Beitrags wird sich damit zu beschäftigen haben.

Wenn Pädagogik - und damit auch Erziehungswissenschaft - in der Bundesrepublik den sich aus zwölf Jahren faschistischer Herrschaft in Deutschland ergebenden Auftrag an Erziehung und Bildung akzeptiert, "daß Auschwitz nicht noch einmal sei", wie es Theodor W. ADORNO (1971, S. 88) formulierte, dann ist die Untersuchung der neofaschistischen Entwicklung in der Bundesrepublik und die Erörterung damit zusammenhängender pädagogischer Probleme und Konsequenzen eine unumgängliche und bedeutende Aufgabe für eine historisch-kritische Erziehungswissenschaft. Zwei Ebenen der Problembearbeitung zeichnen sich dabei ab. Zum einen muß es darum gehen, erziehungstheoretische Ansätze in den Ideologiekonzepten des Neofaschismus und deren Wirkung auf die erziehungswissenschaftliche Diskussion in der Bundesrepublik systematisch zu erforschen. Dies soll im zweiten Teil dieses Beitrages ansatzweise geschehen, wobei die Schwierigkeit darin liegt, daß es bislang so gut wie keine Studien gibt, auf die man sich beziehen könnte. Zum anderen ist auf seiten einer kritischen Erziehungswissenschaft zu fragen, warum der Neofaschismus für viele Jugendliche in der Bundesrepublik so attraktiv ist und welche Faktoren dabei eine Rolle spielen. Dies erscheint deshalb als dringlich, weil es mittlerweile nicht mehr nur um die Generation geht, die den Faschismus in Deutschland aktiv gestaltet oder passiv mitgetragen hat, sondern es vielmehr "HITLERs Urenkel" (GINZEL 1983) und d.h. Schüler, Studenten und Auszubildende sind, die sich in der Bundesrepublik neofaschistisch betätigen. Zu diesem Komplex gibt es inzwischen einige Studien, über deren Forschungsansätze und Ergebnisse im abschließenden dritten Teil referiert werden soll.

1. Neofaschismus in der Bundesrepublik

1.1 Die politischen Rahmenbedingungen

Für die Entwicklung der Nachkriegszeit von entscheidender Bedeutung wurde der Bruch des Bündnisses der Anti-Hitler-Koalition nach dem 8. Mai 1945. Der in den unterschiedlichen Gesellschaftssystemen der UdSSR und der USA begründete Gegensatz brach bereits im April 1945 wieder auf, als nach dem Tod des amerikanischen Präsidenten Theodor ROOSEVELT, der die Politik der Verständigung und des Bündnisses mit der Sowjetunion gestaltet hatte, mit dem nachfolgenden Präsidenten Harry S. TRUMAN eine politische Kräftegruppierung in den USA die politische Macht bekam, die zu der seit der Oktoberrevolution in Rußland praktizierten Politik des Containment und Roll back zurückkehrte. Die zunehmende Ost-West-Konfrontation in den vierziger Jahren bis zum Koreakrieg 1950 führte zur Einbindung der westlichen Besatzungszonen und schließlich der Bundesrepublik in die amerikanische Globalstrategie und zur Veränderung der amerikanischen Deutschlandpolitik. Der ehemalige Feind wurde Verbündeter. Nur so konnten die Westzonen und die Bundesrepublik wirkungsvoll zu einem "Bollwerk gegen den Kommunismus" aufgebaut werden.

Diese Entwicklung der Nachkriegszeit trug in entscheidendem Maße dazu bei, daß die Umsetzung der antifaschistischen Grundprinzipien der Anti-Hitler-Koalition im westlichen Teil Deutschlands weitgehend scheiterte und stattdessen auf die gesellschaftlichen Strukturen der Weimarer Republik zurückgegriffen wurde. Die fehlgeschlagene Entnazifizierung und die Vermeidung einer grundlegenden Auseinandersetzung mit den Konstitutionsbedingungen des faschistischen Herrschaftssystems in Deutschland, die Preisgabe der Entmilitarisierung und der Wiederaufbau einer Wehrmacht in den fünfziger Jahren, die nicht realisierten Ansätze zur Entmonopolisierung und einer paritätischen Mitbestimmung im Wirtschaftsbereich, begleitet von dem gesellschaftlich dominanten ideologischen Basiskonsens des Antikommunismus, Antisowjetismus und Antimarxismus, waren wesentliche Faktoren, die Gründung und Aufbau der Bundesrepublik begleiteten. Sie ermöglichten sowohl das Aufkommen und die Entwicklung eines "neuen" Faschismus als auch die Übernahme ehemals führender Nazis in die Machtinstitutionen der Bundesrepublik. Das herausragende Beispiel dafür ist die Wiederverwendung des Juristen GLOBKE, des Kommentators der faschistischen Rassengesetzgebung, als Staatssekretär im Bundeskanzleramt. In allen gesellschaftlichen Bereichen, einschließlich des Erziehungs- und Bildungswesens, gelangten ehemals führende Nazis, wenn auch in unterschiedlichem Umfang, in maßgebliche Positionen (vgl. den Beitrag von W. KEIM in diesem Band).

1.2 Entwicklung und Organisation

Die erste Partei, die offen an die Nationalsozialistische Deutsche Arbeiterpartei (NSDAP) anknüpfte, war die 1949 gegründete Sozialistische Reichspartei (SRP), die ihre größten Wahlerfolge 1951 bei den Landtagswahlen in Bremen (7,7%) und Niedersachsen (11%) erreichte. Ihre Anhängerschaft setzte sich vor allem aus ehemaligen Mitgliedern der NSDAP, Kriegsteilnehmern sowie Aussiedlern und Flüchtlingen aus den ehemals deutschen Ostgebieten zusammen. 1952 stellte das Bundesverfassungsgericht die Verfassungswidrigkeit der SRP fest und löste die Partei auf. Die Aktivitäten dieser nationalistischen Rechten in der Bundesrepublik gingen zunächst auf die 1950 gegründete Deutsche Reichspartei (DRP) und 1964 dann auf die NPD über. Allerdings gelang es diesen neofaschistischen Parteien in der Zeit der CDU/CSU-Dominanz noch nicht, ein größeres Wählerpotential zu halten. Nach dem Ende der autoritären und entspannungsfeindlichen Politik Konrad ADENAUERs, in der ersten größeren Wirtschaftskrise der Bundesrepublik gegen Ende der sechziger Jahre, konnte dann die NPD größere Wahlerfolge verbuchen. Sie kam in 7 Landtage, erreichte aber 1969 mit 4,3% der Zweitstimmen nicht den Bundestag. Während der sozialliberalen Regierung und der damit verbundenen Rechtsentwicklung der CDU verlor die NPD wieder an Bedeutung. Gleichzeitig begannen im rechtsextremen Lager Auseinandersetzungen über die richtige Politik gegen den, wie es hieß, "Ausverkauf Deutschlands", die zur *aktuellen* ideologischen und organisatorischen Ausformung des Neofaschismus und Rechtsextremismus in der Bundesrepublik führten. Dabei lassen sich drei bedeutende Entwicklungslinien unterscheiden:

Seit 1970 kam es *erstens* zu Gründungen militanter Gruppen wie der Wehrsportgruppe HOFFMANN, der Volkssozialistischen Bewegung Deutschlands/Partei der Arbeit, der Aktionsfront Nationaler Sozialisten/Nationale Aktivisten mit ihrem "Führer" Michael KÜHNEN - diese Gruppierungen sind mittlerweile verboten - sowie den Nachfolgegründungen der Freiheitlichen Deutschen Arbeiterpartei (FAP) und der Nationalistischen Front (NF), um einige der herausragenden Beispiele zu nennen. Charakteristisch für diese Gruppen ist, daß sie offen an die NSDAP und die SA anknüpfen.

Eine *zweite* aktuelle neofaschistische Entwicklungsrichtung repräsentiert die Deutsche Volksunion (DVU). Sie versteht sich als überparteiliche Mitgliederorganisation, die von rechts her nationalistischen Druck auf das Parteiensystem in der Bundesrepublik ausüben will, insbesondere auf

CDU/CSU. Eine Reihe von Aktionsgemeinschaften wie die Aktion Deutsche Einheit (AKON) und der Schutzbund für Leben und Umwelt sind der DVU angeschlossen und arbeiten in jeweils spezifischen Politikfeldern. Drei Wochenzeitungen, die "Deutsche National-Zeitung", der "Deutsche Anzeiger" und die "Deutsche Wochen-Zeitung", wöchentliche Auflage zusammen über 100.000, werden von dem Verleger Gerhard FREY, Vorsitzender der DVU, herausgegeben.

Neben den eindeutig neofaschistischen Organisationen hat sich schließlich *drittens* eine rechtsextreme Richtung entwickelt, die als "Neue Rechte" bezeichnet wird. Unter Anknüpfung an jungkonservative Theoretiker der Weimarer Republik und beeinflußt von rechtsextremen Theoretikern insbesondere in Frankreich orientiert die Neue Rechte auf die Entwicklung, Verbreitung und Durchsetzung eines "Neuen Nationalismus". Dieser hat scheinbar mit dem des "alten" Faschismus nichts mehr gemein. Mit dem scheinbar neuen Nationalismus-Konzept versucht die Neue Rechte langfristig, eine "kulturelle Hegemonie" (CHRISTADLER 1983a, S. 171) zu erreichen. Mittels "Denkgemeinschaften" und "Studienzirkeln" werden zunächst und vor allem intellektuelle Multiplikatoren angesprochen, zugleich aber ist beabsichtigt, im rechtsextremen Lager zu gemeinsamen ideologischen Positionen und Aussagen zu kommen. Die Neue Rechte ist mit ihren theoretischen und organisatorischen Anstrengungen zu einem bedeutenden Bindeglied zwischen Konservatismus und Neofaschismus geworden und versucht über nationalrevolutionäre Gruppen auch auf demokratische Bewegungen wie die Friedens- und Ökologiebewegung Einfluß zu gewinnen (vgl. CHRISTADLER 1983a+b; FETSCHER 1983; MOREAU 1983; KOELSCHTZKY 1986; SCHRAMM/WEINGARTEN 1987; FEIT 1987).

In der Entwicklung des Neofaschismus nach 1945 hat es also eine Vielzahl von Neugründungen, Auflösungen, Umbenennungen und Verboten von Organisationen gegeben, so daß sich für den Beobachter immer wieder ein neu zusammengesetztes und manchmal heterogenes Erscheinungsbild bietet. Das Organisationsgefüge aber ist geblieben. Dazu gehören neben Parteien wie der NPD sog. nationale Sammlungsbewegungen wie die Deutsche Volksunion (DVU), militaristische Verbände wie die Hilfsgemeinschaft auf Gegenseitigkeit der ehemaligen Waffen-SS (HIAG), Hilfsorganisationen wie die für Nationale Politische Gefangene (HNG), militant-terroristische Gruppierungen wie die Wehrsportgruppe Ostwestfalen der NSDAP, Jugendgruppen wie die Wiking-Jugend, Kulturgemeinschaften wie das Deutsche Kulturwerk Europäischen Geistes (DKEG) und die Gesellschaft für freie Publizistik (GfP), Theoriezirkel wie das Thule-Seminar bzw. der "Kulturkreis 2000" und schließlich publizistische Institutionen, also Verlage wie MUT, GRABERT, HOHENRAIN usw. sowie Vertriebsdienste, die - häufig an einen Verlag gebunden - Zeitungen, Zeitschriften, Videofilme, Schallplatten und Bücher vertreiben (vgl. BRÜDIGAM 1965; POMORIN/JUNGE 1978; BENZ 1984; DUDEK/JASCHKE 1984; DUDEK 1985b).

1.3 Forschungslage und Begrifflichkeit

Die erste größere Monographie über "Entstehung und Entwicklung des Rechtsextremismus in der Bundesrepublik" von DUDEK/JASCHKE (1984) konzentriert sich auf eine organisationssoziologische Untersuchung der "Restauration der rechtsextremen Stammkultur im Kontext der Entnazifizierungspolitik" (Bd. 1, S. 34). Die "Konturen des rechtsextremen Lagers nach 1945" (ebd.) werden auf diese Weise gut herausgearbeitet und nachvollziehbar. Was in dieser Arbeit und bisher in der Bundesrepublik überhaupt fehlt, ist eine faschismustheoretisch geleitete Forschung über den Neofaschismus, die sowohl die Herrschaftsproblematik (HOFMANN 1969), übergreifend bezogen auf den Zweiten Weltkrieg und die Nachkriegszeit (GROEHLER/SCHUMANN 1982), als auch das Problem der spezifischen Kontinuität faschistischer und konservativer Machteliten und Ideologiekonzepte im Aufbau der Bundesrepublik berücksichtigt (OPITZ 1984).

Neben der Arbeit von DUDEK/JASCHKE gibt es eine Reihe wissenschaftlicher und politisch-publizistischer Veröffentlichungen, die sich mit einzelnen neofaschistischen Organisationen und Ideologieteilen befassten, wobei auch hier eine systematische Aufarbeitung der vorhandenen Literatur, Forschungsansätze und Themenbereiche noch in den Anfängen steckt (JOACHIM/NAUMANN 1980; BACKES 1982). Insbesondere die Gründung der Nationaldemokratischen Partei Deutschlands (NPD) 1964 in Hannover und ihre weitere Entwicklung löste eine größere Zahl von Untersuchungen aus. Erinnert sei hier beispielsweise an die Arbeit von KÜHNL u.a.: "Die NPD. Struktur, Ideologie und Funktion einer neofaschistischen Partei" (1969). Wissenschaftliche Studien wie diese erwiesen sich als hilfreich bei dem Versuch, den Einfluß dieser neofaschistischen Partei in einem politischen Aufklärungsprozeß zurückzudrängen. Wichtige Informationen und Erklärungsansätze über die Entwicklung, Struktur und Ideologie neofaschistischer Parteien in der Bundesrepublik bieten das von Richard STÖSS herausgegebene "Parteien-Handbuch" (^{2}1986) sowie der von Wolfgang BENZ herausgegebene Band "Rechtsextremismus in der Bundesrepublik" (1984).

Ein zentrales Problem der derzeitigen Neofaschismus-Forschung ist die verschwommene, teilweise verwirrende und widersprüchliche Begrifflichkeit. In der wissenschaftlichen und publizistischen Literatur kommt es nicht selten vor, daß die Begriffe "Rechtsradikalismus", "Rechtsextremismus", "Neonazismus" und schließlich "Neofaschismus" nebeneinander vorkommen, ohne daß sie definiert und gegeneinander abgegrenzt werden. Dies führt leicht zu Pauschalisierungen, undifferenzierten Urteilen, gelegentlich auch zu Fehleinschätzungen, weshalb vor der eigentlichen Analyse eine Begriffsklärung notwendig erscheint:

Der Begriff *"Rechtsradikalismus"* sollte überhaupt nicht verwandt werden. 'Radikal' als historisch-politischer Begriff hängt eng zusammen mit den Emanzipationsbewegungen seit der bürgerlichen Aufklärung; die Verbindung von 'rechts' mit 'radikal' ist deshalb historisch gesehen falsch und irreführend (HEITMEYER 1987, S. 13).

"Neofaschismus" und *"Faschismus"* sind zwar sowohl unter politischem als auch wissenschaftlichem Aspekt nicht unumstritten, sie lassen sich jedoch inhaltlich eindeutig zuordnen. Beide implizieren ein theoretisches Konzept, das den Faschismus wie Neofaschismus als eine "im monopolbestimmten Kapitalismus systemisch angelegte politische Grenzform" versteht, "die als Krisenausdruck und Lösungsversuch sich virulent hält, so lange das Gesellschaftsverhältnis selbst andauert" (FRITZSCHE 1984, S. 513). Die Begriffe "Faschismus" und "Neofaschismus" haben den Vorteil, daß sie erstens auf die gesamtgesellschaftliche Vermitteltheit der beschriebenen Phänomene verweisen und zweitens die Möglichkeit einer Wiederholung der mit dem Faschismus verbundenen Herrschaftsform betonen, solange sich an den gesamtgesellschaftlichen Strukturen nichts verändert hat. Von daher erscheinen uns die Begriffe "Faschismus" und "Neofaschismus" - trotz kontroverser Interpretationen in Einzelfragen - als analytische Kategorien geeignet.

Der Begriff *"Neonazismus"* hat demgegenüber eine sehr eingegrenzte Bedeutung, insofern er lediglich das Anknüpfen an die Nazi-Partei, deren spezifische Ideologie und Herrschaftspraxis betont.

Ähnlich wie die Begriffe "Faschismus" und "Neofaschismus" erscheint auch der Begriff *"Rechtsextremismus"* als analytische Kategorie geeignet. Er läßt sich interpretieren als eine Art Oberbegriff zur Kennzeichnung von

Ideologien und politischen Verhaltensweisen, die das gesamte Verzahnungsfeld vom Neofaschismus bis hin zum Konservatismus umschreibt. Differenzierungen innerhalb des Rechtsextremismus als auch zwischen Rechtsextremismus und Konservatismus ergeben sich zum einen aus Abstufungen und Ausprägungen spezifischer Ideologieelemente, zum anderen aus den Praktiken der "Interessenartikulation und -durchsetzung" (HENNIG 1983, S. 310). Rechtsextremismus und Konservatismus können in bestimmten ideologischen Positionen übereinstimmen, die daraus abgeleiteten politischen Konsequenzen werden jedoch in der Regel unterschiedlich sein.

Das ideologische Kernstück von Neofaschismus und Rechtsextremismus ist die biologisch gerechtfertigte Ungleichheit der Menschen und Völker. Ausgehend von diesem ideologischen Kern wird eine Bandbreite von weiteren Ideologieelementen sozialdarwinistischer ("natürliche" Überlegenheit ohne "schlechtes" Gewissen) und rassistischer Art (verschiedene, über- und unterlegene Rassen) gefolgert, denen ein sozio-biologisches Gesellschafts- und Politikverständnis (Volkskörper; Eugenik; Elite-Züchtung und Führerschaft) sowie eine gegen eine "Sklavenmoral" gewendete "soldatische" Moral (Soldat der Arbeit, politischer Soldat) entsprechen. Bei der Durchsetzung dieses antidemokratischen Konzeptes werden verschiedene Gewaltformen, im Extremfall bis zur Vernichtung des Feindes oder Gegners, vorgesehen oder akzeptiert (vgl. HEITMEYER 1987, S. 15 f.).

Aus der Zunahme militanter, terroristischer Aktivitäten insbesondere von neonazistischen Gruppen ergeben sich gegenwärtig eine Reihe politischer, juristischer und pädagogisch-praktischer Schwierigkeiten. Das zentrale gesellschaftliche und damit auch pädagogische Problem liegt in der Potentialität und Vernetzbarkeit der "Antithese zur Egalität" (KLÖNNE 1984, S. 79) mit dem Konservatismus in der Bundesrepublik. Bei der aktuellen Auseinandersetzung "um die ideologische Hegemonie" liegt "das eigentliche Problem" in der "in sich vielfältige(n) Tendenz, nationalistische, autoritäre, völkische und rassistische Ideen, die in der politischen Gefühlswelt des deutschen Bürgertums schon vor 1933 Dominanz hatten, in modernisierten Ausformungen wieder zur Geltung zu bringen. Der deutsche Faschismus von ehedem fand hier seine ideologischen Voraussetzungen; heute geht es um die Frage, ob und in welchem Umfang sich dieser 'Vorraum' des Faschismus aktualisiert" (KLÖNNE 1984b, S. 78 f.).

2. Pädagogische Implikationen neofaschistischer und rechtsextremer Programme und Veröffentlichungen

Wie eingangs festgestellt, gibt es bisher keine systematische erziehungswissenschaftliche Untersuchung pädagogisch-theoretischer und pädagogisch-praktischer Positionen im Ideologiekonzept des Neofaschismus bzw. des Rechtsextremismus. Ausgehend von der These der Potentialität des Anti-Egalitarismus in modernisierter Fassung und seiner Vernetzung mit dem Konservatismus, geht es in der folgenden Darstellung vor allem darum, "Brückenglieder", "Schnittmengen", Verbindungen sichtbar werden zu lassen, die heute zwischen neofaschistischen Gruppierungen und der Neuen Rechten mit ihrer doppelten Verankerung im rechtsextremistischen und im konservativen Lager gerade auch bei pädagogischen Vorstellungen bestehen. Dabei beziehen wir uns auf programmatische Veröffentlichungen der Freiheitlichen Deutschen Arbeiterpartei (FAP) und der Nationaldemokratischen Partei Deutschlands (NPD) sowie auf Publikationen aus dem Umkreis der sog. Neuen Rechten.

2.1 Freiheitliche Deutsche Arbeiterpartei (FAP)

Die FAP wurde 1979 von dem ehemaligen HJ-Führer Martin PAPE gegründet und entwickelte sich nach dem Verbot der Aktionsfront Nationaler Sozialisten/Nationale Aktivisten (ANS/NA) 1983 zu deren Auffangorganisation. Die FAP versteht sich wie die ANS/NA "als legaler Arm der nationalsozialistischen Bewegung der neuen Generation in der Tradition der SA", so das ANS-Blatt "Innere Front" (Nr. 3, S. 7). Sehr enge Verbindungen bestehen zwischen der FAP und der Wiking-Jugend, einer neofaschistischen Jugendorganisation mit mehreren hundert Mitgliedern. Weitere Verbindungen sind erkennbar zur NPD, zu den Jungen Nationaldemokraten (JN), der Jugendorganisation der NPD sowie zu Fußball-Fan-Clubs und den Skinheads (FALLER/SIEBOLD 1986, S. 20 ff.).

Im Wahlprogramm der FAP von 1985 ist ein Abschnitt "Zur Erziehungs- und Familienpolitik" enthalten. "In der Jugend liegt die Zukunft", heißt es, "ein Volk ohne lebensbejahende Jugend hat keine Zukunft mehr. Deshalb ist die Erziehung der Jugend eine der wichtigsten Aufgaben des Staates". Als die bedeutendsten Erziehungsträger neben dem Staat werden die Familie - sie "ist die Keimzelle eines Volkes" - und "die deutsche Mutter" - sie ist "die Garantin für die beste Erziehung einer Jugend" - bezeichnet. Erzogen werden soll zur Gemeinschaft, für "das praktische Leben am Arbeitsplatz", durch "körperliche Ertüchtigung" und zum Stolz darauf, "Deutsche(r) zu sein". Dementsprechend muß der Unterricht in den Schulen gestaltet werden. Komplettiert werden diese bildungspolitischen und pädagogischen Vorstellungen durch ein Votum gegen die Gesamtschule (Wahlprogramm der Freiheitlichen Deutschen Arbeiterpartei, 1985).

Die Reihung Mutter, Familie, Volk, Gemeinschaft, Staat, jeweils mit dem Epitheton 'deutsch', verweist auf die nationalistisch-völkische Substanz in den bildungspolitischen und pädagogischen Andeutungen, und mehr sind das nicht, in der FAP-Programmatik. Natürlich könnten diese auch Bestandteil national-konservativer Bildungsforderungen sein. Die neofaschistische Spezifik der pädagogischen Äußerungen der FAP wird erst deutlich, wenn sie in den Kontext der politischen Forderungen auch außerhalb der Programmatik und des politischen Verhaltens dieser Partei gestellt werden. So fordert die FAP in rassistisch-hetzerischer Sprache und mit entsprechenden Karikaturen auf Flugblättern, Aufklebern und in ihrer Zeitung, den "FAP-Nachrichten", die "Rückführung der Fremdarbeiter in ihre Heimatländer" und der "Volksdeutschen" in die Bundesrepublik, das "Recht auf Selbstbestimmung nach der Besiedlung von 1939", eine Wiedervereinigung, die der "europäischen Einigung ranggemäß" vorausgehen muß, "eine neue Verteidigungsplanung, die auch dem deutschen Volk eine Überlebenschance bietet", "gute Schutzbauten am Arbeitsplatz und im Wohngebiet" sowie das "Bekenntnis" zum "deutschen Soldatentum".

Sowohl die politischen Forderungen und ideologischen Elemente wie auch die militant-terroristischen Aktionsformen der FAP verdeutlichen deren Bezug auf Politikverständnis und Ideologie des deutschen Faschismus vor 1945. Die national-konservative Pädagogikauffassung der FAP ist eingebettet in ein expansionistisch-aggressives, nationalistisches Politikprogramm. Die sich daraus ergebende Problematik für die Pädagogen in der Bundesrepublik liegt deshalb auch nicht nur in der Notwendigkeit einer Analyse der neofaschistischen Programmatik, sondern ebenso in der Bearbeitung militanter Politikformen neofaschistischer Gruppen und ihrer Folgen in der und außerhalb der Schule. Denn Furcht, Verunsicherung und manchmal Rückzug aus politischer Tätigkeit bei betroffenen Jugendlichen und Erwachsenen sind von FAP und anderen neofaschistischen Gruppen durchaus beabsichtigt und haben die Destabilisierung demokratischer Politikformen zum Ziel. Aufgrund der historischen Erfahrung mit dem deutschen Faschismus ist es konsequent, gerade diese Gruppierungen zu verbieten, um ihre Betätigungsmöglichkeiten empfindlich einzuschränken, muß doch jede noch so vielfältige, lebendige antifaschistische pädagogische Arbeit an der neofaschistischen Gewaltanwendung scheitern.

Zum anderen gilt es zu beachten, daß das historische Vorbild der "Sturmabteilung" der NSDAP, der SA, von den neonazistischen Gruppen nicht zufällig gewählt wird. Die SA als militant-terroristischer "Arm der Partei" entwickelte sich in der Krisenzeit der Weimarer Republik zu einer Massenorganisation (1931 rund 77.000; August 1932 rund 470.000), die durch gezielten Terror die Handlungsfähigkeit der organisierten demokratischen Bewegung, insbesondere der Arbeiterorganisationen, einzuschränken versuchte (vgl. JAMIN 1984, S. 1 ff.). Darüber hinaus vermittelte die SA insbesondere im Kleinbürgertum das Bild des Faschismus als einer "dynamischen" und "jungen" politischen Bewegung gegen die "erstarrten" und "verrotteten" politischen Verhältnisse. Damit soll, ohne hier einen historischen Analogieschluß zu ziehen, auf die sozialpsychologische Problematik der Einflußmöglichkeiten des Neofaschismus, insbesondere durch politische Gewaltformen, auf Jugendliche hingewiesen werden. Auskunft darüber geben empirische Untersuchungen über das politische Verhalten und die Einstellungen bei Jugendlichen in der Bundesrepublik, auf die im dritten Abschnitt eingegangen wird.

2.2 Nationaldemokratische Partei Deutschlands (NPD)

"Eine betont bürgerlich-rechtskonservative Selbstdarstellung" wie ein "Auseinanderklaffen von Legalitätstaktik und Militanz" stellen DUDEK/JASCHKE (1984, Bd. 2, S. 39) auch für das Verhältnis von Programmatik und politischem Verhalten bei der *NPD* fest. Auf die in den beiden Programmen der NPD, dem "Düsseldorfer Programm 1973" und dem "NPD-Parteiprogramm 1985", enthaltenen pädagogischen Vorstellungen wird im folgenden kurz eingegangen:

Im Düsseldorfer Programm von 1973 gibt es unter den "Grundsätzen nationaldemokratischer Politik" einen Abschnitt: "Die NPD bekennt sich zu einem lebensrichtigen Bild der Menschen und Völker." Danach hat "jede Gesellschafts- und Bevölkerungspolitik ... von den auch für den Menschen geltenden Naturgesetzen auszugehen" (S. 5). Jede Erfahrung zeige, "daß die Menschen durch Natur und Herkunft unterschiedlich veranlagt sowie durch Landschaft, Geschichte, Tradition und Bildung vielfältig und verschieden geprägt sind. Der Verschiedenheit unter Menschen und Völkern wird man bei Anerkennung gleicher menschlicher Würde nur gerecht durch Anwendung des Grundsatzes, der seit Jahrhunderten im privaten Bereich und im Völkerrecht gilt: Jedem das Seine!" (S. 5 f.). Den letzten Satz hatte jeder Häftling, der das Eingangstor des Konzentrationslagers Buchenwald passierte, vor sich. Das biologistische, antiegalitäre Menschen- und Völkerbild wird im NPD-Programm von 1985 noch deutlicher herausgestellt. "Wir Nationaldemokraten bekennen uns zur Vielfalt des Lebens und seiner Erscheinungen in Natur und Geschichte und deshalb zur Anerkennung und Achtung vor der natürlichen Ungleichheit der Menschen. Gleich sind die Menschen vor dem Gesetz und in der Unantastbarkeit ihrer Würde" (S. 14). Unter Bezugnahme auf die "moderne Verhaltensforschung" (Düsseldorfer Programm, S. 9) wird als pädagogisch-methodisches Prinzip die Vorbildwirkung und "Prägung" durch Tradition in den Vordergrund gestellt.

Neben dem biologistisch bestimmten Menschenbild wird in den politischen Zuspitzungen außerhalb der über weite Strecken rechtskonservativ formulierten Programmatik der NPD das aggressive Integrationskonzept einer deutschen Volksgemeinschaft sichtbar. So fordert die NPD in ihrer Parteizeitung "Deutsche Stimme" die "Sicherung der völkischen Existenz ... auf dem Boden des naturrechtlichen Grundanspruchs auf Erhaltung der Identität unseres Volkes" (Verfassungsschutzbericht 1985, S. 106). Die NPD wendet sich "gegen die schleichende Überfremdung unseres Volkes", gegen "Schwächung und Verlust der nationalen Identität durch Vermischung", gegen "eine 'multirassische' und 'multikulturelle' Gesellschaft" (ebd.). Eine Konsequenz dieser Auffassungen ist die vielfältige, ausländerfeindliche Politik der NPD und der ihr angeschlossenen Initiativen.

In den NPD-Veröffentlichungen der letzten Jahre ist das für eine erziehungswissenschaftliche Analyse bedeutsame Konzept der "nationalen Identität" immer mehr in den Vordergrund getreten. Darin spiegelt sich der gewachsene ideologische Einfluß der Neuen Rechten wider.

2.3 "Neue Rechte"

Ziel der *Neuen Rechten* ist "die Schaffung ... eines neuen Vaterlandes der Völker Europas" (Programmblatt des Thule-Seminars), "vom Atlantik bis zum Ural" (Alain DE BENOIST, in: criticon 60/61, 1980, S. 199) "auf der Grundlage eines völkischen Pluralismus" (Programmblatt des Thule-Seminars). Dazu wollen die in der Bundesrepublik führenden neurechten Organisationen, das "Thule-Seminar" sowie der "Kulturkreis 2000", "als Schule einer neuen Kultur" (KREBS 1981, S. 421) "Alternativen" einer "Differenzierungslehre" gegen die vorherrschende "totalitäre Gleichheitslehre" setzen "für das Überleben unserer abendländischen Kultur" (Programmblatt des Thule-Seminars). Vier der "Alternativen" in der neurechten Differenzierungslehre, die für eine erziehungswissenschaftliche Auseinandersetzung besonders wichtig sind, sollen im folgenden kurz skizziert werden:

- "Die *lebensanschauliche Alternative*" nimmt Bezug auf die "Denker, die keine dogmatisierende Entzifferung des Weltgeschehens vermittelt haben ..." (KREBS 1981, S. 414). Neben einer Reihe von konservativen Denkern und Publizisten befinden sich darunter auch Jungkonservative wie Oswald SPENGLER, Ernst JÜNGER und Carl SCHMITT.

- "Die *philosophische Alternative*" betont "das Primat des Lebens über sämtliche ... Lebensanschauungen, den Vorrang der Seele vor dem Geist sowie des Empfindungsvermögens vor dem Intellekt, den Vorzug schließlich des Charakters gegenüber dem Verstand" (S. 415).

- "Die *soziologische Alternative*" berücksichtigt die "Folgen der Vererbungsgesetze", die Forschungen der Ethologie und Soziobiologie. Damit wird beansprucht, "das Hauptproblem der pädagogischen Verantwortung" aufgedeckt zu haben, um "eine aller behavioristischen Theorien enthobene Erziehungsform" zu entwickeln, "die auf einer Neubestimmung des Autoritätsbegriffs beruht" und "zur Auffassung der Elite, der Macht und der Regierung" Stellung nimmt (S. 416). Ausdrücklich abgelehnt und als wissenschaftlicher Gegner benannt werden die Frankfurter Schule und der Neomarxismus.

- "Die *kulturelle Alternative*" beinhaltet die Projektion einer "Epoche der Völker mit ausgeprägter Hierarchisation ... Denn die Lebensanschauung der Differenzierungslehre läßt einen Humanismus aufkommen, bestimmt der einzige, der sich weder seiner Privilegien noch seiner Rechte zu schämen braucht: denn er entspricht dem Leben, seiner Mannigfaltigkeit und seiner als Grundsatz hingestellten Ungleichheit; und er zieht aus dieser Ungleichheit die einzige Würde, die nicht unter den Schwächen und den oft einander widersprechenden Moralvorschriften zu leiden hat; das ist die Würde des innerhalb einer Hierarchie aufgefaßten Menschen, der seine Identität wahren ... kann." Dieser "organische Humanismus" leide nicht "unter irgendwelcher metaphysische(n) Fiktion ..., weil er sich auf die Lebensgesetze stützt: nämlich auf das Volk" (S. 419).

Diese Skizzierung einiger neurechter Alternativen einer kulturellen Entwicklung hin zu einem "indoeuropäischen Großeuropa" läßt als zentrales Muster hinter einer verschleiernden, durch Begriffe aus verschiedenen Wissenschaftsbereichen angereicherten Sprache, einen völkisch-rassistischen

Sozialdarwinismus und damit eine "modernisierte" Fassung faschistischer Politik- und Ideologiekonzeption erkennen. Das hindert konservative Wissenschaftler und Publizisten in der Bundesrepublik nicht, mit dem rechtsextremistisch-neurechten Lager zu kooperieren. Vor allem im publizistischen Bereich bestehen mittlerweile vielfältige Verbindungen zwischen der Neuen Rechten und dem Konservatismus. So hat, um ein Beispiel herauszugreifen, einer der Wortführer der Konservativen in den Bundesrepublik, Gerd-Klaus KALTENBRUNNER, seine Schrift "Elite - Erziehung für den Ernstfall" (1984) im neofaschistischen MUT-Verlag veröffentlicht.

Der MUT-Verlag und seine Monatsschrift "MUT" wurden bis 1983 in den Verfassungsschutzberichten unter rechtsextremistischen Verlagen und Zeitschriften geführt, ab 1984 nicht mehr. Der Herausgeber und Chefredakteur Bernhard C. WINTZEK "hat in der Geschichte des bundesrepublikanischen Rechtsradikalismus eine lange politische Vergangenheit aufzuweisen" (DUDEK/JASCHKE 1981, S. 35). Er gehörte z.B. zu den Mitbegründern der "Aktion Widerstand", die in militanter Weise 1972 gegen die sozialdemokratische Ostpolitik ("BRANDT an die Wand") auftrat. Mittlerweile ist es ihm gelungen, die einstmals neofaschistische Schülerzeitung zu einer Monatszeitschrift mit einer Auflage von etwa 25.000 Exemplaren zu entwickeln, in der eine größere Anzahl konservativer Autoren regelmäßig Beiträge schreibt. Arno KLÖNNE beurteilt den Entwicklungsgang des MUT-Magazins als "ein bemerkenswertes Beispiel dafür, wie die Trennlinien zwischen dem konservativen und dem rechtsextremen, dem neokonservativen und dem neurechts-politischen Diskurs sich verflüchtigen" (Frankfurter Rundschau Nr. 32, 8.2.1988, S. 4).

Thema und Argumentation der angeführten Arbeit von KALTENBRUNNER im MUT-Verlag sind Beispiele für die Auflösung der "Trennlinie zwischen dem konservativen und dem rechtsextremen ... Diskurs" (ebd.). KALTENBRUNNER (1984) stellt fest, daß die Ungleichheit der Menschen "auch hinsichtlich der geistig-seelischen und kulturrelevanten Eigenschaften in hohem Maße genetisch bedingt ist" (S. 55). Seine Konsequenz für den gesellschaftlichen Aufbau der Bundesrepublik: Es fehle eine "Über-Elite", eine "Staats-Elite ..., ausgerüstet mit den Mitteln, auch noch die mächtigsten partikularen Kräfte der Industriegesellschaft dem Gebote des Allgemeinwohls zu unterwerfen" (S. 50). KALTENBRUNNER bedauert, daß es eine derartige Elite in der Bundesrepublik nicht gebe und die Forderung danach "als Rückfall in autoritären Etatismus, wenn nicht gar als Ausdruck faschistischer Geistesart denunziert würde" (S. 51).

Auch Erziehungswissenschaftler, Lehrer und Bildungspolitiker nähern sich Positionen der Neuen Rechten an. Maria BÖHM weist in ihrer Arbeit über "Konservative Werteerziehung" (1986) auf Beispiele hin und fordert auf, "den spezifischen Anteil von Erziehungs- und Politikwissenschaftlern an der Konkretisierung der hegemoniellen Bestrebungen der 'Neuen Rechten' im Bereich von Bildung und Erziehung" zu erforschen, ebenso den "Einfluß von Erziehungstheoretikern der 'Neuen Rechten' auf die ... Entwicklung konservativ-pädagogischer" Theorien und Didaktiken sowie die "personellen Querverbindungen zwischen Erziehungstheoretikern der 'Neuen Rechten', Vertretern staatlicher Institutionen, der Kapitalverbände und neofaschistischer Gruppierungen ..." (S. 387f.). Darüber hinaus ist es notwendig, diese Problemstellungen um eine historisch-erziehungswissenschaftliche Forschung über antidemokratische, völkische, rassistische Kontinuitäten in der Pädagogik-Entwicklung in Deutschland vor und nach 1945 zu erweitern. Die Arbeit von Karl-Christoph LINGELBACH über "Erziehung und Erziehungstheorien im nationalsozialistischen Deutschland" (1970; [2]1987) ist dafür bisher das bedeutendste Beispiel solcher Forschung. Ebenso wichtig ist die Frage nach dem politischen Bewußtsein, Verhalten und der Machtstellung der pädagogischen Führungsschichten und der pädagogisch Tätigen vor und nach 1945. Bernd WEBER hat mit seiner Arbeit über "Pädagogik und Politik vom Kaiserreich zum Faschismus" (1979), in der die "politische(n) Optionen von Pädagogikhochschullehrern von 1914 bis 1933" untersucht werden, für diese Forschung einen wichtigen Anstoß gegeben.

3. Zur Wirkung des Neofaschismus auf Jugendliche

Während eine erziehungswissenschaftliche Forschung zur Entwicklung, Organisation und Ideologie des Neofaschismus, zu seinem gegenwärtigen Einfluß auf die Pädagogik wie auch seinen Bezügen zum deutschen Faschismus vor 1945 bisher nur als Aufgabe formuliert ist, hat die zunehmende Attraktivität insbesondere neonazistischer Politikformen bei Jugendlichen wissenschaftliche und wissenschaftsjournalistische Bemühungen ausgelöst. Zwei thematische Schwerpunkte lassen sich dabei unterscheiden: zum einen geht es um die politische Sozialisation Jugendlicher, die sich neofaschistischen Gruppierungen angeschlossen haben, zum anderen um die politischen Einstellungen Jugendlicher generell.

3.1 Zur politischen Sozialisation Jugendlicher in neofaschistischen Gruppierungen

Beispielhaft für Forschungen zu diesem Themenschwerpunkt sind die Arbeiten von Eike HENNIG, der von 1979 bis 1981, noch im Auftrag der sozialliberalen Bundesregierung, "rechtsextremistische Karrieren" untersucht hat (HENNIG 1982a+b). Auf der Basis von 22 Interviews und der Auswertung von 42 Gerichtsakten über junge Neofaschisten stellt er Phasen und Konturen in der Entwicklung Jugendlicher zum Rechtsextremismus hin dar. Charakteristisch für die von HENNIG untersuchten Jugendlichen ist ein extrem problemhafter Verlauf der Jugendphase bis zum Übergang in die Erwachsenenrolle, wobei die unterschiedlichen Probleme und Konflikte häufig noch gebündelt auftreten. Die fast ausschließlich männlichen Jugendlichen stammen überwiegend aus bürgerlichen und konservativen Elternhäusern des unteren Bereichs der Mittelschicht (Facharbeiter, Handwerker usw.), also weder aus neofaschistischen noch aus links orientierten Elternhäusern.

HENNIG kommt zu dem Urteil, daß sich schon relativ früh, etwa mit 15 Jahren, politisch-rechte Orientierungen bei diesen Jugendlichen entwickeln, die geprägt von Deprivationserfahrungen und in Verbindung mit der sehr schwierigen Verarbeitung der Adoleszenzkonflikte zu einer "immer stärkeren Verfestigung einer rechtsextremistischen Karriere" (HENNIG 1982a, S. 31) geführt haben. HENNIG entwickelt ein Phasenmodell der Annäherung Jugendlicher an die Bereitschaft zum Eintritt in rechtsextremistische Gruppen mit der folgenden Unterscheidung:

"- die Ausbildungsphase der orientierenden Parameter ...;
- die Orientierungsphase, in der diejenige Organisation gesucht/ausgefiltert wird, der man sich zuneigt", und schließlich
- die Initiation, der Eintritt in die Organisation."
"Vielfach geht der Initiation die Zugehörigkeit zur rechten Szene voraus; ... der Initiation folgt die Mitgliedschaft ..." (HENNIG 1982b, S. 35).

Diese Systematisierung der untersuchten rechtsextremistischen Karrieren in "mehreren Stufen der Verdichtung und Verfestigung" (S. 35) bleibt sehr formal und erklärt nicht, welche spezifischen Einwirkungen zur rechtsextremistischen Disposition führen können. Zwar beschreibt HENNIG für die "Orientierungsphase" eine Reihe von Wirkungsfaktoren, die Ansätze bieten für eine Erörterung pädagogischer Gegenstrategien, gerade weil in dieser Phase, wie HENNIG feststellt, "relativ offen nach Orientierung gesucht wird" (S. 35), doch bleibt weitgehend unklar, wie die zuvor erfolgende "nach 'rechts' tendierende Vorprägung" (S. 35) sich entwickelt. Weitere biographische, aber auch sozialisationshistorische Forschungen über Faschisierungsprozesse in der Weimarer Republik, sind notwendig, um die Spezifik politischer Sozialisation von Jugendlichen in der Bundesrepublik hin zum Neofaschismus aufzuklären. Dazu gehört auch die Erforschung der spezifischen Attraktion neofaschistischer Praxis für bestimmte Jugendliche. Einen Diskussionsansatz bietet hier das Projekt: Ideologie-Theorie an der Freien Universität Berlin mit seinen Forschungen über die ideologische Praxis im deutschen Faschismus vor 1945 (FASCHISMUS UND IDEOLOGIE 1980).

3.2 Forschungen zur politischen Einstellung Jugendlicher

Folgt man den Angaben über die Mitgliedschaft in rechtsextremen Organisationen in den Verfassungsschutzberichten, dann liegt seit 1977 bis 1986 die Zahl der Mitglieder bei etwa 23.000 mit einer leichten Tendenz des Anstiegs in den letzten drei Jahren (Verfassungsschutzberichte 1983-1986). Die Zahl der organisierten rechtsextremen Jugendlichen liegt danach in den letzten drei Jahren bei etwa 1.200. Seit 1982 stellt der Verfassungsschutz zudem "eine bemerkenswerte Infiltration jugendlicher Subkulturen durch rechtsextremistische, insbesondere neonazistische Aktivisten" (Verfassungsschutzbericht 1983, S. 141) fest. Gemeint sind vor allem Skinhead-, Rocker- und militante Fußball-Fan-Gruppen. Gemessen an den rund 9,5 Millionen Jugendlichen zwischen 15 und 24 Jahren in der Bundesrepublik ist die Zahl der organisierten neofaschistischen Jugendlichen ein - statistisch gesehen - unerheblicher Anteil. Vor dem Hintergrund des zweiten Forschungsbereichs, den Untersuchungen politischer Einstellungen bei Jugendlichen, ergibt sich allerdings ein anderes Bild. Eine relativ große Zahl empirischer Untersuchungen seit den siebziger Jahren, allerdings von unterschiedlicher Aussageweite und auf der Basis verschiedenartiger Konzepte, ergab, daß rechtsextreme Auffassungen unter Jugendlichen in verschiedener Dichte eine weitaus größere Akzeptanz finden als das der Organisationsgrad vermuten läßt.

Die jüngste Arbeit dazu von Wilhelm HEITMEYER über "Rechtsextremistische Orientierungen bei Jugendlichen" (1987) bestätigt dies. Aus der 1984 durchgeführten Befragung von 1.257 Schülerinnen und Schülern im Alter von 16 und 17 Jahren aus 10. Klassen an 45 nordrhein-westfälischen

Schulen aller Art (mit Ausnahme der Sonderschule) ergibt sich, daß 16,2% der befragten Jugendlichen "Ideologeme der Ungleichheit" verbinden "mit der Akzeptanz von Gewalt als Konfliktregelung" (S. 186): d.h., sie vertreten ein neofaschistisches Meinungsmuster. Auf einer darunter liegenden Stufe folgt dieser Untersuchung zufolge "Akzeptanz von ... Ideologemen der Ungleichheit" bei gleichzeitiger "Distanz zu Gewalt als Konfliktregelung" (ebd.) bei 34% der Befragten. Zu analogen Ergebnissen kommen Hasko ZIMMER u.a. in ihrer Befragung von Haupt- und Berufsschülern in Münster (ZIMMER u.a. 1985).

HEITMEYER interpretiert seine Ergebnisse dahingehend, daß die "Übernahme von Ideologemen der Ungleichheit vor dem Schritt der Akzeptanz von Gewalt verläuft", weil innerhalb dieser Gesellschaft "die Ideologeme der Ungleichheit ... insgesamt weniger tabuisiert, deshalb auch zahlreicher sind als Postulate zur (personellen) Gewaltanwendung" (S. 186). HEITMEYER verweist damit auf die Potentialität rechtsextremistischer Orientierungen für einen neuen Faschismus. Notwendig wären Langzeitstudien, die weiteren Aufschluß über die Prozesse der Herausbildung und Verfestigung neofaschistischer Orientierungsmuster geben könnten.

4. Ausblick

Die vorherrschende Einschätzung, es handele sich bei dem Neofaschismus in der Bundesrepublik um Nachwirkungen des Einflusses "Ewig-Gestriger" und Außenseiter, hat lange die eigentliche Problematik der Kongruenz wesentlicher Ideologieteile von Faschismus, Neofaschismus und Konservatismus, insbesondere in bezug auf das Menschenbild, verdeckt und verharmlost. Doch den aktuellen, krisenhaften Folgen einer "Kapitalisierung" immer weiterer Lebensbereiche in unserer Gesellschaft und dem globalen Charakter vieler gesellschaftlicher Probleme (z.B. Frieden und Umwelt) antwortet der Rechtsextremismus durchaus "neu" und nicht ohne politischen und ideologischen Erfolg.

Eine kritische Auseinandersetzung mit der Rolle der Erziehungswissenschaft in der Zeit des Faschismus sowie mit den dominanten konservativen Traditionen der eigenen Disziplin hat in der Bundesrepublik nach 40 Jahren auch in der Erziehungswissenschaft begonnen. Die in diesem Band dokumentierte Vortragsreihe ist dafür ein Beispiel. Die Perspektive einer letztlich antifaschistisch orientierten Erziehungswissenschaft gilt es zu erweitern um die Erforschung der aktuellen Entwicklung und pädagogischen Auswirkung des "neuen" Faschismus in der Bundesrepublik und seiner politischen, ideologischen und personellen Verzahnung mit dem Konservatismus.

Literaturverzeichnis

ABENDROTH, W.: Ein Leben in der Arbeiterbewegung. Gespräche, aufgezeichnet und hrsg. v. B. DIETRICH u. J. PERELS. Frankfurt/M. 1976
ADORNO, Th. W.: Erziehung nach Auschwitz. In: DERS.: Erziehung zur Mündigkeit. Frankfurt/M. 1971, S. 88-104
ARENDT, H.-J.: Mädchenerziehung im faschistischen Deutschland - unter besonderer Berücksichtigung des BDM. In: Jahrbuch für Erziehungs- und Schulgeschichte 23(1983), S. 107-127
ARNHARDT, G.: Schulpforte im faschistischen Deutschland - Bruch mit einer vierhundertjährigen humanistischen Bildungstradition. In: Jahrbuch für Erziehungs- und Schulgeschichte 22(1982), S. 121-138
ASSEL, H.: Die Perversion der politischen Pädagogik im Nationalsozialismus. München 1969
BACKES, U.: Der neue Rechtsextremismus in der Bundesrepublik Deutschland. In: Neue Politische Literatur 27(1982), S. 147-201
BECHER, J. R.: Erziehung zur Freiheit. Gedanken und Betrachtungen. In: DERS.: Gesammelte Werke, Bd. 16. Berlin/Weimar 1978, S. 515-656
BECK, J.: Einige Widersprüche in den pädagogischen Alternativen. In: DERS./BOEHNCKE, H. (Hrsg.): Jahrbuch für Lehrer 7. Selbstkritik der pädagogischen Linken: Einsichten und Aussichten. Reinbek 1982, S. 165-184
BECKER, F.: Vom Berliner Hinterhof zur Storkower Kommendatura. Berlin/DDR 1985
BECKER, H.: Vom Barette schwankt die Feder. Wiesbaden 1949
BECKER, H. u.a. (Hrsg.): Die Universität Göttingen unter dem Nationalsozialismus. Das verdrängte Kapitel ihrer 250jährigen Geschichte. München u.a. 1987
BENJAMIN, W.: Über den Begriff der Geschichte. In: Gesammelte Schriften, Bd. I, 2. Frankfurt/M. 1974, S. 691-704
BENZ, W. (Hrsg.): Rechtsextremismus in der Bundesrepublik. Voraussetzungen, Zusammenhänge, Wirkungen. Frankfurt/M. 1984
BERGER, Ch.: Die Zeit des Faschismus in der DDR-Prosa 1985. In: RÖNISCH, S. (Hrsg.): DDR-Literatur '85 im Gespräch. Berlin/Weimar 1986, S. 7 ff.
BERLINER LEHRERINNENLEBEN (1900-1982): Berlin: Hochschule der Künste 1982 (AG Pädagogisches Museum, Mitteilungen u. Materialien Nr. 17/18)
BERNER, H.: Behindertenpädagogik und Faschismus. Aspekte der Fachgeschichte und der Verbandsgeschichte. In: Behindertenpädagogik 23(1984), S. 306-332; 24(1985), S. 1-37
BERNFELD, S.: Sisyphos oder die Grenzen der Erziehung. Leipzig/Wien/Zürich 1925; ²1928 (Frankfurt/M. 1973)
BERTELSMANN, E.: Aus meiner normalen (?) Schulzeit (1907-1964). In: BERLINER LEHRERINNENLEBEN 1982, S. 73-122

BIEDERMANN, A.: Als Sekretärin beim NSLB. In: LEHBERGER/DE LORENT 1986, S. 125-131
BIELING, E.: Und ich hatte - wie ich immer sage - Glück. In: DU BOIS-REYMOND/SCHONIG 1982, S. 13-40
BIESOLD, H.: Vergessen oder verschweigen? Gehörlose Nazi-Opfer klagen an. In: Behindertenpädagogik 21(1982), S. 198-213
BLÄTTNER, F.: Geschichte der Pädagogik. Heidelberg 1951
DERS.: Selbstdarstellung. In: PONGRATZ, L.J. (Hrsg.): Pädagogik in Selbstdarstellungen I. Hamburg 1975, S. 1-63
BLANKERTZ, H.: Die Geschichte der Pädagogik - Von der Aufklärung bis zur Gegenwart. Wetzlar 1982
BLOCH, E.: Naturrecht und menschliche Würde. Frankfurt/M. 1961
BLOCHMANN, E.: Hermann Nohl in der Pädagogischen Bewegung seiner Zeit. 1879-1960. Göttingen 1969
BÖHM, M.: Konservative Werteerziehung. Weinheim 1986
BÖLLING, R.: Volksschullehrer und Politik. Der deutsche Lehrerverein 1918-1933. Göttingen 1978
BOIS-REYMOND, M. DU: Die Fragenden und die Erzähler zu Produzenten machen. In: PÄDAGOGISCHES MUSEUM H. 11/12 (1980), S. 6-17
DIES./SCHONIG, B.: Lehrerleben. In: ÄSTHETIK UND KOMMUNIKATION 10 (1980), H. 39, S. 61-73
DIES. (Hrsg.): Lehrerlebensgeschichten. Weinheim/Basel 1982
BOLLNOW, O.F.: Politische Wissenschaft und politische Universität. Ein Bericht über die Lage. In: Neue Jahrbücher für Wissenschaft und Jugendbildung 1933, S. 486-494
DERS.: Das neue Bild des Menschen und die pädagogische Aufgabe. Frankfurt/M. 1934
DERS: Selbstdarstellung. In: PONGRATZ, L.J. (Hrsg.): Pädagogik in Selbstdarstellungen I. Hamburg 1975, S. 95-144
BRACHER, K. D. u.a.: Die nationalsozialistische Machtergreifung. Studien zur Errichtung des totalitären Herrschaftssystems in Deutschland 1933/34, III. W. SAUER: Die Mobilmachung der Gewalt. Frankfurt/M. u.a. 1974
BRANDT, L.: Menschen ohne Schatten - Juden zwischen Untergang und Untergrund 1938 bis 1945. Berlin 1984
BREYVOGEL, W.: Die soziale Lage und das politische Bewußtsein der Volksschullehrer 1927-1933. Königstein 1978
DERS./LOHMANN, Th.: Schulalltag im Nationalsozialismus. In: PEUKERT, D./REULECKE, J. (Hrsg.): Die Reihen fast geschlossen. Beiträge zur Geschichte des Alltags unterm Nationalsozialismus. Wuppertal 1981, S. 199-222
BRIESEMEISTER, H.: Der Kampf der demokratischen Kräfte unter Führung der KPD gegen die Schulpolitik der FRICK-BAUM-KÄSTNER-Regierung für ein demokratisches Schulwesen in Thüringen 1930/31. Diss. phil. Erfurt 1968
BRÜCKNER, P.: Das Abseits als sicherer Ort, Kindheit und Jugend zwischen 1933 und 1945. Berlin 1980
BRÜDIGAM, H.: Der Schoß ist fruchtbar noch ... Neonazistische, militaristische, nationalistische Literatur und Publizistik in der Bundesrepublik. Frankfurt/M. ^{2}1965

BRUHNS, M. u.a.: "Hier war doch alles nicht so schlimm". Wie die Nazis in Hamburg den Alltag eroberten. Hamburg 1984
DIES.: Als Hamburg "erwachte". 1933 - Alltag im Nationalsozialismus. Hamburg 1983
BUDE, H.: Deutsche Karrieren. Lebenskonstruktionen sozialer Aufsteiger aus der Flakhelfer-Generation. Frankfurt/M. 1987
CHRISTADLER, M.: Die "Nouvelle Droite" in Frankreich. In: FETSCHER 1983, S. 163-215; 245-160 (a)
DIES.: Die Nouvelle Droite. Zwischen revolutionärer Rechten und konservativer Revolution. In: HENNIG, E./SAAGE, R. (Hrsg.): Konservatismus - eine Gefahr für die Freiheit? München/Zürich 1983, S. 197-214 (b)
DABEL, G. (Hrsg.): KLV. Die erweiterte Kinder-Land-Verschickung. Freiburg 1981
DAHMS, H.-J.: Einleitung. In: BECKER u.a. 1987, S. 15-60
DARGEL, R./JOACHIM, D.: Oberrealschule für Jungen Altona. "Deutschland muß leben, und wenn wir sterben müssen!" In: HOCHMUTH/DE LORENT 1985, S. 68-83
DEUTSCH-JÜDISCHE GESELLSCHAFT (Hrsg.): Wegweiser zu den ehemaligen jüdischen Stätten in Hamburg. H. 1+2. Hamburg 1982 + 1985
DIE DEUTSCHE UNIVERSITÄT IM DRITTEN REICH. Eine Vortragsreihe der Universität München. München 1966
DEUTSCHE WISSENSCHAFT, ERZIEHUNG UND VOLKSBILDUNG. Amtsblatt des Reichsministeriums für Wissenschaft, Erziehung und Volksbildung und der Unterrichtsverwaltung der Länder. Berlin 1(1935) ff.
DEUTSCHLAND IM ZWEITEN WELTKRIEG. 6 Bde. Berlin 1974 ff.
DICK, L. VAN: Oppositionelles Lehrerverhalten 1933-1945. Biographische Berichte über den aufrechten Gang von Lehrerinnen und Lehrern. Weinheim/München 1988(a)
DERS.: Der Attentäter. Die Geschichte des Herschel Grynszpan und die "Kristallnacht" 1938. Reinbek 1988(b)
DIERE, H.: Das Reichsministerium für Wissenschaft, Erziehung und Volksbildung. Zur Entstehung, Struktur und Rolle der zentralen schulpolitischen Institution im faschistischen Deutschland. In: Jahrbuch für Erziehungs- und Schulgeschichte 22(1982), S. 108-120
DERS.: Zum Anteil der Schule und ihres Geschichtsunterrichts an der ideologischen Vorbereitung des Zweiten Weltkrieges in der Anfangsphase der faschistischen Diktatur in Deutschland. In: Jahrbuch für Erziehungs- und Schulgeschichte 19(1979), S. 108-172
DERS.: Der faschistische deutsche Imperialismus und die Schule 1933/34. Zur Analyse des Anteils der Schule und ihres Geschichtsunterrichtes an der ideologischen Kriegsvorbereitung in der Phase der Errichtung und Konsolidierung der faschistischen Diktatur in Deutschland. Diss. B. Halle-Wittenberg 1976
DIRKS, W.: Der singende Stotterer. Autobiographische Texte. München 1983
DOKUMENTE ZUR GESCHICHTE DES SCHULWESENS IN DER DDR. Teil 1: 1945 bis 1955. Berlin 1970
DRIESCH, J. VAN DEN/ESTERHUES, J.: Geschichte der Erziehung und Bildung. Bd. II: Vom 17. Jahrhundert bis zur Gegenwart. Paderborn 1951
DROBISCH, K.: Deutsche Lehrer in der antifaschistischen Front. In: HOHENDORF 1974, S. 252-260

DERS./HOHENDORF, G.: Antifaschistische Lehrer im Widerstandskampf (Lebensbilder großer Pädagogen). Berlin 1967
DUDEK, P.: NS-Sozialisation als Generationserfahrung im Wandel der Nachkriegszeit. Unveröffentl. Mskr., Frankfurt/M. 1985 (a)
DERS.: Jugendliche Rechtsextremisten zwischen Hakenkreuz und Odalsrune 1945 bis heute. Köln 1985 (b)
DERS./JASCHKE, H.-G.: Revolte von Rechts. Anatomie einer neuen Jugendpresse. Frankfurt/M./New York 1981
DIES.: Entstehung und Entwicklung des Rechtsextremismus in der Bundesrepublik. Zur Tradition einer besonderen politischen Kultur, 2 Bde. Opladen 1984
EBBINGHAUS, A. u.a. (Hrsg.): Heilen und Vernichten im Mustergau Hamburg. Bevölkerungs- und Gesundheitspolitik im Dritten Reich. Hamburg 1984
EICHHOLTZ, D./GOSSWEILER, U. (Hrsg.): Faschismusforschung. Positionen - Probleme - Polemik. Berlin 1980
EICKELS, K. VAN: Das Collegium Augustianum Gaesdonk in der NS-Zeit 1933-1942. Anpassung und Widerstand im Schulalltag des Dritten Reiches. Cleve 1982
EILERS, R.: Die nationalsozialistische Schulpolitik. Köln 1963
ELISE F.: Notizen zum Lebenslauf einer Berliner Lehrerin (Jg. 1899). Berlin 1981 (Lehrerlebensgeschichten 2)
ELLGER-RÜTTGARDT, S.: Der Hilfsschullehrer. Sozialgeschichte einer Lehrergruppe. Weinheim/Basel 1980
DIES.: Historiographie der Behindertenpädagogik. In: BLEIDICK, U. (Hrsg.): Theorie der Behindertenpädagogik (Handbuch der Sonderpädagogik, Bd. 1). Berlin 1985, S. 87-125
DIES.: Hilfsschüler als Gegenstand pädagogischer Beurteilungspraxis. Aufgezeigt an Personalbögen einer Altonaer Hilfsschule. In: LEHBERGER/DE LORENT 1986, S. 219-235 (a)
DIES.: Zur Funktion historischen Denkens für das Selbstverständnis der Behindertenpädagogik. In: Sonderpädagogik 16(1986), S. 49-61 (b)
DIES.: "Die Kinder, die waren alle so lieb ..." Frieda Stoppenbrink-Buchholz: Hilfsschulpädagogik, Anwältin der Schwachen, Soziale Demokratin. Weinheim/Basel 1987
ENGELS, F.: Briefe über den Historischen Materialismus (1890-1895). Berlin 1979
ERDMANN, K. D.: Geschichte, Politik und Pädagogik. Stuttgart 1970
FABRY, Ph. W.: Mutmaßungen über Hitler. Düsseldorf 1968
FALLER, K./SIEBOLD, H. (Hrsg.): Neofaschismus. Frankfurt/M. 1986
FANGMANN, H. u.a.: "Parteisoldaten". Die Hamburger Polizei im "Dritten Reich". Hamburg 1986
FEIDEL-MERTZ, H. (Hrsg.): Schulen im Exil. Die verdrängte Pädagogik nach 1933. Reinbek 1983
DIES.: Schule im Exil - Bewahrung und Bewährung der Reformpädagogik. In: RÖHRS, H. (Hrsg.): Die Schulen der Reformpädagogik heute. Düsseldorf 1986, S. 233-239
DIES.: Reformpädagogik auf dem Prüfstand. Zur Funktion der Schul- und Heimgründungen emigrierter Pädagogen. In: Die Erfahrung der Fremde. DFG-Forschungsberichte. Weinheim 1988 (a)

DIES.: Pädagogen im Exil - Zum Beispiel: Hans WEIL. In: BÖHME, E./MOTZKAUVA-LENTON, W. (Hrsg.): Die Künste und Wissenschaften im Exil. Heidelberg 1988(b)
DIES./SCHNORBACH, H.: Lehrer in der Emigration. Der "Verband Deutscher Lehreremigranten" (1933-1939) im Traditionszusammenhang der demokratischen Lehrerbewegung. Weinheim 1981 (a)
DIES. (Hrsg.): Verband Deutscher Lehreremigranten. Informationsblätter und Programme. Weinheim 1981 (b)
FEIT, M.: Die "Neue Rechte" in der Bundesrepublik. Organisation-Ideologie-Strategie. Frankfurt/M./New York 1987
FEITEN, W.: Der nationalsozialistische Lehrerbund. Entwicklung und Organisation. Weinheim/Basel 1981
FEST, J.C.: Hitler. Berlin (West) 1973
FETSCHER, I. (Hrsg.): Neokonservative und "Neue Rechte". München 1983
FLESSAU, K.-I. u.a. (Hrsg.): Erziehung im Nationalsozialismus. "... und sie werden nicht mehr frei ihr ganzes Leben!" Köln/Wien 1987
FLITNER, A. (Hrsg.): Deutsches Geistesleben und Nationalsozialismus. Eine Vortragsreihe der Universität Tübingen. Tübingen 1965 (a)
DERS.: Wissenschaft und Volksbildung. In: DERS. 1965a, S. 217-235 (b)
FLITNER, W.: Die deutsche Erziehungslage nach dem 5. März 1933. In: Die Erziehung 8(1933), S. 408-416 (a)
DERS.: Gentleman-Ideal und Gentleman-Erziehung. In: Die Erziehung 8(1933), S. 711-718 (b)
DERS.: Erinnerungen 1889-1945. Paderborn u.a. 1986 (Gesammelte Schriften, Bd. 11)
FÖRSTER, G. u.a.: Forschungen zur deutschen Geschichte 1933 bis 1945. In: Historische Forschungen in der DDR 1960-1970. Analysen und Berichte. Sonderband der Zs. f. Geschichtswiss. 18(1970), S. 552-589
FRIEDLÄNDER, S.: Am meisten habe ich von meinen Schülern gelernt - Lebensgeschichte einer jüdischen Lehrerin in Berlin und im Exil, hrsg. v. M. RÖMER-JACOBS u. B. SCHONIG. Berlin 1987 (Lehrerlebensgeschichten 8)
FRITZSCHE, K.: Faschismustheorien. In: NEUMANN, F. (Hrsg.): Handbuch Politischer Theorien und Ideologien, Reinbek 1984, S. 467-528
FUCHS, W.: Biographische Forschung. Eine Einführung in Praxis und Methoden. Opladen 1984
FÜRSTENAU, J.: Entnazifizierung. Ein Kapitel deutscher Nachkriegspolitik. Neuwied/Berlin 1969
GAMM, H.J.: Führung und Verführung. München 1964; ²1984
DERS.: Das Elend der spätbürgerlichen Pädagogik - Studien über den politischen Erkenntnisstand einer Sozialwissenschaft. München 1972
DERS.: Kontinuität der Kathederpädagogik oder: Differenzen über faschistische Pädagogik, in: Demokratische Erziehung 13(1987), H. 2, S. 14-18
GAY, P.: Weimar culture - The Outsider as insider. New York 1968
GEHRECKE, S.: Hilfsschule heute - Krise oder Kapitulation. Berlin 1971
GEISSLER, G.: Hermann Nohl (1879-1960). In: SCHEUERL 1979a, S. 225-240
GERS, D.: Behinderte im Faschismus - schützen Lehrer ihre Schüler? In: Behindertenpädagogik 20(1981), S. 316-330

GESCHICHTE DER ERZIEHUNG. Berlin 1957; [15]1987
GESCHICHTE DER KÖRPERKULTUR IN DEUTSCHLAND VON 1917 BIS 1945. (Geschichte der Körperkultur in Deutschland, Bd. 3). Berlin 1967
GEUDTNER,O. u.a. :" Ich bin katholisch getauft und Arier". Aus der Geschichte eines Kölner Gymnasiums. Köln 1985
GIDION, J.: 40 Jahre Sammlung/Neue Sammlung. Zeitgeschichte im Spiegel einer Zeitschrift. In: Neue Sammlung 27(1987), S. 318-326
GIERSCH, R.: Die "Deutsche Arbeitsfront" (DAF) - ein Instrument zur Sicherung der Herrschaft und zur Kriegsvorbereitung des faschistischen deutschen Imperialismus (1933-1938). Diss. phil. Jena 1981
GINZEL, G. B.: Hitlers (Ur)enkel. Neonazis: ihre Ideologien und Aktionen. Düsseldorf [3]1983
GÖTZ VON OLENHUSEN, I.: Jugendreich - Gottesreich - Deutsches Reich. Junge Generation, Religion und Politik 1928-1933. Köln 1987
GOSSWEILER, K.: Die Rolle des deutschen Monopolkapitals bei der Herbeiführung der Röhm-Affäre. Diss. phil. Berlin 1963
DERS.: Aufsätze zum Faschismus. Mit einem Vorwort von Rolf RICHTER. Berlin 1986
GREMLIZA, H.: Die Braune Universität. Tübingens unbewältigte Vergangenheit. In: notizen. Tübinger Studentenzeitung 8(1964), Nr. 53, unpag.
GROEHLER, O./SCHUMANN, W.: Vom Krieg zum Nachkrieg. Probleme der Militärstrategie und Politik des faschistischen deutschen Imperialismus in der Endphase des Zweiten Weltkrieges. In: Jahrbuch für Geschichte 26, Berlin (DDR) 1982, S. 275-297
GÜNTHER, E. u.a.: Lebensgeschichten verstehen lernen. Ein Bericht über die Arbeit der "Berliner Projektgruppe Lehrerlebensläufe". In: BAACKE, D./SCHULZE, Th. (Hrsg.): Pädagogische Biographieforschung. Weinheim/Basel 1985, S. 107-123
GÜNTHER, H.: Der Herren eigener Geist. Berlin/Weimar 1981
GUENTHER, K.-H.: Um die Wirksamkeit der Geschichte der Erziehung. In: Vergleichende Pädagogik 19(1983), S. 233-241
HABEL, W.: Pädagogik und Nationalsozialismus: Die Zeitschrift "Die Erziehung". In: FLESSAU u.a. 1987, S. 101-113
HAMBURGER, F.: Lehrer zwischen Kaiser und Führer. Der deutsche Philologenverband in der Weimarer Republik. Phil. Diss. Heidelberg 1974
DERS.: Neuere Entwicklungen in der erziehungswissenschaftlichen Geschichtsschreibung. In: LENHART, V. (Hrsg.): Historische Pädagogik. Methodologische Probleme der Erziehungsgeschichte. Wiesbaden 1977, S. 5-11
HARTUNG, G.: Literatur und Ästhetik des deutschen Faschismus. Berlin 1983
HAUG, W.F.: Der hilflose Antifaschismus. Zur Kritik der Vorlesungsreihen über Wissenschaft und NS an deutschen Universitäten. Frankfurt/M. 1967; [2]1968
DERS.: Vom hilflosen Antifaschismus zur Gnade der späten Geburt. Hamburg/Berlin 1987
HAUSCHILDT, H.: Ich selbst war Bordschütze. In: RÖMER-JACOBS/SCHONIG 1986, S. 33-42
HEINEMANN, M. (Hrsg.): Erziehung und Schulung im Dritten Reich. 2 Bde. (Veröffentlichungen der Historischen Kommission der Deutschen Gesellschaft für Erziehungswissenschaft, Bd. 4, 1+2). Stuttgart 1980

HEINRICH, E.: Der Mißbrauch des Literaturunterrichtes für die Ziele der deutschen Faschisten. Diss. paed. Leipzig 1966
HEITMEYER, W. (Hrsg.): Interdisziplinäre Jugendforschung. Weinheim/München 1986
DERS.: Rechtsextremistische Orientierungen bei Jugendlichen. Empirische Ergebnisse und Erklärungsmuster einer Untersuchung zur politischen Sozialisation. Weinheim/München 1987
HELLFELD, M. VON: Bündische Jugend und Hitlerjugend. Zur Geschichte von Anpassung und Widerstand 1930-1939. Köln 1987
HELLING, F.: Eduard Sprangers Weg zu Hitler. In: DERS.: Neue Politik - Neue Pädgogik. Lehren für uns Deutsche. Schwelm/Westf. 1968, S. 37-45
HENNIG, E.: Neonazistische Militanz und Rechtsextremismus unter Jugendlichen. Stuttgart 1982 (Schriftenreihe d. Bundesministeriums d. Innern, Bd. 15) (a)
DERS.: Neonazistische Militanz und Rechtsextremismus unter Jugendlichen. In: Aus Politik und Zeitgeschichte, B. 23/82, v. 12.6.1982, S. 23-37 (b)
DERS.: Konservatismus und Rechtsextremismus in der Bundesrepublik. Fragen der Berührung und Abgrenzung. In: DERS. /SAAGE, R. (Hrsg.): Konservatismus - Eine Gefahr für die Freiheit? München/Zürich 1983, S. 299-317
HERRMANN, U. (Hrsg.): "Die Formung des Volksgenossen". Der "Erziehungsstaat" des Dritten Reiches. Weinheim/Basel 1985 (a)
DERS.: Zugänge zur "nationalsozialistischen Pädagogik". In: DERS. 1985a, S. 9-21 (b)
DERS.: Nachwort zu: Wilhelm FLITNER: Die Pädagogische Bewegung. Beiträge - Berichte - Rückblicke (Wilhelm FLITNER, Gesammelte Schriften, Bd. 4). Paderborn u.a. 1987, S. 523-538
HEYDORN, H.-J.: Bildungstheoretische Schriften, Bde. 2+3. Frankfurt/M. 1979 + 1980
HOCH, G.: HJ-Rangliste 1935. In: HOCHMUTH/DE LORENT 1985, S. 40-45 (a)
DERS.: Hans LIEBER - Schaudern vor der Gewalt des Herrenmenschen. In: HOCHMUTH/DE LORENT 1985, S. 256 ff. (b)
DERS.: Der "Fall" des Gewerbeoberlehrers Gustav HOLLER. In: LEHBERGER/DE LORENT 1986, S. 179-182
HOCHHUTH, M.: Schulzeit auf dem Lande 1933-1945. Kassel 1985
HOCHMUTH, U.: Zur Bildungsarbeit der VVN: Widerstandskämpfer und junge Generation. In: DIES./DE LORENT 1985, S. 120-133
DIES./MEYER, G.: Streiflichter aus dem Hamburger Widerstand 1933-1945. Berichte und Dokumente. Frankfurt/M. 1969 + 1980
DIES./DE LORENT, H.-P. (Hrsg.): Hamburg: Schule unterm Hakenkreuz. Hamburg 1985
HÖCK, M.: Die Hilfsschule im Dritten Reich. Berlin 1979
HOFMANN, W.: Grundelemente der Wirtschaftsgesellschaft. Reinbek 1969
HOHENDORF, G.: Lehrer im antifaschistischen Widerstandskampf der Völker. Berlin 1974
HOHMANN, J. S.: Vom Elend politischer Bildung. Konservatismus, Nationalismus und Faschismus als Quellen staatsbürgerlicher Erziehung in westdeutschen Schulen. Köln 1985
HOLZKAMP, Ch.: Lehrerinnen im Ersten Weltkrieg: Frauen helfen siegen - warum? In: AG "Lehrer und Krieg" (Hrsg.): Lehrer helfen siegen. Kriegspädagogik im Kaiserreich. Berlin 1987, S. 23-38

HOPP, J.: Kurt Adams - "Hiermit fängt unser Ende an". In: HOCHMUTH/DE LORENT 1985, S. 152-158
HUB, R.: Historische Traditionen und die Folgen ihrer reaktionären, opportunistischen und sektiererischen Entstellung. In: Wiss. Zs. der Päd. Hochschule Erfurt/Mühlhausen H. 1/1970
DERS.: Grundlagen, Funktion, Inhalt und Entwicklung der Schulgeschichtsschreibung in der BRD. In: Wiss. Zs. der Päd. Hochschule Erfurt/Mühlhausen H. 2/1978
IGGERS, G. G.: Deutsche Geschichtswissenschaft. München 1971
INFORMATIONEN ZUR ERZIEHUNGS- UND BILDUNGSHISTORISCHEN FORSCHUNG, H. 14. Hannover 1980
IRMSCHER, J.: Altsprachlicher Unterricht im faschistischen Deutschland. In: Jahrbuch für Erziehungs- und Schulgeschichte 5/6 (1965/66), S. 223-271
JAHNKE, K.-H. (Hrsg.): Illustrierte Geschichte. Deutsche Arbeiterjugendbewegung 1904-1945. Berlin 1987
JAMIN, M.: Zwischen den Klassen. Zur Sozialstruktur der SA-Führerschaft. Wuppertal 1984
JANTZEN, W.: Behinderung und Faschismus (Zum 30. Jahrestag der Befreiung vom Hitler-Faschismus). In: Behindertenpädagogik 14(1975), S. 150-169
DERS.: Sozialgeschichte des Behindertenbetreuungswesens. München 1982
JOACHIM, D./NAUMANN, U.: Neofaschismus in der BRD. Ein Literaturbericht. In: Das Argument 121(1980), S. 395-402
JOHE, W.: Neuengamme. Zur Geschichte der Konzentrationslager in Hamburg. Hamburg ^{4}1984
JOVY, M.:Jugendbewegung und Nationalsozialismus. Zusammenhänge und Gegensätze. Diss. 1952, als Druck: Münster 1984
KALTENBRUNNER, G.-K.: Elite - Erziehung für den Ernstfall. Asendorf 1984
KANZ, H. (Hrsg.): Der Nationalsozialismus als pädagogisches Problem. Frankfurt/M. 1984
KEIM, W.: Verfolgte Pädagogen und verdrängte Reformpädagogik. Ein Literaturbericht. In: Zs. f. Päd. 32(1986), S. 345-360
DERS.: Das nationalsozialistische Erziehungswesen im Spiegel neuerer Untersuchungen. Ein Literaturbericht. In: Zs. f. Päd. 34(1988), S. 109-130 (a)
DERS.: Vergessen oder Verantwortung? Zur Auseinandersetzung bundesdeutscher Erziehungswissenschaft mit ihrer NS-Vergangenheit. In: Forum Wissenschaft 5(1988), Nr. 1, S. 40-45 (b)
KLAFKI, W.: Die Pädagogik Theodor Litts. Eine kritische Vergegenwärtigung. Königstein/Ts. 1982
KLATTENHOFF, K.: Gustav Lesemann und das Jahr 1933. In: Oldenburger Institut für Sonderpädagogik (Hrsg.): Sonderpädagogische Theorie und Praxis. Heidelberg 1985, S. 175-187
KLAUS, A.: Gewalt und Widerstand in Hamburg-Nord während der NS-Zeit. Hamburg 1986
KLAUS, M.: Mädchenerziehung zur Zeit der faschistischen Herrschaft in Deutschland. Der Bund Deutscher Mädel. 2 Bde. Frankfurt/M. 1983

KLEEMANN, H.: "Schule muß mehr sein als nur Lernen". Berlin 1981 (Lehrerlebensgeschichten 4)
KLEIN, F.: Zur Vorbereitung der faschistischen Diktatur durch die deutsche Großbourgeoisie (1929-1932). In: Zs. f. Geschichtswiss. 1(1953), S. 872-904
KLESSMANN, Ch.: Die Zerstörung des Schulwesens als Bestandteil deutscher Okkupationspolitik im Osten am Beispiel Polens. In: HEINEMANN 1980, Bd. 1, S. 176-192
KLEWITZ, M.: Lehrersein im Dritten Reich. Analysen lebensgeschichtlicher Erzählungen zum beruflichen Selbstverständnis. Weinheim/München 1987
KLÖNNE, A.: Hitlerjugend. Die Jugend und ihre Organisation im Dritten Reich. Hannover/Frankfurt/M. 1956
DERS.: Gegen den Strom. Bericht über den Jugendwiderstand im Dritten Reich. Hannover/Frankfurt/M. 1958
DERS.: Jugend im Dritten Reich. Die Hitler-Jugend und ihre Gegner. Köln 1984 (a)
DERS.: Zurück zur Nation? Köln 1984 (b)
KNOLL, J. H./SCHOEPS, J. H. (Hrsg.): Typisch deutsch: Jugendbewegung. Opladen 1988
KÖHLER, M.: Die Volksschule Harsum im Dritten Reich. Widerstand und Anpassung einer katholischen Dorfschule. Hildesheim 1985
KOELSCHTZKY, M.: Die Stimme ihres Herren. Die Ideologie der Neuen Rechten. Köln 1986
KÖNIG, H.: Imperialistische und militaristische Erziehung in den Hörsälen und Schulstuben Deutschlands (1870-1960). Berlin 1962
DERS.: Historische Grundlagen der Bildungspolitik und Pädagogik im Imperialismus. In: Jahrbuch der Akademie der Pädagogischen Wissenschaften 1979
DERS.: Forschungen zur Geschichte der Erziehung. In: Historische Forschungen in der DDR 1970-1980, S. 794-806
KOGON, E.: Der SS-Staat. Das System der deutschen Konzentrationslager. München [16]1986
KRAUSE, E.: Jede Zeit hat ihr Gesicht. In: DU BOIS-REYMOND/SCHONIG 1982, S. 43-78
DIES..: Ich dachte, "oh Gott, wo ist Dein Zuhause"? In: RÖMER-JACOBS/SCHONIG 1986, S. 43-58
KRAUSE, T.: Hamburg wird braun. Der Aufstieg der NSDAP 1921-1933. Hamburg 1987
KREBS, P. (Hrsg.): Das unvergängliche Erbe. Alternativen zum Prinzip der Gleichheit. Tübingen 1981
KREIS, G.: Frauen im Exil. Dichtung und Wirklichkeit. Düsseldorf 1984
KRÖPELIN, B.: Entwicklung und Struktur einer Theorie über den deutschen Faschismus in der Geschichtswissenschaft der DDR. Diss. Marburg 1982
KÜHNL, R.: Faschismustheorien. Reinbek 1979
DERS.: Die Weimarer Republik. Errichtung, Machtstruktur und Zerstörung einer Demokratie. Reinbek 1985
DERS.: Der Faschismus. Ursachen, Herrschaftsstruktur, Aktualität. Eine Einführung. Heilbronn [2]1987 (a)
DERS.: Der deutsche Faschismus in Quellen und Dokumenten. Köln [6]1987 (b)
DERS.: Streit ums Geschichtsbild. Köln 1987 (c)

DERS. u.a.: Die NPD. Struktur, Ideologie und Funktion einer neofaschistischen Partei. Frankfurt/M. 1969
KUPFFER, H.: Der Faschismus und das Menschenbild (in) der deutschen Pädagogik. Frankfurt/M. 1984
LANGE, D. u.a.: Forschungen zur deutschen Geschichte 1933-1945. In: Historische Forschungen in der DDR 1970-1980. Analysen und Berichte. Sonderband der Zs. f. Geschichtswiss. 1980, S. 279-309
LANGER, H.: Zum Anteil des Kriegsverbrechers Baldur von Schirach an der psychologischen Kriegsführung des faschistischen deutschen Imperialismus. In: Wiss. Zs. der Ernst-Moritz-Arndt-Universität Greifswald 1969
DERS.: Zielsetzung, Struktur, Inhalt und Methoden der Meinungsmanipulierung der Jugend, insbes. in Schule und HJ, durch den faschistischen deutschen Imperialismus von September 1939 bis zum Juli 1943. Diss. phil. Rostock 1973
DERS.: Wollt ihr den totalen Tanz? Streiflichter zur imperialistischen Manipulierung der Jugend. Berlin 1985
LANGEWIESCHE, D.: Was heißt "Widerstand gegen den Nationalsozialismus"? In: UNIVERSITÄT HAMBURG 1983, S. 143-159
LARASS, G.: Der Zug der Kinder. KLV. Die Evakuierung 5 Millionen deutscher Kinder im 2. Weltkrieg. München 1983
LEBEN UND KAMPF DES ANTIFASCHISTISCHEN LEHRERS KURT STEFFELBAUER - Lebendige Tradition unserer sozialistischen Schule. Materialien zur Konferenz am 23. Oktober 1972, Berlin 1973 (Manuskriptdruck)
LEHBERGER, R.: Englischunterricht im Nationalsozialismus. Tübingen 1986 (a)
DERS.: Der "Umbau" der Hamburger Volksschule. In: DERS./DE LORENT 1986, S. 15-33 (b)
DERS.: Fachunterricht und politische Erziehung. In: DERS./DE LORENT 1986, S. 49-69 (c)
DERS.: Kinderlandverschickung: "Fürsorgliche Aktion" oder "Formationserziehung". IN: LEHBERGER/DE LORENT 1986, S. 370-381 (d)
DERS./DE LORENT, H.-P. (Hrsg.): "Die Fahne hoch". Schulpolitik und Schulalltag in Hamburg unterm Hakenkreuz. Hamburg 1986
LEHMANN, A.: Erzählstruktur und Lebenslauf. Autobiographische Untersuchungen. Frankfurt/M./New York 1983
LEITNER, E.: Hochschul-Pädagogik. Zur Genese und Funktion der Hochschul-Pädgogik im Rahmen der Entwicklung der deutschen Universität 1800-1968. Frankfurt/M./Bern/New York/Nancy 1984
LEMM, W. (Kollektivleiter) u.a.: Schulgeschichte in Berlin. Berlin 1987
LESEMANN,G: Elternhaus und Schule im neuen Geist. In: Allgemeine Deutsche Lehrerzeitung 62 (1933), S. 598-600
LEUNER, H. W.: Als Mitleid ein Verbrechen war. Deutschlands stille Helden. Wiesbaden 1967
LEXIKON DER PARTEIENGESCHICHTE. Die bürgerlichen und kleinbürgerlichen Parteien und Verbände in Deutschland (1789-1945). 4 Bde. Leipzig 1983 ff.
LIEBE, E.: und det Gute bleibt dann. In: DU BOIS-REYMOND/SCHONIG 1982, S. 79-98

LINGELBACH, K.Ch.: Erziehung und Erziehungstheorien im nationalsozialistischen Deutschland. Weinheim/Basel/Berlin 1970; überarb. Zweitausgabe mit 3 neueren Studien u. einem Diskussionsbericht. Frankfurt/M. ²1987

LINK, W.: Erziehungspolitische Vorstellungen der deutschen sozialistischen Emigration während des 'Dritten Reiches'. In: Geschichte in Wissenschaft und Unterricht 9(1968), S. 265-279

LÖFFELHOLZ, M.: Eduard Spranger (1882-1963). In: SCHEUERL 1979a, S. 258-276

LORENT, H. - P. DE: Schulalltag unterm Hakenkreuz. Aus Konferenzprotokollen, Festschriften und Chroniken Hamburger Schulen von 1933-1939. In: LEHBERGER/LORENT DE 1986, S. 91-117(a)

DERS.: Personalpolitik. In: LEHBERGER/DE LORENT 1986, S. 203-213 (b)

DERS./ULLRICH, V. (Hrsg.): "Der Traum von der freien Schule". Schule und Schulpolitik in Hamburg während der Weimarer Republik. Hamburg 1988

LUKÁCS, G.: Die Zerstörung der Vernunft. Neuwied 1962

MAIKATH, D.: Mein Lebensgang. Berlin 1983 (Lehrerlebensgeschichten 6)

MANN, G.: Geschichte und Geschichten. Frankfurt/M. 1961

MEYER, A./RABE, K.-K.: Unsere Stunde, die wird kommen. Rechtsextremismus unter Jugendlichen. Bornheim-Merten 1980

MEYER-ZOLLITSCH, A.: Nationalsozialismus und evangelische Kirche in Bremen. Bremen (Staatsarchiv) 1984

MILBERG, H.: Schulpolitik in der pluralistischen Gesellschaft. Die politischen und sozialen Aspekte der Schulreform in Hamburg 1890-1935. Hamburg 1970

MILLER, G.: Erziehung durch den Reichsarbeitsdienst für die weibliche Jugend. In: HEINEMANN 1980, Bd. 2, S. 170-193

MITZENHEIM, P.: Zum Kampf der demokratischen Kräfte gegen die Faschisierung des Thüringer Schulwesens vor 1933 (Texte). In: Jahrbuch für Erziehungs- und Schulgeschichte 8 (1968), S. 177-198

MOREAU, P.: Die neue Religion der Rasse. Der Biologismus und die kollektive Ethik der Neuen Rechten in Frankreich und Deutschland. In: FETSCHER 1983, S. 163-215; 232-244

MÜNSTER, A. (Hrsg.): Tagträume vom aufrechten Gang. Sechs Interviews mit Ernst Bloch. Frankfurt/M. 1977

NAAKE, E.: Zur Theorie und Praxis der Erziehung in den Nationalpolitischen Erziehungsanstalten und ähnlichen faschistischen "Eliteschulen". Diss. paed. Jena 1972

DERS.: Die Herausbildung des Führernachwuchses im faschistischen Deutschland. In: Zs. f. Geschichtswiss. 21(1973), S. 181-195

NABEL, G.: Verwirklichung der Menschenrechte - Erziehungsziel und Lebensform. Hans MAEDER und die Stockbridge School in den USA. Frankfurt/M. 1985

NATIONALSOZIALISMUS UND DIE DEUTSCHE UNIVERSITÄT (Universitätstage 1966. Veröffentlichung der Freien Universität Berlin). Berlin 1966

NICOLAISEN, H.-D.: Hamburger Schüler als Luftwaffenhelfer. In: LEHBERGER/DE LORENT 1986, S. 370-381

NIELSEN, B.: Erziehung zum Selbstvertrauen. Ein sozialistischer Schulversuch im dänischen Exil. Wuppertal 1985

NIJBOER, M.: Bericht über das Kolloquium 'Pädagogik und Nationalsozialismus' in Tübingen vom 9.-12.9.1987 (unveröffentl. Mskr.)
OBERGEBIET WEST (Hrsg.): Uns geht die Sonne nicht unter. Leipzig 1934
OELKERS, J.: Spät und reif. Dem Kieler Pädagogen Theodor Wilhelm zum 80. Geburtstag. In: FAZ v. 15.5. 1986
OEVERMANN, U. u.a.: Die Methodologie einer "objektiven Hermeneutik" und ihre allgemeine forschungslogische Bedeutung in den Sozialwissenschaften. In: SOEFFNER, H.-G. (Hrsg.): Interpretative Verfahren in den Sozial- und Textwissenschaften. Stuttgart 1979, S. 352-434
OPITZ, R.: Faschismus und Neofaschismus. Frankfurt/M. 1984
PAECH, H.: "Ich hab' mir meine eigene Harmonie gemacht". Berlin 1980 (Lehrerlebensgeschichten 1)
PÄTZOLD, K.: Verfolgung, Vertreibung, Vernichtung. Dokumente des faschistischen Antisemitismus 1933 bis 1942. Leipzig 1983
DERS./WEISSBECKER, M.: Geschichte der NSDAP 1920-1945. Köln 1981
PETERSEN, P.: Pädagogik der Gegenwart. Reprint der 2. Aufl. 1937. Mit einem Nachwort von Prof. Dr. Wilhelm Kosse. Weinheim/Basel 1973
PETZOLD, J.: Wegbereiter des Faschismus. Die Jungkonservativen in der Weimarer Republik. Köln 1978
DERS.: Die Demagogie des Hitlerfaschismus. Die politische Funktion der Naziideologie auf dem Wege zur faschistischen Diktatur. Berlin 1982
PEUKERT, D.: Die Edelweißpiraten. Köln 1980
DERS.: Volksgenossen und Gemeinschaftsfremde. Anpassung, Ausmerze und Aufbegehren unter dem Nationalsozialismus. Köln 1982
DERS.: Alltag unterm Nationalsozialismus. In: HERRMANN 1985a, S. 40-64
DERS./REULECKE, J. (Hrsg.): Die Reihen fast geschlossen. Beiträge zur Geschichte des Alltags unterm Nationalsozialismus. Wuppertal 1981
PLESNIARSKI, B.: Die Vernichtung der polnischen Bildung und Erziehung in den Jahren 1939-1945. In: HEINEMANN 1980, Bd. 1, S. 160-175
PÖGGELER, F.: "Erziehung nach Auschwitz" als Fundamentalprinzip jeder zukünftigen Pädagogik. In: PAFFRATH, F.H. (Hrsg.): Kritische Theorie und Pädagogik der Gegenwart. Aspekte u. Perspektiven d. Auseinandersetzung. Weinheim 1987, S. 54-68
POHL, R.: "Swingend wollen wir marschieren". In: EBBINGHAUS u.a. 1984, S.96-101
DERS.: "Das gesunde Volksempfinden ist gegen Dad und Jo". Zur Verfolgung der Hamburger "Swing-Jugend" im Zweiten Weltkrieg. In: PROJEKTGRUPPE 1986, S. 14-45
POMORIN, J./JUNGE, R.: Die Neonazis und wie man sie bekämpfen kann. Dortmund 1978
POPP, W. u.a.: Lehrerbefragung zur NS-Zeit (Projekt am FB Sprach- und Literaturwissenschaft der Universität/Gesamthochschule Siegen. Unveröffentl. Manuskripte). Siegen 1981-1983
PRAUSNITZ, I.: Ein bewegtes Lehrerinnenleben. In: BERLINER LEHRERINNENGESCHICHTEN 1982, S. 29-72
PROJEKTGRUPPE FÜR DIE VERGESSENEN OPFER DES NS-REGIMES (Hrsg.): Verachtet - Verfolgt - Vernichtet. Zu den "vergessenen" Opfern des NS-Regimes. Hamburg 1986

PROJEKT IDEOLOGIE-THEORIE: Faschismus und Ideologie 1+2. Argument-Sonderbände AS 60+62. Berlin (West) 1980
PROSS, H.: Jugend, Eros, Politik. Bern/München/Wien 1964
RANDT, U.: Carolinenstraße 35. Geschichte der Mädchenschule der Deutsch-israelitischen Gemeinde in Hamburg 1884-1942. Hamburg 1984
DIES.: Talmud Tora Schule. Die Zerschlagung des jüdischen Schulwesens. In: HOCHMUTH/DE LORENT 1985, S. 60-67
DIES.: "Träume zerschellen an der Wirklichkeit". Die Situation jüdischer Schüler an jüdischen Schulen in Hamburg in der Frühphase der NS-Zeit. In: LEHBERGER/DE LORENT 1986, S. 291-300
RANG, A.: Reaktionen auf den Nationalsozialismus in der Zeitschrift 'Die Erziehung' im Frühjahr 1933. In: OTTO, H.-U./SÜNKER, H. (Hrsg.): Soziale Arbeit und Faschismus. Bielefeld 1986, S. 35-54
DERS.: Beklommene Begeisterung - Sprangers und Flitners Reaktionen auf den Nationalsozialismus im Jahre 1933. In: ZEDLER, P./KÖNIG, E. (Hrsg.): Ansätze und Studien zur Rekonstruktion pädagogischer Wissenschaftsgeschichte. Teilband 2, Weinheim 1988
RANG(-DUDZIK), B.: Entwicklungsbedingungen und Entwicklungstendenzen der pädagogischen Geschichtsschreibung der DDR. In: Bildung und Erziehung 29(1976), S. 471-493
DIES.: Pädagogische Geschichtsschreibung in der DDR. Entwicklung und Entwicklungsbedingungen der pädagogischen Historiographie 1945-1965. Frankfurt/M./New York 1982
RATZKE, E.: Das Pädagogische Institut der Universität Göttingen. Ein Überblick über seine Entwicklung in den Jahren 1923-1949. In: BECKER u.a. 1987, S. 200-218
RICKERT, H.: Kulturwissenschaft und Naturwissenschaft. Tübingen 1910
RITTER, G.: Geschichte als Bildungsmacht. Stuttgart 1946
RÖMER-JACOBS, M./SCHONIG, B. (Hrsg.): Nie wieder Krieg! Berliner Lehrerinnen und Lehrer erinnern sich an das Jahr 1945, die Zeit davor und die danach. Berlin 1986 (Lehrerlebensgeschichten 7)
RÖMHILD, D./GERLACH, F.: Die Hilfe der sowjetischen Bildungsoffiziere der Sowjetischen Militäradministration Thüringens bei der antifaschistisch-demokratischen Schulreform in Südthüringen 1945-1949. Diss. paed. Jena 1984
ROSENTHAL, G.: Wenn alles in Scherben fällt. Von Leben und Sinnwelt der Kriegsgeneration. Opladen 1987
RUDNICK, M.: Behinderte im Nationalsozialismus. Von der Ausgrenzung und der Zwangssterilisation zur "Euthanasie". Weinheim und Basel 1985
RUGE, W.: Das Ende von Weimar. Monopolkapital und Hitler. Berlin 1983
RUMP, R.: Anders wäre ich mir als Drückeberger vorgekommen. In: RÖMER-JACOBS/SCHONIG 1986, S. 59-66
SAAGER, F.: Jahrgang 1899. In Briefen. Berlin 1981 (Lehrerlebensgeschichten 3)
SCHACHNE, L.: Erziehung zum geistigen Widerstand. Das jüdische Landschulheim Herrlingen 1933-1939. Frankfurt/M. 1986

SCHÄFER, R.: Die gesellschaftliche Bedingtheit des Fibelinhaltes. Ein Beitrag zur Geschichte des Erstlesebuchs. V. Einige Tendenzen der inhaltlichen Gestaltung deutscher Fibeln während der Zeit des Faschismus. In: Jahrbuch der Erziehungs- und Schulgeschichte 12(1972), S. 107-138
SCHELSKY, H.: Die skeptische Generation. Eine Soziologie der deutschen Jugend. Düsseldorf/Köln 1957
SCHEUERL, H. (Hrsg.): Klassiker der Pädagogik. Bd. II: Von Karl Marx bis Jean Piaget. München 1979 (a)
DERS.: Wilhelm Flitner (geb. 1889). In: SCHEUERL 1979a, S. 277-289 (b)
SCHIRACH, B. VON: Die Hitlerjugend. Idee und Gestalt. Berlin 1934
SCHLEIER, H.: Theorie der Geschichte - Theorie der Geschichtswissenschaft. Berlin (DDR) 1975
SCHMEICHEL, M.: Behinderte Menschen - lebensunwert für das Dritte Reich. In: Zeitschrift für Heilpädagogik 33(1982), S. 87-99
SCHMIDT, W.: Die Geschichtswissenschaft der DDR in den fünfziger Jahren. Ihre Konstituierung als sozialistische deutsche Geschichtswissenschaft. In: Zs. f. Geschichtswiss. 31(1983), S. 291-312
SCHNEIDER, R. (Hrsg.): Die SS ist ihr Vorbild. Neonazistische Kampfgruppen und Aktionskreise in der Bundesrepublik. Frankfurt/M. 1981
SCHNORBACH, H. (Hrsg.): Lehrer und Schule unterm Hakenkreuz. Dokumente des Widerstands von 1930 bis 1945. Königstein/Ts. 1983
SCHÖRKEN, R.: Luftwaffenhelfer und Drittes Reich. Die Entstehung eines politischen Bewußtseins. Stuttgart 1984
SCHOLTZ, H.: Staatsjugendorganisation (HJ - FDJ). In: SKIBA, E.-D. u.a. (Hrsg.): Erziehung im Jugendalter - Sek. I. (Enzyklopädie Erziehungswiss. Bd. 8). Stuttgart 1983, S. 576-580
DERS.: Erziehung und Unterricht unterm Hakenkreuz. Göttingen 1985
SCHRAMM, E./WEINGARTEN, M.: Biologische Moral- und Ethikkonzeptionen zwischen Weltanschauung und reaktionärer Ideologie. In: Dialektik 14, Köln 1987, S. 192-220
SCHULZE, Th.: Autobiographie und Lebensgeschichte. In: BAACKE, D./SCHULZE, Th. (Hrsg.): Aus Geschichten lernen. Zur Einübung pädagogischen Verstehens. München 1979, S. 51-98
DERS.: Lebenslauf und Lebensgeschichte. Zwei unterschiedliche Sichtweisen und Gestaltungsprinzipien pädagogischer Prozesse. In: BAACKE, D./SCHULZE, Th.: Pädagogische Biographieforschung. Orientierungen, Probleme, Beispiele. Weinheim/Basel 1985, S. 29-63
SCHUMANN, H./WEHLING, W.: Literatur über Probleme der deutschen antifaschistischen Widerstandsbewegung. In: Historische Forschungen in der DDR. Analysen und Berichte. Sonderheft der Zs. f. Geschichtswiss. 1960, S. 381-402
SCHWARZ, G.: Wie ich in den Sog des Nationalsozialismus geraten bin. In: RÖMER-JACOBS/SCHONIG 1986, S. 67-88
SCHWERSENZ, J./WOLFF, W.: Jüdische Jugend im Untergrund. Tel Aviv 1969
SÖDER, G.: Ökonomie - Politik - Wirtschaftspolitik. Weltanschaulich-philosophische Aspekte des Verhältnisses von Politik und Wirtschaft im Sozialismus. Berlin 1977

SPECHT, M.: Gesinnungswandel. Die Erziehung der Deutschen Jugend nach dem Weltkrieg. London 1943
SPEER, H.: Aber völlig ungeschoren wurde ich auch nicht gelassen. In: RÖMER-JACOBS/SCHONIG 1986, S. 89-118
SPRANGER, E.: März 1933. In: Die Erziehung 8(1933), S. 401-408 (a)
DERS.: Aufbruch und Umbruch. In: Die Erziehung 8(1933), S. 529-533 (b)
SÜDMERSEN, I. M.: Hilfe, ich ersticke in Texten! - Eine Anleitung zur Aufarbeitung narrativer Interviews. In: Neue Praxis 13(1983), S. 294-306
STADTTEILARCHIV OTTENSEN: "Ohne uns hätten sie das gar nicht machen können". Nazi-Zeit und Nachkrieg in Altona und Ottensen. Hamburg 1985
STAEMMLER, M.: Rassenpflege im völkischen Staat. München 1933
STEENBOCK, K.: Gesellschaft der Freunde. Die Gewerkschaft der Lehrer wird gleichgeschaltet. In: HOCHMUTH/DE LORENT 1985, S. 12-17
STEINBACH, L.: Ein Volk, ein Reich, ein Glaube? Berlin/Bonn 1983
STIPPEL, F.: Die Zerstörung der Person. Donauwörth 1957
STÖSS, R. (Hrsg.): Parteien-Handbuch. Die Parteien in der Bundesrepublik Deutschland 1945-1980. Opladen²1986
STORJOHANN, U.: "In Hinkeformation hinterher". Swing-Jungend an der Bismarck-Schule. In: LEHBERGER/DE LORENT 1986, S. 399-405
STRUVE, W.: Elites against Democracy. Leadership Ideals in Bourgeois. Political Thought in Germany, 1890-1933. Princeton University Press 1973
TELLENBACH, G.: Zur Selbstorientierung der deutschen Universität. In: Die Sammlung 1(1945/46), S. 530-543
TENORTH, H. E.: Zur deutschen Bildungsgeschichte 1918-1945. Probleme, Analysen und politisch-pädagogische Perspektiven. Köln/Wien 1985
DERS.: Deutsche Erziehungswissenschaft 1930-1945. Aspekte ihres Strukturwandels. In: Zs. f. Päd. 32(1986), S. 299-321
DERS.: Falsche Fronten. Über das Elend kritischer Pädagogik angesichts der Geschichte der Erziehungswissenschaft. In: Demokratische Erziehung 13(1987), H. 7/8, S. 14-18
THAMER, H.-U.: Nationalsozialismus und Faschismus in der DDR-Historiographie. In: Aus Politik und Zeitgeschichte. Beilage zur Wochenzeitung Das Parlament. B 13 v. 28.3.1987, S. 27-37
THRÄNHARDT, D.: Geschichte der Bundesrepublik Deutschland. Frankfurt/M. 1986
UHLIG, G.: Der Beginn der antifaschistisch-demokratischen Schulreform 1945-1946. Berlin 1965
UNIVERSITÄT HAMBURG (Hrsg.): 1933 in Gesellschaft und Wissenschaft. Teil 1: Gesellschaft. Teil 2: Wissenschaft. Hamburg 1983 + 1984
VERBAND DEUTSCHER SONDERSCHULEN e.V.: Diskussion um Gustav Lesemann. In: Zs. f. Heilpädagogik 37(1986), S. 714-715
WAGNER, L.: Der Kampf der faschistischen Nazipartei um die Errichtung und Stabilisierung der Diktatur in Thüringen Juli 1932 bis Juli 1933. Diss. phil. Jena 1973
WALK, J. (Hrsg.): Das Sonderrecht für die Juden im NS-Staat. Eine Sammlung der gesetzlichen Maßnahmen und Richtlinien. Heidelberg/Karlsruhe 1981
DERS.: Das Ende des jüdischen Jugend- und Lehrheims Wolzig (1933). In: Bulletin 66 des Leo-Baeck-Instituts, Jerusalem 1983

WEBER, B.: Pädagogik und Politik vom Kaiserreich zum Faschismus - Zur Analyse politischer Optionen von Pädagogikhochschullehrern von 1914-1933. Königstein/Ts. 1979
WEGWEISER durch das höhere Schulwesen, Jahrgang 1935/36. Berlin 1936
WEIMER, H. (ab 11. Aufl.: +H.): Geschichte der Pädagogik. Leipzig 1902; Berlin/Leipzig ^{6}1928; Berlin ^{10}1941; ^{11}1954; ^{18}1976
WEISSBECKER, M.: Thesen zu Rolle und Funktion der NSDAP im staatsmonopolitischen Herrschaftssystem des faschistischen Imperialismus. In: Jenaer Beiträge zur Parteiengeschichte, Nr. 37/38 (Mai 1976), S. 1-39
DERS. u.a.: Die politische Organisation der bürgerlichen Gesellschaft. Strukturen und Wandlungsprozesse in der Novemberrevolution 1918/19 und in der Weimarer Republik. In: DERS./GOTTWALD, H. (Hrsg.): Klassen - Parteien - Gesellschaft. Dieter FRICKE zum 60. Geburtstag. Jena 1987, S. 88-114
WENKEL, H.: Zur Taktik der faschistischen Nazipartei und zu ihren Methoden gegen die Arbeiterklasse und andere demokratische Kräfte in Thüringen 1929-1932. Diss. phil. Jena 1973
WILHELM, Th.: Pädagogik der Gegenwart. Stuttgart 1959
DERS.: Selbstdarstellung. In: PONGRATZ, L.J. (Hrsg.): Pädagogik in Selbstdarstellungen II. Hamburg 1976, S. 315-347
WROBLEWSKA, T.: Die Rolle und Aufgabe einer nationalsozialistischen Universität in den sog. östlichen Reichsgebieten am Beispiel der Reichsuniversität Posen 1941-1945. In: IZEBF H. 14/1980, S. 225-252
ZENS, M.: "Ich bin katholisch getauft und Arier." - Genese und Rezeption einer unbequemen Dokumentation. Unveröffentl. Mskr., Zülpich-Bessenich 1987
ZIMMER, H. u.a.: Neofaschistische Tendenzen unter Schülern? Ergebnisse einer Befragung von Haupt- und Berufsschülern. Dortmund 1985
ZUDEICK, P.: Alternative Schulen. Frankfurt/M. 1982
ZUMPE, L.: Wirtschaft & Staat in Deutschland 1933 bis 1945. Berlin 1980
DIE ZWEI ENTWICKLUNGSWEGE UNSERER NATION UND IHRE WIDERSPIEGELUNG IM SCHULBUCH. Berlin 1963

AUTORENSPIEGEL

SIEGLIND ELLGER-RÜTTGARDT, Prof. Dr., Jg. 1941; Studium der Erziehungswissenschaft und Romanistik in Hamburg, Tübingen und Montpellier, Zusatzstudium der Sonderpädagogik; schulpraktische Tätigkeit; 1975-1986 Hochschullehrerin am Institut für Behindertenpädagogik an der Universität Hamburg, seit 1987 im Studiengang Sonderpädagogik an der Universität Hannover; Arbeitsschwerpunkte: Vergleichende und historische Behindertenpädagogik, Bildungs- und Sozialpolitik für Behinderte, berufliche Rehabilitation Behinderter, Schul- und Sozialpädagogik. - 2000 Hamburg 53, Entenweg 32

HILDEGARD FEIDEL-MERTZ, Prof. Dr. phil., Jg. 1930; redaktionelle Tätigkeit beim Bundesorgan der GEW von 1949-1966; nach "Begabtenabitur" Studium der Pädagogik, Soziologie, neuere Geschichte und Politikwissenschaft in Frankfurt/M. (1956-1963); 1966-1972 Studien- bzw. Oberstudienrätin im Hochschuldienst; 1972-1975 Professorin für Sozialpädagogik und Erwachsenenbildung an der Johann-Wolfgang-Goethe-Universität Frankfurt/M.; seit 1974 Professorin für Jugend- und Erwachsenenbildung im Fachbereich Sozialwesen der Gesamthochschule-Universität Kassel; Veröffentlichungen zur Geschichte der Erwachsenenbildung und zur Exilforschung. - 6000 Frankfurt/M. 56, Albert-Einstein-Str. 38

JAN HELLWIG, Prof. Dr., Jg. 1931; Pädagogikstudium an der Universität Poznań; 1969 Dissertation, 1977 Habilitation; seit 1979 Dozent an der Universität Poznań; Arbeitsschwerpunkte: Geschichte der Pädagogik, Entwicklung der Lehrerausbildung, Geschichte des Schulwesens und der Jugendorganisation, Methodologie der Erziehungsgeschichte in Polen und im Ausland. - 61-674 Poznań, Os Kraju Ard 11 E/47

KLAUS HIMMELSTEIN, Dr. phil., Jg. 1940; 10 Jahre Lehrertätigkeit an der Sonderschule, Förderstufe und Hauptschule in Hessen; danach Promotionsstudium und Wiss. Mitarbeiter im Fachbereich Erziehungswissenschaft der Bergischen Universität-Gesamthochschule Wuppertal, seit 1986 Wiss. Angestellter im Fachbereich Erziehungswissenschaft der Universität-

Gesamthochschule Paderborn; Arbeitsschwerpunkt: Bildungspolitische und pädagogische Nachkriegsentwicklung unter besonderer Berücksichtigung Nordrhein-Westfalens. - 4600 Dortmund 30, Rubinstraße 20

WOLFGANG KEIM, Prof. Dr. phil., Jg. 1940; Studium der Germanistik, Geschichte und Pädagogik in Tübingen, Münster, Mainz und Hamburg; Referendar und Lehrer an der Walter-Gropius-Gesamtschule Berlin; Assistenten- und Hochschullehrertätigkeit an der Pädagogischen Hochschule Rheinland, Abt. Köln, seit 1978 im Fach Erziehungswissenschaft an der Universität-Gesamthochschule Paderborn; Veröffentlichungen zu historischen und aktuellen Problemen der Bildungsreform sowie zur Aufarbeitung des Faschismus durch die bundesdeutsche Erziehungswissenschaft. - 4790 Paderborn, Personstr. 54

ARNO KLÖNNE, Prof. Dr. phil., Jg. 1931; Studium der Geschichte, Soziologie, Politikwissenschaft und Pädagogik in Köln und Marburg/Lahn; Promotion bei Wolfgang Abendroth; Dezernent für außerschulische Jugendbildung beim Land Hessen; Wiss. Assistent an der Sozialforschungsstelle Dortmund; Hochschullehrertätigkeiten an den Päd. Hochschulen Göttingen, Bielefeld und an der Universität Münster; derzeit an der Universität-Gesamthochschule Paderborn im Fach Soziologie; Veröffentlichungen zur Sozialgeschichte der Arbeiterbewegung, zur Soziologie des deutschen Faschismus und zur Sozialstruktur der Bundesrepublik. - 4790 Paderborn, Annette-von-Droste-Str. 10

REINHARD KÜHNL, Prof. Dr. phil., Jg. 1936; Studium der Geschichte, Germanistik, Politikwissenschaft und Soziologie in Marburg und Wien; seit 1971 Professor für Politikwissenschaft an der Universität Marburg; 1973 Gastprofessur an der Universität Tel Aviv; Arbeitsschwerpunkte: Probleme des Faschismus sowie der politischen und ideologischen Entwicklung der bürgerlichen Gesellschaft mit besonderem Bezug auf die Bundesrepublik Deutschland. - 3550 Marburg/Lahn, Sonnhalde 6

REINER LEHBERGER, Prof. Dr. phil., Jg. 1948; Studium der Anglistik, Pädagogik, Soziologie und Sportwissenschaft in Bochum und Hamburg; Promotion 1976, Habilitation 1984; 1976-1979 Lehrer; seit 1979 im Fachbereich Erziehungswissenschaft der Universität Hamburg, seit 1985 Hochschullehrer; Arbeitsschwerpunkte: Schul- und Unterrichtsgeschichte,

Didaktik des Fremdsprachenunterrichts. - 2000 Hamburg 73, Hohwachter Weg 20c

KARL CHRISTOPH LINGELBACH, Prof. Dr. phil., Jg. 1930; Lehrerstudium in Jugenheim/Bergstraße; Studium der Geschichte, Germanistik, Politikwissenschaft und Pädagogik an der Universität Marburg; Referendar und Lehrer am Gymnasium Philippinum und an der Waldorfschule in Marburg; Assistenten- und Hochschullehrertätigkeit am erziehungswissenschaftlichen Seminar der Universität Marburg, seit 1971 der Universität Frankfurt/M.; Veröffentlichungen zur Zeitgeschichte des Erziehungswesens, zur Schulpädagogik und politischen Bildung. - 3550 Marburg, An den Brunnenröhren 11

ADALBERT RANG, Prof. Dr. phil., Jg. 1928; Studium am Pädagogischen Institut in Weilburg/Lahn und in den USA; 1951-1964 Volksschullehrer in Frankfurt/M.; gleichzeitig Zweitstudium in Pädagogik, Philosophie, Soziologie und Germanistik in Frankfurt/M.; Wiss. Assistent am Pädagogischen Seminar der Frankfurter und Tübinger Universität; 1968-1983 Professor für Historische Pädagogik an der PH Berlin, nach deren Auflösung an der Hochschule der Künste Berlin; seit 1983 Professor für Theoretische Pädagogik an der Universität Amsterdam; Arbeitsgebiet: Pädagogische Theoriebildung und ihre sozialkulturellen Kontexte. - 3737 AB Groenekan (Utrecht), Groenekanse Weg 77

BRUNO SCHONIG, Prof. Dr. phil., Jg. 1937; Studium der Katholischen Theologie, Philosophie, Soziologie und Erziehungswissenschaft in Münster, Paderborn, Bonn, Dortmund, Hamburg und Berlin; Wiss. Angestellter am Päd. Zentrum Berlin; seit 1972 Professor für Historische Pädagogik an der PH Berlin, nach deren Auflösung seit 1980 an der TU Berlin; Veröffentlichungen zur Geschichte der Reformpädagogik, des Lehrer/innen-Berufs und zum Erzählen im Grundschulunterricht. - 1000 Berlin 12, Carmerstraße 14

LUTZ VAN DICK, Dr. phil., Jg. 1955; Studium der Erziehungswissenschaft, Sonderpädagogik und Soziologie in Berlin und Hamburg; seit 1979 Sonderschullehrer in Hamburg; Mitbegründer der Initiative "Pädagoginnen und Pädagogen für den Frieden", 1987/88 Päd. Mitarbeiter am Institut für Friedensforschung und Sicherheitspolitik in Hamburg, seit 1985 Lehraufträge im Fachbereich Erziehungswissenschaft Hamburg; Veröffentlichungen zur Alternativ- und Friedenspädagogik sowie Bildungspolitik. - 2000 Hamburg 6, Margaretenstr. 45

MANFRED WEISSBECKER, Prof. Dr., Jg. 1935; Studium an der Jenaer Friedrich-Schiller-Universität, Promotion 1962, Habilitation 1967; seit 1970 Hochschullehrer an der Friedrich-Schiller-Universität Jena; Arbeitsschwerpunkte: Geschichte des antifaschistischen Widerstandes, der NSDAP, anderer bürgerlicher Organisationen sowie des Neofaschismus. - DDR-6900 Jena, Gutenbergstr. 5

Namenregister

Abendroth, W. 26
Abusch, A. 196
Ackermann, A. 196
Adenauer, K. 210
Adorno, Th. W. 13, 28, 33, 66, 75, 208
Adorno, Th. W. 13
Alfken, H. 14
Alt, R. 68
Arendt, H.-J. 204
Arnhardt, G. 205
Assel, H. 47
Astfalck, M. 172

Backes, U. 212
Baeck, L. 123
Baeumler, A. 17, 23, 69
Bäumer, G. 21
Baley, St. 188
Bartel, W. 196
Becher, J.R. 192, 193, 194, 195, 206
Beck, J. 165
Becker, F. 120
Becker, H. 83
Benjamin, W. 68, 78
Benn, G. 77
Benoist, A. de 218
Benz, W. 212, 213
Benze, R. 110
Berger, Ch. 205
Berner H. 131

Bernfeld, S. 13, 50, 165, 168, 177
Bertelsmann, E. 93
Biedermann, A. 153
Bieling, E. 93, 94, 98, 101, 107
Biesold, H. 131
Binding, R. 77
Bismarck, O. v. 22
Blättner, F. 19, 20, 66, 68
Blankertz, H. 65
Bloch, E. 115
Blochmann, E. 22, 75, 176
Böhm, M. 221
Bölling, R. 160
Bois-Reymond, M. du 90, 118
Bollnow, O.F. 19, 21, 23, 66, 68
Bondy, C. 176
Borinski, F. 33, 175, 176
Bormann, M. 61
Bracher, K.D. 28, 32
Brandt, L. 113
Brandt, W. 176, 220
Brecht, B. 36, 77, 195
Breyvogel, W. 107, 108, 160
Briesemeister, H. 204
Broszat, M. 135
Brückner, P. 120
Brüdigam, H. 212
Bruhns, M. 148
Brumme, H. 203
Buber, M. 175
Buchholz, F. 141, 142, 143, 144
Buchwitz, O. 196

Bude, H. 85
Busch, W. 94

Camus, A. 177
Carossa, H. 77
Christadler, M. 211
Clausewitz, C.P.G.v. 43
Cohn, J. 174
Czekalski, J. 188
Czubinski, A. 180

Dabel, G. 160
Dahms, H.-J. 18, 19
Dargel, R. 152, 155
Darwin, Ch. 22
Dewey, J. 77
Dick, L. van 10, 11, 15, 19, 24, 31, 113, 114, 165
Diere, H. 204, 205
Dilthey, W. 77
Dirks, W. 24
Dolch, J. 19
Drewnowski, K. 187
Driesch, J. van den 31
Drobisch, K. 203
Dudek, P. 80, 212, 217, 220
Durkheim, E, 77

Ebbinghaus, A. 148
Ehrentreich, A. 14
Eichholtz, D. 198, 203
Eickels, K. van 31
Eilers, R. 28, 120, 151, 152, 153
Ellger-Rüttgardt, S. 11, 130, 131, 132
Engelberg, E. 196
Engels, F. 200, 201
Erdmann, K.D. 35

Esterhues, J. 20

Faller, K. 215
Fangmann, H. 148
Feidel-Mertz, H. 11, 12, 14, 16, 31, 116, 120, 164, 165, 170
Feit, M. 211
Feiten, W. 159
Fest, J.C. 38
Fetscher, I. 211
Fichte, J.G. 22
Fischer, F. 45
Fischer, A. 21
Flessau, K.I. 15
Flitner, A. 16, 26, 27
Flitner, W. 7, 10, 16, 19, 20, 21, 23, 24, 26, 65, 66, 68, 69, 70, 71, 72, 74, 75, 76, 77, 78, 162
Flügge, E. 124
Foerster, F.W. 21, 33
Förster, G. 198
Forck, E. 113, 114, 116
Franck, H. 185
Freud, S. 77, 163, 168
Frey, G. 211
Friedenthal-Haase, M. 14
Friedländer, S. 90, 103
Fritzsche, K. 213
Fuchs, W. 118
Fürstenau, J. 18

Gamm, H.J. 16, 47, 52, 67, 69, 106
Gay, P. 77
Geheeb, P. 161, 169, 170
Gehrecke, S. 131
Geissler, G. 24
Geudtner, O. 8
Gerlach, F. 205
Gers, D. 131

Geudtner, O. 8
Gideon, J. 25
Giersch, R. 204
Ginzel, G.B. 208
Globke, H. 209
Goebbels, J. 94
Goethe, J.W.v. 21, 78, 80, 188, 192
Götz von Olenhusen, I. 84
Gossweiler, K. 191, 198, 203
Greiser, A. 183
Gremlitza, H. 25, 26
Grimme, A. 14
Groehler, O. 212
Grollmuss, M. 203
Grotewohl, O. 196
Grynszpan, H. 114
Günther, E. 90
Günther, H. 40
Günther, K.-H. 203

Habel, W. 15, 19
Habermas, J. 67
Hamburger, F. 28, 152
Hahn, K. 161, 169, 170
Hartung, G. 205
Haug, W.-F. 26, 78
Hauschildt, H. 93, 102
Hecht, G. 183
Heckmann, G. 171, 176
Hegel, F. 22, 42
Heinemann, M. 12, 29, 180
Heinrich, E. 205
Heitmeyer, W. 84, 213, 214, 223, 224
Heller, H. 11, 175
Hellfeld, M. von 85
Helling, F. 19
Hellwig, J. 12, 179

Hennig, E. 214, 222
Henry, G. 176
Herbart, J.F. 65
Hermberg, P. 11, 175
Hermes, G. 12
Herrmann, U. 8, 9, 15, 19, 23, 39, 67, 69, 73, 74, 75, 126
Heydorn, H.-J. 67, 128
Himmelstein, K. 13
Himmler, H. 49, 51, 52
Hirsch, F. 122
Hitler, A. 7, 8, 38, 39, 40, 41, 42, 48, 50, 57, 62, 66, 68, 77, 95, 99, 109, 126, 130, 166, 186, 208
Hoch, G. 125, 155, 156
Hochhuth, M. 121
Hochhuth, R. 25
Hochmuth, U. 147, 149, 151
Höck, M. 131, 133
Hönigswald, R. 174
Hördt, P. 69
Hoernle, E. 165
Hoffmann, K.H. 210
Hofmann, W. 212
Hohendorf, G. 203, 204, 205
Hohmann, J.S. 15, 19, 23
Holzkamp, Ch. 105, 106
Honigsheim, P. 11, 14, 175
Hopp, J. 125
Horkheimer, M. 75
Hub, R. 205
Humboldt, W.v.. 65, 72

Iggers, G.G. 35
Irmscher, J. 205

Jahnke, K.-H. 192
Jakiel, A. 188

249

Jamin, M. 217
Jantzen, W. 131
Jaschke, H.-G. 212, 217, 220
Jaxa-Bykowski, L. 187
Joachim, D. 152, 155, 212
Johe, W. 148
Jovy, M. 82
Jünger, E. 219
Junge, R. 212

Kafka, F. 77
Kakól, K. 180
Kaltenbrunner, G.-K. 220
Kant, I. 72
Kanz, H. 48
Karsen, F. 13 f., 162, 168
Kawerau, S. 14
Keim, W. 8, 11, 15, 34, 66, 74, 75, 164, 209
Kerschensteiner, G. 73
Klafki, W. 19
Klattenhoff, K. 131
Klaus, A. 148
Klaus, M. 56, 57, 84
Klein, F. 196
Kleemann, H. 90, 93
Klessmann, Ch. 51, 52, 180
Klewitz, M. 90, 91, 92, 100, 104, 105, 107, 108, 109, 110, 118
Klönne, A. 10, 24, 81, 83, 214, 220
Knoll, J.H. 85
Koch, O. 14
Köhler, M. 31
Koelschtzky, M. 211
König, H. 191, 203, 204
Körfgen, P. 164
Kogon, E. 32
Konopka, G. 174

Körsch, H. 173
Kosicki, J. 179
Kowalenki, W. 187
Kozlowski, W. 179
Kraus, H. 174
Kraus, K. 77
Krause, E. 93, 95, 99, 100, 103, 109
Krause, T. 148
Krebs, P. 218, 219
Kreis, G. 173
Krieck, E. 17, 69
Kröpelin, B. 198
Kroh, O. 19
Kuczynski, J. 196, 198
Kühnen, M. 210
Kühnl, R. 9, 13, 28, 36, 38, 40, 41, 42, 45, 212
Kupffer, H. 15, 67, 69, 73, 74

Lagarde, P. de 22
Lange, D. 198
Langer, H. 204, 205
Langewiesche, D. 135, 136
Larass, G. 160
Lasker-Schüler, E. 77
Lehberger, R. 11, 31, 131, 132, 147, 149, 151, 153, 154, 156, 157, 158
Lehmann, A. 111
Leitner, E. 39
Lemm, W. 192, 204, 205
Leschinsky, A. 161
Lesemann, G. 129, 130
Leuner, W.H. 120
Liebe, E. 91, 99, 102, 103, 109
Lieber, H. 125
Lietz, H. 21

Lingelbach, K. Ch. 10, 15, 16, 19,
  22, 23, 27, 28, 31, 47, 48, 61,
  66, 69, 221
Link, W. 167
Litt, Th. 11, 16, 19, 24, 68, 69, 73
Lochner, R. 19
Löffelholz, M. 24
Löns, H. 97
Löwenstein, K. 14, 165
Lohmann, Th. 107, 108
Lorent, H. - P. de 31, 131, 132,
  147, 149, 151, 153, 154, 159
Luhmann, N. 31
Lukács, G. 35, 40
Luther, M. 21, 72

Madajczyk, C. 180
Mäder, E. 203
Maeder, H. 177
Maikath, D. 90
Mann, G. 35
Mannheim, K. 175
Marx, K. 28, 77, 168
Matthias, E. 166
Mead, G.H. 77
Mennicke, C. 175, 176
Meusel, A. 196
Meyer, G. 149
Meyer-Zollitsch, A. 113
Michalik, B. 180
Mierendorff, M. 162
Milberg, H. 152
Miller, G. 59
Mitzenheim, P. 204
Mohler, A. 82
Montessori, M. 161
Moreau, P. 211
Münster, A. 115
Musil, R. 77

Naake, E. 204
Naumann, U. 212
Neubauer, Th. 202
Nicolaisen, H.-D. 158
Nietzsche, F. 21, 22, 41
Nijböer, M. 69, 74
Nohl, H. 16, 19, 21, 22, 24, 47, 68,
  69, 74, 75, 77
Norden, A. 196

Obermann, K. 196
Oelkers, J. 24
Oestreich, P. 21, 33
Oevermann, U. 92
Opitz, R. 212

Paech, H. 90
Pätzold, K. 41, 199, 204 f.
Pestalozzi, H. 21
Petersen, P. 15, 16, 73, 127
Petzold, J. 40, 205
Peukert, D. 85, 119, 135, 158
Pieńkowski, St. 188
Pleśniarski, B. 12, 52, 180
Pöggeler, F. 34
Pohl, R. 158
Pomorin, J. 212
Popp, 120
Pospieszalski, K.M. 179
Poste, B. 14
Prausnitz, I. 93, 97
Pross, H. 83

Randt, U. 149
Rang, A. 10, 15, 19
Rang (-Dudzik), B. 162, 203
Rath, E. vom 114
Ratzke, E. 19
Reble, A. 20

Reichwein, A. 21, 68, 203
Remplein, H. 73
Reulecke, J. 135, 158
Rhode, M. 187
Rickert, H. 35
Ritter, G. 35
Rodenstein, H. 163, 164, 176
Röhrs, H. 162
Römer-Jacobs, M. 90
Römhild, D. 205
Roosevelt, Th. 209
Rosenstock-Huessy, E. 175
Rosenthal, G. 85
Rothenberg, D. 120
Rudnik, M. 131
Rücker, F. 203
Rüdiger, L. 121
Rühle, O. 165
Ruge, W. 198
Rump, R. 93, 96, 97, 101
Rust, B. 61

Saager, F. 90, 93, 95, 96, 98, 99, 100, 101, 109
Salomon, L. 164
Salzmann, Ch. G. 21
Sauer, W. 32
Schachne, L. 173
Schäfer, R. 205
Scheel, H. 196
Scheibe, W. 162
Schelsky, H. 81
Schemm, H. 69
Scheuerl, H. 24
Schieder, Th. 82
Schirach, B. von 58
Schleier, H. 35
Schleiermacher, F.D.E. 65
Schmeichel, M. 131

Schmidt, W. 192, 196
Schmidt-Sas, A. 203
Schmitt, C. 219
Schnorbach, H. 7, 120, 122, 152
Schoeps, J.H. 85
Schörken, R. 85, 158
Schneller, E. 203
Schnorbach, H. 7, 164
Schonig, B. 10, 14, 31, 90, 118
Scholtz, H. 25, 48
Schramm, E. 211
Schröder, K. F. von 42
Schütze, F. 91
Schulz, G. 32
Schulze, Th. 92, 93, 104, 105, 109
Schumann, H. 198
Schumann, W. 212
Schwantes, M. 203
Schwarz, G. 109
Schwersenz, J. 123, 124
Serwański 179, 180
Siebold, H. 215
Siemsen, A. 13, 21, 33
Siemsen, Aug. 21
Söder, G. 200
Specht, M. 167, 169, 170, 171, 172
Speer, H. 93, 99, 106, 107
Spengler, O. 219
Spranger, E. 16, 19, 20, 23, 24, 65, 66, 68, 69, 70, 71, 72, 74, 75, 76, 78, 126, 127
Spranger, W. 7, 10
Südmersen, I.M. 91
Staemmler, M. 132, 134
Steenbock, K. 153
Steffelbauer, K. 120, 203
Stein, E. 116
Steinbach, L. 53, 55, 56
Stippel, F. 47

Stöss, R. 213
Storjohann, U. 158
Struve, W. 40
Szewski, B. 188

Tellenbach, G. 21
Tenorth, H.E. 8, 9, 15, 29, 31, 32, 48, 49, 50, 67, 68, 69, 73, 127, 169, 170, 174, 176, 177
Thamer, H.-U. 198
Thränhardt, D. 18, 25
Thien, H.-G. 164
Tillich, P. 174, 175, 176
Trakl, G. 77
Trumann, H.S. 209

Uhlig, G. 205
Ullrich, H. 159

Wagner, L. 204
Walk, J. 122, 158
Weber, B. 66, 69, 221
Weber, M. 77
Wehling, W. 198
Weil, H. 14, 176

Weimer, H. 20, 21
Weingarten, M. 211
Weinstock, H. 21 f.
Weißbecker, M. 12, 41, 199, 204, 205
Weniger, E. 68, 75
Wenke, H. 19
Wenkel, H. 204
Wetzl, E. 183
Wilhelm, Th. 19, 23, 24, 25, 69
Wilker, K. 161
Wintzek, B.C. 220
Winzer, O. 196
Wittgenstein, L. 77
Wolf, Walter 203
Wolf, Willy 203
Wolff, W. 124
Wroblewska, T. 12
Wycech, C. 186

Zens, M. 8
Zimmer, H. 224
Zudeick, P. 165
Zumpe, L. 198

STUDIEN ZUR BILDUNGSREFORM

Herausgeber: Wolfgang Keim

Band 1 Rudolf Hars: Die Bildungsreformpolitik der Christlich-Demokratischen Union in den Jahren 1945-1954. Ein Beitrag zum Problem des Konservatismus in der deutschen Bildungspolitik. 1981.

Band 2 Martin Fromm: Soziales Lernen in der Gesamtschule. Aspekte einer handlungsorientierten Konzeption. 1980.

Band 3 Wilfried Datler (Hrsg.): Verhaltensauffälligkeit und Schule. Konsequenzen von Schulversuchen für die Pädagogik der "Verhaltensgestörten". 1987.

Band 4 Gernot Alterhoff: Soziale Integration bei Gesamtschülern in Nordrhein-Westfalen. Längsschnittuntersuchung zu Veränderungen verschiedener Aspekte im Sozialverhalten. 1980.

Band 5 Dietrich Lemke: Lernzielorientierter Unterricht - revidiert. 1981.

Band 6 Wolf D. Bukow/Peter Palla: Subjektivität und freie Wissenschaft. Gegen die Resignation in der Lehrerausbildung. 1981.

Band 7 Caspar Kuhlmann: Frieden - kein Thema europäischer Schulgeschichtsbücher? 1982.

Band 8 Caspar Kuhlmann: Peace - A Topic in European History Text-Books? 1985.

Band 9 Karl-Heinz Füssl/Christian Kubina: Berliner Schule zwischen Restauration und Innovation. 1983.

Band 10 Herwart Kemper: Schultheorie als Schul- und Reformkritik. 1983.

Band 11 Alfred Ehrenteich: 50 Jahre erlebte Schulreform - Erfahrungen eines Berliner Pädagogen. Herausgegeben und mit einer Einführung von Wolfgang Keim. 1985.

Band 12 Barbara Gaebe: Lehrplan im Wandel. Veränderungen in den Auffassungen und Begründungen von Schulwissen. 1985.

Band 13 Klaus Himmelstein: Kreuz statt Führerbild. Zur Volksschulentwicklung in Nordrhein-Westfalen 1945-1950. 1986.

Band 14 Jörg Schlömerkemper/Klaus Winkel: Lernen im Team-Kleingruppen-Modell (TKM). Biographische und empirische Untersuchungen zum Sozialen Lernen in der Integrierten Gesamtschule Göttingen-Geismar. 1987.

Band 15 Luzius Gessler: Bildungserfolg im Spiegel von Bildungsbiographien. Begegnungen mit Schülerinnen und Schülern der Hiberniaschule (Wanne-Eickel). 1988.

Band 16 Wolfgang Keim (Hrsg.): Pädagogen und Pädagogik im Nationalsozialismus - Ein unerledigtes Problem der Erziehungswissenschaft. 1988. 3. Auflage 1991.

Band 17 Otto Koch: Wider den "Krebsgang" der pädagogischen Restauration. Schriften eines politischen Pädagogen. Herausgegeben und eingeleitet von Klaus Himmelstein. In Vorbereitung.

Band 18 Martha Friedenthal-Haase: Erwachsenenbildung im Prozeß der Akademisierung. Der staats- und sozialwissenschaftliche Beitrag zur Entstehung eines Fachgebiets an den Universitäten der Weimarer Republik - unter besonderer Berücksichtigung Kölns. In Vorbereitung.

Band 19 Christa Händle/Bruno Schonig: Lehrerleben und Schulgeschichte. Erinnerungen Berliner Volksschullehrerinnen und -lehrer (1890-1980). In Vorbereitung.

Band 20 Burkhard Poste: Schulreform in Sachsen 1918-1923. Eine vergessene Tradition deutscher Schulgeschichte. In Vorbereitung.

Band 21 Sieglind Ellger-Rüttgardt (Hrsg.): Spurensuche. Zur Geschichte jüdischer Heil- und Sozialpädagogik in Deutschland. In Vorbereitung.

Klaus Himmelstein

Kreuz statt Führerbild
Zur Volksschulentwicklung
in Nordrhein-Westfalen 1945-1950

Frankfurt/M., Bern, New York, 1986. 415 S.
Studien zur Bildungsreform. Bd. 13
Herausgegeben von Prof. Dr. Wolfgang Keim
ISBN 3-8204-9018-3   br. sFr. 75,--

Was verhinderte eine Reform der Volksschule in Nordrhein-Westfalen nach dem Zweiten Weltkrieg? Während die britische Besatzung und die Arbeiterparteien (SPD und KPD) in der Schulpolitik Zurückhaltung zeigten, nahm die katholische Kirche entscheidenden Einfluß auf die Schulverwaltung und das pädagogische Konzept. "Ehrfurcht vor Gott" als Erziehungsziel und die Möglichkeit der einklassigen Konfessionsschule als "geordneter Schulbetrieb" in den Artikeln der NRW-Verfassung schrieben das konservative Konzept der Volksschule als christliche "Erziehungsschule" 1950 fest.

Aus dem Inhalt: Volksschule in Nordrhein-Westfalen nach 1945: Öffnung zu einer Gesamtschule oder christliche "Erziehungsschule"? - An der katholischen Kirche scheitern die Reformer - Schulpolitischer Eklat bei der Verabschiedung der NRW-Verfassung.

Die Arbeit Himmelstein ist ein wichtiger Beitrag zur regionalspezifischen Schulforschung im Nachkriegsdeutschland in der Phase der Reeducation. Dieser Beitrag erweitert unser bisheriges Wissen über die Entwicklung in den heutigen Ländern der Bundesrepublik ... Historisch-deskriptiv werden die Auseinandersetzungen der verschiedenen Interessengruppen im zeitgeschichtlichen Kontext analysiert; diese Analyse führt zur Ermittlung von Strukturen und Wirkungsbedingungen, die den Aufbau der Volksschule nach 1945 in Nordrhein-Westfalen beeinflußt haben. Positiv zu werten ist der dem Darstellungstext angefügte Apparat mit Anmerkungen, Quellen- und Literaturverzeichnis sowie Kurzbiographien der handelnden Politiker. Hier finden wir Materialien, die hilfreich für weitere Detailstudien sein können.
(Benno Schmoldt in: Informationen zur erziehungs- und bildungshistorischen Forschung Nr. 30 (1987, S.217)

Verlag Peter Lang Frankfurt a.M. · Bern · New York · Paris
Auslieferung: Verlag Peter Lang AG, Jupiterstr. 15, CH-3000 Bern 15
Telefon (004131) 321122, Telex pela ch 912 651, Telefax (004131) 321131
- Preisänderungen vorbehalten -